SaaS

创业路线图 2.0

to B企业的创新与精细经营

吴 昊◎著

电子工业出版社
Publishing House of Electronics Industry
北京·BEIJING

内 容 简 介

本书重点对企业服务进行研究，对 SaaS 的"产品及商业模式""业务：市场、销售与客户成功""组织与文化""财务与融资"等进行了体系化的解读。这是一本商业实践书，创新地帮客户解决问题、精细经营是本书两大主题，其中的思考框架、业务方法和财务模型来自对千百家 SaaS 企业实践的总结和抽象。这是一本既有宏观研究，又有微观实操的图书。

作者二十多年的行业经验与沉淀显现于本书之中，全书力求理论联系实际，易懂易行，文笔风趣幽默，内容贴近现实，可读性非常强。

图书在版编目（CIP）数据

SaaS 创业路线图 2.0 : to B 企业的创新与精细经营 / 吴昊著. —北京：电子工业出版社，2023.11

ISBN 978-7-121-46541-3

Ⅰ. ①S⋯　Ⅱ. ①吴⋯　Ⅲ. ①企业管理　Ⅳ. ①F272

中国国家版本馆 CIP 数据核字（2023）第 199872 号

责任编辑：梁卫红

印　　刷：三河市良远印务有限公司

装　　订：三河市良远印务有限公司

出版发行：电子工业出版社

　　　　　北京市海淀区万寿路 173 信箱　　邮编：100036

开　　本：720×1000　　1/16　　印张：32.25　　字数：480 千字

版　　次：2023 年 11 月第 1 版

印　　次：2023 年 11 月第 1 次印刷

定　　价：99.00 元

凡所购买电子工业出版社图书有缺损问题，请向购买书店调换。若书店售缺，请与本社发行部联系，联系及邮购电话：（010）88254888，88258888。

质量投诉请发邮件至 zlts@phei.com.cn，盗版侵权举报请发邮件至 dbqq@phei.com.cn。

本书咨询联系方式：faq@phei.com.cn。

推荐语

我观察 SaaS 行业多年，也看到无数 SaaS 创业者的起伏。对一家优秀的 SaaS 企业而言，团队、产品、客户、资本，每一个环节都非常重要，但知易行难，创业者在创业的过程中往往踩坑无数，艰难前行，每一个决策都可能决定企业的生或死，平庸或不凡……

当下，SaaS 2.0 这个概念大家都在提，之所以叫 2.0，是因为它既保持了 1.0 的"朴实"，同时又加入了令人兴奋的内容和元素。吴昊老师在终章里写了"不同阶段的关键选择：避坑与跃进"，我相信会在 SaaS 创业者和从业者中产生极大的共鸣，所谓关关难过关关过，要么石沉大海，要么鱼跃龙门。

——崔强　崔牛会创始人、CEO

如果说在中国做 SaaS 创业是投石问路，那么吴昊老师的新书则是一枚指南针，为创业者指明方向，并让创业者在路上找到同好。

——范凌　特赞科技 CEO，同济大学教授、博导、
设计人工智能实验室主任

对比美国市场，中国 SaaS 产业的外部环境确实面临诸多挑战，现阶段在资本退潮的背景下尤为严峻。吴昊在 SaaS 领域有多年实战经验，作为多家优秀 SaaS 企业的战略顾问，能够多角度客观观察并深入研究 SaaS 企业

良性发展的底层逻辑和发展规律。

经过三年多的积累和打磨，《SaaS 创业路线图 2.0：to B 企业的创新与精细经营》终于正式面世。我作为深耕 to B 领域 26 年的创业"老炮"，试读后非常有启发，在这里向每一位 SaaS 领域的创业者隆重推荐。道阻且长，行则将至，行而不辍，未来可期。我依然坚定看好中国 SaaS 产业的未来，并将和各位 SaaS 领域的创业者共勉，一起努力！

——高宇　明源云创始人

现在应该是中国 SaaS 行业"最冷"的时候，在经历过 2021 年一级市场的泡沫之后，行业逐渐趋于理性，SaaS 在回归它的本质：高毛利和订阅。欣喜的是，吴昊老师的《SaaS 创业路线图 2.0：to B 企业的创新与精细经营》精准地把主线定位在"产品及商业模式""业务：市场、销售与客户成功""组织与文化""财务与融资"等方面，我读到这几条主线以及"产品创意""验证""营销""扩张""效率"几个阶段的大坑时，不禁拍案叫绝。相信本书不管是对穿越"寒冬"的创业者还是对未来要加入 SaaS 创业的朋友们，都会大有帮助，我在此力荐给大家。

——何润　致趣百川创始人、CEO

我和吴昊老师结缘是因为中国最大的 SaaS 社区崔牛会创始人崔强的介绍。彼时，开源中国的 Gitee 推出了企业版的公有云收费服务，而我们作为开源代码托管平台，起家的基因主要是服务开发者个体。我们对做 to B 的 SaaS 领域完全陌生，以至于对 SaaS 的一些基本概念，如 MRR 和 NDR 等的理解也似是而非。

而吴老师是罕见的对 SaaS 基础理论了然于心，更躬身入局过的 SaaS 创业者。2020 年吴老师不避风险，热情请我喝茶，为我指点迷津，当年的一席话让我茅塞顿开。

这次有幸提前拜读《SaaS 创业路线图 2.0：to B 企业的创新与精细经营》，深感吴老师对于中国 SaaS 市场的洞彻已经完全系统化了。本书从理论到实践，从宏观到微观，从历史到未来，都给中国的 SaaS 创业者清晰地梳理出了一张具有指导意义的"路线图"。我强烈推荐广大创业者精读本书，因为"创新与精细经营"是广大创业者都必须根植于心的理念。我也借此机会衷心祝愿中国的 SaaS 创业者们商运昌隆。

——马越　开源中国董事长

不知不觉在 SaaS 行业已经奋斗十多年了，读吴昊老师的文章也十多年了。这个连中文名称都没有的行业和有些当代行业一样都是舶来品。除了商业模式，西方既有的用户和市场环境似乎怎么都搬不过来，中国市场环境似乎存在某种顽固的牵制力量，让 SaaS 行业没有能够如众多创业者预期的那样一飞冲天。于是乎，中国 SaaS 行业人苦苦求索了十多年。

这十多年，也是资本市场"缠绕"的十多年。期间让从业者产生过诸多好奇、兴奋、冲动、失望和懊恼，难以静下心来看清市场的本质，钻研自己的基本功。在资本的狂浪中，没有人能够拿稳手中的罗盘，眼看航船被掀翻，罗盘针被打乱，行业却驶进难以回头的深海。但是吴昊老师的"创业路线图系列"的写作似乎从未受过这样的干扰。他总是平心静气地看待行业的波澜，就事论事地评论商业模式，精打细算地塑造运营方法。

现在的 SaaS 行业正像暴风雨后的大海，乌云还没有散尽，阳光还无处寻觅。没有风，没有浪，海面被遮盖在最后的乌云下，平和而沉寂。现在，航手正拿出罗盘，SaaS 经营者也拿起了算盘，他们能够幸存，就一定希望能够驶出这片阴郁之海。而吴昊老师写作的《SaaS 创业路线图 2.0：to B 企业的创新与精细经营》就像驾驶舱中那幅悬挂的航海图，历久弥新，记录了行业发展的周折，也指出了行业下一步必须经过的复兴之路。

——任向晖　明道云创始人、CEO

我做的影刀的早期方法论就来自吴昊老师的《SaaS 创业路线图》，其在我制定影刀商业模式、建立销售团队时给予了很大的帮助。而《SaaS 创业路线图 2.0：to B 企业的创新与精细经营》针对中国 SaaS 行业进行了全面而深入的分析和研究，并提出了实用的创新和经营策略，将复杂的管理问题简化成易于理解和实施的方法建议，对于中国 SaaS 实战极具参考价值。

中国需要 SaaS，创业土壤也会越来越好，必将长出好的 SaaS 产品。

——金礼剑（十布）　影刀 CEO

如何精细经营，如何创新，吴昊老师的新书回答了包括我们公司在内的很多 to B 和 SaaS 企业共同关心的问题。在新经济周期之下，未来 5 年从各个领域成长起来的优秀企业都会有一个共性，那就是"敏捷"。这要求企业决策层能够在更科学的经营方法上，在更细一级的经营粒度上，构建敏捷决策的能力。一年四个季度的经营穿透与调整是上一个时代的企业节奏，今天的企业必须加速进行 12 个月 52 周的敏捷迭代，并基于外部市场的反馈与内部的认知升级，持续进行战略微转型。SaaS 企业如何敏捷进化？这本新书正好提供了一系列的经营算法。

——苏春园　观远数据创始人、CEO

吴昊老师十年间从自己参与创业到观察走访上百家 SaaS 企业，可谓是一位"产业史"学者。本书既从他曾经的一线从业者的视角，道出了许多实操技巧和现实困境，也通过走访观察上百家中国 SaaS 企业、分析美国的同行，以"他者"的眼光和更宏观的视角，总结出行业发展的规律以及我们与美国这个 SaaS 标杆市场值得关注的差异。SaaS 从业者看本书，会因为看到自己曾经犯过的错误而叹息"相见恨晚"，也会因为自己悟出来的道理和书中的观点一致而觉得"英雄相惜"。而对于非业内人士来说，这是深入浅出的行业描摹，可以帮助读者快速了解 SaaS 模式的整体图景和底层逻辑。

——辛济云　体验家 CEM 创始人、CEO

创立 Chatail 的初期正值《SaaS 创业路线图》的出版，我们团队经常查阅书中的方法论，它是一本能够指引 SaaS 行业初创公司的实战工具书。再结合吴老师的公众号文章，读者能够快速有效地贯通行业基础。

中国 SaaS 行业进入到新阶段，面对 AI 浪潮，解决客户问题就必须换种思路打造产品和服务——《SaaS 创业路线图 2.0：to B 企业的创新与精细经营》的主题"创新与精细运营"便提供了这种新视角，本书适合每个躬身入局的 SaaS 从业者继续学习。

——宣政　Chatail CEO

曾经跟本书作者吴昊有过面对面的交流，收益良多。《SaaS 创业路线图 2.0：to B 企业的创新与精细经营》试图在帮助 to B 创业者寻找中国 SaaS 的发展之路。在拜读了《SaaS 创业路线图 2.0：to B 企业的创新与精细经营》一书后，我深切感受到作者深厚的 SaaS 创业实践经验和理论提炼功底，也理解作者实际上是在呼吁中国的 SaaS 创业者共同培育 to B 服务的创新土壤。

《SaaS 创业路线图 2.0：to B 企业的创新与精细经营》引发了我对自己的创业公司云帐房进行了一些回顾，所得出的结论也暗合了作者的思路。前几天适逢云帐房第一款产品发布一周年，我面对公司全员总结了几个值得我们共同坚守的底层特质：不被外界的喧闹所迷惑，才能赢得长距离的比赛；在关键的创新决策上要胆大包天；战胜自己比战胜对手更重要。

"不抄袭同行的产品，而是在别人的方向之外找到切入点，为客户提供更多的价值，实现市场共赢"这样的"创新性地帮助客户解决问题"的土壤是需要每一位 SaaS 创业者共同去培育的。只有存在这样的土壤才能够进入"高投入——优秀产品——激发高需求——营收高增长——继续高投入"的良性循环，才能催生出好的产品。

——薛兴华　云帐房网络科技有限公司创始人

我翻开本书，就有一种马上要买一本放在床头仔细读，还要多买几本送给高管一起读的冲动。这本书的内容太实用了！讲的都是 SaaS 企业要增长、要盈利的痛点问题。既有体系，又有细节！吴昊老师抓"痛点"太准了。

——张遇升　杏树林 CEO

我会第一时间购买此书，然后"投喂"给 ChatGPT-4，这样我和我的同事们就会立刻拥有一位贴身的顶级 SaaS 商业顾问。

——阮良　网易副总裁、网易智企 CEO

拿到吴昊老师的新书，开卷的心情是迫不及待的。

作为一个十多年的 SaaS 行业老兵，一个兢兢业业的创业者，过去两三年，我经历了 SaaS 行业的波峰和波谷的过山车式的跌宕起伏。我们都在寻找"如何在今天的行业中更快爬坡"的解决之道。书中对"持续创新与精细经营"进行了全方位和深入的解析，相信大家都会和我一样，从这本新书得到启发并找到属于自己的答案。

创业者需要永远是个精力充沛的超人，需要拥有十八般武艺。而吴昊老师的书就可以赋予我们这样的能力。读他的一本书相当于读 N 本书，本书包括经济学理论、企业管理和组织发展、商业模式的迭代、产品定位和定价、市场营销和获客转化、销售管理和发展等方方面面。这种融会贯通的讲解方式，可以帮助我们拓展更多的理论知识，启发我们思考。更重要的是，把这些理论有机地结合在一起，可对我们自身的商业实践进行闭环式的指导。

这些年来，我和我的团队一直都是吴昊老师的粉丝，他的视野和知识体系覆盖了所有 SaaS 企业。而在 SaaS 行业众多的细分领域中，智慧芽作为科创和知识产权行业 SaaS 的领头羊，作为从第一天开始就立足于国际化业务发展的"独角兽"企业，也希望能反哺该行业，与大家共同进步。

——张济徽　智慧芽创始人、CEO

在近三年的知识沉淀中，作者还与二十余位知名企业服务投资人、SaaS 创始人做了交流和探讨，欢迎在本书附录翻阅他们的精彩言论。

目 录

目　录

引言

1. 探索中国 SaaS 之路

2011 年，我作为自然人对纷享销客进行天使投资，距今已有 12 个年头。还记得那年，每逢假期创始人罗旭必飞到中国南方为我们几个天使投资人（后来大多加入公司成为核心骨干）演示第一代产品；也记得四年后的 2015 年被称为"SaaS（Software-as-a-Service，软件即服务）元年"，那一年 SaaS 融资态势可谓烈火烹油，而我带领千百"纷享战士"在一二线城市"金戈铁马，气吞万里如虎"。

后来，行业经历了两个周期：2015—2016 年进入 SaaS 投资热朝，而 2017—2018 年企业服务遭遇资本寒冬；2019—2021 年国内外 SaaS 投资再掀高潮，而 2022—2023 年投资人再次远离该行业。

SaaS 企业的估值和投资人的预期一直在波动，在资本市场变化是永恒的。但正如亚马逊创始人贝佐斯所说，更重要的是不变的部分：随着上千亿元的投入，中国 SaaS 企业整体产品能力及组织能力在不断提升，中国企业数字化改造的趋势是不变的背景。

从 2018 年至今，我作为 SaaS 领域的知识沉淀者，与 SaaS 创业团队及投资人做了大量交流。在行业多年起起落落之后，如果有人问我：中国 SaaS 之路在哪里？我认为最精炼的一句话就是，创新地帮客户解决问题。

经过多年的挣扎和发展，大家逐渐意识到，把美国的成功 SaaS 产品复制到中国来，95%都会水土不服。我们需要结合中国企业的需求，帮他们解决在生存、发展中的实际问题。

"帮客户解决问题"是小鹅通创始人鲍春健所言。而"创新地解决"则来自我的观察。把已有 OP（On Premise，本地部署）软件的能力复制到云端，不是 SaaS 企业的出路；抄袭市场上初步成功的产品，只会带来恶性竞争，双方都难以生存。我与上百家初创 SaaS 团队交流发现，只有少量能发挥自身能力或资源优势并做出差异化产品的团队能够顺利发展起来。

所以，"创新地帮客户解决问题"是 SaaS 行业 2023 年开始时的新主题，在本书中我会详细探讨。

除此之外，每个 SaaS 企业作为一家企业还有一个存在的前提——追求效率。历史上没有一家低效率的公司能够长久发展。但 2015—2016 年、2019—2021 年两次 SaaS 投资热潮，让大量 SaaS 创业者在经营中忘记了这一点。于是，市场在 2022 年开始了它的"报复"，SaaS 企业不得不再次迎来低谷。

我在本书中要讲的另一个关键问题是"精细经营"。书中有已准备 IPO（Initial Public Offering，首次公开募股）的 SaaS 企业的财务结构、有我提出的"SaaS 企业业财一体损益表""人效即战略"等观点及方法论。其中会涉及不少财务知识，但我会从 SaaS 企业业务的角度帮助大家理解并给出实操建议。

中国 SaaS 企业开始追求效率，中国 SaaS 生态的整体效率也在提升。作为知识沉淀者，我这几年与腾讯、阿里巴巴、字节跳动、华为等平台方都做过深度探讨（主要是为一些公开演讲、行业对话做准备）。一方面，可以看到近几年平台方在与 SaaS 企业的磨合中，也越来越成熟和高效；另一方面，SaaS 企业之间的产品合作、渠道合作、资本合作也初见雏形。

所以我说，经历周期不是坏事。当下这个周期将会给所有 SaaS 人上一堂"精细经营"课。本书有大量章节是在研究 SaaS 企业的财务模型，然后得出一些结论并提出一些建议。

可以看出，本书有两个主题：创新地帮助客户解决问题和精细经营。希望广大 SaaS 创业者和投资者、SaaS 企业的管理者和从业者通过阅读本书对中国 SaaS 有更深层次的认知，并学习到可落地的方法论。

此外，这是一本商业实践书，其中的思考框架、业务方法和财务模型来自对千百家 SaaS 企业实践的总结和抽象。做出抽象、模型和框架是为了简化商业模式和管理，每家企业在具体运用中还需要补充自己的"灵魂"（企业文化、价值观）和"血肉"（业务、人及组织）。

2. 路线图 2.0 与 1.0 之间的关系

2020 年年初，我编写的《SaaS 创业路线图》（下文简称前书）作为中国 SaaS 领域第一本书出版上市，占了抢先的便宜，在此非常感谢近 10 万名读者的热爱。此书写成于 2019 年年底，当时我在企业信息化领域工作累计已有 20 年时间。

之后我继续做 SaaS 领域的知识沉淀，至今又过去 3 年多。期间与 300 余个 SaaS 创业团队交流，写了 100 篇公众号文章，我觉得又到了需要系统整理的时刻。恰逢中国 SaaS 也走到一个新关口，这本《SaaS 创业路线图 2.0》适时出现在大家面前。

大家正在阅读的这本书是前书的延续和深化。从 2021 年年底开始，随着外部融资环境和经济环境的变化，中国 SaaS 正在经历翻天覆地的变化——投资人的要求从追求营收向追求 UE（Unit Economy，单位经济）转变。同时，在企业内部，随着这十年的大发展，中国 SaaS 创业者及团队正在逐渐成熟，产品力及组织力在不断提升。优秀 SaaS 企业开始逐步实现"精细经营"，而这正是本书将要重点探讨的经营和财务能力。

与前书相似，本书仍然有一个完整的体系。两本书的基础一致，都是以下这张"路线图"。

前书是按照 SaaS 创业时间轴上的 5 个阶段（创意、验证、营销、扩张、效率）分段讲解的，而本书则沿着贯穿 5 个阶段的 4 条主线展开。

SaaS 创业路线图 2.0

to B 企业的创新与精细经营

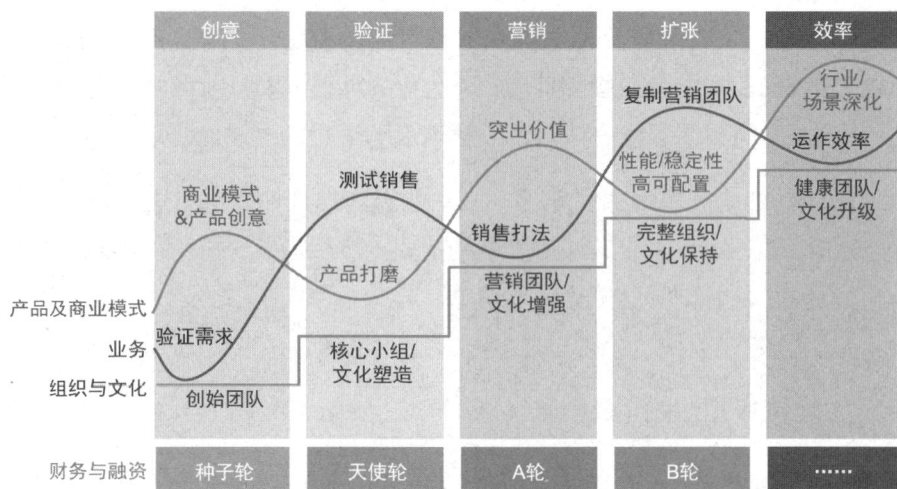

	创意	验证	营销	扩张	效率
产品及商业模式	商业模式&产品创意	测试销售 产品打磨	突出价值 销售打法	复制营销团队 性能/稳定性 高可配置	行业/场景深化 运作效率
业务	验证需求		营销团队/文化增强	完整组织/文化保持	健康团队/文化升级
组织与文化	创始团队	核心小组/文化塑造			
财务与融资	种子轮	天使轮	A轮	B轮	……

- 主线 1，产品及商业模式。

- 主线 2，业务：市场、销售与客户成功。

- 主线 3，组织与文化。

- 主线 4，财务与融资。

从内容上来看，两本书都覆盖了 SaaS 创业方法论与具体的 SaaS 企业管理方法。前书侧重于创业方法，而本书则深化了 SaaS 企业管理的多个方面。虽然我只研究 SaaS 企业，但是这两部分内容对很多 to B（to Business，即面向企业客户，为企业提供服务）企业也适用。

本书有 10%的内容来自前书，这是为了在关键内容上保持逻辑完整。但在阅读本书的过程中，仍有很多支线内容（例如销售"三个复制"的具体方法、客户成功的日常管理动作等）需要打开前书去阅读。

判断自己有没有进步的办法就是回顾一下过去的自己是否足够傻。那么这 3 年来，我的认知有没有发生变化呢？确实有。在写前一本书时，有一节讲"中国 SaaS 圈关键选择的共识"，我认为在定制开发、免费产品、CSM（Customer Success Management/Manager，客户成功管理/客户成功经理）是续费责任主体、CSM 的 KPI（Key Performance Indicator，关键绩效指标）不应以续费营收为主等话题上，国内 SaaS 圈已经得出了成熟的结论。但我在近 3 年参与几家 SaaS 企业的实践中，在与大量 SaaS 创业者的交流中发现，部分以往的结论需要再分类往下拆解。例如定制开发，要分是定制产品功能还是定制接口，后者是不可避免的；CSM 作为续费责任主体的前提是客情及商务部分不是特别复杂；CSM 的 KPI 在企业发展的不同阶段也许会有不同……这些话题都会在本书中深入探讨。

在下钻到更深的业务层面后，我越来越理解什么叫"具体问题，具体分析"。但如果凡事没有结构，也就形成不了方法和套路。据我观察，由于商业模式一致，中国的 SaaS 企业还是有很多共性、相似的最佳实践以及可抽象出来的方法论的。

因此，我还是做了不少抽象、整合工作。除了前文说到的"SaaS 创业路线图"5 个阶段及 4 条主线，本书还有几个重要的底层逻辑。

（1）中国 SaaS 的周期（即下图中国 SaaS 的 Gartner 热度曲线）：看懂周期才能生存和发展。这里有投资及市场热度曲线（一部分形状来自Gartner 的高科技行业研究报告）、中国 SaaS 企业的整体产品力及组织力增长线（灰色斜向上直线），后文中还会加上不同时期投资人对 SaaS 创业公司要求的变化，以及由此带来的 SaaS 企业经营目标的变化。基于此，我们会理解为什么在当前阶段 SaaS 企业要追求"精细经营"。

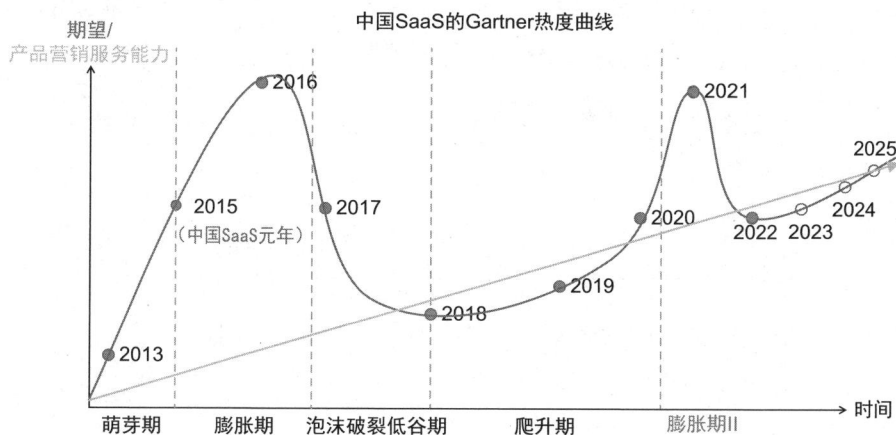

中国SaaS的Gartner热度曲线

（2）鸿沟理论：来自杰弗里·摩尔的经典书《跨越鸿沟》。我把 SaaS 创业阶段与之做了结合（见下图）。得到的结论是——不同阶段的主要目标不同，方法和资源侧重也不同。除了有一节专门讨论鸿沟理论，这个底层逻辑也是贯穿全书的。

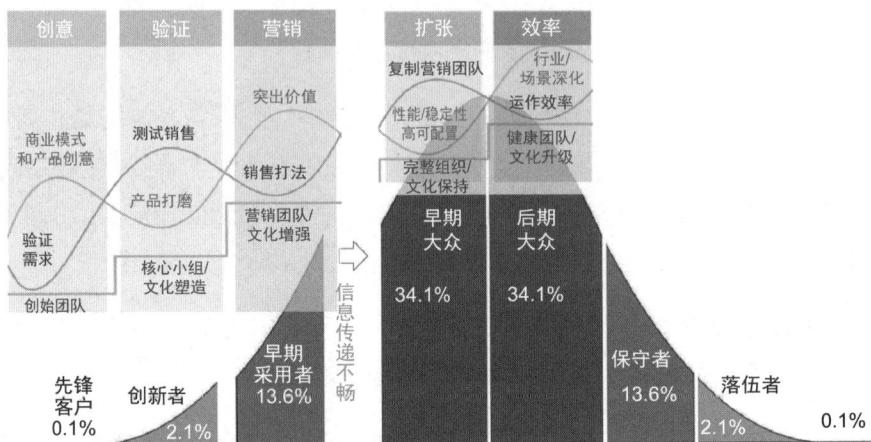

技术采用-目标客户正态分布图

（3）从经典的硅谷 SaaS 1.0 模式到中国 SaaS 2.0：其实中国本地化一直是互联网及软件行业的主题，SaaS 也不例外。这也是本书叫"2.0"的原因。

（4）财务体系就是历史最悠久的管理模型：财务知识会贯穿在书中，这是精细经营的要义。例如 8 大会计原则（重要性原则、匹配原则等），就会在本书中多次用到。我本身学过几年财务知识，天天接触的又是 SaaS 业务，所以能够带着大家较为轻松地从业务角度讨论财务规则的应用。

（5）其他常见的基础管理逻辑：分级分类（包含 28 原则）、硬性 KPI 与柔性运营的结合等。

大家会在本书各个章节以及近 50 个中国 SaaS 企业实战案例中，看到这些底层逻辑。期待大家在阅读中，通过不断结合案例和自身企业实战进行思考，迭代出自洽的一套管理逻辑。用这些逻辑指导实践、不断迭代，这才是一套"活"的方法论。

此外，和前书一样，本书有两种读法。

- 通读一遍，全面了解 SaaS 企业管理的方方面面。

- 作为工具书，在需要时按目录中的关键词"查字典"。

本书适合 SaaS 企业各个岗位人员阅读，以建立全局观，并进行更高效的协同。对于希望转型 SaaS 的 OP（On-Premises，本地部署）软件企业、希望做出 SaaS 产品的各行各业的公司，也会在本书中学习到 SaaS 创业方法。

3. SaaS 与 OP：部署、收费、营销与服务

从一个企业软件使用者的感受来看，SaaS 产品和 OP 软件并没有什么差别：都是打开电脑（或手机），在屏幕上处理工作、录入数据、看报表等，但两者背后的运营方式和商业模式有两个重要区别。

第一，用户使用的 SaaS 软件，其数据保存在云端。它的应用和数据服务器通常部署在公有云上，可能是阿里云、腾讯云、华为云，也可能是国外的 AWS（Amazon Web Services，亚马逊云）。而传统部署软件通常部署在购买软件企业的自有服务器上。

第二，SaaS 企业提供的 SaaS 服务是租用制的。比如，客户付 3 万元费用租 1 年的服务，1 年后如果要继续使用就需要续交下一年的费用。而对于传统软件，客户付 10 万元往往"买断"该软件的部分或全部使用权，下一年需要支付的是首期合同金额 15%左右的维护费。

对于两者的差异，我的看法是：SaaS 的本质是"续费"。这是 SaaS 与传统部署软件的本质差别。

由于这个本质差别，SaaS 与 OP 软件企业在营销及服务上有很大差异。从中美 SaaS 企业实践来看，一个新客户首年合同，在扣除服务成本和 CAC（Customer Acquisition Cost，客户获取成本）之后，平均只有 20%的利润贡献；而一个老客户的续费合同，在扣除服务成本（普遍在 20%左右）后，不再有 CAC 的支出，大约会有 80%的利润贡献（财务指标部分，详见后文

专题探讨)。

　　因此没有续费的 SaaS 企业就没有未来。罗振宇的"得到头条"在 2022 年年底还以"SaaS 的本质是续费"为题介绍过我的前一本书，并引用过我这句"一个好的商业机制，胜过一万遍日常管理"。因为对续费率的重视，从机制上就使得 SaaS 企业更加重视服务，为此他们将传统的客服部门改变为"客户成功部"，同时为了保障市场及销售部门带来"对的客户"，也做出了很多改变和努力。

序章

中国 SaaS 的发展：
2019—2025 年

第 1 节　中国 SaaS 的演变：2019—2022 年

1.1　东方 SaaS 站在 2019 年：小微向左，中大向右

东西方在 SaaS 发展历程上大相径庭，但在细致研究后又发现这样是合情合理的。

1.1.1　东方历史与东方 SaaS

要研究 IT 生态，就要先研究我们所处的商业社会。

受阿朱老师关于研究日本 IT 产业文章的影响，我把一本介绍日本 1600—2000 年历史的书细读了一遍。这是现代史书中的经典，两位译者翻译得很棒。

600 多页的一本书，我却只读出两个字——寡头。

从大背景上看，东方虽然一直在向西方学习，但东方社会及经济组织与欧美的差别非常大。在经济上，从鸦片战争开始，一些大财阀就已经势不可挡。值得一提的是，我们另一个东亚邻国韩国亦如此。

而在中国，也有类似情况。大企业在很多高利润的行业里形成了一定优势，这大大降低了新创小微民营企业的生存机会，也使得民营企业的利润空间有限。

这就是我们 SaaS 企业面临的市场大格局。

（1）全社会的头部企业在其领域中市场份额巨大、IT 需求旺盛、预算充足，但由于企业体量庞大，往往有定制及私有部署需求。

（2）头部以下，中大企业竞争激烈，但利润不如欧美中大企业利润丰厚，生产效率也远不如后者。这类企业希望用 IT 系统提高效率，但愿意投入的资金有限。

（3）东亚人工作努力、创业热情高，小微企业（50 人以下）众多，但生存周期远比欧美小微企业短。这类企业对效率及 IT 需求很低，大多只愿意为支撑核心业务的关键系统买单。

面对如此艰难的市场局面，SaaS 企业该怎么办？

1.1.2 小微向左：重视增购及 NDR 指标

在中国，面向小微客户市场的 SaaS 企业，即平均 ARR（ Annual Recurring Revenue，年度经常性收入）小于 2 万元，高"客户数续约率"是难以追求的目标。例如，有赞服务的微商群体就是典型。不少人都关注到有赞 2019 年财报中的这些数字：截至 2019 年年底，本集团的存量付费商家数量为 82 343 家，较 2018 年年底存量付费商家数 58 981 家增长近 40%。2019 年新增付费商家数量为 54 702 家。

也就是说，有赞 2019 年新增了 5 万多家客户，也流失了 3 万多家客户，客户数增幅近 40%，这很不错。但 2018 年年底的 5.8 万家客户，在 2019

年内流失了 3 万多家，流失率达 53%。

在传统 SaaS 逻辑里，这是一个非常难看的数字。但我们都了解中国微商的状况，开店几个月内就关门属于普遍现象。

我认为，面对高比例"自然流失"的客户群体，付出过多成本去挽留意义不大。从 CSM 目标管理的角度看，如果市场波动对"续约率"影响很大，这个指标也就很难精细管理。由于结果准确度有限，"流失原因分析"只能做定性分析，难以作为绩效考核依据（此处做客户成功管理的读者可以仔细思考一下）。

所以我的建议是，面对小微客户市场的 SaaS 企业应该定下合理的目标，不对"客户数续约率"提出过高目标，而是重视金额续费率或 NDR（Net Dollar Retention，净收入留存率）。

举一个西方 SaaS 的例子：Shopify。它的财报没有揭示客户数续约率，其面对电商客户，续约率也不会太高。但它有一系列提高"增购"机会的 SaaS 产品及服务：大客户开店工具 Shopify Plus、支付服务、仓储物流服务等。

打个比方，2019 年 5 月有 100 个客户，客单价（Annual Contract Value，ACV）为 1 万元，带来 100 万元 ARR；到了 2020 年 5 月，这批客户中一半流失，但剩下的 50 个客户大量增购，带来了 110 万元 ARR。也就是说，NDR=110%，那么流失的 50 个客户对 SaaS 企业的财务指标就没有多少实质影响了。续约率、NDR 都只是 SaaS 企业的内部管理指标，从投资者的角度看，最终影响公司市值的还是未来的利润和营收增长预期。CEO、CFO 和战略部的人可以仔细想想这个道理。

从客户角度看，只要 NDR 超过 100%，就从金额而非数量上证明了产品的价值。小微客户流失的原因很可能是关店、业务转型、管理人员变动等，这些也确非 SaaS 企业的 CSM 能够改变的。

小结一下，小微 SaaS 企业的经营，就是在大量沙子中筛出金子。我对这类 SaaS 企业给出以下建议。

（1）低成本获客：通过品牌或社交网络的力量低成本获得客户（按这个客单价，如果主要依赖付费线索，获客成本就太高了）。

（2）分级服务：用线上课程、客户沙龙等一对多的方式，低成本地做客户运营。用"北极星指标"（与产品有关）判断需要稍微用力服务的早期客户。用客户属性及活跃度指标对客户分类以进行分级服务。总而言之，不能不计代价地服务小微客户，要设法提前找出未来 ARR 高的对象进行重点服务。

（3）产品方面：务必设计"增购"标的。让筛出的高价值客户有产品（或服务）可买。Shopify、有赞在这方面都颇有建树。

（4）线索方面：线索根据来源简单分类，低质量线索值得用 MDR（Marketing Development Rep.，市场开发代表）清洗，因为这样可以提高后续电话销售团队的效率。高质量线索由销售代表直接联系，原因是客单价太低，参与人员越多成本越大。对客户来说一个小采购事项被多人服务也是一个负担。

（5）销售方面：我建议将新购与增购进行分层处理。海量新客户由电销成交（而非直销，成本太高），而后在 CSM 服务过程中发掘"增购"机会。在增购商机出现后，由 CSM 或 KA（Key Account，大客户销售）/直销出面成交（具体成交负责人的选择与客单价有很大关系，详见"续费、增购的责任主体"章节）。

当然，以上决策既然涉及组织职能，就与市场、客户、产品、组织历史、既有能力有关，企业需要具体设计。

1.1.3　中大向右：增加人工服务的占比

服务中大企业的中国 SaaS 企业面临的困难是什么？也是续约率。

这类企业的常态是，今年好不容易以低折扣签下的客户，明年又被对手以更低折扣签走了。但面对同样的问题，目标市场不同，解决方法就完全不同。

先看看欧美 SaaS 企业是怎么做的。从 2018—2020 年，我一直在关注和研究 Docusign。它和大部分美国 SaaS 企业一样，其收入中 SaaS 年费与专业服务费的比例大致是 9：1。在一个成熟的企业市场中，这是 SaaS 企业高效经营的比例。其大部分收入都由机器提供，规模越大，固定成本（研发、行政管理费用等）摊薄效果越明显。

但在国内，我认为照搬这样的模式是行不通的。在寡头林立的市场上，处于腰部的中大企业对成本十分敏感。而且在大家眼里，硬件有制造成本因而更值钱，而软件是能复制的，所以是不值钱的。那么如何增加客户黏性呢？

采用更低折扣显然是行业在"集体自杀"。面对中大客户，我们需要提供更多有价值、能收费的人工服务，其目的是增加黏性。

我在 SaaS 业内看到不少有趣的做法。举个例子，有一家 SaaS 企业签约新客户，首次 10 万元费用中包含 7 万元的 SaaS 年费、3 万元的实施服务费。但在销售合同中不会分开签 7 万元和 3 万元，因为这样签，第二年续费就只有 7 万元了。他们的做法是签 10 万元的年服务合同，包含了每年 7 万元的 SaaS 年费和每年 3 万元的人工服务费。当然，这不是让大家多忽悠客户 3 万元，因为在自由竞争的市场上，价格总是要与价值匹配的。该 SaaS 企业确实每年都要派分析师给客户提供有价值的咨询和人工服务。

我始终强调中国是关系型社会。有了人和人之间的高频连接（to B 企业与大客户之间最好多点连接），客户关系才能长久，SaaS 的续费才有保障。为了方便大家理解和实操，我也罗列一下 SaaS 企业能为中大客户提供怎样的"人工服务"。

（1）周期性实施工作。如果客户使用产品，需要每年，甚至每季度都做一些有价值的调整，那么这部分费用就可以打到年服务费包中一起收取。

（2）代运营。在美容业 SaaS 中，就有不少客户不会用软件，需要帮客户运营，还要持续给客户提供业务培训（不仅是产品操作培训）。

（3）代制作内容。营销类 SaaS 往往需要高水平的内容制作能力（文案、图片、视频等），如果客户不能做，企业也可以提供。

（4）SaaS 搭售硬件（安防、打卡、设备传感器等），并与合作伙伴一起提供硬件维护服务。

（5）实施服务，甚至可以加上少量定制开发。在有定制开发后，客户的替换难度大幅增加。虽然在 2018 年年初，我还坚决反对 SaaS 企业做定制开发，但客观事实教育了服务大客户的 SaaS 企业，也教育了我。据我观察，一个 CTO 大概能掌握 10 家左右的分支定制版本（具体数量与产品复杂度及定制开发工作量占比有关）。定制的前提是客户愿意为未来的大升级再次掏钱。而更好的方式是在 PaaS（Platform-as-a-Service，平台即服务）上做定制开发，这样将来产品、客户侧的定制功能还能平滑升级。《SaaS 创业路线图》一书中有关于 "PaaS 三个层次" 的详细讲解。

凡此种种，能提供的人工服务肯定还有不少，大家可以根据自己的业务需求展开思考。

至于人工服务的比例，我建议在 25%～50%之间。美国 SaaS 10%的人工服务（首年一次性的）占比，对中国客户来说黏性太差。但是，如果人工服务占比超过 50%，未来需要设法逐步减少。

SaaS "原教旨主义者" 肯定是反对我这个说法的 —— "SaaS 的意义是用机器替代人，为啥你还要扩大人工服务的比例呢？" 非吾不愿，实不能也。想来想去，各家 SaaS 企业的产品力提升还需要一个很长的过程（在过去传统软件时代，需求理解、软件工程的底子太薄），这是当下能从根本上解决续费率问题的有效办法。很多 SaaS 企业在 CSM 用 "水到渠成" 的方法拿不到续费的时候，用这个方法可以避免 "暴力续费"。

西方 SaaS 的经验、其组织方法论（架构和流程）在中国有效的比例大约是 70%。但大部分落地方法必须做本地化改造，特别是涉及"人"的部分，复制到中国根本行不通。

1.1.4　帮客户经营成功才是 SaaS 企业的终极目标

大家再回想一下什么是"客户成功"？我记得 2018 年崔牛会组织 20 个 CEO 到神策数据的会议室开会，讨论出的结论是，"让客户用好产品，就是客户成功。"那天我也在场，那时我也认可这个结论。没错，作为客户成功部门或一个 CSM，他能做到的就是这样。

但作为 SaaS 企业的 CEO 和战略决策层，还应该更进一步，"让客户的商业和经营成功，才是客户成功！"何况，这还能增加客户黏性，提高续费率，为何不做？

当然，我还是要强调客户的分类分级。潜在 ARR=5 万元的客户该如何服务？潜在 ARR=20 万元的客户该如何服务？肯定得差别对待。这不是势利，商业世界的交换理应对等。

1.1.5　东方 SaaS 离成功还有多远

按照前文的思路，国内 SaaS 企业的效率比起美国 SaaS 企业会差很多。在"垄断"的大商业背景下，SaaS 企业还能否战胜做系统集成、定制开发的公司呢？

对于未来，我倒是非常乐观的。做定制开发与做产品相比，客户起点高、赚钱容易，但也缺少在产品上的积累。做产品的 SaaS 企业目前处于市场弱势，是因为在以往传统软件时代，国产软件就干不过 Oracle、SAP 和微软，丢掉了"最甜的头部蛋糕"。

但看看今天，因为 SaaS 的新特性（云端部署不能盗版，强调连接，强调接近 C 端的体验），加上国家"自主可控"的要求，海外软件未来很难在中国取得优势地位。而传统的集成商，还在做低毛利的定制开发，可以预见其内部要长出新物种有多么艰难。

那么，未来有多远？未来将在大部分细分领域 SaaS 企业的产品力、组织力完备后到来。

1.2 "新冠疫情"对中国 SaaS 的深远影响

"新冠疫情"对中国 SaaS 的影响是深入并长远的。让我们一起看看 SaaS 企业从短期、中期到长期，应该如何应对环境的变化。

1.2.1 短期情况：巨头与 SaaS 企业谁能抓住窗口期

2020 年年初，我在接受"甲子光年"记者学琛采访时说——"冰火两重天"。

90%的 SaaS 企业都面临客户企业尚未复工，或复工后先忙于恢复生产及销售，无暇顾及 IT 采购，以及客单价超过 2 万元的 SaaS 产品绝大部分需要见面成交，销售流程受阻的问题。而这些 SaaS 企业最大的固定成本是研发及其他部门的人员成本，一旦营收锐减，现金会大量流出。

当然也有 10%左右的 SaaS 企业处于完全相反的境地。他们的客户群体（教育行业、医疗行业、电商微商、游戏行业等）急需 IT 系统支撑远程办公、远程营销、远程服务。我了解到几家 SaaS 企业日线索量和日营收都暴增到正常情况的 5～10 倍，有的在 1 个月内就能把去年的业绩完成一大半。

危中有机，能抓住最大机会的还是平台公司。"远程营销""远程服务"的需求仅限于特定几个行业，"远程办公"则为全民刚需，钉钉、企业微信、飞书无疑抓住了好机会。

当然，无论是那些业务量暴增的少量 SaaS 企业，还是这几家平台公司，大家要面临的关键问题都是，在疫情过后能留下多少真正长期使用的用户？在这些用户中，又有多少能够转化为付费的客户？从这一点上看，"烧钱"的平台公司情况堪忧，它们更像用 to C（to Customer，面向个人客户）免费的玩法打了一场 to B 的战役。至于"SaaS 产品应该免费吗"，后面章节另有分析。

而那些教育、医疗等行业的 SaaS 企业则要幸运得多，它们的"远程×
××"价值是与业务场景牢牢绑定在一起的，企业客户的习惯一旦养成，
留存率估计就在 20%～70%。而平台公司在免费的 to C 玩法下，付费留存
率不会超过 5%。

1.2.2　中期策略：SaaS 企业剩"现金"者为王

每一个新领域都需要在劫难中成熟。以往 SaaS 企业计算现金储备的方
式，大部分是用于卡点融资的。因为投资方要看数据，所以只能先拼命把
业务数据做起来，再赶紧启动融资，拿到救命钱。

新冠疫情爆发之前的 2 年，企业服务市场都处于融资困难的时期。不
少企业在 1 月发了年终奖后发现 2—3 月营收无望，现金储备立即陷入被动
局面。

为什么 SaaS 企业做不到在 A 轮融资之后现金流就为正呢？这是因为在
每次融资后，CEO 都充满干劲要大干一场：要么扩大产品线去做一些新功
能和新产品；要么扩大营销规模，招聘人、开分公司。在 2014 年我所在的
公司通过这个套路快速取得市场成功后,这已经成为 SaaS 企业的常态操作。

痛定思痛，这些扩大生产、扩大营销的投入，有多少是在 12 个月后能
实现正现金流的？哪些投入决策是非常盲目的？在做巨大投入前，有没有
设置指标体系，设置指标警戒线？

我以往就强调"商业闭环"，现在更强调这一点。to B 需要长期主义，
"烧钱"不能缩短产品积累的时长，不能快速培育出大批忠诚客户。

这里的关键点有两个。

1. 研发管理能力

营销出身的 CEO 更大概率会有这个短板，以为 100 个工程师工作 1 个
月的成果等于 10 个工程师工作 10 个月的成果，其实大错特错。实际情况

是，后者研发的产品质量是前者的 5 倍以上，而成本风险只有前者的 1/10。如果公司还缺乏一个有过管理 100 人经验的 CTO，那就更要命了：研发团队管理混乱，产品版本及质量管控缺乏流程，研发与市场销售部门冲突不断。最后的结果可能就是：100 个工程师工作 1 个月的成果小于 10 个工程师工作 10 个月的成果。

管理在于沉淀。这不是靠天分解决问题的领域。如果没有优秀的研发管理者，建议还是要找带过规模研发团队的人（通过背景调查了解其真实能力）。

2. 复制营销团队：无标准，不复制

在形成可复制的打法前，不要盲目扩张市场和销售团队，这只会造成管理困难、人均效率大幅下降。

经过 2015 年开始的千亿元高额投资，国内 SaaS 领域各个岗位上已经产生了不少优秀的人才。找到并用好他们，SaaS 企业少走弯路、尽早实现盈亏平衡，并非不可能。特别是做行业 SaaS 的企业，建议设法在 A 轮融资后逐步实现盈亏平衡，在扩张研发、销售团队时务求谨慎。

1.2.3　长期影响：SaaS 企业的变与不变

无论发生多大变迁，相信以下这些"基石"都是不会变的。

- 企业的使命是创造客户。

- SaaS 的本质是续费。

- SaaS 企业的核心是产品，而非营销（服务和口碑是最好的营销）。

- 企业市场是一个碎片化的市场，这里没有"赢家通吃"这回事。行业 SaaS 企业能占领 30%的市场份额就已经不错了。即便在平台公司的市场上，例如协同办公领域，也不会少于 3 家竞争者。

那么这次疫情会带来什么样的变化呢？

（1）以往制约 SaaS 企业发展的一些要素发生了变化，主要包括以下几个方面。

- 企业的数字化意识得到电击式激发。

- 几亿个"用户"得到了远程办公方式的教育，虽然长期留存的不会超过 30%，但也打下了良好基础。

- 以往在国内做软件产品最大的困难是"客户需求不一致"，即便同一行业的企业需求差异也非常大。新冠疫情使得企业间在线协同的需求增加，加上平台公司的教育，客户需求一致性也得到逐步改善。

- 客户企业采购部门在疫情期间不得不接受线上销售和线上服务。有很多企业感知到线上服务的便捷和好处。

（2）从 SaaS 企业自身来看，也将发生一些变化，具体如下。

- 产品力将会提升。疫情期间的客户需求（快速转向或消失）会刺激 SaaS 企业更重视产品力，不能拜访客户了、客户需求急切了、服务不能现场完成了，这都会对产品提出更高的要求。

- 重视现金流，更早形成商业闭环。

- 销售模式逐渐侧重线上。全部客户短期内都能接受远程拜访、远程服务，这也让 SaaS 企业的营销有了一个从线下转线上的机会。如果国内的 SaaS 企业能够与美国 SaaS 企业一样，大部分成交通过电话和网络就能完成，则这将大大提高销售效率，降低销售成本。

- 竞争局面可能发生变化：新环境带来新创意。虽然部分 SaaS 企业会因为现金流的原因出局，但希望国内的 SaaS 企业能够向硅谷 SaaS 企业学习——不抄袭同行的产品，而是在别人的方向之外找到切入口，为客户提供更多价值，实现市场共赢。

（3）国家政策及投资将向国产 SaaS 领域倾斜。

在与几个一线基金投资人的交流中，大家也谈到，因为本次新冠疫情远程办公、远程教育、远程沟通呈现出的重要战略意义（这全是 SaaS 产品），国家政策及投资将向国产 SaaS 领域倾斜，这也与自主可控的历史发展潮流相吻合。

当然，大潮里的新机会永远不会雨露均沾。有的企业本身就有好的位置或基础，有的创业团队更能抓住时代的机遇，这都要看造化、眼光、战略能力和执行力等。

1.3 他们闯出中国 SaaS 2.0

1.3.1 舶来品：SaaS 1.0

1. 业内一致的困惑

在 2021 年，我和众多中国的 SaaS 创业者一样，也在困惑——为什么美国的 SaaS 发展那么快？而中国 SaaS 企业从 2015 年开始就不断获得巨额投资，但能说得上商业成功的却凤毛麟角？

比如 CRM 领域，Salesforce 以此为中心，画出几个大圈，在 2021 年 7 月 12 日市值（1792 亿美元）超过 Oracle 成为全球第二大软件公司。

说到企业总量和对销售的重视，中国市场应该不输美国市场。即使头部 CRM 公司一年营收做不到 100 亿美元，起码也能做到 100 亿元。但事实是，中国 CRM 市场中的 2 家头部公司，加起来也做不到 10 亿元。这直接是数量级的差异了。对此我一直都很困惑，中国号称有 4000 万家企业，活跃经营的起码有 400 万家。大部分企业都有销售代表，为什么一年买 SaaS CRM 的企业连千分之一都不到呢？直到今年我才想明白这是怎么回事。

2. 国内市场商业不成熟，缺刚需

从表面上看，CRM 是提高销售管理效率的工具。但实际上，它隐藏了

一个外部合规的需求。在欧美的销售公司里，记录下销售过程是一个合规需求。如果未来有人质疑这笔交易中有行贿等违规行为，有每个环节的历史记录，对采购者、销售代表及其公司都是重要的保护。

这一点在 Salesforce 的官网上不会讲。我问在 Salesforce 工作的朋友，他们内部也没有这么直接说。但当我说出这个"隐藏"的刚需时，他们也觉得有道理。这些隐藏的规则是不会写在公司制度里的。

这类商业成熟的市场上的合规需求，已经潜移默化地隐藏在每个商业行为的底层逻辑里。这些隐性需求和逻辑表面上不会说，从外部也看不出来，但却对 CRM 的销售起到决定性作用。而在中国，大部分行业显然还没有这个 CRM 外部合规需求。如何证明这一点？

比如，中国 2018—2020 年医药行业 CRM 的发展情况。由于 2017 年开始施行的两票制，以及医药代表与医生间的关系逐渐公开化，医药行业对流通环节销售系统的需求逐渐上升。对应可以看到这个领域里的 SaaS 企业业绩高速增长。

表面上我们看到公司业绩增速非常快，而从内部看，客户需求增速更快！甚至在医药销售流通领域，还产生了很多新的"在线化"需求。医药行业的 SaaS 企业在这 3 年中也为此打造了新的产品满足新需求。可以预见，未来有合规需求的医药领域 SaaS 会有大的发展。

与此同时，在 2018 年、2019 年这两年中，不分行业的通用 SaaS CRM 公司的营收增速则远不及医药 SaaS CRM 的增速。

"外部的合规需求"体现了商业环境的成熟。从 IT 采购决策流程、续费付款流程等方面分析，国内外 SaaS 企业面对的情况确实差别很大。但我认为根本还是在产品上，客户侧缺乏对一个品类的刚需，这个品类的 SaaS 企业发展当然会遇到障碍。因此我们需要创新地帮客户解决问题，而不能拘泥于海外某个 SaaS 的核心价值及功能范围。

3. 中大客户需求不一致

国内服务中大客户的 SaaS 企业面对产品边界的问题非常痛苦。本来打磨了 5 年的产品在一定数量的业务场景已经完成闭环。但今天大客户 A 有几个新需求，明天大客户 B 又有几个没想到的新需求……好多公司 CEO、CTO、产品负责人的重点工作就是在不断地调整待开发功能的顺序。有的时候需求是超越了产品边界的，例如本身是一个卖 CRM 的公司，客户就是要一套加了进销存能力的 CRM。

那些做 PaaS 超过 3 年的 SaaS 企业，产品里自定义的对象、自定义流程的 BPM、自定义报表的 BI、自定义的页面等，什么都有了，但客户的多个部门业务及流程完全不同，统计报表却需要一致反映，还得增加"同时支持多业务类型"的复杂能力。

这些需求是假需求吗？不是。我分析其中很多确实是大客户需要的。没这个功能，客户的业务运作就会有堵点，或者操作很费力。原因当然还是国内的企业发展很快，在组织和流程快速变化后企业还没有成熟，同时各个行业也缺乏业务及管理指导标准。

4. SaaS 与 OP 软件相比价格优势并不明显

在 20 世纪 90 年代，Salesforce 面临一个市场机会——200 人的团队购买一套 Siebel CRM。需要的成本（"低端版本"）如下表所示。

项目	费用
授权（1500 美元/人）	30 万美元
服务支持	5.4 万美元
定制和咨询服务	120 万美元
购买基本硬件	38.5 万美元
运维管理	10 万美元
培训使用人员	3 万美元
合　计	206.9 万美元

而购买 Salesforce 的 CRM，每人每月 50 美元，200 人只需要 1 万美元/月，一年 12 万美元。首年费用有近 17 倍的价格差异！即便不算 Siebel 的定制费用 120 万美元，也有 7 倍的差别！

回过头来看看中国市场，SaaS 产品面对 OP 软件的价格有多大优势？常见的 SaaS 产品一年的服务费是 OP 软件买断价格的 1/3。这个价格也真不能少了，否则 LTV（Life Time Value，客户生命周期价值）远远小于 3 倍的 CAC，SaaS 商业模式难以维系。

如果面对"小软件作坊"这样的竞争对手，对方不仅可以做定制开发，其报价可能比 SaaS 企业还要更低！这就是中美软件市场的巨大差异。在 OP 软件时代，市场上的头部客户被 Oracle、SAP、微软等国际厂商拿走，余下的市场用友、金蝶等本土企业并不能拿到利润丰厚的部分，价格也没有卖起来。

都说"后浪"强，但谁知道没有"前浪"的基础，"后浪"也翻不起浪花来？

5. SaaS1.0——舶来品的特点

从西方看，SaaS 的趋势不可阻挡，但在我看来 SaaS 1.0 作为"舶来品"在中国尚未有明确的爆发时间点。西方 SaaS 的特点如下所示。

（1）大部分是通用工具 SaaS。无论是领头羊 Salesforce，还是百亿美元市值公司（ServiceNow、Zendesk 等）的产品，都以帮助企业提高管理效率为主，交付轻快（相对 OP 软件）、市场复制能力强。

（2）相对传统 OP 部署软件，价格优势明显（如前文所述）。

（3）SaaS 产品品类丰富，有自己的优势领域，恶性的同质化竞争和无底线的价格战少见。

（4）SaaS 企业自己的内部管理很成熟，从市场到线索，从线索到现金、客户成功的管理都已经有完整套路。

（5）续费率高：Logo（品牌）续约率普遍在 80%以上，金额续费率平均达到 100%以上。

（6）营收保持高增速增长。

如果列一下国内的同类"通用工具型"SaaS 企业，从上面第（2）点到第（4）点，一个都不符合。价格优势不明显，传统软件本身价格就不高，"软件作坊"的价格更是跳楼价。

同质化竞争严重。美国 SaaS 企业帮企业省了 10 万美元，客户愿意付出 5 万美元的费用。中国 SaaS 企业帮企业省了 10 万元，于是报价 5 万元。这时候竞品报价 2 万元，最后只能用 1 万元成交。竞争格局不同，新产品的市场机会大不相同。

大部分国内 SaaS 企业在产研、市场产生线索、线索到现金、客户成功等业务流程上都还很不成熟，组织能力短板也很明显。

最能体现结果的第（5）点（续费率）、第（6）点（营收增速）则完全不能相比。

这里强调一下，并不是说在中国做通用 CRM、HRM（Human Resources Management，人力资源管理系统）、客服系统就没戏。作为原生的 SaaS 1.0 方式，在可复制性上有巨大的爆发力。一旦过了临界点，比后文讲的本土化 SaaS 2.0 模式增速还要快。因为东西方 SaaS 有一个最大的共性： SaaS 的本质是续费。

由于重视客户用好产品、续费，甚至有相应的服务部门"客户成功部"。"按需付费"的云软件在商业模式上就优于买断式传统软件。收取年度/月度软件服务费，这比部署方式是 OP 还是云上更关键。

但临界点的到来，尚需时日。也许是 2~3 年，也许更久。中国 SaaS 企业的兴起只是时间问题。这有待市场和产品的成熟。产品与市场两者始终互相影响，呈双螺旋状发展。但在此之前，中国 SaaS 企业需要从 1.0 走向 2.0。

1.3.2 中国落地：SaaS 2.0

1. 复制到国内永远只是新浪潮的开始，从来都不是结尾

雅虎来了，留下了新浪、网易；Google 来了，长大的是百度；eBay 来了，输给了淘宝。Groupon 带来了团购模式，占领中国市场的却是美团。美团后来还证明团购压根不靠谱，转型做外卖，意图成为中国最大的服务提供商。后来又出来一个拼多多，又是完全不同的团购。

各种商业模式 1.0、产品 1.0，到了中国都需要做"本地化"升级。产品需要符合中国人的沟通习惯，内部组织运作方式要适应中国员工的习惯，市场宣传需要按中国套路来，销售方式也需要按中国销售经理们的习惯做调优。舶来品不是不好，是还不够好。

2. 中国企业需要什么，愿意为什么付费

研究 SaaS 的出路，还是要着眼于客户。放下产品、放下 SaaS 的商业模式，回到原点，看看中国企业有什么需求。换句话说，中国企业愿意为什么付费？想来想去：中国企业最愿意掏钱的，还是增加营收，而不是提高管理效率。

这里讲一个大家耳熟能详，但也许理解还不够透彻的例子——知识付费 SaaS 品牌小鹅通。我从 2019 年开始为小鹅通做常年顾问，到写书这一刻已经 3 年有余。今天就从内、外视角合并分析这款从 2020 年开始爆发的 SaaS 产品。

2019 年年底的时候，小鹅通的创始人老鲍推荐我用小鹅通开通在线视频课。当时，我的公众号有 2 万多个读者，而且每月都在持续增长（到写本书时已增长 3 倍），经常读我文章的 SaaS 圈内专业人士有几千人。有时候我也会受邀在一些线下活动做分享，因为没有营销目的，只讲干货，每次都反响热烈。既然有流量，又有非常匹配的内容。对我来说，为何不考虑为读者增值、为自己变现呢？

这里分析一下我作为一个客户如何看待小鹅通这个"新收入通道"产

品。对我的咨询公司来说，以往根本没有这块收入，现在有机会增加营收，一年至少几十万元。在这样的情况下，我对每年 1 万元左右的价格不敏感。曾经也有销售同类产品的人找到我，说价格低很多，但由于我第一次做线上课程，不敢拿自己的粉丝冒任何风险，也不愿意在 IT 系统上走哪怕一点点弯路，就没有考虑。因为相对于价格来说，我更关心的是课程营销的效果。

接下来发生了什么？首先小鹅通的产品很容易上手，我的流量也迅速按自然比例导入线上知识店铺。这时候，我根本不可能替换在线课程工具了！我和助理的操作习惯暂且不说，关键是所有学员都收藏了我的知识店铺链接和小程序，我的所有用户都习惯了小鹅通的操作方式。我自己团队换 SaaS 产品是小事情，但让客户换平台，就意味着流失。

所以大部分人看小鹅通、有赞，包括加拿大的 Shopify，觉得他们在 2020 年的业绩爆发是源于新冠疫情，其实那只是表象。关键还是产品服务客户的核心逻辑：增加营收的刚需和产品黏性。

我和"兑吧"的创始人陈晓亮也聊过一次这个大商业逻辑的问题。他们在香港上市，主要产品是积分商城，也有较小比例的 SaaS 收入。兑吧的客户包括中国四大银行、海底捞、屈臣氏、微博、爱奇艺等。2017 年、2018 年、2019 年三年的营收分别是 6.5 亿元、11.4 亿元、16.5 亿元。

兑吧最核心的价值是帮这些大企业长期运营客户，并做好短期创意营销活动，直接给客户带来收入。这样的业务设计，客户能不买单吗？兑吧在不断寻找那些能帮客户挣钱的方法并创建这样的工具。离钱更近的产品，在中国更受客户欢迎。

3. 连接，而不是机械地搬到云上

在 SaaS 圈内，我相信现在大家开始逐渐理解：只是把以前 OP 软件的功能搬到云上，这对客户没有价值。这里最好的证明就是神策数据。

神策数据是私有化部署的产品（用户行为分析平台），却满足了 SaaS 模式最核心的本质——按年收取服务费。业内都知道他们增长很快，我在和他们公司高层交流后判断他们的核心能力在于：虽然是私有部署但产品化程度高、实施服务流程标准化能力强、对客户所处领域的业务理解深刻。

OP 又如何？能解决客户问题、按年收取服务费用，就是好 SaaS！

相反地，我遗憾地看到大量新老 SaaS 企业，只是机械地把以前传统 OP 软件的功能，在云端用 SaaS 多租户架构再实现一遍。对客户来说，这有什么意义？客户该用 IT 系统管理客户的，还是管理客户；该管理员工的，还是管理员工，并未得到额外增加的价值。

只是 SaaS 产品用户体验更好、有移动端就行吗？这对企业采购决策人来说都是次要因素。假设我是 CIO，也不会仅仅因为操作体验好而冒险更换用了多年的老系统。

4. 发挥互联网特性

举两个例子，分别是 C 端和 B 端的。

（1）C 端的音乐行业

曾经，中国音乐行业盗版很严重。不知读者是否还记得崔健拒绝在歌迷递过来的盗版 CD 上签名的故事。最后歌星们没办法，只能以开演唱会作为主要收入来源。所以大家经常看到某明星搞全国巡回演唱会。

同期，这方面美国相对更健全，盗版 CD 的事情比较少。但在互联网时代来临后，出现了更大的"盗版"问题。1999 年两位少年开发了一个叫"Napster"的应用，用户可以把 CD 转成 MP3 文件分享给其他用户。当年此事颇有争议。后来 5 大唱片公司在 3 年内把 Napster 告到破产，却没法阻止互联网对音乐行业的冲击。据说 1999 年是全球唱片公司收入最高的一年，之后一路下滑。

2000 年，人们开始大量使用 MP3 设备听音乐。相比磁带和 CD，MP3

文件给人们带来了巨大的便利。人们通过各种途径寻找中意歌曲的 MP3 文件，然后下载到 MP3 设备里。

数字化首先改变了音乐产业。当时所有人都觉得这种听音乐的方式已经很好了，但用 MP3 设备替代 CD 机，就像我说的"仅仅把线下的应用搬到线上"一样，这还远远不够。

后来，颠覆性的"流媒体音乐"App 出现。比如，这几年我一直是"网易云音乐"的付费用户。MP3 设备只是听歌的机器，而一个流媒体音乐 App 给我的是整个音乐世界。打开网易云音乐，用户随时有海量选择，推荐歌单解决找新歌的问题，"私人定制歌单"根据用户的历史收藏给出精准推荐。

以往花费几个小时整理歌曲并下载到 MP3 设备的工作就此画上句号。互联网听歌的方式带来的是更棒、更智能的体验。

（2）B 端的 PRM 案例

SaaS 产品也该利用好互联网特性。把原有的 OP 软件搬到云端，如果价格优势明显，也许在中国还有些机会。但是总的来说给客户带来的新价值太少，销售举步维艰。

以 CRM 为例，如果只帮助企业内部提升销售管理效率，大部分企业管理水平并没有达到深度使用 CRM 的水平，他们只会买市场上最便宜的产品。对这些客户来说，只需要做好客户报备，简单记录销售过程。至于销售预测、交付过程的管控并不被看重。那么他们会买一个 5 千元的产品还是买 5 万元的产品呢？答案已经写在各家 SaaS 企业的损益表上了。

我研究了"纷享销客"CRM 的子产品 PRM（Partner Relationship Management，合作伙伴/代理商关系管理），这是软件和 SaaS 行业都能用得上的"厂商-代理商"协同工具。相对 CRM 而言，PRM 更依赖互联网连接特性。

出于成本及客户资料安全的考虑，代理商不可能直接用厂商的 CRM，所以一般是各用各的 CRM。但两者之间有大量连接任务，比如，代理商的客户如何在厂商全局客户库里做报备（否则双方或多方会经常因为撞单发生矛盾）、代理商的价格折扣审批进度如何查询、开票信息如何传递等。更复杂的业务事项还有厂商的线索如何快速分配给代理商、不同代理商/经销商的不同折扣权限如何管理、分成返点如何计算等。

这种"连接型"的功能才是传统 OP 软件时代的弱项，是新 SaaS 产品的创新所在。以往靠渠道经理在中间用微信传递以上信息，不但浪费三方大量的沟通时间，还不及时、错漏百出。

当然，这里不是推荐大家一拥而上去做 PRM，国内已经有 CRM 厂商可以把这些问题解决得很好。我的意思是要考虑 SaaS 天生在云端，天生善于连接的特性，把新特点发挥出来，做出产品创新。

5. 连接产生网络价值，案例：SRM

SaaS 产品在连接之后，除了提高效率，还会带来更多价值，比如网络价值。

梅特卡夫定律提出：一个网络的价值与该网络中节点数的平方成正比。上面说的 PRM 如此，SRM（Supplier Relationship Management，供应商关系管理系统）也如此。

在很多垂直的生产制造行业中（家电、电子、快消、汽车等），SRM 都是一个常用的连接器。上游厂商需要通过 SRM 寻找供应商（寻源）、签署采购合同、了解生产进度、掌握货物物流状态、收获验货。厂商要与一级供应商连接、一级供应商要与二级供应商连接、二级供应商又要与三级供应商连接，各级之间可能还有交叉关系。可以看出，这就是一张巨大的网络，是 B2B 的网络。

SRM 在初期只有作为工具的价值，OP 版的 SRM 也确实止步于此。而 SaaS 版的 SRM 却可以串起一个平台。

我曾在华为业务与软件产品线担任软件采购专家团成员。在接到一个陌生产品采购需求后，寻源是一件非常痛苦的事情。想象一下，如果 SRM 平台可以告诉我，这类产品在市场上有哪些供应商，他们的型号特点、价格、品质、供货速度、物流效率、合作性等，那么这不仅提高了采购的效率，更重要的是提高了集成后产品的市场竞争力！

这个平台的价值还远不止于此，厂商、供应商之间拉起的网络作为整体得到赋能，平台方则可以提供金融、物流以及生产资料的拆借和集中供给。市场机制永远不能被替代，但基于数字和供应链网络却可以让市场更高效。

至于如何形成网络效应？我更看好聚焦垂直行业的公司。这个逻辑很简单，假设在一个网络中占据 30%的节点方能达到阈值、形成网络效应，那么在有 1 万个节点的网络里，需要占领 3000 个节点，而在一个 100 万个节点的网络里，则需要占领 30 万个节点。

在企业服务市场，只有 Dropbox、Slack 等少数产品能触及 SaaS2C2B 的快速网络营销模式，取得高速增长。绝大部分产品都还需要一个一个签客户，速度不可能太快。因此只有聚焦一个垂直行业或细分领域，才能早日达到网络效应的阀值。

6. 提供增值服务，以 Shopify 为例

关于提供增值服务，以海外的 Shopify 为例。Shopify 成立于 2004 年，它主要为各类零售商搭建独立电商网站。Shopify 于 2015 年上市，之后 5 年股价增加 60 倍，市值高点超过 2000 亿美元。

Shopify 的收入主要分两块：SaaS 年费与增值服务收入。增值服务包括：针对商户的业务，提供支付、物流、仓储等服务。

随着 GMV（商品交易总额）迅速提升（2019 年达 611 亿美元），增值服务收入占比不断增加（如下图所示），从 2015 年的 45%增长到 2019 年的 59%。

Shopify营收及构成（单位：亿美元）

	2015年	2016年	2017年	2018年	2019年
增值服务收入	0.9	2.0	3.6	6.1	9.4
订阅收入	1.1	1.9	3.1	4.6	6.4

■ 订阅收入　■ 增值服务收入

在 SaaS 产品方面，Shopify 于 2014 年推出了面向大客户的"Shopify Plus"（提供更多人工服务、用脚本自定义价格模型、工作流等），已吸引雀巢、联合利华等大品牌购买。

7. 深耕行业提供增值服务，以领健为例

2019 年年底，我与一位老牌海外基金的投资专家交流，他告诉我，由于"通用 SaaS 赛道"基本投完，他们也在看很多行业 SaaS 企业。近年 SaaS 海内外投资也主要是这个方向。行业 SaaS 企业以领健为例，具体讲一下行业 SaaS 企业在中国的成功模式。

领健总部位于上海，在口腔诊所 SaaS 市场处于绝对领先的地位。据介绍，中国约有 10 万家口腔诊所（属于橄榄型市场），领健已经达到 30% 的市场占有率。其中头部的 100 个品牌，已经有 80 家使用了领健的 SaaS 服务。领健 SaaS 业务遇到的挑战主要是客单价太低：口腔诊所利润不错，但为信息化建设的支付意愿不强，一个诊所一年只支付几千元。这么低的价格，需要销售人员上门推动签约，还需要上门实施，因此 SaaS 产品利润贡献不高。

这就是中国 SaaS 企业用 SaaS 1.0 的模式玩不下去的原因。

好在领健找到了发展路径——领健商城，为口腔诊所提供上万种医疗耗材和设备。这满足了大量诊所的采购需求：帮助诊所在采购时拉平各级供应商的信息不透明和层级差价，并根据物品成交量提供采购补货周期策略和库存预警策略。有数据增值价值的才是商业 SaaS，只靠工具 SaaS 的客情多卖实物产品的不是。

可以看到，领健提供给诊所的商城服务与 SaaS 工具本身是紧密相关的：库存预警、全网价格对比、订单物流、安装、未来提醒到期检查及更换，这些都能数字化跟踪和管理。据了解，领健的 SaaS 业务和商城业务近几年都在高速发展。

除了诊所 SaaS，我也与一位家政 SaaS 创始人交流过。两年前聊的时候，我还觉得这个行业的客户支付能力弱、信息化需求低，SaaS 企业无法生存。没想到今年再聊起来，发现他们做了很多给家政公司的增值服务，公司已经能盈亏持平了。

8. 无论是机器还是人，服务端到端才有价值，以慧算账为例

在前书中，我写过"慧算账"的例子。后来我又有机会与一位慧算账的投资人长谈过两次。慧算账通过"SaaS+财税服务"模式，为中小微企业提供代记账等服务，看起来更像一个巨型代记账公司。

这位投资人的一句话让我对"Service（服务）"的理解突然提高了一个层次。她说，"Software as a Service"，SaaS 是提供服务，但它提供的服务与人工提供的服务不都是"服务"吗？关键是，能否给客户一个端到端的服务。也就是说，软件或者人工服务，这都只是形式。形式不重要，关键是目的——给客户提供的服务要完整、有闭环、有价值！

回到慧算账的例子，随着 OCR（Optical Character Recognition，文字识别）、RPA（Robotic process automation，机器人流程自动化）、电子发票这些技术和规范的成熟，机器会逐渐替代人，这就是慧算账相对传统代记账公司的优势。

9. SaaS 2.0 与 SaaS 1.0 的核心区别

SaaS 1.0 的企业，例如 ServiceNow、Docusign、Workday，他们历年收入的订阅比例都保持或不断提高到 90%左右。

这里的逻辑是，机器提供的服务边际成本极低。花费 1 亿美元研发的产品，服务 10 万个客户分摊的成本，远低于服务 1 万个客户。相对于几百、几千美元每年的 SaaS "人年"服务费，客户企业每多采购一个坐席，SaaS 产品需要增加的服务器、带宽成本可能只有十几美元。

而人工费用则不同。如果一个 SaaS 产品的咨询（或实施、定制开发）费用占比 1/2，意味着这一半的成本并不会随着客户数量的增加有多少下降空间。相反，由于咨询顾问、分析师、实施顾问、客户成功经理、项目经理的培养需要 1～3 年的周期，这会成为 SaaS 企业增速的瓶颈。

所以 SaaS 1.0 的逻辑，用机器提供服务，不断降低机器服务的成本，这是非常合理的。

但这是低竞争格局下的商业模式，而 30 年来，中国的 IT 服务市场一直是高度同质化竞争的市场。具体到一个领域的 IT 产品提供商，向上面临国际厂商 Oracle、SAP、微软巨大品牌势能的压力，向下又有小软件作坊的低价及无限承诺定制开发的竞争。纯机器服务的 SaaS 1.0 模式本身护城河太浅，从 2015 年以来举步维艰。于是勇于拼搏的 SaaS 创业者闯出了中国的 SaaS 2.0，其中包括本文提到的所有中国 SaaS 企业：有赞、兑吧、小鹅通、领健、慧算账、纷享销客等。

中国 SaaS 2.0 是对美国舶来品 SaaS 1.0 的版本升级。其实这也是西方成功商业模式必须本地化适配的常见情景，并没多特别。改革开放 40 多年来，从来都是如此：先学习，再调适。

1.3.3　SaaS 2.0 的趋势

既然是"升级版"，SaaS 2.0 所带来的发展趋势有哪些呢？

SaaS 创业路线图 2.0
to B 企业的创新与精细经营

1. 趋势 1：找到更为刚性的需求

其一，"外部合规需求"。

前文提到的医药行业的改革，带来的合规需求，就是医药 CRM 的刚需。

有一次我与谷器数据的 CEO 交流，他们主打汽车行业的 SaaS MES（Manufacturing Execution Solution，面向制造企业车间执行层的生产信息化管理系统）产品。听起来是一个纯内部管理工具，其实 MES 的关键也是外部合规需求。这个需求来自下订单的买方，叫作"追溯"。简而言之，整车厂给一级供应商下订单；一级供应商的部件中也有需要外购的，再给二级供应商下订单；二级再给三级下订单……环环相扣。一旦下游（例如整车厂）发现有的零件出现质量问题，就需要上游供应商确定出问题的批次，并可能发生召回。如果没有 MES，精确追溯和批次追溯无法进行，那谁也不敢把订单给这个供应商。

这和 CRM 的情况类似，如果没有甲方强制的合规需求，好多工厂就用 Excel，甚至纸卡代替 MES 了。这就像大部分 to B 销售公司还在用电子表格管理客户和商机一样。

其二，帮客户多挣钱的商业 SaaS。

2018 年年初，我和崔牛会的创始人大崔交流，就不谋而合地聊到"商业 SaaS"的概念。

小门店需要获得新客户，连锁门店希望把老客户的圈子转起来。当前阶段，中国的大中小公司的急迫需求莫不如此。客户就是要更快的马车，而不是汽车！因为道路不允许，交通规则还是为马车设计的。

2. 趋势 2：拥抱生态

前文讲到小鹅通的产品，我作为在线课程输出者，不止是把它当作视频课、直播课、专栏课、会员课的载体，更重要的是它可以作为一个微信生态的营销工具。新课程宣传在微信公众号上发，在微信视频号下面放链接，在微信群和朋友圈转发。而小鹅通擅长拼团、优惠、裂变海报等十多种营销玩法。

从小鹅通的角度看，160 万个知识店铺、2000 万门课程，每天在微信生态里有亿级以上的传播量。这些传播既宣传老师们自己的课程，也顺便宣传了小鹅通的产品，教育了微信十几亿个用户。这就是生态的力量。

除了腾讯生态（腾讯云、微信及企业微信），SaaS 的另外几个重要生态是阿里云+钉钉+ISV（Independent Software Vendors，独立软件开发商）、字节跳动系飞书+飞书 ISV、华为云生态。这几年我与这 4 家平台都有直接交流。

阿里巴巴的 to B 商业操作系统最成熟，包括钉钉作为产品也最早出现。2022 年 11 月我受邀去杭州在云栖大会钉钉分会场演讲，看到钉钉生态里的低代码、酷应用从支撑技术到服务落地都有很棒的能力。

字节跳动系掌握了移动互联网时代的最强推荐引擎，这是搜索引擎、微信生态之后的又一个王者。我与飞书的高层交流，发现他们的产品解决的问题更场景化，很有互联网思维。在 2022 年 12 月份的中国 SaaS 大会上，我与火山引擎生态负责人对话，也感知到字节跳动倾全公司之力发展 SaaS 生态的决心。

华为云则在 2022 年 9 月举办生态大会，高调宣布启动华为云 SaaS 生态的建设。

作为腾讯 SaaS 加速器导师，我对腾讯加速器的情况了解得多一些。腾讯 SaaS 加速器在新冠疫情前每月底都有线下培训活动，90%以上都是 CEO 们亲自参加。难得有这么多 SaaS 企业的 CEO 定期聚在一起，他们除了听课和交换商业认知，也在产品、市场方面找到了很多合作点。腾讯的微信是所有 SaaS2B2C 公司（用 SaaS 产品的客户直接服务消费者，例如教育机构）的大杀器，有赞与小鹅通就是例子。

to B 是一个碎片化市场，这 4 家平台如果坚持投入，都会在自己擅长的领域里占有一席之地。而 SaaS 企业也同样需要结合自己优势和目标市场的特点，与适合自己的一个或多个平台合作。

3. 趋势 3：保持开放

互联网本身就是开放的。如果 SaaS 公司做的产品没有开放的 API（Application Programming Interface，应用程序编程接口），就丧失了互联网产品连接的特性。这方面有两个案例可以分享。

云计算分为 IaaS（Infrastructure-as- a-Service，基础设施即服务）、PaaS、SaaS 三层。在这三层中，美国在 SaaS 部分营收最大，而中国在 IaaS（阿里云、腾讯云、华为云等）部分的营收比 SaaS 大得多。

腾讯云在 2019 年 9 月建立了"SaaS 技术联盟"，邀请 SaaS 企业一起制定 IPaaS（Integration PaaS，集成 PaaS）标准。他们把 IPaaS 比喻为各个本不相连的"SaaS 池塘"间的统一直径和颜色的水管，以实现多方统一。可以想象，各家 SaaS 企业之间的对接工作量将会大大减少。

其实，我自己对 IPaaS 还有更高的期望：IPaaS 作为"排式电插座"，各家 SaaS 产品都直接用标准 API 通过"电插头"插到 IPaaS 上即可。这样 SaaS 产品之间的对接都可以省去了。

另一个案例是钉钉上的氚云。我与氚云 CTO 张华面对面交流过一次。我以前对多家 SaaS 产品服务同一个企业的架构是这样考虑的，如下图所示。

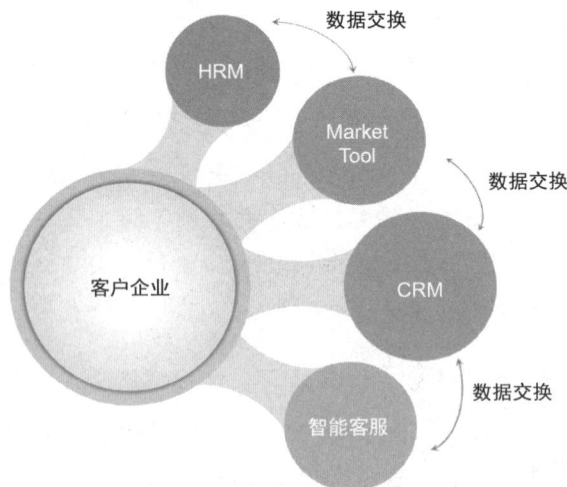

各个 SaaS 产品之间只需要打开 API 互相交换数据，就可以避免以往传统 OP 软件的"信息孤岛"问题，实现各个业务系统之间的协同。

但在和氚云团队交流后，我的认知改变为：其一，各个 SaaS 系统可以对接氚云这样的业务及数据"总线"，后者可以进行统一的数据分析、处理和展示；该总线可以从业务流程的角度驱动各个 SaaS 系统中的业务运转，而不仅仅是数据流转；其二，由于氚云具备 APaaS（Application PaaS，应用 PaaS）能力，客户或客户的 SI（System Integrator，系统集成商）可以在氚云上无代码或低代码定制自身需要的 IT 系统。

在 SaaS 落地中国的过程中很需要这样的创新。越是开发艰难的市场，越需要 SaaS 产品更加开放，SaaS 企业之间更多的合作。

4. 趋势 4：错位竞争

所谓定位，就是结合自身具备的优势，找到差异化产品及竞争策略。这个优势，可能是技术上的、资源上的，也可能是组织能力上的。SaaS 圈有很多对"冤家"，从诞生开始就一路对抗，结果往往是两败俱伤。过度竞争背后有几个原因，如下所示。

一是愿景太大，都期望成为自己领域的绝对霸主。

二是 SaaS 的商业模式决定了前 5 年并不急于创造利润，所以在营销上不计成本地抢市场占有率（这一点在 2022 年开始有重大改变，详见后面的章节）。

三是国内市场对知识产权保护不足，产品同质化严重。

四是在 2018 年之前，国内 SaaS 团队大多没有意识到"SaaS 的本质是续费"，对获客后续费的难度预计不足，以为卖多年单就算占住客户了。

错位竞争才是 SaaS 企业未来最合理的竞争策略。多关注客户，少看竞争对手。

1.3.4 中国产业互联网的 SaaS 2.0

中国产业互联网的帷幕正在缓缓拉开。

我在商学院里听过不少产业互联网实践的案例，全都还在萌芽阶段艰难摸索。首要难题是传统行业的数据化程度不足，没有数据化就没有智能化和网络化。产业互联网升级不能逆水行舟，只能顺水推舟、依趋势而动。

作为管理工具的 SaaS 1.0 在这个过程中能产生的价值有限，产业互联网改造需要 SaaS 2.0 这样的商业化工具。在产业互联网中 SaaS 是数据中心，是连接器，是创新引擎。

SaaS 1.0 是舶来品，有点水土不服；中国 SaaS 2.0 是对舶来品的"本地化"升级。SaaS 2.0 不是技术升级，而是商业模式的升级和中国本地化落地。未来 3~5 年，中国 SaaS 的机会在 SaaS 2.0。我相信，不成熟的商业环境是中国 SaaS 的镣铐，也是钥匙。

也许在此之后，SaaS 1.0 的机会才会到来，它只会迟到，但绝不会在中国的数字化进程中缺席。

第 2 节 未来的可能性：2023—2025 年

站在 2023 年回望过去，中国 SaaS 创业者经过多年的探索，把美国成功的 SaaS 商业模式落地在中国。虽然在估值上起起落落，但从人的角度看，从业者不断进步、优秀的人才不断加入，这是未来中国企业信息化、数字化的基本盘。

2.1 长期增长下的机遇

2020 年年初总结 2019 年该行业的时候，业内朋友都说当年营收过亿元的 SaaS 企业屈指可数。2020 年过完，我们突然发现 4 个人的手指头也数不过来了。在这巨变的几年，沧海横流，方显出英雄本色。

2.1.1 中国经济：未来仍将保持高增长

谈 SaaS 这么大的领域话题，我们先看看更大的宏观经济环境。

2019—2022 年，中国 GDP 增速分别为 6.0%、2.2%、8.4%、3.0%。虽然中国经济增速在 2020—2022 年期间受新冠疫情影响波动很大，但这也比全世界主要经济体的增速都要快很多。

"人口红利消失""中等收入陷阱""后发优势减弱"等，这些现象为什么没有在过去 10 年发生，也不会在未来 10 年发生呢？我在中欧商学院听了朱天教授的"中国经济"课，终于找到了答案，也更加笃信，中国经济未来仍将保持高增长。

首先，区分一下经济的"长期增长"和"短期波动"。长期增长是增加生产能力的问题，短期增长是如何充分利用生产能力的问题。常说的"三驾马车"（消费、投资和出口）只能影响 GDP 的短期增长率。如果增加消费就能带来长期增长，那大家一直玩命借钱、花钱就行，还努力工作干什么？其实，消费增长只是经济增长的结果，而非原因。

直接抛结论，经济增长的直接动力是投资、教育、技术进步。"高经济增长"来自"高投资"，"高投资"来自"高储蓄率"，而"高储蓄率"来自哪里呢？只能是中国的传统文化。其实，部分受儒家文化影响的区域，包括新加坡、韩国等，都有高储蓄率现象。

再看"教育"这一项，儒家文化带来家长对孩子教育的重视，使得中国的基础教育水平处于领先地位（投入时间的性价比有待提高）。从近几年专利数量、国际学术期刊论文发表数量、最有影响力的科学家排名、全球创新指数排名中都可以看出，中国人的创新能力同样很优秀。这说明中国人不是创新不行，而是对创新的重要性认识不足、创新意识不够。

至于第三点"技术进步"，中国仍有很大空间。

按此推论，中国经济在未来仍然会保持高速增长。当然，国家的经济治理能力也需同时提升，否则内部分配效率也会制约发展速度。

这里"投资决定发展速度和生产力"的逻辑，同样适用于 SaaS 领域。与美国相比，2015 年之前的 20 年是中国软件行业缺失的 20 年。起步晚、产品弱、中高端市场被 Oracle、SAP、微软占领，没有形成多少产品、技术、人才和资本上的积累。

2015 年"SaaS 元年"以来，上千亿元的投资砸下来，终于看到一些起色。我们需要的是"高投入—优秀产品—激发高需求—营收高增长—继续高投入"的循环。中国的"企业软件"支出占 GDP 的比例还达不到全球平均水平。但软件占比低，是软件生产力不足，而非无需求。直白地说，没有优秀的产品，就没有高需求。

用朱天教授的话说：SaaS 领域的短期增长是如何做好营销的问题，但长期增长仍然是加大投入、增加产品力的问题。

2.1.2 数字化基础的巨变

中国经济的高速增长会为 SaaS 企业带来更多发展机遇。近年来，我还发现了一个巨大的变化——中国数字化的基础正在巨变。

1. 中美数字化基础的差距

过去 10 年来，硅谷的 Marketing Cloud（营销云）发展迅速，涌现出不少成功的 SaaS 产品。我认为西方世界有良好的数字化基础：一是电子邮件，二是 LinkedIn 等详细数据的提供者。美国的营销电子邮件打开率有 30%，而中国估计连 1‰ 都不到。至少我的大部分广告邮件都被 QQ 邮箱拦截了，漏网之鱼我也不会细看，更不曾点击邮件中的跳转链接。

而 LinkedIn 在西方却是梦幻般的存在。我在一家法资公司工作过 5 年，后来很惊讶地发现公司所有同事都在 LinkedIn 上有自己的简历，包括我的老板。对比一下，智联招聘上的高端简历经常还不敢留全名，很多都是"张先生""李女士"之类的。这源于 LinkedIn 的定位不是求职网站，而是职场社交。部分我当年的老同事已经回到法国，但现在还会在 LinkedIn 上给我发消息聊天。这个信息源就是极好的数字化基础。

而中国职场人信息和企业信息则非常分散。虽然有查企业工商信息的地方，但大家都知道工商数据有多不及时，经常办公地址都和实际情况不吻合。

2. 正在发生的变化

首先，2020—2022 年疫情期间，线下行为被迫搬到线上。而线上天生就是数字化的。以往现场开会，很难知道——谁来听了多久，听了哪些演讲者的内容，听完是否点击链接打开官网进一步了解产品，是否下载了白皮书。而在线上会议中，这些都可以实现和记录成数据。

再看看服务。十年前，用户有问题都习惯直接打"400 电话"。随着微信的普及，越来越多的用户转用 IM（Instant Messaging，即时通信）咨询问题。对用户来说，这有两个好处：服务端可以安排同一个人来服务，信息连贯不用每次从头说起。

对服务企业来说，这个好处就更大了：其一，可以用 AI（Artificial Intelligence，人工智能）机器人回答大部分问题；其二，留下数字化的服务过程。

当然，开会、热线服务，这还只是众多场景中的两个而已。在更多场景中，中国的人及企业信息还是非常分散的。我认为能整合分散信息，形成全景数据视图的产品将有非常广阔的前景。

2021 年，我与火眼云的创始人、CEO 张陆鹏详聊过两次。他们通过几年的努力，搜集并整合了众多动态、脱敏数据，其中有数百亿条网络公开信息。在这些数据的基础上，他们为客户提供提高营销效率的自动化工具。我认为这是未来两年中国 SaaS 产品的重要趋势——基于多方数据、基于更好的数字化基础，提供与西方国家不同的数字化工具，这相当于美国的"LinkedIn+邮件营销"。而且这不限于营销云，销售云、服务云、行业 SaaS 都有这样的机会。

2.1.3　行业 SaaS 的三重价值

从 2019 年开始，我就到处宣扬中国的行业 SaaS 会有更快的发展，这不是说通用型 SaaS 不好。后者只是时机未到，在下文也会谈到。近 5 年我见过上百家行业 SaaS 企业创始人，看得出他们有这样三重价值。

1. 第一重价值：首先用工具 SaaS 去占领市场

做行业 SaaS，首先要靠一个工具 SaaS 去占领市场。无论是哪一个细分市场，都需要去做一个好的、高质量的、客户容易用起来的 SaaS 工具，去获得一定的市场份额，得到一定的客户数量。如果能够成为某个领域的行业第一当然是最好的，"行业第一"的市场地位会很有价值。

无论是巨大的餐饮、服装等一级行业，还是小到"运动鞋制造"这样小的细分行业，排在第一名和第二名的 SaaS 企业都会非常有价值，第三名和第四名的机会就很小了。先切入细分市场，这是更快、更稳的竞争策略，有利于形成自己的护城河。

2. 第二重价值：通过增值业务增加客户的黏性，发展为商业 SaaS

增值业务不仅能为企业带来增值收入，还能更好地绑定客户。比如集中供货，从供应链角度来服务客户；再比如用金融的方式、移动支付的方式，把客户更好地绑定在产品上。如果能够进一步把客户的客户都绑定在产品里，大家组成一张网，当然就更好了。

3. 第三重价值：形成双边市场及网络效应

许多公司还没有看到这一层。通过比较深入地接触国内外的 SaaS 企业，我预计这会是一个更重要的、更有想象空间的机会。

SaaS 系统是客户业务运作中很重要的一环，行业 SaaS 企业的产品迟早会介入客户的整个业务中。这时就有可能产生双边效应，进一步形成网络效应。比如滴滴，一边有出租车司机和专车司机，另一边有大量的乘车用户。

当通过一个 SaaS 工具把两边的市场，甚至整个网络搭建起来时，首先，它形成了一条极好的护城河，其次，透过 SaaS 产品能更深介入这个行业的产业互联网改造。这将是一个巨大的机会。

目前已经看到一些行业 SaaS 企业有了第二重价值，预计在未来的五年中，会有更多的行业 SaaS 企业走上这样一条有三重价值的发展道路。当然，在这样的三个发展层级中，对创业团队的组织能力和业务能力有三个级别的要求，企业要在这个过程中不断地升级自己。

那么贯彻始终的核心是什么呢？是数据。做工具 SaaS 获得了数据，做增值业务则是利用这些数据给客户带来更多的价值。比方说有的 SaaS 企业提供这些数据给客户，帮助客户向银行申请贷款，客户能以更低的成本获得商业贷款。总有一个场景，让客户愿意将其数据贡献出来，去做对其更有价值的事情。

连接双边市场需要围绕数据，网络效应很多时候也需要围绕数据。正如腾讯的核心资产是微信及 QQ 的关系链一样。将来在各个行业里，那些头部 SaaS 企业都有可能通过关系链、供应链、金融方面的链条，把整个行业串起来。我相信这是行业 SaaS 企业最终一定会走的道路。当然跨行业连接的挑战会更大一些。

通过观察美国和中国的市场，我认为中国 SaaS 企业创造出的为客户带来价值的模式，会跟美国的 SaaS 企业非常不同。中国模式的复杂度可能会更高，但是也会更落地，更能够直接地帮到各个行业的产业互联网化的改造。

当前我们各行业里产业互联网的基础很薄弱。不仅是信息化的基础、数据的基础很薄弱，还包括整个业务链条打通的问题。基础薄弱，需求更深，更难以满足，中国 SaaS 企业因此反而有可能获得更深入的创新机会，也许 5～10 年后的成就会比美国 SaaS 企业更大。

2.1.4 通用 SaaS 的未来更值得期待

行业 SaaS 有这么多可能性，那通用 SaaS 的未来在哪里？

除了少量"通用 SaaS"能找到"切交易"的场景，例如聚合支付、报销管理，大部分通用 SaaS 就是为提高效率而生的。其实硅谷的大部分 SaaS 企业也在这个方向上发展。为何国内的通用 SaaS 产品没有像硅谷 SaaS 产品那么成功？除了客户需求不一致、软件工程基础弱、产品力不足、社会数字化基础差，还有一个重要原因，就是人工还不够贵。大家可以想象，如果工人的工资很低，手工工厂就不会大规模购买机器人。企业提升效率的需求不急迫，这是通用 SaaS 市场狭小的客观原因。

好在这个情况正在逐年变化，2019 年中国人均 GDP 已经超过 1 万美元，14 个城市超过 2 万美元，其中 4 个一线城市的人均 GDP 在 2.5 万～3 万美元。对比一下，世界主要国家，人均 1 万美元是俄罗斯、巴西的水平；人均 2 万美元是斯洛伐克、沙特阿拉伯王国的水平；人均 3 万美元则接近西班牙、韩国的水平。我见到的软件很"值钱"的国家，则是英国、法国、日本这些人均 GDP 超过 4 万美元的国家。可以看到，中国一线城市的人均 GDP 正在快速接近英国、法国和日本，其对 SaaS 工具的需求也会越来越强烈。

如前文所说，中国未来每年仍会保持高增速，一线城市的人均 GDP 会在 3～5 年接近英国、法国和日本。随着人均 GDP 的快速增加，对提高效率的 SaaS 工具的需求也会迅速增加。市场需求与产品力是互为推动的双螺旋关系，在 to B 领域中这是一个渐进，而不是突变的过程。to B 的"慢"正源自于此。

目前通用 SaaS 产品的主要对手还是 Excel（手工操作）和小定制开发

作坊。前者会被人均 GDP 的增长打败，后者会被不断扩大的市场一致需求打败。而相较于商业 SaaS，通用 SaaS 是用机器提供服务的，它有以下特点。

- 可复制性好、边际成本低。

- 收入可持续（前提是保持高续费率）。

- 产品迭代快、复杂度高，易形成资本投入护城河。

- 通用型产品更易形成品牌积累。

这些就是我说的美国 SaaS 1.0 的特点。我到处说中国 SaaS 2.0 有机会，是因为 1.0 在中国的时机未到；一旦时机到了，1.0 的扩张速度会更快，财务模型也会更漂亮。而这个时机，将在未来 3～5 年出现。

2021—2025 年是中国 SaaS 大发展的第二个 5 年，千帆竞发、百舸争流！虽然有起伏、有周期，但数字化趋势在此，终将涌现出大批创业英雄证明自己的价值。

2.2　中国 SaaS 的希望之路

2.2.1　中国 SaaS 有没有希望

2022 年，中国 SaaS 的前景 2020—2021 年的"辉煌"（估值）胜利被打得烟消云散。2023 年年初，在一些投资圈里，又翻起一个老话题——中国 SaaS 有没有希望？

我想，中国 SaaS 希望之事，从 2011 年我随纷享销客创业以来，并没有变化。反复波动的只不过是市场及投资圈的预期罢了。悲观的来源有两部分。第一部分是时间能逐步解决的，如下所示。

（1）商业不成熟、需求不一致，做标准产品难度大——我相信竞争产生趋同行为，行业标准和最佳行业实践会逐步产生，标品的效率也会战胜定制开发。

（2）白领缺少 IT 基础和自主研究 IT 产品的习惯——可以看到，中国设计师领域已经在发生变化，他们在企业里自主选择 SaaS 工具并推荐给老板购买；其他领域的新生代白领本就是移动互联网时代的原住民，只要有易上手、能解决问题的优秀产品，这个问题就会逐渐被解决。

（3）由于人员工资低，老板不重视提升效率、不愿意购买效率提升工具——随着中国人均 GDP 突破 1 万美元，并且一二线城市的工资水平在过去几年中飞速上涨，情况已经在发生变化。

（4）还有一点就是中美企业支付软件费用的方式及决策流程有很大差异。

悲观的第二部分来源则与中国经济结构有关，结构性问题似乎没有变化的可能性。中国高利润行业是央企、国企和半垄断的行业寡头，他们并不需要标准的公有云 SaaS 产品，只需要本地部署的定制开发。

这确是实情，但只是实情的一角，而非全部。我们需要拿统计数字来说话。2019 年中华人民共和国国家发展和改革委员会主任在回答记者提问时，提到了著名的民营经济"56789"。

5——民营经济贡献了中国经济 50%以上的税收。

6——民营经济贡献了中国经济 60%以上的 GDP。

7——民营经济贡献了中国经济 70%以上的技术创新成果。

8——民营经济贡献了中国经济 80%以上的城镇劳动就业。

9——民营经济的企业数量占 90%以上。

我们分析一下这些数字与 SaaS 发展的关系。

第一，民营经济贡献了 50%以上的税收和 60%以上的 GDP——这说明民营企业才是 SaaS 产品天天接触到的经济主体。

第二，民营企业由于没有许可证垄断优势，只能在各方面进行创新，贡献了 70%以上的技术创新成果——这说明民营企业老板并不缺少在技术上投资的热情。

第三，民营经济用到 80%的城镇劳动人口——这说明民营企业员工才是 SaaS 产品服务的主要对象。

这里特别提出一个我认为应该讲一讲的观点。有人认为中国大部分 IT 投入都来自营收规模 Top2000 的企业，央企、国企在中间占了大头。而我认为大量民企并不是不愿意做技术投入（参见上文技术创新的数字"70%"），而是 SaaS 供应商没有提供真能帮他们解决问题的好工具。作为从业者，我们应该扪心自问一下。

我们的 SaaS 产品和服务在过去十年并没有帮这些挣扎求存、"刀头舔血"的民营企业解决很多实际问题。这一点我们可以从国内大部分 SaaS 产品的续费率、NPS（Net Promoter Score，净推荐值）中看出来。

在 2015 年、2020 年两轮大投资热潮下，大量 SaaS 企业围绕投资人的要求努力增加营收、提升 ARR，但对真正的客户问题理解不够。而把在硅谷验证过的产品复制到中国来，效果更不好。

我们不能反过来责怪这些客户不行，不能责怪客户管理水平低、吸收不了 SaaS 产品承载的高级管理思想，不能责怪客户企业人员素质低、不能掌握先进工具的正确操作方法……SaaS 企业生来是要给客户带来价值的，而中国的 SaaS 产品要为中国的民营企业解决实际问题！躬身入局、贴近客户、急客户所急、陪客户跺脚……这些我们做得远远不够！

所以，我的结论是：中国 SaaS 大有希望，因为我们服务的是一个大有希望的群体。只不过，在过去十年，很多 SaaS 企业都走错了路！

我希望这部分文字除了批判，也能有所建设。为此，我采访了 10 多位中国 SaaS 圈很有思想的创始人，问了他们同一个问题——如果中国 SaaS 有希望，那这条希望之路会是什么样的？

2.2.2　希望之路在哪里

1. 用产品及服务帮客户解决问题

作为小鹅通的顾问，我与创始人老鲍经常长聊。2022 年 11 月月底我们探讨的话题是如何在快速变革的组织中"统一思想"。老鲍给了我一个非常有冲击力的答案——小鹅通统一"底色"的方式很简单，就是"帮客户解决问题"。

通过这样一个简单、易评价的标准（"你有没有帮客户解决问题"），找到共同语言，达到上下一致，且能在形势变化时快速调整。

我个人理解"帮客户解决问题"的价值在于：

第一，保证大家不脱离实际，不做一些天马行空的无用功。

第二，决策有了清晰依据，令各部门提高协同效率。

第三，这件事是"时间的朋友"，长期这样干，团队的业务水平就越来越高。

由此，我突然发现"帮客户解决问题"这句话不是常见的口号，而是更互联网化的组织思路和人才选拔路径。这令我大受启发！

正是在这样朴素的思想指导下，小鹅通连续 3 年取得惊人增长，全公司人效也达到 SaaS 圈的高段位水平。小鹅通的成就，除了上上下下的努力，也是独立思想的胜利。面对中国 SaaS 希望之路的问题，创始人鲍春健说："很多人参考国外 SaaS 的发展，说中国 SaaS 大有希望，但后来大家在经历了很多痛苦之后，有些怀疑了。我之所以依然坚定，是因为这几年在小鹅通的发展过程中，我真实感受到了客户对于工具需求是在持续增加的。"

第 2 位被我问到这个问题的是酷家乐 CEO 陈航。作为一个 PLG（Product-Led Growth，产品驱动增长）公司、中国 SaaS 领军企业的 CEO，他认为中国 SaaS 的"希望之路"是"购买 SaaS 的企业和 SaaS 企业更良性地互动，互相尊重，长期共同发展，实现共赢；中国的就是世界的，中国涌现出一批世界级的创新场景，中国的 SaaS 能代表全球领先的科技应用方式。"

第 3 位被我问到的是 EC 创始人、CEO 张星亮，作为圈内知名 SaaS 企业的掌舵人和 SaaS 圈的前辈，他做了冷静客观的分析："数字化已经成为中小企业的生产力工具，越来越多的商业化 SaaS 被企业接受，SaaS 模式让他们随需而取，并且做到应用互联，逐步渗透到企业的各个环节，我认为这是一个巨大的市场。"

斗棋云是我接触的一颗 SaaS 领域的新星。他们早期是服务工程行业大客户的，在做大项目多年后，突然转身，重新做了一个非常标准的 SaaS 产品。他们来自钉钉和企业微信的线索转化率都非常惊人，销售团队的人效在 SaaS 圈也属于超高段位。一年之内我与其创始人文宝兄聊过不下 10 次，在交流中我发现斗棋云对大客户个性化需求、新式获客方式、产品布局、新组织形式等方面都充满了独特的、互联网式的思考。

这次，斗棋云创始人、CEO 杜文宝这样回答我的"希望之路"的问题："SaaS 一定会由趋势变为现实，回归商业本质，解决供需错配的问题。通过好产品、好服务为客户提供所见即所得的价值服务，就能实现助力每一个行业数字化转型升级。"

聊到中国 SaaS 的"希望之路"，当然不能缺少在 2005 年创立 SaaS 领军企业北森云的纪伟国。2022 年，伟国兄在一次对话节目中向我介绍了北森云在产品决策中的最佳实践，那段对话我广为传播，因为个中思想对 B 轮融资之后的 SaaS 企业都大有裨益。关于希望之路，北森云的答案是"继续聚焦一体化 HR SaaS"。这一点本书后面章节还有详细探讨。

这么重要的话题，也不能漏了我的 SaaS 创业起点——纷享销客。近几年纷享销客同样在逆势中取得了大幅增长，行业化的方向也越来越清晰。纷享销客创始人罗旭这样回答我的问题："我认为企业成功的本质还是产品价值与自身商业能力两个维度的突破，要出类拔萃。"

从以上中国领军 SaaS 企业掌舵人的视角，我们可以看到—— 用产品及服务帮客户解决问题，才是中国 SaaS 的"希望之路"。我特别喜欢"帮客户解决问题"这个提法。相对于"客户第一""以客户为中心"的口号，"帮客户解决问题"更清晰、更具体，更容易操作和评价。

结果由初心决定。

2. 管理升级、效率提升

在那次采访中，纷享销客创始人罗旭还提到一点："没有一流的管理，不会有一流的价值创造力，也不会成为有一流竞争力的企业。"这一点我特别认同——内圣方能外王。企业自身管理水平和数字化水平上去了，才能证明产品理念能帮到客户。

中国行业 SaaS 的佼佼者领健 Linkedcare 的创始人、CEO 吴志家也提出了自己关于提升效率的看法："未来一段时间，宏观经济底层逻辑变了，靠'烧钱'追求增长的时代过去了，对于 SaaS 企业而言，赛道的选择、PMF（Product-Market-Fit，产品市场匹配）就显得极其重要。"

这次，神策数据创始人、CEO 桑文锋也回答了"希望之路"的问题："我对中国 SaaS 的发展是抱有希望的，但它就像《论持久战》里讲的，不是速胜的，而是持久的。"

是的，to B 是慢活，躬身入局的从业者就是自己的救世主。

3. 合作与生态

2022 年 SaaS 圈最大的变化是合作生态上的变化。10 月份，在准备"云栖大会"发言的过程中，我就感受到钉钉酷应用、低代码等技术日趋成熟；11 月份，在"中国 SaaS 大会"上，通过与火山引擎的对话，我感到字节跳动倾全公司之力发展 SaaS 生态的决心。

而在我这次采访的 SaaS 企业 CEO 中，也有 3 位创始人表达了对"合作"这条希望之路的看法。

衡石创始人、CEO 刘诚忠是这样说的："私有部署和个性化需求不再是洪水猛兽，SaaS 伙伴能够通过低代码、BI-PaaS、混合云等新型产品和技术轻松应对个性化需求和私有部署需求，保护好自己的核心业务的标准产品形态，能专注投入业务价值的提升，就能形成良性的增长路径。"

2021—2022 年，衡石 BI-PaaS 也在产品合作上趟出了一条新路。在不少 SaaS 企业的产品中都集成了衡石的 BI 产品，由此双方在产品、销售渠道、实施过程中都形成了合作。

我也采访了分贝通创始人兰希，他认为合作生态、增值业务是中国 SaaS 的两条希望之路。

卫瓴创始人、CEO 杨炯纬是 2022 年 SaaS 圈的活跃分子，我很喜欢他们的产品创新能力。我俩在多个场合相遇、交流探讨，他也回答了我这次的问题："各家企业的产品都具备非常强的可连接性、互通性，能够与其他产品共同形成最适合客户的一体化解决方案；市场上形成更多的专业的咨询机构和服务体系、与 SaaS 软件服务商共同形成良好的生态合作关系。这就是希望之路。"

对此我非常赞同。在 SaaS 生态中，有平台公司，有 SaaS 产品公司，也有咨询公司和集成商。大家扮演好各自的角色，就能一起最有效率地帮客户解决问题。

2.2.3　更新后的中国 SaaS 热度曲线

基于我近十年在两个 SaaS 大周期中沉浮的经验，以及与多方交流、"陪跑"多家 SaaS 企业吸收的信息，我为未来三年中国的 SaaS 圈做了一番推演。总的来说，2023 年仍然会面临 2022 年的惨淡局面，投资稀少、大量 SaaS 企业凋零、成熟优秀的 SaaS 企业业绩还不能令投资人满意。到了 2024

年，成绩优异的 SaaS 企业会吸引投资人回流。我估算以目前国内这些头部 SaaS 企业的业绩增速，到 2025 年会逐步开启 IPO 之旅，届时将迎来新一轮 SaaS 投资热潮。而对于大部分 SaaS 企业来说，关键是不能"下牌桌"，要活到那个时候。

基于上述对未来三年的预判，在此我更新了"中国 SaaS 的 Gartner 热度曲线"图，如下所示。

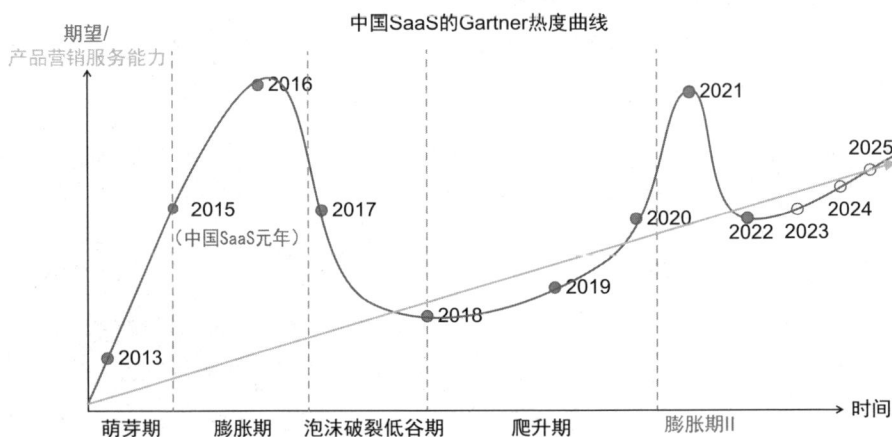

中国SaaS的Gartner热度曲线

和 2017—2019 年的低谷一样，2022—2024 年的低谷最终仍然会以曲线（期望波动）与直线（SaaS 企业的产品营销服务能力的积累线）相交而结束。

经历了十年的起起伏伏，周期一直就在那里，在这一点上中美 SaaS 没有差别。差别在于美国 SaaS 产品从开始就找对了道路，用优秀的产品直接帮懂软件的用户解决问题；而在中国，SaaS 企业找对道路的还不多。这条道路其实很简单，用一句话说就是——"帮客户解决问题"。

我们不缺市场，我们不缺奋斗者，我们欠缺的是对 SaaS 本质的认知和纯粹帮助客户的决心。当然，还缺一点不乱折腾、平稳发展的时间。

2.3 创新的必要性和创新方法

2022 年年初，我在公众号"SaaS 白夜圈"里问了大家一个问题：中国 SaaS 的唯一出路是什么？

有的说客户成功传递价值，有的说进入企业协作网络，还有的说定制化以及活下去。还好，没有人说唯一出路是融资。

这些都是方法，但不是"唯一"出路。这些回答都不是普适的方法，指向的也不是最普遍的问题。

为了找到底层、落地的答案，我又与比较熟悉的几位国内知名 SaaS CEO 做了探讨，其中包括：神策桑文锋、MOKA 李国兴、纷享销客罗旭、小鹅通鲍春健、酷家乐陈航、领健吴志家、EC 张星亮。他们都认真做了思考和回答。

2.3.1 为何中国 SaaS 的唯一出路是创新

我在 2011 年年底作为自然人投资纷享销客天使轮，次年又全职加入，我在 SaaS 圈里战斗了 12 年，也观察了 12 年。12 年来，投资界上千亿元砸进来，产品颇丰，从业者队伍也壮大了。我跟老战友聊天，说当年的老同事、合作伙伴，坚持在 SaaS 圈、不下牌桌的，大多发展不错。

但说到这些资金的投资效率呢？10 亿元投下来，大概能带回 2 亿元/年的营收？还好 2021 年部分头部企业的 NDR 开始能及格了（超过 80%）。但往 3 年前看，大部分 SaaS 企业的 NDR 都不及格；更别提主攻中小微市场的 SaaS 产品了。

再说产品力。多少客户用了 SaaS 产品，感觉还不如原来定制开发的 OP 版好用？多少 SaaS 产品在信心满满地升级后，反而带来一大堆客户的抱怨？公平地说，产品力不足主要是历史的问题。中国 to B 软件产业在 2015 年之前的 30 年就缺乏资本和软件工程的积累。我们与硅谷 SaaS 的差距不仅在软件工程能力上，还在商业生态上。

首先说一下本土创新。

百度能在国内胜过 Google，主要原因是百度做了大量生产中文内容的工作；免费的淘宝能胜过收费的 eBay，是抓住了中国人在那个阶段还没有付费习惯的特点，"羊毛出在了猪身上"。to C 的场景简单，也许能借鉴的地方更多一些。但 to B 场景相对复杂，直愣愣地"Copy to China"没有价值！

在我的职业生涯中有 5 年作为项目经理，工作内容是把 Oraclc 的一个公用事业计费产品（CC&B，Customer Care & Billing）在中国水务行业本地化。这之前我还有 6 年做中国水务行业主营业务系统的经验。两相对比就奇怪了，为什么中国水务公司的系统叫"抄表收费系统"，而 Oracle 的产品却叫"计费"系统？深入研究就会发现，中国本土业务侧重于把钱收回来，这是因为有不少人找各种理由不交费，企业要去拆了表、断了水才能追回水费。而 CC&B 的优势是支持各种 plug-in（插件）、Portal（其实就是 OP 时代的 PaaS，预留了大量插入低代码公式及定制 UI 的能力），Billing（计费）能力非常全面，更符合欧美水、电、煤气行业的状况。

环境不同、需求侧重不同，to B 领域直接"Copy to China"是行不通的。所以，将 SaaS 领域对标美国某公司，真的没多少意义。顺便说一下，那些在中国有所建树的海外软件公司，大多拥有满足中国需求的本土研发中心，SAP、Veeva 都如此。

其次说一下本土产品互相抄袭。

2016 年我随团队在硅谷拜访了十几家 SaaS 企业，绝大部分都说自己没有类似的竞争对手。即便都做员工福利的两家公司，我们听起来也有完全不同的切入方向。而在国内，我还没听说过通用 SaaS 产品之间没有同质化竞争的。

本来市场的果实就还未成熟，一家企业做只能勉强生存和发展。两家产品互相抄袭，到了客户那里，客户也分辨不出差异点，最后两家都打低折扣，连获客费用都覆盖不了，何谈发展？这不是把本来不大的市场蛋糕做得更小了吗？可是身在其中的 CEO 们也很无力，这就是一个恶性循环。

所以，抄袭别人的产品有意义吗？抄袭可耻，且没有意义。

有一个说法，认为市场上那个产品很简单，我们抄起来也快。要知道，软件产品属于复杂系统，复杂系统的特性是这样：投入 10% 的时间，就能应对客户 90% 的常见需求；另外 10% 的各种异常情况，需要再投入 90% 的时间。这就是典型的冰山模型，大部分 SaaS 产品都在此列。看别人的产品简单，是因为只看到 10% 表面的、应对正常流程的功能；真要面对市场上各式各样的客户，就会发现有大量很少用但又不得不做的功能会消耗掉 90% 的成本。

还有一个说法，认为市场上的现有产品做得很差，我们去做就能很快超越它们。其实大家都是拿了投资，花了多年的时间和研发费用，通过接触大量客户做的东西，不可能有太差的 SaaS 产品。如果对该领域没有多年经验，没有非常深刻的认知就不要进入这个新领域；如果有多年经验，有深刻认知，就应该做一个全新的产品，而不是照抄。你复制的对象，似乎活得也不太好。成为他，又能如何？

最后说一下与软件定制公司的战争。

关于这一点，EC 创始人张星亮有非常明确的观点："现在企业连接外部的能力越来越强，数字化的价值会在企业和客户之间体现，企业内部流程化不再是重点，这是 SaaS 和传统软件的分水岭。"

笔者也认为，把 OP 软件照抄一遍搬到云上没有价值。SaaS 产品要在"云特性"及云生态里创造新特性，产生新价值。OC（On Cloud，上云）与 OP 如果给客户的价值并没有差异，服务器放在哪里就是 IT 的事情，与客户企业的业务何干？客户为何要放弃 OP 转用 OC？

所以，在 2022 年伊始，我写下这句话：中国 SaaS 的唯一出路是——创新。

客户成功、客户满意，是成功创新的结果；活下去、发展壮大的前提是做出了对社会有价值的创新。历史上，每次重大的进步都来自科技创新；只有创新才是一个高科技企业唯一的出路和价值。抄来抄去，不需要深刻理解，只需要烧投资人的钱，那还能算高科技企业吗？一家 SaaS 企业，如果自己没思路，就打算抄别人的产品（包括硅谷的产品），这样没有创新能力的公司还值得投资吗？

某天，我和一个硅谷著名基金的中国区负责人聊天。她说到，美国的 SaaS 企业之间是羞于抄袭的，而美国有点名声的投资机构，看到抄袭别人产品的公司绝对不会给其投资。这大概就是我们说的"成熟生态"吧！

2.3.2 创新——如何做到

SaaS 企业的创新包括以下内容：

- 商业模式创新（例如"商业 SaaS"）。

- 产品创新。

- 组织创新。

- 营销创新。

- 服务创新。

关于商业模式创新，本章在第 1 节"长期增长下的机遇"中已做过阐述。营销创新、服务创新是业务常态，还不是根本问题。这里重点聊一聊产品创新和组织创新。

1. 初心和出发点

创业不是为了融资创建大团队，也不是为了将来 IPO。创业不是为了逃离，而是因为热爱。

如何能打造出差异化的产品？靠的是对现有优势的利用。如果从头做一个零基础的企业，那只要有时间、有资金就行了，这样的创业门槛太低。小鹅通的创始人鲍春健时常在团队里说，做事要"先胜而后战"。如果出发点就错了，后面如何胜？企业出发点就得基于与别人差异化的优势，才会在未来不陷入恶性竞争的红海，才有希望创造真正的价值。这些差异化的优势包括：对某个领域的独特认知，在某个行业客户群中拥有独特的品牌，已经有相应的客户群体，有长久经营的某类社群，在某个非常垂直的产品上有长期的技术积累等。

没有这样的出发点，就没有成功的创业。

2. 借鉴与抄袭的区别

我反对抄袭，但不反对借鉴。抄袭是自己没弄清楚，照搬全抄。借鉴是持有与别人不同的看法，观察相似的产品，却做出不一样的东西。这样自然不会掉进同质化竞争的红海。学习别人，借鉴别人，为我所用，成为自己。

3. 来自达尔文演化论的智慧

大家经常拿商业世界与生物世界做对比，两者确实有很多相似之处。为此，我专门在"得到"App 上学习王立铭老师的"进化论 50 讲"。达尔文的"进化论"其实更应该翻译为"演化论"，因为生物演化是没有方向的，是先发生可遗传的变异，然后由自然环境来检验这个变异后的个体能否生存壮大下去。王立铭老师在"进化论 50 讲"中提出，创新从进化论吸取的 3 条经验是内部储备充足，对外远离热点，组织上保持灵活性。

从企业的角度看，这 3 条就是适度浪费资源（趁着晴天修屋顶），远离竞争最激烈的领域（避免扎堆诱惑巨大的领域），创建蚂蚁型组织（分布式智能）。

这与我们上面说的出发点，后面讲的创新具体做法都暗合。王立铭老师的这门课建议创业团队有空听听，下面还会提到部分内容。

4. 创新需要具备的能力

创新需要具备哪些能力？纷享销客创始人罗旭提出的观点是，需要洞查力、创造力和坚韧性。

我发过一个帖子，讲到 WPS 的案例。2011 年雷军为 WPS 定下"移动策略"，其实在落地过程中也遇到诸多困难——广告收入要不要？移动端是从 PC 端搬过来还是花高成本重做？

最终 WPS 能坚持下来并成功转型，是因为对移动策略有深刻的认知。关于这一点，得到 App 的罗振宇说了句很经典的话："看到趋势和把握趋势是两回事。"这也就是罗旭说的"坚韧性"吧。

5. 贴近未来的客户

"客户是最好的老师"，这句话前面要加上一个限定词——"未来的"。

小鹅通的成长印证了这个观点。小鹅通团队在第一次创业失败后，为了寻找方向和养活团队，又连续做了 7 个外包，直到遇到了吴晓波老师才算稳定下来，但当时他们也只是把这个外包当成一个更大的外包而已。

在解决了吴晓波老师的音频播放和会员管理的主要需求之后，小鹅通团队又不断地优化了一些功能体验。就这样，有了小鹅通这个产品的雏形。后来，在吴老师的介绍下，越来越多的大 V 也使用起了小鹅通。与此同时，也产生了更多的产品需求。比如，十点课堂的视频播放、张德芬空间的直播等。当团队逐一解决这些需求后，小鹅通的产品功能也就越来越丰富，从几十个扩展到几百个。同时，目标客户群体也持续增加，从最早的知识付费，到教育培训，再到现如今出版传媒、健康养生、美容健身、旅游餐饮等行业。

小鹅通用 6 年的时间快速成长，做了很多大胆的尝试。我们举几个具体案例。

（1）消除一切阻碍"产品"被使用的因素

了解直播 SaaS 的朋友可能都知道，视频和直播需要支付给云服务商巨大的流量费成本，在常规情况下，这个成本是需要使用者去承担的。客户用得多交得多，用得少交得少，很合理。

据老鲍介绍，小鹅通一开始也是收取流量费的，比如 1GB 收取 0.9 元。然而他们发现，一些头部客户比较容易理解流量费的问题，而体量较小的客户不能很好理解流量费的问题。有人曾给创始人老鲍打电话说："老鲍，我们的用户已经交了手机话费呀，你怎么还收钱啊？"一时间他也不知道该怎么解释。在他看来，这个问题确实理解门槛较高，同样也很难解释清楚。另外，即使那些能理解的客户，他们也很难估算一场直播最终会有多少人来看。特别是对于裂变传播的产品，具有不确定性，会导致客户购买小鹅通变得困难。最终，他们放弃了看似合理的视频直播流量费的收取，自己承担了大部分的成本，宁可自己吃亏，也不要让客户为难，阻碍产品被使用。2020 年年初，新冠疫情爆发，一件意想不到的事情发生了，因为小鹅通的定价方式非常简单，几乎不需要沟通即可理解，因此他们收获了十倍的增长。

（2）打造 SaaS 界的海底捞"服务"

和大部分公司一样，小鹅通之前的售后服务使用的是 400 电话。疫情期间，众多企业迫切转战线上，咨询量激增。由于增长带来的系统压力，出现过客户打爆电话的情况，他们决定像服务吴晓波等大咖那样，服务每一个客户，拉客户加入专属微信/企业微信群。

老鲍提到，在做拉群这个决策的时候，有两个难点。第一，这样会增加不小的成本，以前客户逼不得已才打电话过来，拉群意味着随时沟通。对于增加成本，我们没有太多犹豫，获得好的口碑是我们更看重的。第二，担心客户在群里骂我们，我说不拉群客户就不骂吗？不拉群客户骂，但听不见。还是让客户在群里骂我们吧，这样我们可以道歉，也可以更好地解决问题。近一年多的时间，我们拉了 4 万多个客户加入服务群，提供真正的全客户生命周期服务。甚至在服务的过程中，我们还制作了小鹅通的表情包，客户骂我们的时候发一个哇哇大哭的表情包，客户产品大卖的时候发一个老师您真棒的表情包，效果很好，也让客户感受到我们的服务更有温度了。

（3）成为自己产品的"用户"

在老鲍看来，做 to C 产品时，大家都知道要一秒钟变"小白"，把自己变成 C。但做 to B 产品时，把自己变成 B，要更难一些。比如，小鹅通的定位是做客户的共享 CTO，之前完全没有想过团队自己会用上小鹅通。

直到 2022 年有一天，突然发现新冠疫情也导致团队不能像以前那样和客户面对面地沟通产品需求了，于是"来给老鲍提需求"的直播上线了，每两周一期，每期三五千人观看。后来，又有客户说想知道如何做小鹅通产品运营，于是"老鲍对话标杆客户"直播上线了，现在周一到周五每晚必播，观看人数依然可以保持在几千人。这些活动都由小鹅通自己的产品来做。

老鲍还说过——创新需要找到未来的客户。未来的客户未必是你今天最大的客户，而是引领未来趋势的客户。别被注定落伍的老旧企业和老旧做法耽误，为他们做定制开发是做不出优秀的、标准的产品的。

6. 创新从"微创新"开始

关于创新的话题，我也问过酷家乐的 CEO 陈航，他们的主产品是空间设计师用的云软件，其 ARR 在国内 SaaS 圈里可以排进前几名。

陈航对创新总结的第一点：创业初期（或进入一个新市场）要做"微创新"——突破 20%体验的瓶颈（其他 80%可借鉴），也是俗话说的"一根针，捅破天"。

例如，酷家乐在 3D 云设计领域成为领导者，最初是突破了"渲染速度"的瓶颈，靠这个技术找到了"促单神器"的卖点，而其他部分的体验并不比传统产品好多少。酷家乐在捅破天之后才逐步延伸出更完整的创新体验。

2021 年陈航当面给我演示过产品：3 分钟内就按我家住宅的户型和我

要的风格做出全套房屋第一稿设计图，10 秒就完成渲染让我看到 360 度三维实景视图。优秀的产品就应该在关键点上具备冲击力。这个渲染能力确实很容易让产品的使用者（设计师）打动其客户（装修业主），也成为酷家乐产品的重要卖点。

关于"微创新"我也深有体会。无论是在生物演化、科学进步还是在科技创业领域，大家都越来越发现这个规律：交叉地带更容易产生有价值的创新。

王立铭在"进化论 50 讲"中谈到，生命最根本的特征只有两个：秩序和秩序的传承。在传承中出现 DNA 的微小变异，其中极少数通过自然选择留存下来再稳定传递给下一代。所以变化的前提不是变化，反而是"传承"，没有万分之九千九百九十九的稳定，那万分之一的飞跃就无法留存。

科学进步也如此。科学发展到今天有个特别形象的说法，无论是大学科还是小门类，各棵大树上"低垂的果实"已经都被摘完了。反而是交叉学科出现了无限多的可能性，而且在转化为生产力的过程中得到不断深化。科技创业亦如此。SaaS 与 AI 结合、软件与硬件结合、工具 SaaS 商业化等，这些都会带来创新机会与商业世界的革命。

陈航总结的第二点：技术创新产品的落地周期长，在此过程中要能耐得住寂寞。当年把"极速渲染"做出来花了好几年时间，在此过程中产品技术的各种问题没有人遇到过，好在大家心态也比较好。

我认为这对创业者的启示有两条。

- 初创团队要多做验证，验证成功了再扩张，不要急于把团队做大，否则犯错的成本也被扩大。

- 在创造第二个产品时也一样，创始人或核心联合创始人把老业务交出去，自己先带着小团队做尝试。这样成本压力小，心态也好，容易产生更多好创意。

陈航总结的第三点：自下而上是创新的种子。

　　酷家乐从创业的第 4 年开始，每年办一两次 hackday（黑客日）活动，从这些活动中涌现出了很多好的 demo（原型），比如 2016 年有人做了"视频渲染"，虽然当时落地性不强，但种子种下了。随着环境变化，到了 2021 年，视频渲染功能终于一炮而红，得以大面积推广。自下而上的模式也让每一个员工更有"主人翁精神"。

　　这让我想起几年前的一本书《重新定义公司：谷歌是如何运营的》，其中核心的观点就是，公司要在快速变化的时代成功，就必须改变过时的管理方式，吸引"创意精英"加入团队，并且创造让他们可以茁壮成长的环境。

7. 创新由团队完成

　　关于如何打造"创意精英"团队，Moka CEO 李国兴也有非常棒的思考。

　　据我了解，国内 SaaS 产品中 NPS 为正数的凤毛麟角，而 Moka 就是这样一个既充满创意又受用户欢迎的产品。他们是如何做到的？

　　（1）对产品经理素质的要求：要求产品经理在以往经历中拥有创新的经验，并且对一线产品经理充分授权，对犯错的包容度高。

　　（2）重视对客户业务的洞察：产品经理需要对客户业务场景有深刻理解，鼓励他们接触客户、与客户沟通，最好能直接介入客户的业务流程。例如 Moka 的产品经理会与客户一起去校园参加校招活动，获得亲身体验。

　　（3）扩大产品团队的视野：多看同领域，甚至不同领域的产品，并组织团队分享。例如对 AI 新技术关注和了解。

　　这里我再补充一个知名企业的商业实战故事。

　　2021 年年底，我和蓝驰创投合伙人石建平做了一次深度交流，中间也聊到创新的话题。他提到特斯拉是如何让基层团队创新的：特斯拉搭建了敏捷化的组织架构，把软件行业的 DevOps 的思路应用到汽车制造业。特斯拉实行敏捷导向的扁平化管理模式，把整个系统拆分成都能最高效率运行的子系统，由 5~7 人组成的小团队协同工作，共同负责子系统。研发和生产是同一个团队，这样研发出来的"产品"能高效生产。产品设计和生产不分家（如软件的开发和运营不分家），同时团队是一个全生命周期的独立工作单元，具有独立的采购权。

"团队也会有上下游依赖关系，如果上游团队的进展受阻或能力不能满足下游团队的要求，下游团队有权承担上游团队的职责。"

最后石建平说到，每个小团队都在不断创新，因此每辆特斯拉电动车都不完全一样，每辆车都在迭代微创新。特斯拉基层团队的创新能力，在于被充分授权，被充分激发。

8. 第二曲线的创新

神策创始人桑文锋总结了创新的两个方向：IPM（创意-产品-市场）和 MRP（市场-需求-产品）。90% 的创业是 IPM 逻辑。神策的第一曲线就是按这个顺序完成的。

在开始寻找第二曲线时，神策也是按这种拿着锤子找钉子的模式，但发现第二个模式更有效，也就是 MRP。

我的理解是，第一个产品大获成功的公司，规模已经不小。这时一方面试错成本大幅上升，另一方面公司的市场触点数量大幅增加（员工多了）、洞察能力也大幅上升。此消彼长，和初创公司一样冒很大风险拿新点子（idea）去随机碰市场需求，就不如在对市场需求调查后，再去做产品。

9. 行业 SaaS 的创新

领健是 SaaS 圈里从工具 SaaS 走向商业 SaaS 的成功案例。领健创始人吴志家说到：因为是做行业垂直型 SaaS，我们的商业设计是 SaaS +X 模式。他有几点心得，如下所示。

（1）想清楚行业本质，比如领健所在的口腔行业上下游极度分散，属于有一定规范和强监管行业。

（2）多向优秀的同类型公司学习，例如美国有很多 SaaS 企业和医疗健康公司值得借鉴。

（3）跨界向优秀的互联网公司学习，比如亚马逊、美团。

（4）不断复盘、迭代、升级。

（5）不断引进优秀人才。

可以看到，在 SaaS 领域成功的公司都是相似的，而失败的创业各有各的问题。成功创新的企业特点是——初心止，贴近未来的客户，从微创新开始，善于向外学习，重视人才并给予施展空间，能不断迭代升级。

2.3.3　竞争与创新的关系

谈了 SaaS 企业的创新方法论，我们再把视野投向更大范围。

王立铭老师介绍，达尔文描述的自然界生存竞争有三种形态：种内竞争、种间竞争和环境竞争。我们对照 SaaS 生态的趋势来聊这几个观点。

1. 种内竞争

种内竞争就是我们最熟悉的完全竞争关系。这其实是创业团队应该尽量避免的。

你卖白菜，他也卖白菜，投资人还投资了上百个白菜地，这白菜还咋卖？我的服务更好，帮你把脏菜叶子剥掉？还是我的渠道更好，可以进高端超市？那剥菜叶子不用手工操作吗？手工操作如何规模化？渠道能力强，难道高端超市就不会剥削你吗？

你只能创造不同的白菜。也许是有机的，也许是迷你的，总之是不同的。这就是把种内竞争转化为种间竞争。

2. 种间竞争

不同物种之间的竞争，情况就完全不同了——也许是捕食与被捕食，也许是寄生和被寄生，也许是苔藓与真菌这类共生关系。

种内竞争因为同质化程度高，是简单粗暴的。竞争各方都觉得避无可避——同一个客户把你们两家都叫过去演示、比价，如果无法为客户展示出产品差异价值，那除了打价格战还能如何？而在种间竞争中，竞争对象之间差异明显，竞争的关键点就不是比拼"剥脏菜叶子"的效率，而是比拼独特竞争力。

王立铭的这门进化论课程里讲了一件种间竞争的趣事：非洲大草原上的斑马和瞪羚的食物来源相同，照说竞争也会很激烈。但因为是不同物种，它们之间找到了共生的方法——斑马啃食营养不丰富的青草叶子，逐渐发展出了很长的肠道来吸收养分；而瞪羚进化出特殊的嘴巴和牙齿结构，方便啃食高营养的草根。这样，在同一片草场吃同样青草的两种生物，其实占据了不同的生态位，彼此之间不但不直接竞争，甚至还有了合作的可能性。

它们的区隔是天生的吗？估计不是。假设两种生物开始的时候都是又吃叶子又吃草根，但这种竞争压力告诉它们这样大家都活不下去。于是它们做出了不同选择，占据了不同的生态位。

SaaS 圈也是一样的，都做智能客服打得你死我活，何不你侧重 ABC 行业，我侧重 XYZ 行业？听说 2021 年同时启动做 SCRM 的有上千家公司，何不你做 B2C、我做 B2B，你做 A 行业、我做 B 行业？

有人会说，他们能协商好吗？当然，我想当年在非洲大草原上，也有很多曾经存在的物种在这个过程中既没有天生的差异优势，也没有进化能力，最终只能被淘汰。今天同质化竞争这么激烈，是时间还没有来得及把创业者和投资者变得足够成熟。

这是典型的单次博弈和重复博弈。单次博弈的结果就是大家常听说的"公地悲剧"（例如，都不爱惜公共草地）和"囚徒困境"。因为只做一次选择，博弈多方只做出最有利于自己的选择，但总体得到的其实是很差的结果。在重复博弈中，"做有底线的好人"是最佳策略。这个策略可以让随机遇到的双方都获得更多生存机会，但也不放过每次都捣乱的坏人。

所以，SaaS 圈大协同、大合作的一天终会到来。也期待我这本书能起到一点点推动作用。我推测，随着各家 SaaS 厂商的战略/定位能力、产品力和组织力的提升，加上 2022—2023 年资本寒冬的催化，SaaS 产品与市场会在 2023 年后大面积进入正循环。差异化竞争策略会让大量 SaaS 企业获得良好业绩（主要看 ARR 和 NDR），并逐步在资本市场展现出与硅谷同行同样的吸引力。

3. 环境竞争

再往上一个层次是环境竞争，是指生物与其所处环境之间的关系。例如北极熊适应寒冷环境的方式是长出厚厚的毛皮，而北极黄鼠则会在地下冬眠。

2021 年，我与腾讯学堂合作，为企业微信的 ISV（独立软件开发商）做了一次互动分享。在与企业微信从业者交流的早餐会上，我说，最大的问题，还是优秀的产品太少。

一个 SaaS 企业与企业微信、钉钉、飞书这些平台合作，只想把原有产品复制过来"薅流量"，这是把事情想简单了。

to B 与 to C 最大的不同，恰恰就在流量逻辑上。再大的流量，遇到无数分水槽（OA/CRM/HRM/ERP/WMS 等），加上高高的拦水坝（企业 IT 采购），也会失去动能。只要在微信/企业微信及其他生态的大背景下，站在客户的应用场景上，用互联网思维重新思考，就会发现——从业者必须为这个生态、场景、客户做一个全新的产品。即便它还叫 CRM，也是个全新的 CRM。

至于是成熟的 SaaS 企业，还是新创业的公司做出来，只能看谁更有创新能力了。

3.3.4 来日方长

中国 to B 领域的创新之路还处在早期。市场会不断教育企业不要抄袭，要去创新，成就客户，成为自己。

有人问我，中国有没有真正善于创新的团队？我这里列了上文提到的几个。可以发现，真正有创新能力的创始人有创新的深度，也有创新的自信。他们会把自己的思考结果呈现出来，甚至写出来公开发表，看得懂他们当下思路的人不多，看得懂他们未来路径的人根本没有，谁能抄袭？

所以，一方面要呼吁大家多些创意、不要抄袭。另一方面，每个创新者要想得深刻、想得长远。这样被抄了 UI（界面设计）不要紧，背后的思路不会被抄走。当然，最好还是不要被抄，大家都以抄袭为耻。

梭罗在《瓦尔登湖》里最后说到：使双眼视而不见的光亮，对我们来说就是黑暗。当我们清醒时，曙光才会破晓。来日方长，太阳只是颗启明星。

创新，目前在大部分人眼中还是黑暗中的光亮。

在公众号我邀请大家做了一次投票，看看各自所在公司的创新氛围如何？可以看到，鼓励和热爱创新还是主流（80%），只不过其中大部分公司只是"表面鼓励"，发挥创意的实质机会不多（如下图所示）。这说明大部分 SaaS 企业创新的意愿没问题，需要的是创新的组织能力不断提升。

【投票】你认为自己所在公司的创新氛围如何？

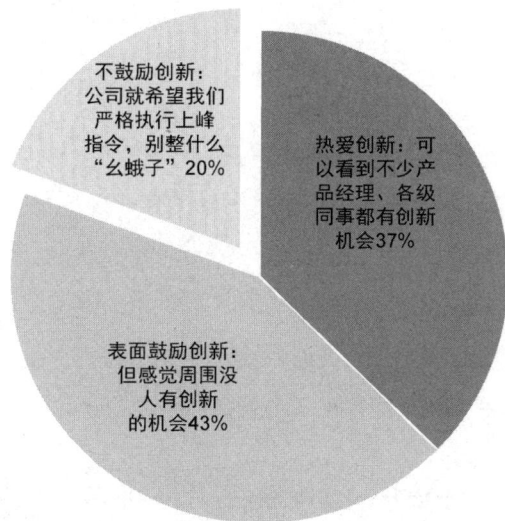

不鼓励创新：公司就希望我们严格执行上峰指令，别整什么"幺蛾子"20%

热爱创新：可以看到不少产品经理、各级同事都有创新机会37%

表面鼓励创新：但感觉周围没人有创新的机会43%

2.4 数字化时代：改变中国企业软件采购流程

2.4.1 华为的数字化转型

2021 年，我仔细听了一遍得到 App 上的"华为数字化转型必修课"。主讲人陶景文是华为 CIO，主导了华为公司的数字化转型。作为前华为人，我听下来有很多切身感受。

众所周知，华为的战略能力和组织能力都很强。那么，内部 IT 能力自然也是很棒的。真如此吗？非也！陶景文介绍了华为 IT 的组织变化，他们经历了 3 个阶段才找到最合适的数字化组织——"业务 IT 一体化"。

第 1 个阶段，业务部门提需求，IT 部门调研、规划、开发，再交给运维。这样太慢，太贵，把简单的事情升级成复杂的事情。这样的功能型组织结构叫"烟囱式组织"，各部门间彼此是隔离的。

第 2 个阶段，在 2010 年后采用项目型组织。有需求来了，业务人员和技术人员组成项目组，把业务需求与数字化能力放在一起解决问题，解决完了项目组解散。

这样似乎解决了老问题，但新问题是，能力没法固化，容易流失。

第 3 个阶段，最终华为确立了"业务 IT 一体化"组织。这类似于"把支部建在连队上"，也就是说，把技术能力建在业务组织里。由业务主管担任负责人，业务人员和技术人员一起成立数字化团队。技术部不单独是一个部门，而是成为具体业务部门的一部分，形成长期固定的组织形式。

遵循的原则就是：技术人员必须懂业务才能施工，业务必须和技术的流程相匹配。这样产生三个作用：纠偏、预判和生产。

2.4.2 业务 IT 一体化的实战案例

我曾在一家水务企业的主营业务部门工作过 6 年，所在部门既负责公司主营业务的运作管理，也负责主营业务系统的开发和维护。兼具业务和 IT 能力让这个部门的工作效率很高。公司高管在楼上开决策会，临时需要补充什么数据，直接打电话，一般 10 分钟内就能补上。

某年，市政府突然要求我所在的水务公司次月开始代收污水费。如果是外包开发或 IT 部门维护的系统，业务部门需要与 IT 部门详细梳理需求，然后安排开发、测试，这个任务根本不可能当月完成。但对我们部门来说，此事轻车熟路，立即开始在开发环境中修改数据库结构、前后端代码，测试重点是什么也清清楚楚。我们当月搞定设计、开发、测试，次月月初随着业务步骤逐模块上线，最后顺利完成任务。

这就是"业务 IT 一体化"的力量。

2.4.3　每个员工都应该兼备 IT 能力

大家肯定看得出来，在上面这个案例中，不仅是业务部门内有 IT 技术人员，而且做业务的同事同时有 IT 能力。

在 2000 年时，我们就经常出现这样的业务场景。水务公司有银行代扣水费的业务，银行扣款后返回扣款文件磁盘；每月对接几十家银行，难免有个别银行数据出现格式错误等问题。这时候等银行再重新送磁盘来，会影响整体工作进度。最快的办法就是在确定问题后自己处理。打开扣款文件，里面通常有上万条数据，手工改耗时长、还容易出错；自己用 Delphi 写个小工具，几分钟就能搞定。而且这类工具还可以留下来，以后长期使用，部门里每个遇到同样困难的同事也可以使用。

业务同事兼备了 IT 能力，能写几行简单的代码用计算机解决问题，能更理解 IT 系统，也能更高效使用系统。

2.4.4　自己找到工具，自己解决问题

要求人人都能写代码，并不现实。但每个公司、每个团队的成员自己

能找到一个好用的工具，可以大幅提升自己的工作效率——这在美国已很常见，中国企业员工在一两年内也应当具备这个能力。

一个机械设计工程师，发现需要一个项目管理工具，自己上网搜索到 teambition 或 worktile，就可以用起来；一个 HR 总监，头疼招聘效率低，自己去了解 Moka 招聘系统或 ShowMeBug 这样的程序员在线面试工具并学着使用，就可以大大提升面试效率；一个建筑设计工程师，希望能够实现 CAD 设计协作，找到一个 Cloud CAD 在线产品，可以立即提高协作体验。

这是正在发生的情况，也是在"80 后""90 后""00 后"成为职场主流人群后，越来越清晰的图景。

2.4.5 现有 IT 采购流程的障碍

由于一二十年前商业诚信度普遍很低，企业买 IT 产品就跟防贼似的：业务经理提交、总监审、总经理审，然后交给 IT 部门走流程，采购部门还要审，最后可能还需要上公司决策会讨论。一趟采购流程走完，3～6 个月都过去了，这套 IT 系统是否还符合需求都不一定了。

如果是买一套几百万元的软硬件系统还能理解。如果只是买每人几百元/年、总价几千或几万元的产品，走这样冗长的流程就太低效了。

其实到了今天，人力成本大幅上升，徇私舞弊的成本也高了，而 SaaS 软件的费用却在下降。雇用一个工程师一年的成本是 20 万元以上，让他选择一个趁手的工具，提高 10%的工作效率，一年就多花几百元，实在没必要走复杂的采购流程。大家都听过这样的故事，在美国一个 200 人的传统公司，会用到 90 多个 SaaS 工具。如果都要走 IT 采购流程，这些工具是买不过来的。实际情况是美国企业的员工自己找工具、自己使用、自己买单，最后找公司报销。该续费时，也从企业信用卡扣费。

只有企业 IT 采购流程支持，中国企业的员工使用 IT 工具的水平才会提高，中国企业才能真正走向数字化。企业通过 SaaS 工具提高了效率，就会付费给 SaaS 企业；SaaS 企业赚到钱就会加大投入，更加聚焦把自己的产品做得更好用，中国企业才能得到更丰富、更有效的生产力提升工具。进入这个正向双螺旋，中国的企业才会在全球市场竞争中取得更多优势。

2.4.6　SaaS 企业可以做什么

在这个巨大的变革中，SaaS 企业可以做什么？

第一，做出令最终用户（而不仅仅是企业管理者、决策者）满意的产品。

做过 NPS 调查的公司会发现，调查对象不同，调查的结果是不同的：往往是采购者打分最高，使用者打分最低。我们今后应该更关注最终使用者的感受。

第二，关注 PLG 与创新能力。

PLG 要求每家 SaaS 厂商更加聚焦自己的优势能力和专业产品，抄袭对手只能一起衰亡，创新的产品才有商业价值。

2021 年年底，我作为评委参加了腾讯 SaaS 加速器 3 期复试，路演的 PLG 式的产品明显比往年多。这是一个趋势，产品与营销相比，后者仍然重要，但近两年前者的重要程度在大幅提升。

第三，重拾 Freemium（先免费后收费）模式价格设计，并且坚持按目录价销售。

2015 年前后，我们不少 SaaS 创业者做过 Freemium 的尝试，提供长期免费的基础版本，后来由于转化率差、服务成本高，大多又放弃了这种做法。我和一位设计类的 PLG 式的产品创始人聊到蓝湖、Canvas、Discord 等，我们发现从免费到付费中间一定要有非常智慧的设计。让免费版用户用得爽，还要能留下一个未来收费的抓手。

此外，为何要"按目录价销售"呢？这样企业买软件就像在京东上买办公用品一样，谁来买都是这个价，那企业内部采购流程改革的阻力就小了。

因此，我热切呼吁——中国企业要改变软件采购流程，让员工可以自行决策购买小 SaaS 产品，以迎接数字化时代的到来。

也希望中国的 SaaS 企业能够推出对客户更有帮助的创新产品，实现更大的商业价值和社会价值。

2.5　创新地帮客户解决问题

中国经济长期向好，通过 SaaS 产品实现数字化落地也是必然趋势。结合希望之路"帮客户解决问题"和唯一出路"创新"，我归纳为：创新地帮客户解决问题。

本想在前面加上"高效"等限定语，再想想又觉得没有必要。因为作为一个企业，有效率、遵循商业逻辑、形成财务闭环，这是理所当然、不言而喻的。SaaS 企业有 SaaS 商业模式，由此带来一系列从战略到组织运作的标准套路，这也是本书存在的意义。

放弃"高大上"或速成的幻想，放弃将硅谷产品 Copy to China 的固化思路，用创新的方式帮广大中国企业解决问题，才是中国 SaaS 企业的使命。

第 3 节　AI 时刻: SaaS 商业逻辑大于 GPT 技术逻辑

自 2022 年 11 月 OpenAI 公司发布 ChatGPT 之后，SaaS 行业连续几个月都处于兴奋与焦虑中。无论是成立十几年的公司，还是刚准备做 SaaS 创业的团队，由于 GPT（Generative Pre-training Transformer，基于互联网可用数据训练的文本生成深度学习模型）的新突破，似乎大家在技术上都回到了起跑线。

我也在起跑线上学习，只是有更多时间研究 AI 的新发展。通过大量阅读专业资料，参与实践讨论，我逐渐形成了一些对 AI-based-SaaS（基于 AI 的 SaaS）的初步看法。

3.1 AI 赋能 SaaS，且影响深远

站在钱塘江入海口的人即便有心理预期，潮水打在脸上的体感还是令人无比震撼的。GPT 的出现更是超出了所有人，包括所有 AI 前沿科学家的想象。我与 SaaS 企业的创始人们交流，大家有各种比喻。有人认为是 iPhone 时代再来临，也有人认为这就是第四次浪潮。我则认为 GPT 的影响堪比电力设施的应用。

从 20 世纪 90 年代的互联网开始，人类的信息就处于爆炸性增长的状态。从某种意义上说，人的决策都是在信息不完整下的决策。而 GPT 的出现，将大幅改善这种状况。电力网络传递的是能源，而 AI 网络传递的是海量的信息和高效率的预测（至于与人直接相关的决策，我认为不可以由 AI 来做最终决定）。

业内有人说 AI 会颠覆 SaaS，这可能是误判。SaaS 是帮助企业提高效率或赚钱的工具，而 AI 是技术手段。AI 会赋能 SaaS，而不会颠覆 SaaS。

但 AI 的出现，长期看（5 ~ 10 年）确实会让所有 SaaS 产品发生变化。其中心化的特点，也会引起每一个 SaaS 品类内部的兼并和聚集。而在这个变化过程中，肯定有这样一些 SaaS 企业会"死去"。

- 未跟上 AI 时代的公司被紧跟潮流的公司替代。

- 过度投入 AI 技术但并不能立即提升产品价值的公司将因为现金流问题加速破产。

为什么会有上面第二点？接着往下看。

3.2 GPT 是否被高估

2022 年 7 月 Gartner 发布人工智能技术成熟度曲线（如下图所示）。当时生成式 AI（AIGC，AI-Generated Content，即"人工智能生成内容"）处于"技术萌芽期"的末尾、"期望膨胀期"的门口（见灰色箭头）。

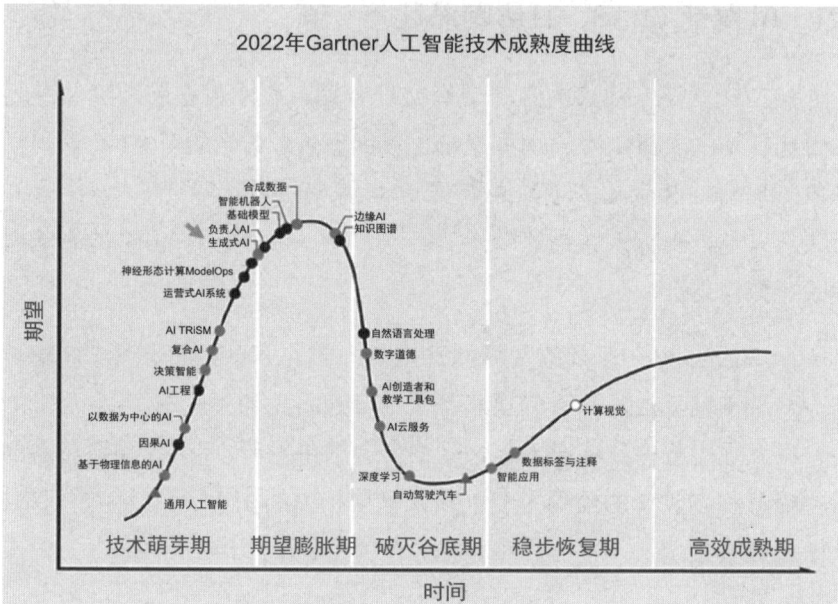

2022年Gartner人工智能技术成熟度曲线

根据这条曲线，我们可以推测，目前生成式 AI 已进入"期望膨胀期"的顶峰，很快会开始下跌进入"破灭谷底期"。

所以，我不同意行业内少数人认为"大部分 SaaS 企业会被 AI 干掉"这类特别激进的观点。但我也相信 AIGC 会带来新的变化。我对现阶段 AIGC 的初步判断如下所示。

（1）LLM（Large Language Model，大语言模型）在短期内很难拥有完整的人类智慧。GPT 可以读懂人的输出，但无法读取人的输入（思考、体感、心境等受到心脏、肠胃、神经等的影响）。比如，人在饥饿的时候逛商场就会比平时买更多商品。

也就是说，未来很长一段时间里（以 10 年计算），LLM 能得到的信息也是不充分的，甚至是缺失了关键链条的（即人的思维过程），所以 LLM 在短期内很难拥有完整的人类智慧。

（2）GPT 目前没有意识。GPT 只是语言模型，再大的模型也只是基于语言的，只是在模仿人类的语言互动方式。大家感觉 GPT 有意识，甚至有人发文说"爱上了 chat.bing"，但那只是被语言的表象所迷惑。

（3）AI 间难以主动协作。从哲学角度看，AI 没有生命期限，难以形成有效协作。"我能永生，为啥还要与别的 AI 共同哺育下一代？"没有碳基生物生命遗传的基本使命，AI 之间难以协同。

（4）智商不是唯一的竞争力。在地球各种生命的竞争中，并非智商高的族群就一定获胜。尼安德特人的脑容量为 1800 毫升，而我们今天的智人只有 1400 毫升。虽然尚不能证明尼安德特人比我们智人智商高，但可以确定的是智人在大约 2 万年前战胜尼安德特人的主要原因：智人有更多想象力，相信森林中有神，由此能够用图腾崇拜把很多个智人部落联合起来，最终打败尼安德特人的小部落。

（5）目前 AIGC 的预测达不到 100% 准确。GPT 现有的理解能力、推理能力不保证输出的准确性。它的底层毕竟是来自大数据训练模型，AIGC 回答不准确（有时候还会编假话对付人的追问），这和人更相像，反而与工厂制造出来的高稳定性机械及电子产品非常不同。

关于这一点，在《纽约时报》前总编辑 Craig 采访 GPT-4 之父、OpenAI 首席科学家 ILya 时谈到过："神经网络有时候会有产生幻觉（Hallucinations，特指人工智能给出的"事实性错误"）的倾向。我们今天使用的方式，是雇用人员来教我们的神经网络如何表现，教 ChatGPT 如何表现。我认为这种方法非常有可能解决幻觉问题。"

我从逻辑上推测（毕竟我不是 AI 专业人员），"人工修正"是无法解决海量问题的，至少 AIGC 现在的预测还达不到 100% 准确，这对 SaaS 产品这类企业级应用是一个非常大的限制。

（6）伦理限制。AIGC 及未来的 AGI（Artificial General Intelligence，通用人工智能）拥有远超人类的预测能力。但受到人类伦理上的限制，决策权不会交给 AI。为了提高生产力，不会禁止使用 AI；但"降临派"与"拯救派"的博弈结果很可能是对 AI 参与决策做出很多限制。

GPT 目前也遵照这个方式工作。它可以帮助写 Python 程序，但不能自动调试。这是为了安全隔离，避免 AI 自动生成危害人类的程序。人们只能每次把调试结果反馈给它，它再进行程序修改。很多人使用 GPT 生成 SQL（Structured Query Language，结构化查询语言）语句也是如此。这样 GPT 不直接访问数据库，保护我们的数据安全。

这一点也会影响 SaaS 产品的 AI 应用。企业员工使用 AI-based-SaaS（基于 AI 的 SaaS）时，AI 只能提供决策选择、分析参考，而不可以帮企业直接做决策。

以上这些判断基于当前能获得的信息和资料，我预计有效期为 5 年。5 年之后的技术发展确实很难预判。但这对 SaaS 企业当下做出决策已经足够了。

3.3　to B 的商业逻辑大于技术逻辑

不可否认，长期看 AI 对 SaaS 产品的影响是颠覆式的：将来所有的 SaaS 产品都基于 AI（AI-based-SaaS）。这与 SaaS 基于云设施（IaaS）没有本质区别。但请注意，AI 是一个慢变量。它将从 3 个方面改变 SaaS 企业及产品。

- SaaS 企业内部使用 AI 工具提高效率。

- SaaS 企业内部主动改造 SaaS 产品。

- 受 AI 影响外部环境发生变化，客户需求大幅变动。

前两者是微创新，只有需求的变化才会带来 SaaS 产品颠覆性的创新。

从时间轴上看，大致如下所示。

长期看（5 年以上），因为 AI 对小到人机交互方式，大到人类的学习方式、教育方式，甚至企业组织方式、社会经济及政治的运行方式都会有所影响，所以这个颠覆不仅是对 SaaS 产品的颠覆，而是对整个社会的大改造。

中期看（3~4 年），逐步改造。首先是互联网行业、软件行业，然后是传统行业，最后是政府部门。

短期看（1~2 年），对 90% 的 SaaS 产品来说都是微创新。例如，目前的用户界面 GUI（Graphical User Interface，图形用户界面），将来也不会都被 LUI（Language User Interface，自然语言用户界面）替换。

与 ChatGPT 的对话很炫酷，但我们可以想象用户操作还是脱离不了图形用户界面——难道用鼠标在屏幕上点击一个复选框的事情，还要用语言描述 30 秒？

当然，SaaS 与 AI 最终会发生质的结合，就像 20 世纪 80 年代计算机还只有键盘一个外部输入设备，后来增加了鼠标。目前很多用户界面会逐步升级为 GUI（图形）+LUI（对话）的形式。这是微创新，而非颠覆性的。GUI+LUI 的混合交互方式才是趋势，用户将会做出这个选择。

目前 GPT 只对智能客服、低代码、RPA、财务自动化等少数领域有巨大影响。

除非客户需求发生巨变，否则产品不会发生颠覆性变化，这是由商业逻辑（做产品是为了满足客户的需求）决定的。此外，企业客户的变化会很缓慢，AI 技术本身也还有很多局限，大家都需要摸着石头过河。

目前 SaaS 产品还是以微创新为主。以客户为中心，帮客户解决问题。以技术为中心并不能解决客户的问题，这只是在闭门造车。

3.4　SaaS 企业境遇的推演及应对

可以推演中国 SaaS 企业在未来 10 年将会发生下面这些变化（由近及远）。

（1）短期看，SaaS 企业的产品开发效率将逐渐提升。公司内部会更加鼓励创新。毕竟现在，得到一个正确的 Prompt（提示词）会快很多。

（2）对于很多已经有需求的场景，如果 AI 止好能解决，那就会应用得很快。例如，在 CRM 中使用多种条件搜索一条商机记录。使用语言描述比使用鼠标选择、点击多个下拉框要快得多，用户体验也会好得多。

（3）产品集成度会提高，SaaS 企业之间的大合作、大兼并在所难免。背后的原因是用户交互界面采用对话的形式是形势所迫。客户需要更统一的工作平台。

（4）由于第 3 条，已经独占鳌头的 SaaS 企业会更强大。他们的产品会更快整合其他公司的产品，兼并或合作时常发生。按 SaaS 生态的发展规律，中国的 SaaS 领域原本就会在 2023—2025 年逐渐进入马太效应时段,而 GPT 的出现加速了这个进程。

（5）能够完成 "chat 总线" 的新产品或（服务大客户的）集成商在生态中逐渐出现，并获得重要地位。

（6）小规模 SaaS 企业会面临来自小软件作坊的更大挑战：软件作坊得到了 GPT 及其插件的极大赋能，做定制开发的效率更高。

（7）基于 AI 的新 SaaS 创业公司会大量出现，但 to B 仍然是慢活，新产品的商业化普遍需要 2～3 年的时间。在 2～3 年后会看到大量企业客户在使用基于 AI 的新 SaaS 产品，即 AI-based-SaaS。

（8）中国企业的采购模式将会在未来 3～5 年发生重大变化。与 AI 聊天的方式大大降低了分析数据、获得信息的技能门槛。而这个过程将充满小工具而非大系统。前者的引入需要更灵活的 IT 采购方式，中国企业，甚至政府部门将不得不改变 IT 采购流程。首先改变的是大大小小的民营企业，然后是国企，最后是政府单位。后两者的彻底改变需要自上而下的改革意识。

从 SaaS 企业内部看，AI 像其他新技术一样，都是为了让开发人员、业务人员只专注业务逻辑。这就是这个时代科技的发展方向吧！

对于处于低谷中的 SaaS 企业来说，大语言模型的出现增加了更多获益点——从客户需求、SaaS 产品生产及营销和服务效率、生态及整合等方面都将有从慢到快的良性变化。

此外，我还要给大家一个建议：不要在假设之上谈假设，这永远得不到正确的结论，反而会浪费抓住新机遇的机会。天天焦虑，不如沉下心利用 AI 干点实际工作，帮客户解决一个实际问题。

主线 1

产品及商业模式

第 1 节　SaaS 产品的分类

1.1　SaaS 产品分类方法

2019 年年底，我估计国内在运营的 SaaS 企业大约是 5000 家。最近几年 SaaS 企业随着融资热度的变化起起伏伏，但总数与品类/行业分布有关，公司数量不会有太大变化。

我们认识一个新事物，除了定义，往往是从它的分类开始的。中国这么多 SaaS 企业，如何对它们的产品进行分类呢？从指导 SaaS 企业战略的角度出发，我按照两个维度给 SaaS 产品做了分类。

在 2022 年的某场直播当中，有观众问，我对 SaaS 产品分类的方法有没有什么改变。我也仔细研究过其他专家的分类方法，大致分为工具型（电子签/RPA 等）、管理型（CRM/HRM 等）、平台型（钉钉/企业微信/飞书等）、业务型（切入业务及创收等）等类别，但工具型与管理型、管理型与业务型的边界不是很清晰，也缺少对各类别之间的演化发展的进一步研究。我在管理学院及 EMBA 学习的 9 年中，觉得最好用的分析工具就是四象限法（当然也可以扩展为更多象限，但四个最容易掌握）。

1.1.1 通用 SaaS 与行业 SaaS

首先按照 SaaS 产品的服务对象来分类：聚焦某个业务但客户群体是跨行业的通用 SaaS，聚焦一个行业内的多个业务的行业 SaaS。

- 通用 SaaS：跨行业的通用产品。例如，北森云、肯耐珂萨和 Moka 的 HR 产品，纷享销客和销售易的 CRM 产品，UDesk、智齿科技、网易七鱼的智能客服等。

- 行业 SaaS：在某个行业内使用的产品。例如，奥琦玮和客如云的餐饮企业 SaaS、聚水潭和旺店通的电商 SaaS、云朵课堂和校宝在线的教育机构 SaaS 等。

2019 年 7 月，我作为评委参加了"腾讯 SaaS 加速器（首期）"复试活动。有 122 家处于不同发展阶段的 SaaS 企业参加了复试，有 40 家公司最终入围加速器的培养计划。其中，通用 SaaS 产品与行业 SaaS 产品各占一半。

从我接触的大量 SaaS 企业信息看，2016 年及之前创立的 SaaS 企业中，投身于通用 SaaS 的公司占比较高。之后随着通用 SaaS 的赛道被占满，新创立的 SaaS 企业做行业专属产品的比例开始增大。这个趋势直到 2023 年年初仍未改变。

1.1.2 工具 SaaS 与商业 SaaS

2016 年之前出现的 SaaS 产品大多是工具 SaaS。

工具 SaaS 的主要特点是，为客户企业提供了一个提高管理效率的工具。这和传统软件的作用一致：做 SaaS CRM 产品的公司还是致力于辅助管理客户、提高销售团队的效率；做 SaaS HR 系统的公司还是致力于提高人力资源部门的工作效率。

与传统软件相比，工具 SaaS 有很大优势，"按年续费"的特点使其有产品及服务进化机制上的优势。观察美国 SaaS 领域的发展状况，也可以看到近年来工具 SaaS 仍然是市场争夺的主战场。

在此提供一个分类图，如下图所示，图中实心圆的大小粗略代表市场上该类型 SaaS 产品的数量。

SaaS产品分类

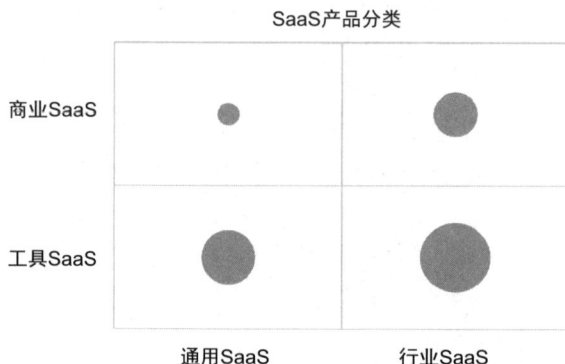

2018 年 5 月，我与崔牛会创始人大崔交流，他和我都注意到一个新产品类型在国内逐渐出现——商业 SaaS。

商业 SaaS 的特点是，除提供一部分"工具"的价值，还能为客户企业提供提高效率之外的价值，包括增加营收、获得资金等。说白了，工具 SaaS 可以通过提高效率帮助客户省钱，而商业 SaaS 可以帮客户多挣钱。当然，后者是模式创新，已经突破了传统 IT 人的舒适区。并且，新模式的风险也要大得多。

国内的工具 SaaS 十年来历经磨难，2015—2016 年、2020—2021 年，两次大量融资后营收也未见有所突破，但"云化"趋势我们能看得到。目前看，to B 业务在营收过亿元后的增长往往不会太快，每年增长 30%～50% 已经很不错了。

而商业 SaaS 虽然风险更大，但在国内的商业环境、管理水平及人才结构下，更容易快速实现客户价值和自我价值。

商业 SaaS 有哪些方向呢？我看到的有下面这些。

- 引客流：SaaS 产品帮助企业获得更多新客户。引客流 SaaS 往往通过微信关系链、私域流量等方式运转。获客工具有"效果不可持续"的风险，客户企业也常常由于自己不会运营而影响实际效果。这类SaaS 企业往往需要进行重度专业知识培训，甚至为其提供代运营服务。前两年我接触过几家"美业 SaaS"公司，他们的培训和运营工作量都很大。

- 收取交易流水手续费：例如，聚合支付平台就有这个能力，客户企业按使用聚合支付资金流水的某个千分比来支付费用。

- 提供金融服务：为金融机构提供客户企业授权信息，获得金融机构的佣金。我推测未来也会逐渐出现更深入的方式，例如直接做风控管理、提供贷款等。当然，建立风控体系成本很高，需要 GMV（Gross Merchandise Volume，商品交易总额）足够大才能承担。

- 集中采购：国内已经有 SaaS 企业在垂直领域介入供应链了。它们为制造企业供货，GMV 已达百亿元，公司营收及利润也很可观。再想想，美团不也一直在这个方向上努力吗？如果美团占领足够多的餐饮 SaaS 系统份额，"美团快驴"（进货平台）的价值也会更大。

- 提供决策及运营数据：这个方向容易理解，如果只是企业内的数据，那只能做内部报表；而如果能够获得部分客户的授权，则可以提供行业、地域等方面的分析，这样 SaaS 产品将有更大价值。

- 产业互联网：再往上说，SaaS 企业有可能参与某些行业或领域的产业互联网改造，这些改造肯定要用到 SaaS 企业的数据或 IT 能力。有些供应链、价值链的改造可能是 SaaS 企业主导的，当然也可能是行业或领域的寡头企业主导的。

1.2 关于商业 SaaS 的争议

2020 年时，业内对 SaaS 企业是否该做商业 SaaS 还是有争议的。但从我接触过的上百家行业 SaaS 企业的实践看，仅靠收软件年服务费没有多少发展空间，甚至养不活公司。所以行业 SaaS 企业，大多都正在往商业化的路径上发展。

从工具 SaaS 的角度看，国内市场竞争将不断加剧，商业环境不断成熟，企业提升内部管理效率的新需求会自然增长，工具 SaaS 企业进入成熟期后，市值仍然有机会每年增长 20% ~ 50%。

但如果我们稍微激进一些，从我们上面提到的角度（相信还有更多其他角度）介入 "+互联网" 时代的改造潮流，主动参与，甚至主动发起这些价值链改造，就有可能获得将公司市值（也就是公司对社会的价值）从几亿元提高到几十亿元，甚至几百亿元的机会。SaaS 企业如果在 "工具" 阶段就已经具备一定基础，那么，身为这个时代的弄潮儿，当然不能轻言放弃。

1.3 各类型 SaaS 产品的演化路径

当然，也不是所有 SaaS 产品都能成为商业 SaaS 产品。我列了几条路径，如下图所示。

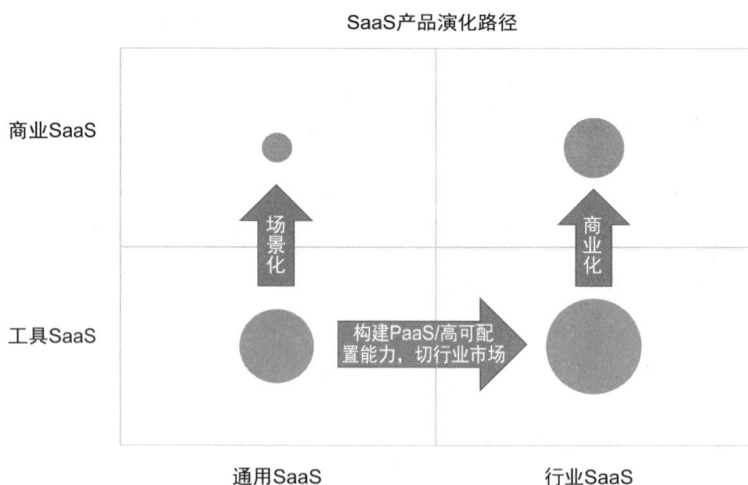

SaaS产品演化路径

1.3.1　通用 SaaS 的PaaS 路径

通用 SaaS 在 2015 年前后被广泛看好，就是因为其有类似 Salesforce 从 SaaS 到 PaaS 的发展机会。

什么是标准的 PaaS 产品？在我看来，这要求 PaaS 平台有极其丰富、便捷的架构和强大的能力，让 ISV 能够在 PaaS 上进行行业/领域产品的开发。这是 PaaS 的"成熟"形态。

在国内，我还没有看到过到达这个阶段的 PaaS 产品。钉钉和企业微信勉强能算，但如果只提供 IM、考勤打卡、账号体系这么平常的能力，对 ISV 的价值也不大。毕竟腾讯、网易都有产品可以提供 IM 支撑，不需要 ISV 自己开发，也不用 ISV 放弃自己的 App。

国内的 SaaS 企业有不少都在做 PaaS，但目前大多还在较早期的阶段。

（1）能够让公司内部 SaaS 团队在内部 PaaS 上开发。

（2）SaaS 产品提供二次开发接口，允许客户自有研发团队或其系统集成商在上面做项目级定制开发。到 2022 年，中国 SaaS 产品中能做到这个程度的寥寥无几，我看到的有北森云 HRM 和纷享销客 CRM。

能够走 PaaS 路径的一定是通用 SaaS 产品。对于行业 SaaS 来说，做 PaaS 有点儿小题大做，做好数据库设计和可复用组件更靠谱些。

PaaS 路径在中国能否走通，是否还有时间窗口，这是业内争议较大的问题。我个人认为，国内的通用 SaaS 企业需要先完成自己商业上的闭环，也就是说先实现盈利，这更重要一些。因为只有那些市场能快速检验的产品，才有机会快速迭代出真正符合市场需要的产品。而快速完成小闭环，然后在其基础上不断地做成更大的闭环，才是互联网的思维方式。

1.3.2　行业 SaaS 从"工具"向"商业"转变

行业 SaaS 企业的创始团队大多来自该行业，甚至投资方就是该行业的头部企业，拥有深厚的行业资源和深度的行业认知。

他们在完成了"工具"价值化后，在 SaaS 功能和"数据"的基础上，有机会帮助客户企业获得更多客户，增加商业增长点，提供新的产品，甚至介入整个供应链和价值链的再造过程中。

1.3.3　通用 SaaS 增加"场景"价值

做通用 SaaS 的公司，我觉得不能轻易放弃原有阵地转向行业 SaaS，因为转"行业"需要有该行业的基因。

我的建议是要设法找到多个行业中较常见的、能给客户带来增量价值的"场景"。其实，现在通用 SaaS 中就有不少这样的"场景"：上上签和法大大的电子签约、分贝通和易快报的企业消费管理、同盾的大数据风控服务等。

这些 SaaS 产品解决的是某种特定场景的业务管理需求，相比"通用+工具 SaaS""通用+商业 SaaS"，使用场景更具体，业务边界也更清晰。场景具体了，产品价值大了，营销环节才容易实现突破。

第 2 节　SaaS 商业模式的演进

2.1　SaaS 企业的互联网特性

2021 年的某天，有人问我一个这样的问题：SaaS 企业是软件公司，还是互联网公司？

我后来想了想，觉得是这样的，认为自己是软件公司的，就是软件公司；认为自己是互联网公司的，就是互联网公司。因为思路决定出路。

产品及商业模式

在中国，SaaS 企业有哪些区别于传统 OP 软件公司的互联网特性呢？这里按照从产品到市场、销售、实施、服务这一价值链条倒着讲。

2.1.1　服务：持续性

SaaS 服务的本质是续费。

淘宝、微信、百度等典型的做 to C 互联网产品的公司，哪家是只做一次性"收割"的生意的？ SaaS 更互联网化，更看重续费，必须提供可持续的服务。因此除了被动提供服务的客服热线，一些公司还在组织里设置了重要的"客户成功"部门，帮助客户用好产品。

在客户成功岗位的 KPI 中，下面这项是最关键的：

金额续费率=（实续金额+增购金额）÷应续金额

所以 CSM 也会努力通过"一对一"的服务不断地争取增购机会。

2.1.2　实施：各展其长的生态

在写过《实施困局与化解之道》文章后，我在微信群里与几位国内顶尖 SaaS 企业的实施管理者交流。讨论下来，除了我提出的在"上游"销售及需求环节做好控制，大家在每个步骤上也提出了更具体和精妙的设计。

比如，将定制需求客户与标准客户的交付体系建设分开，引入行业专家先做咨询（引导正确的需求），售前顾问在赢单后要完成交付阶段的业务蓝图设计等，这些都是非常有效的落地实践。

但我总感觉，我们的交付方式还是比较传统的，这和以前做项目交付没有本质差别。一个个地服务大客户，也许能做高业绩，肯定也是有价值的，但没有成为互联网公司的机会。近一年，我多次与斗棋云创始人杜文宝交流。他的经历特别有意思，先为工程行业做了大 OP 软件定制开发，在痛苦中领悟了行业业务的精髓后，重新做了一个纯公有云 SaaS 产品，并通过钉钉、企业微信等平台获得高速增长。我记得在实施环节他说得最多的就是"开箱即用"。

是的,我们的 SaaS 产品有没有可能更轻一些?第一次实施的功能更少一些(底线是上线的业务能形成闭环)?有没有可能逐渐建立生态,把部门或区域的售前咨询、销售、实施交给合作伙伴去完成?SaaS 企业只提供标准 SaaS/PaaS 产品?这是不是才是更互联网化的思路?

我在这个讨论群里说:"大家知道 SaaS 企业做全套事情,最大的 Bug 是什么吗?咨询公司本来收三份钱,200 万元咨询费 + 100 万元软件费 + 50 万元实施费。结果,软件公司只收得到后两项。即便老板上,也没有客户单给软件公司一份咨询费。其实没有前期咨询,后面实施是很难的。"

后来,也听说有个头部 SaaS 企业已经尝试,通过行业专家能收到前期咨询费。这个很赞。但我还是更喜欢"自己做专业产品,请生态伙伴来完成售前和交付"这样更具互联网生态的思路。

这里面的关键是机制不同:在 SaaS 企业里,无论如何售前与实施岗位是分离的;而在做"咨询+实施"的小企业里,老板/合伙人是每个项目的核心。他们长期服务一批企业,更懂每个客户,更重视每个客户的交付成败点。

还是那句话,一个有效的商业机制胜过一万遍日常管理。

2.1.3　销售:连环刀法

SaaS 的销售与 OP 软件公司也是有很大区别的。毕竟 OP 是一锤子买卖,而 SaaS 更看重将来能否续费。我曾经与一家非常重视服务的 SaaS 企业聊,是否要在销售团队的 KPI 中加入客户使用活跃度标准。这对很多 OP 软件公司来说是匪夷所思的吧?

但 SaaS 企业真的应该看重这些:销售代表有没有选对客户?有没有引导对需求?有没有正确销售?

SaaS 企业的销售路径如下图所示。

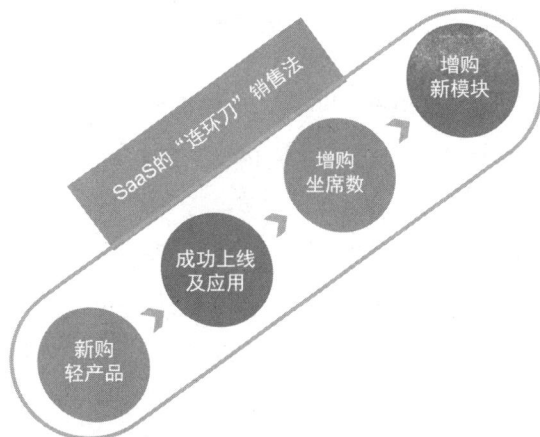

我称此为"连环刀"销售法：先用一个比较轻的产品（例如 5 万元以下）打开销路，然后通过该产品在企业内的成功应用，客户自然而然地增购坐席数（Upsell）；继而推荐新模块（或升级到更高版本）产生交叉销售（Cross-Sell）。轻产品的交易过程短（5 万元客单价产品的平均成交周期在 4~6 周，1 万元左右的产品为 2 周），交付也快（大约是 1~3 天和 1~2 人）。如果能电话成交、远程交付，那效率就更高了。而当客户已经成功应用轻产品后，再次增购的信任基础就很扎实，内部商务流程也会加快。

这也是互联网"先快速占坑，再筛选价值客户"的逻辑。当然，这套"刀法"需要有层次的产品（多版本或产品组合）来配合。

2.1.4　市场：SaaS2C2B

在《SaaS 创业路线图》一书中，我讲过 Dropbox 和 Docusign 网络效应的例子。前者市场效率高的关键是用邮箱建立账号体系，从 C 端到 B 端有非常强的逻辑；后者则是利用自己的先发优势构建了网络效应，所以 Adobe Sign 也打不过它。

这里就引出我提出的 SaaS2C2B 打法：B 端形成病毒式传播很难，但 C 端做病毒式传播则有大量的机会。Slack、Zoom、Dropbox、小鹅通、酷家乐等公司都是通过 C 端的病毒式传播来影响 B 端的采购决策。这个巧妙的设计，让他们的营销效率远超同行。

再说说内容营销。SaaS 和 OP 软件厂商的 CMO 都要背负"有效线索" KPI。招募 SDR（Sales Development Representative，销售开发代表）拼命打客户电话，还是通过好的内容（公众号文章、短视频、在线课程、直播）吸引目标群体主动留下联络信息？

未来的大趋势是集客营销，这也是更互联网化的做法。在一次 AWS 及险峰长青组织的交流会上，我与分布式数据库 PingCAP 的 CTO 黄东旭聊天。在数据库市场上，Oracle 已经牢牢占领了大多数企业 CTO 的心智，后来者打破这个品牌认知阻力很大。PingCAP 另辟蹊径，专心经营程序员社区。因为程序员社区生态活跃，使得产品上手快，适用场景多，因此他们的产品深受 IT 工程师喜爱。如今他们的销售额已非常可观，公司估值也超百亿元。这样的营销思路是否更互联网化呢？

2.1.5　产品

互联网公司最重视的往往不是销售，不是服务，不是运营，而是产品本身。因为直接帮助客户的是产品本身，而非我们的服务岗位的同事。而且，CSM 服务的质量也依赖于产品。

SaaS 圈里有个说法——"产品不行，服务来补。"但大家都知道，说这话的角度是 CSM 在面对难啃的客户时要努力，不能放弃。但谁不希望产品就能解决客户的问题呢？就不用 CSM 去赔礼道歉，用服务态度感动客户了。

销售的"连环刀"（快刀—服务—增购）也依赖于产品的场景及层次设计。我以前常说："没有好产品，销售越强越是灾难。"优秀的产品自己就会说话。市场的 SaaS2C2B、病毒式传播、网络效应，这些互联网特性的玩法，主要还是依赖产品支持。

所以，说到底是不是互联网公司，很大程度上就是看产品有没有互联网特性。有句名言："不要用战术上的勤奋掩盖战略上的懒惰。"市场、销售、实施、客户成功，很多工作都是战术层面的。产品战略是最重要的战略，CEO 和 CPO 需要多花时间去想清楚。

最近几年，我有幸被国内物流、电信等行业的头部企业邀请，与它们的科技子公司做转型 SaaS 的人交流。在每个交流会现场，我首先强调的是：只把 OP 软件的功能搬到云上，对客户没有价值。SaaS 之所以能按 PS（Price-to-Sales，市销率）估值，PS 倍数还这么高（2019 年还是 8 ~ 15 倍，2021 年大量有前景的公司已经按 30 ~ 40 倍 PS 估值了；虽然 2022 年跌下来了，估计三年后还会回到 10 ~ 20 倍），原因肯定不是简单重复了 OP 的能力，而是展现了互联网特性：连接互联网资源、订阅制、通过客户沉淀的数据为其增值，乃至形成网络效应、提供平台价值。

2.1.6　组织：面向未来

在产品优秀的前提下，组织能力非常关键。SaaS 企业是服务新时代企业的，因此 SaaS 企业自己也要采用面向未来的组织形式：开放、透明、平等、关爱，鼓励创新和试错，不要官僚主义，不要一言堂，不要没有独立思考能力的乌合之众。

对组织发展感兴趣的读者有空可以看看这三本书：《未来的组织》《组织能力的杨三角》《不拘一格》。我曾经把这三本书参照着阅读，收获颇多。

2.1.7　业内认知

总而言之，SaaS 模式是充满互联网特性的，也只有互联网公司才有可能在未来的在线工具、数据增值，以及产业互联网改造等竞争中胜出。

我曾经在 2021 年 8 月发起一个投票（如下图所示），绝大部分 SaaS 圈的朋友都期望向互联网公司转变，当然有 80% 的公司还在转变的路上。

【投票】你认为自己所在的SaaS公司是互联网公司吗？

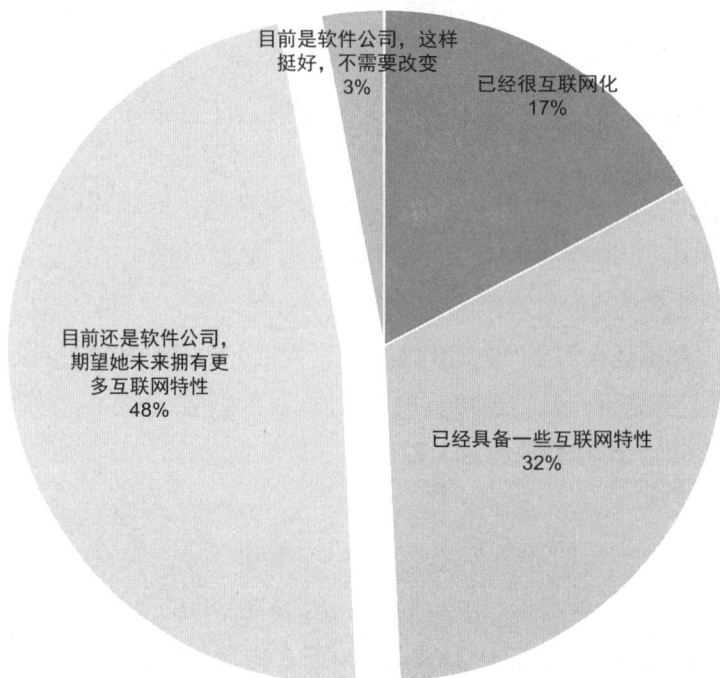

目前是软件公司，这样
挺好，不需要改变
3%

已经很互联网化
17%

目前还是软件公司，
期望她未来拥有更
多互联网特性
48%

已经具备一些互联网特性
32%

2.2　SaaS 企业的三重价值

2018 年，崔牛会的大崔与我不约而同地提出"商业 SaaS"的概念。在那时，愿意接受这个逻辑的 CEO 还不多，大家第一反应是"这不可能"。因为这走出了 IT 人的舒适区。到今天，从工具价值向数据增值价值演进的 SaaS 企业已经很多，我在前文也举了不少例子。

2.2.1　SaaS 企业的三重价值及两次飞跃

不成熟的商业环境是中国 SaaS 的镣铐，也是钥匙。中国 SaaS 企业因此反而有可能获得更深入的创新机会，也许5～10年后的成就会比美国SaaS企业更大。

SaaS 企业的第一重价值，是 SaaS 产品作为 IT 工具的价值——其常见的模式是收取 SaaS 软件服务年费。

SaaS 企业的第二重价值,是 SaaS 产品背后数据的增值价值(在客户授权的前提下),由此可以切交易、做金融服务、做集中采购,甚至像 Shopify 一样做仓储物流服务——对应得到增值业务收入。

SaaS 企业的第三重价值是 SaaS 工具(及增值业务)用 to B 业务的方式连接了多方角色,形成网络效应,然后产生平台价值。

从工具价值到增值价值,是第一次巨大的飞跃。以前是纯 IT 公司,现在变成了基于 SaaS 数据的供应链公司、金融公司等。

从增值价值到平台价值,是更精彩的第二次飞跃。以前是单领域的产品公司,现在竟然想做平台?我知道大家会说,这样太超乎想象,太天马行空了。是的,不过在 2018 年我们说"商业 SaaS"的时候,大部分同行不也是说"不可想象"吗?

SaaS 企业的三重价值及两次飞跃如下图所示。

SaaS公司的三重价值及两次飞跃

第二次飞跃 → 平台价值:形成网络效应,参与产业互联网改造

第一次飞跃 → 数据增值:为客户提供增值价值,收取供应链、金融、物流等多种费用

工具价值:收取SaaS软件服务年费

2.2.2　SaaS 网络效应的产生

关于网络效应,有一个著名的梅特卡夫定律(Metcalfe's law):一个网络的价值与该网络节点数的平方成正比。该定律指出,一个网络的节点数越多,那么整个网络和该网络内每个节点的价值也就越大。

大家注意,另有一个概念"规模效应",它是指,随着生产/服务规模的扩大,边际成本下降,从而获得更多竞争优势。大部分有规模效应的产品都没有网络效应。区别在于，前者是单一维度地考虑成本因素，后者的节点之间有协作和互动。

以上是基础知识，我们再往下深挖。

我在中欧商学院的最后一门选修课是"平台战略与转型"，授课的陈威如教授曾任菜鸟网络首席战略官，著有《平台战略》《平台转型》《平台化管理》等互联网行业的经典书。在学习完这门课之后，我对"平台"及"网络效应"有了更深刻的理解。

- 平台都是多边的，能成为平台的，大多有网络效应。
- 网络效应不仅包含"同边网络效应"，更有"跨边网络效应"，如下图所示。

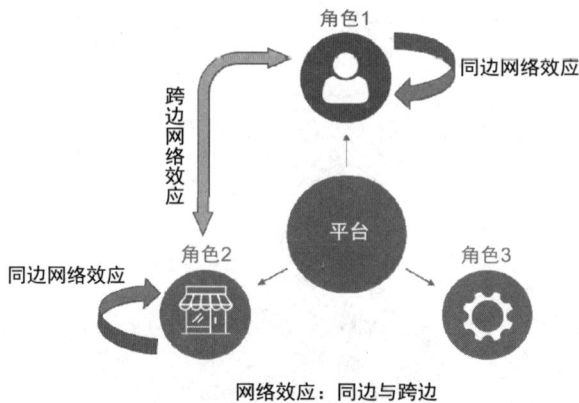

网络效应：同边与跨边

以往我们对"网络效应"的认知，往往局限在"同边"之中——例如微信就是病毒式传播、同边网络效应极强的产品。其实这是 to C 思维，to B 要看多边效应。

例如，企业微信、钉钉、飞书的网络效应就是这样的，如下图所示。

产品及商业模式

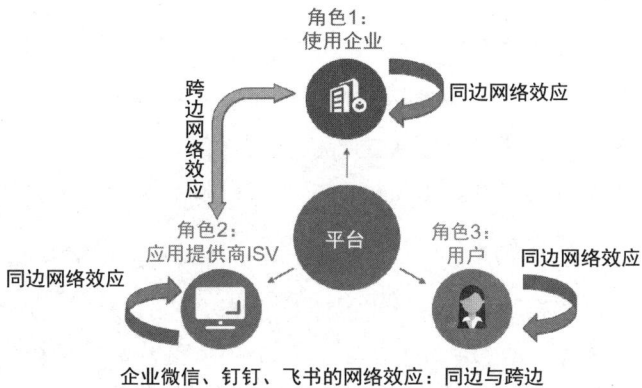

角色1：
使用企业

同边网络效应

跨边网络效应

角色2：
应用提供商ISV

同边网络效应

平台

角色3：
用户

同边网络效应

企业微信、钉钉、飞书的网络效应：同边与跨边

这里面有这样几组关系。

- 使用的企业越多，使用同样工具的企业之间联系就越方便（同边）。

- 用户自己的使用者之间也有联系的便利（同边）。

- 使用的企业越多，愿意提供 IT 应用的 ISV 就越多（跨边）。

- 提供的 IT 应用越多，就有越多企业愿意使用平台（跨边）。

- 至于 ISV 之间，有竞争关系，也有协同关系，共同为一类客户提供工具组合（同边）。

此外，更多 ISV 能推动平台接口标准的完善（例如腾讯云的 IPaaS），这我倒认为只能属于"规模效应"带来的边际成本降低，算不上网络效应。

一个平台的网络效应强不强（是否容易被替换），不仅要看跨边网络效应，也要看有没有同边网络效应。

网约车平台在这一点上就面临很大的困境，如下图所示。

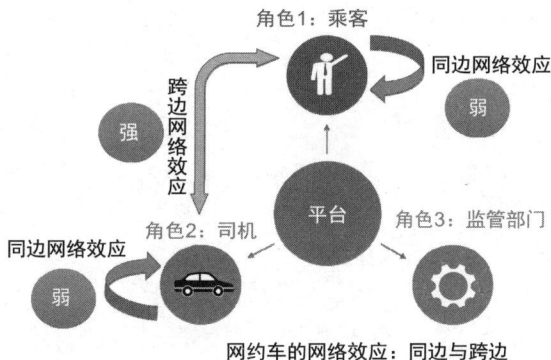

角色1：乘客

同边网络效应

弱

跨边网络效应

强

角色2：司机

同边网络效应

弱

平台

角色3：监管部门

网约车的网络效应：同边与跨边

网约车平台的"跨边网络效应"是很好的，乘客越多——订单越多——司机越愿意加入，司机越多——接单越快——乘客愿意来。但这类平台的"同边网络效应"非常差。大家都遇到过下雨天着急打车，前面却有几十人排队的情况吧？那时候身边如果也有个打车的，就恨不得把他赶走。

在这样的情况下，如何抵消同边网络中的互斥作用？看来看去，网约车公司的主要方式还是补贴。这也是为什么网约车公司发展艰难的原因——整体上有规模效应（能调度的车辆越多，平均每辆车的运营成本越少），但同边网络效应的得分是负数。底层商业模式决定了这是一个需要精益运营（严格控制成本，用成本优势带来竞争优势）的行业。在取得规模后，胡乱烧钱是不行的。

顺便说一句，突破这个难题的方法还是创新。近几年 Uber 在美国就着力做外卖业务。当然，在中国，人口密度大并且已经有美团、饿了么等外卖企业，网约车公司还得找别的出路。

之前的章节也讲过 Docusign（法大大、e 签宝、上上签的对标公司）的案例，它与 Adobe Sign 相比，也是胜在网络效应，而不是功能堆得多。

此外，不言而喻，网络效应还是最好的护城河。

2.2.3　SaaS 企业形成网络效应的路径及案例

网络效应还是聚集巨量客户、用户群体，产生平台价值的最佳路径。现在的平台公司，动辄聚集几亿个人用户、几百万家企业客户，这对靠一个个地获客的 SaaS 企业来说是不可想象的。

美团和滴滴也不全是靠补贴、做地推形成平台的，关键是拉来的司机能够吸引乘客、拉来的餐馆能够吸引消费者——只有产品的网络效应、营销中的病毒式传播能做到这一点。那么 SaaS 企业如何形成网络效应呢？这也分阶段，我就按前面提到的 SaaS 企业三重价值来谈。

在工具价值阶段，最重要的就是把产品打磨到位，给客户提供很好的

产品及商业模式

工具价值。业内有很多非常好的产品,例如酷家乐(覆盖国内大部分家装设计师)、小鹅通(覆盖国内大部分知识店铺)、领健医疗(覆盖 30%以上口腔诊所及大部分头部品牌),由此它们也聚集了大量客户及用户。

要提供数据增值的价值,在工具阶段就得做好产品的数据价值设计。有的数据即便在云端保留,也是没有价值的;而订单、交易、人才属性等数据则有巨大价值。做数据价值设计,得有非常优秀的行业或领域认知,得浸淫多年才能提出真知灼见。

用数据(包括连接关系)的视角,而非功能的视角做产品决策。我一直反对"一站式解决方案",这是违反 SaaS 原理、违反云化潮流的。当然,功能覆盖多大范围算是一站式,这个我们在后面产品相关章节中讨论。

我从 1984 年开始断断续续写代码,在带市场和销售团队之前,已经专职做过 10 年研发和 IT 项目管理;2014 年在纷享销客时,我就很痛苦地发现多租户、云端架构的 SaaS 产品的研发过程远比 OP 软件复杂,大而全的产品并不适合 SaaS。

在云的时代,各家产品专注于自己的领域、做精做深,然后互相连接在一起为客户提供解决问题的整体方案,这才是 SaaS 和云的意义。更重要的是,从数据的视角看,少量客户大而全的数据的价值,远小于网络节点覆盖率超过 30%的专项数据。后者能带来更多的数据增值价值,也只有后者才有可能形成网络效应。

2021 年,我见过一个 SaaS 领域的连续创业者,他有一个非常锋利的产品 x,能帮企业客户很好地解决某个专业领域的问题,而且由此能够把 B 端和 C 端的连接、C 端有价值的信息留存在公有云上(在得到客户允许的前提下)。2022 年他的一些大客户要求他再做两个新模块 y 和 z,犹豫再三,考虑到客户黏性和营收,他开工做了 y 和 z。我跟他说,这是一个巨大的错误。

第一，y 和 z 就那么容易做吗？

再一问，果然 y 和 z 两个模块做了一年还远未成熟，目前单子签了不少，交付却很费精力。

第二，一旦做了 y 和 z，公司就多了很多竞争对手，产品 x 的推广就会遇到很多困难。以往只要和同行的产品（含模块 y）做对接就行，现在变成要替换同行产品。由此市场推广和实施的速度会大大降低。

第三，产品 x 就只适用于某个行业吗？其实这个产品是可以服务很多行业的，行业越多，B 端和 C 端数据的积累和数据交叉就越广泛，整个产品的数据增值价值就更大，甚至将来形成网络效应的机会就越多。

我认为他走上弯路，一是没有看清 SaaS 产品未来的第三重价值，即形成网络效应后的平台价值。二是还是缺资金——做 SaaS 需要长期投入，需要把握好融资节奏。

2.2.4　平台价值与数据：开放合作才是未来

最后，说一说平台价值和数据价值。

平台价值不等于平台，并不是说产品有网络效应的 SaaS 企业都会成为一个大平台。我们的数据和产品有网络效应，意味着有更多的合纵连横的机会，会为公司带来平台价值。这个价值会在与多个平台、大量 ISV 的合作中体现出来。

再说说数据。C 端的数据就像二维平面，用户在数量上很多，但从数据的角度看，每个用户可以打上的标签就那么几万个，而且每个 C 端都很类似。因为有头部效应，to C 的互联网巨头们就掌握了大部分 C 端的数据（包括连接关系）。

B 端的数据是三维的，甚至是四维、五维、更多维的，它必定分散到大量 SaaS、AI、IoT 企业手中。贪全没有意义，掌握专业领域的数据才有价值。这也意味着，to B 的未来依赖更多的合作。

总之，SaaS 意味着云，而云是开放的。未来的世界没有"二选一"，只有更广泛、更碎片化地实现深度数据合作，才能为企业及消费者带来更多价值。

第 3 节　PMF 及不同阶段的产品应对

3.1　PMF 及 SaaS 创业历程的里程碑

SaaS 的 PMF（Product Market Fit，产品市场匹配）如何确认？也许定义某个概念的第一步是界定它的用途。

3.1.1　圈内圈外对 PMF 的多个定义

关于 to B 的 PMF 主要有以下 3 个定义。

- 完成 10 个客户签约（具体数量与客单价有关，客单价低则数量要求更多；同时，客户一定是真金白银付钱的）。

- 硅谷一般定义为累计完成 200 万美元销售额（国内对应定义为 200 万元人民币）。

- 一定数量（例如 20 个）客户开始续费。

这 3 个定义差别可是非常大的。

从产品创意阶段开始，完成第 1 个定义——10 个客户付费，大约需要 2 年（开发产品 1 年，测试销售及帮助客户使用达到活跃 1 年）。

完成第 2 个定义——累计完成 200 万元销售额：以客单价 2 万元计算，需要 100 个付费客户，需要再加 1 年，大约共需 3 年。

完成第 3 个定义——20 个客户开始续费，需要再加 1 年，也就是需要 4 年。

3.1.2　严格的 PMF 标准

通过多年研究和交流，本书设定一个"严格的 PMF 标准"。

（1）找到一个或一组 ICP（Ideal Customer Profile，理想客户画像），在 ICP 范围内，活跃度、健康度良好的比例超过 70%。

（2）在 ICP 范围内，客户的累计销售额超过 200 万元，并且有 10 个以上付费客户（这是针对客单价较高的 SaaS 产品）。

基于如今中国 SaaS 企业面对的严峻形势，在这次写书的过程中，我对这个"严格的 PMF 标准"做了很大修改。这个标准的含义如下所示。

首先，SaaS 创业团队需要通过市场探索和试销售过程，找到 ICP。这个 ICP 是有客观要求的：活跃度、健康度达标。在以往的 PMF 标准中，都把"累计销售额"作为主要指标，但我把活跃度、健康度的要求放在前面（关于活跃度与健康度的设计，详见后面章节）。

其次，我限制了"累计销售额"是在 ICP 范围内的，而不是泥沙俱下地把所有签约客户的销售额都算进来。我发现在 SaaS 创业的过程中，早期客户中可能有大量非 ICP 客户，只有剔除了非 ICP 客户才是真正的 PMF。

所以一个新的 SaaS 产品从设计开始算，一般需要 18 个月以上才能完成 PMF。如果是同一个团队面对同一个客群，同一条决策链的第二、第三个产品，周期会缩短。

3.1.3　PMF 与 SaaS 创业的多个阶段

除了 PMF，在 SaaS 创业的过程中，还有多少个必然经历的阶段呢？如下图所示。

产品及商业模式

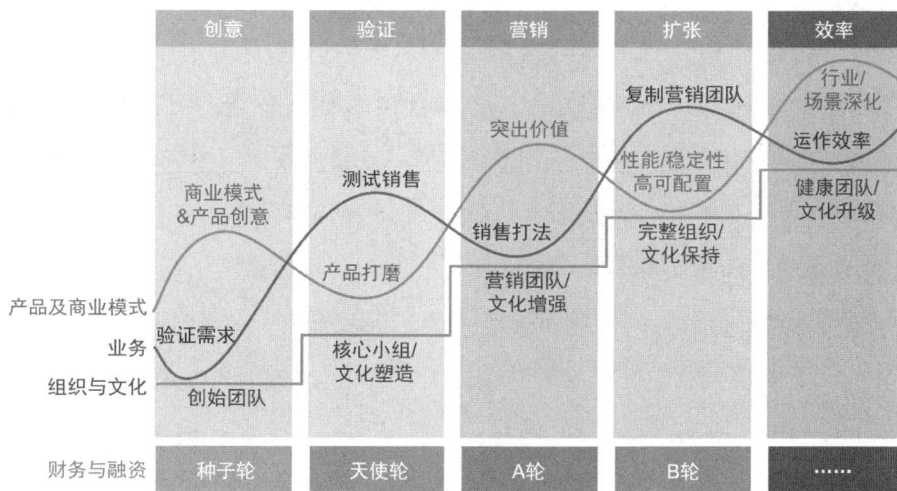

创意	验证	营销	扩张	效率

创业有多个阶段,在前 4 个重大阶段的演进过程中,都需要有类似 PMF 这样的标准做验证。

- 创意阶段的完成标准:产品概念得到多家目标客户的口头认可,只有这样,下一个阶段的产品开发才不至于完全跑偏。

- 验证阶段的完成标准:产品成熟度达到"可销售"的程度,CEO 或其他成员可以将产品销售出去。

这是我认可的"初步 PMF",并不需要有很高的累计销售额,标准是:有 10 个企业客户付费使用(如果客单价很低,例如小于 2 万元,应有 20 个客户付费)。

在创始团队的成员卖得出去产品后,才值得花时间招聘专职的销售代表和进行销售团队的培训及管理。

- 营销阶段的完成标准:这个阶段已经有 5 人左右的销售团队,需要完成一个累计销售额的目标。

具体应该是多少?以我自己 2012 年至 2014 年的实操经验和对几家处于天使轮到 A 轮之间的公司的观察,累计 200 万元的销售额是个可用的标准。3~5 人的团队,如果每人每个月销售额为 4 万元,大约需要一年时间完成这个阶段。

这个阶段的产出物是两个：一套可用的标准销售打法，如有 SOP（Standard Opration Procedure，标准作业程序）文档更好，和一个小团队（5 人左右）的毛利模型。

有这两样法宝，就有信心进入下一个阶段了。

- 扩张阶段的目标：搭建完整团队，包括市场、客户成功，以及市场部 SDR、售前及实施团队（如果需要），达成财务效率目标。

扩张阶段的财务目标有几个等级，按月度营收（一次只收一年软件服务费）计算，分别如下。

① 能覆盖销售团队成本（底薪、提成、管理人员成本及部门全部分摊费用）。

② 能覆盖销售+市场成本（营销费用、市场人员及部门费用）。

③ 能覆盖销售+市场+当期服务成本（即后文会讲到的"主营业务成本"，包括服务及运维成本）。

如果只能覆盖①的成本，团队再继续扩张会加速现金流失。建议停止扩张销售团队，先设法提高销售团队人均月单产出。

如果只能覆盖②的成本，说明加大市场费用投入的决策需要谨慎，公司也还没有余力打造品牌。

如果能覆盖③的成本，说明营销服务体系可以开始为行政、产品研发体系供血，这才是 B 轮融资前 SaaS 企业该有的较健康的财务状态。在 B 轮融资后，团队在新形势下，需要逐步追求"单位经济"（详见后面章节）。也许在融资环境变宽松后，追求单位经济目标的紧迫性会下降，但我认为"精细经营"是企业的灵魂，应该持续不断降本增效。

3.1.4　PMF 等 SaaS 创业的里程碑事件

简单总结一下，在 SaaS 创业过程中，按顺序有以下里程碑事件，在达到后才能进入下一个阶段。

① 客户对产品创意的口头认可。

② 初步 PMF：有 10 个以上企业客户付费使用。

③ 严格 PMF：目标客户画像（ICP）群体的活跃度、健康度良好的比例超过 70%，且 ICP 客户的销售额累计超过 200 万元（不少于 10 家付费客户）。

④ 销售团队收支平衡（在以上条件达到的前提下，新单 ARR>销售团队全部费用）。

⑤ 销售+市场团队收支平衡（新单 ARR>CAC）。

⑥ 销售+市场+服务团队（含实施）收支平衡（新老客户 ARR>各业务团队费用之和）。

⑦ 公司整体达到盈亏平衡。

这些里程碑不仅适用于 SaaS 创业公司，同样适用于成熟企业的新创 SaaS 项目。

为什么这里会把后期财务闭环（团队收支平衡）作为 PMF 的一部分？因为一个产品卖得出去、客户用得好，其实还不够；只有"有效率"地研发+营销+服务，企业才能发展壮大，这个产品也才能走向整个目标市场。

这带出后文要讲的"精细经营""财务能力"等话题。

3.2　SaaS 企业如何跨越鸿沟

很多 SaaS 企业在完成 PMF 后，会有一段顺利的增长期，增速达到 2

倍、3 倍，甚至更高。但到了某个阶段，业绩增速突然大幅降低到 30%以内。检视组织内部，无论团队能力还是努力程度都没有明显降低，那么存在什么问题呢？

　　杰弗里·摩尔在《跨越鸿沟》里讲述，高科技产品在市场营销中，需要跨越一道鸿沟。他这本书也被誉为高科技企业的"圣经"。我也在很多国内 SaaS 产品的市场实践中，不断看到这道鸿沟的出现。下面就结合 SaaS 企业的产品及营销实务，讲解如何跨越鸿沟。

3.2.1　市场不同阶段间的鸿沟

1. 正态分布

相信大家对以下这张正态分布图还有印象。

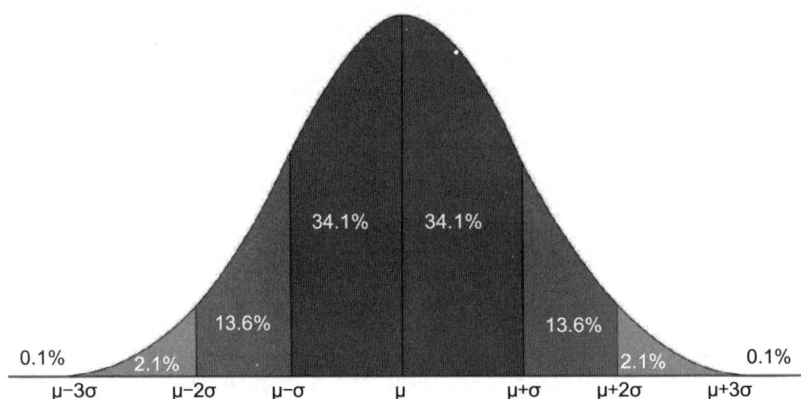

使用这个数学模型可以估算一个餐馆的午餐到店客户人数波动范围，可以预测一个新产品进入市场在用户群体中的传播节奏，也可以评估一次考试的成绩分布是否合理。

　　形成正态分布的前提是：有至少 20 个相互独立的变量，它们"相加"后对结果产生影响。听起来有点儿复杂，实际上这个前提在自然界和真实社会生活中都很容易达到：影响某个企业采购一个 IT 产品的独立因素实在太多了——公司的预算情况、关键人的信息化意识、使用部门的需求紧迫度、供应商的品牌口碑、供应商的营销能力等。

所以市场上全部客户的采购时间节奏会呈现正态分布的结果，也就是说，符合上面这个图形展示的规律。结果出现在均值（也就是"期望值"）上的概率最高。结果出现在正负 1 个标准差之内的比例为 **68.2%**，在正负 2 个标准差之内的比例为 **95.4%**，在正负 3 个标准差之内的比例为 **99.8%**。

2. 鸿沟理论

回到《跨越鸿沟》这本书，这里把先锋客户、创新者等加进去，如下图所示。

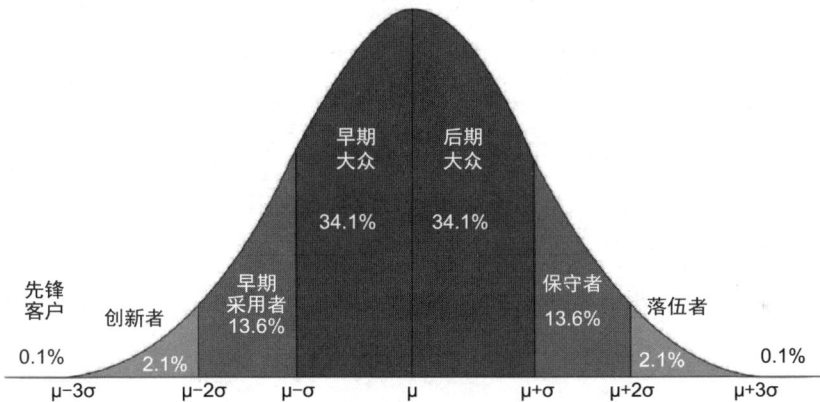

在一个新品类的 SaaS 产品上市后，会发现"先锋客户"占比很低，但他们特别喜欢新型产品。他们不仅愿意尝试，也喜欢向周围的企业家朋友炫耀。于是"先锋客户"会较快影响更多的"创新者"。"创新者"喜欢在企业内部推动创新，他们没有"先锋客户"那么激进，但也容易接受新事物。

"创新者"（占全市场的 **2.1%**）与"早期采用者"（**13.6%**）之间有一个小鸿沟。而"早期采用者"与"早期大众"（**34.1%**）之间有一条巨大的鸿沟（如下图所示），很多高科技企业都在业绩增长中掉入这个鸿沟，在销售业绩上迟迟没有大的起色。

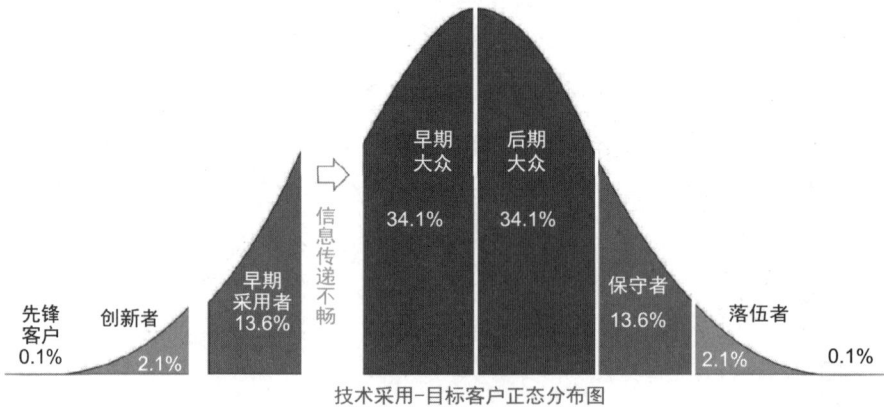

技术采用-目标客户正态分布图

目前很多 SaaS 企业都在这个鸿沟里爬不出来，月度业绩迟迟不能突破 500 万元或 1000 万元的关口，年度业绩增速从 200% 放缓到 20%。要知道很多美国 SaaS 企业在上市时还能保持 70%～80% 的业绩年增长率，国内 SaaS 企业在这个阶段面临的形势是严峻的。

3.2.2　发现鸿沟

要应对鸿沟，首先要能发现鸿沟。

除了业绩增速突然放缓，市场还可能出现以下现象。

（1）老客户转介绍率下降：从推荐者分析，"先锋客户"和"创新者"性格上更激进，在使用产品之前就可能推荐。而"早期采用者"相对更喜欢在使用一段时间产品并看到效果后才推荐。

（2）销售团队电话邀约成功率下降：明明是符合"客户画像"的目标客户，电话打给客户关键人后却难以激发对方见面的兴趣。

（3）首次拜访后丢单率上升：在首次拜访过程中，发现客户对企业总结的"痛点"感受不深，提出很多他们使用新产品（包括服务）的担忧。有的担忧是 SaaS 企业可以解决的，有的担忧源自客户企业内部问题，销售代表也束手无策。结果就是销售代表后续工作推进困难，最终丢单。

（4）成交周期拉长："早期大众"中实用主义者比例更高，他们做决策更加沉稳，希望能够在对比多个产品后再做决策。

如果在销售业绩减速的大背景下，频繁出现以上现象中的 2～3 个，就可以基本判断我们面前出现了一道"鸿沟"。

3.2.3 应对鸿沟

那么，如何应对这样的鸿沟呢？

大家回想一下，按照我提出的"SaaS 创业路线图"，其实在第 2 个阶段创业公司已经"验证"过产品符合客户需求，也验证过销售打法的有效性。那么问题出在哪里？

前面只列出了鸿沟问题的表象，这背后"实质"的关键点有如下几个。

- 受众变化："早期大众"相对更保守，喜欢做产品对比，在非常认定你的产品后才会采购。

- 老获客方式失效：在以前，产品特性中的"新"能带来客户；现在，"早期采用者"没那么爱做转介绍了。

- 产品价值与客户"痛点"的对应关系还需要加强。

也就是说，从产品到市场、再到销售方法，都需要升级。请注意，我这里说的是"升级"，而非推倒重来。如果要推倒重来，那就是另一个产品和营销套路了。只是为了跨越鸿沟，不是做新产品。

这里再把"SaaS 创业路线图"和技术采用-目标客户正态分布图做一个结合，如下所示。

SaaS 创业路线图 2.0

to B 企业的创新与精细经营

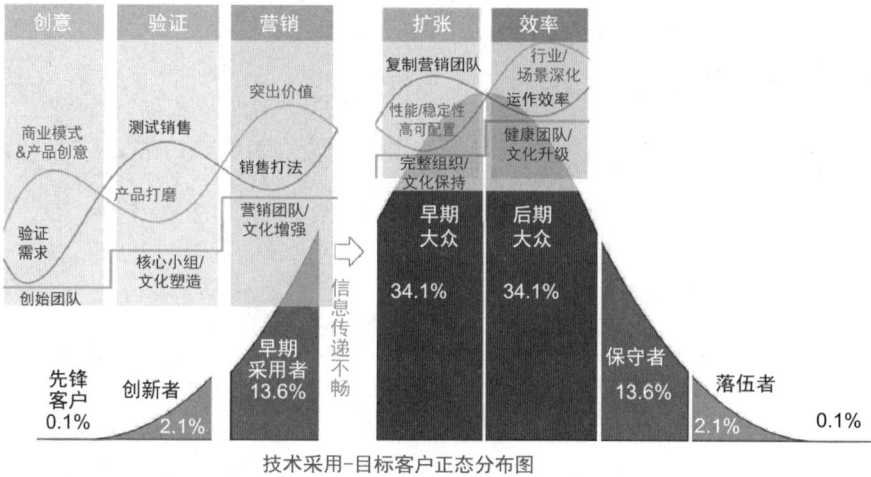

创意 | 验证 | 营销 | 扩张 | 效率

商业模式&产品创意 | 测试销售 | 突出价值 | 复制营销团队 | 行业/场景深化运作效率

产品打磨 | 销售打法 | 性能/稳定性高可配置 | 健康团队/文化升级

验证需求 | 核心小组/文化塑造 | 营销团队/文化增强 | 完整组织/文化保持

创始团队

信息传递不畅

先锋客户 0.1% | 创新者 2.1% | 早期采用者 13.6% | 早期大众 34.1% | 后期大众 34.1% | 保守者 13.6% | 落伍者 2.1% | 0.1%

技术采用-目标客户正态分布图

对应上面这些"实质"关键点，我给出一些建议，供读者参考。

首先，公司要理解出现这个局面不是某个区域的问题，也不是销售团队自己就能解决的问题。能解决系统问题的一定是系统的方法。

（1）对于产品，考虑聚焦更细分的市场或客户群体，找到"空白区域"，这样才能更深入地帮助客户解决问题。这有助于提高产品迭代速度，也有助于销售团队找到更精准的客户，提高销售效率，同样也有助于服务团队的水平快速提升。

（2）市场营销对更精准的客户群体进行覆盖。通过一对多的形式（包括线上线下专业培训、参加行业会议并发言等）提前做一些客户教育工作，产生客户线索，也降低后续销售代表的转化难度。

（3）销售团队考虑集中大部分力量打透一个区域市场。这时候很多公司的销售布局大概是这样的：除了总部，也在一线城市有 2～3 个分支机构。在一般情况下，总部所在城市的市场经营时间最长，渗透率也最高。如果这里出现了鸿沟问题，其他区域将来也会遇到。所以我们应该先在总部所在地解决问题。集中优势兵力，集中产品、市场、销售、服务的资源，乃至集中公司高层的注意力，努力在总部所在地打透市场，突破鸿沟进入"早期大众"市场。

（4）升级销售打法。举个例子，客户希望看到多个产品的对比情况，即便市场上实际还没有真正的竞品，我们也应该把类似的产品找来做出专业对比，将结果提供给客户，让客户安心。说白了，用对比来体现新概念，是一个大众习惯的思维方式。我们应该适应它。

3.2.4 小结

如《跨越鸿沟》一书所说，鸿沟就在那里。据我观察，大部分国内处在 B～D 轮融资的 SaaS 企业都还在跨越鸿沟的过程中。

在我作为顾问陪跑的企业中，有已经完成这个跨越的。据我观察，市场上已经成功进入"大众市场"的 SaaS 企业，已经开始设法进入第二曲线，追求下一轮大增长。

这里结合"SaaS 创业路线图"的 5 个阶段说明一下，如下图所示。

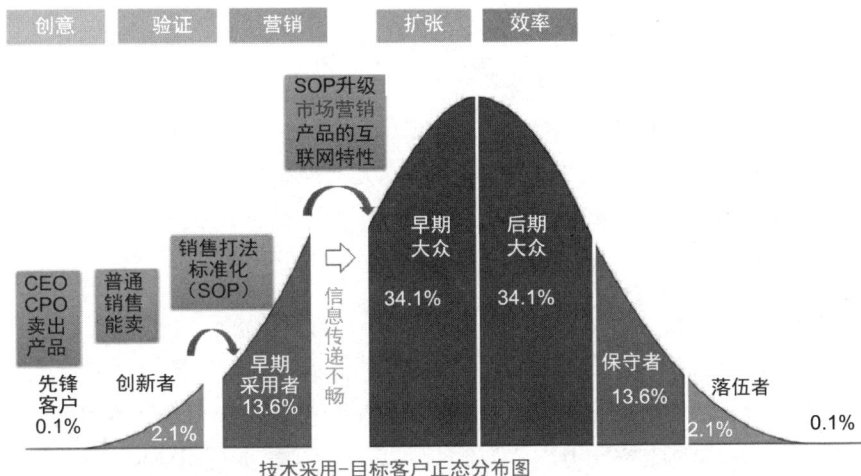

技术采用-目标客户正态分布图

- 创意阶段：面对最早的"先锋客户"，创始团队 CEO 或产品负责人 CPO 就应该能用自己的方法打动客户拿到订单。

- 验证阶段：普通销售代表就能够售卖出产品。

- 营销阶段：要进入占比 13.6% 的"早期采用者"群体，我们需要打造出一套标准化的销售打法 SOP。

- 扩张阶段：必须跨越"早期采用者"与"早期大众"之间的巨大鸿沟，才能进入主流大众市场。我们需要升级 SOP，令大众客户更容易理解和接受产品，升级市场营销能力，也许还需要给产品加上一些互联网特性。

- 效率阶段：面对"后期大众"群体，设法提升公司运营效率，提升盈利能力。具体到每个企业，大家需要针对自己的产品特点、市场特点及团队特点，找到适合自己的突破口和突破方式。

第 4 节　SaaS 产品的打磨与商业化

4.1　产品打磨的原则与分工

下面先讲讲产品调研阶段的原则。

我在刚开始做 SaaS 领域研究时，见的初创公司比较多。有一段时间连续见了几个在产品调研阶段的公司，其中大部分都犯了这样的错误：在有了产品方向后，产品经理的市场调研进行得很简略，然后在办公室里，用工程师的"完美主义+系统逻辑"主导研发工作。

虽然这不算闭门造车，但显然"闭门"的时间远远大于在一线与客户交互的时间。最后的结果呢？在几个月后产品做出来了，招募 2～3 个营销人员，他们拿着产品见客户，发现完全没有切到客户痛点，客户反馈说："你们根本不懂我们的业务！"产品经理和营销人员都垂头丧气。

听说另一个创业团队犯的错误是这样的，美其名曰"大范围调查"，叫几个实习生做了上百家客户的调研，一看调研报告，就像说人人都有两条胳膊、两条腿一样，没抓到深度的需求。和个人消费者不同，因为组织结构和业务复杂，企业客户大多是说不清楚自己需要什么的。大家都听说过这个故事：客户说要让马车更快，实际上应该给他发明一辆汽车。

我曾经在得到 App 上把梁宁老师的《产品思维 30 讲》仔细听了 2 遍，

主线 1
产品及商业模式

2018 年还专门跑到上海听她在"MiNi 创业营"的授课。她的建议是，to C 产品打痛点、打爽点或打痒点都行，但 to B 产品只能打痛点。

C 端需求比较感性，B 端需求非常理性，别想拿"未来"的东西忽悠我"现在"的钱！

此外，to B 与 to C 相比，还有一个很大区别——客户需求一致性较差。换句话说，即使在一个行业里，各个企业间的业务和组织结构差异也很大。也许一个创意点子在创始人头脑里很完美，但一到市场上，必然面对南北差异、城市差异、规模差异，甚至门店位置差异等问题。不同客户的需求有差异，找到共性需求成为很大的难题。

正确的产品打磨方式应该是什么样的？我建议用以下调研框架来解决产品打磨的问题。

（1）任何行业的市场都需要细分，要做广度抽样调研，弄清楚这些目标客户有哪些主要属性，每一类客户数量大致有多少，需求紧迫性及购买力如何。

（2）选择 3~4 个头部细分市场，在这个特定范围内进行调研，才有机会找到共性需求。最好是创始人、产品经理、营销合伙人一起调研，分别把握产品价值、产品体验和未来产品是否可卖。创始人够厉害能够三合一的话，效率会更高。但这样创业，一路上会有点儿孤独。

（3）不要想一次就把功能做完整，新产品应该胜在"锋利"而非"完整"。这也是 MVP（Minimum Viable Product，最小可验证产品）应有之意。

尽快出原型，尽快见客户，尽快根据客户的反馈进行调整，这就是"产品打磨"阶段的原则。

在实际运作中，还有组织协同的问题。产品经理、研发老大、营销老大，大家通过接触一线人员和系统思考，对不同的选择有不同的想法，为每个小点争论不休……那最后应该听谁的？

首先，我建议让大家充分发表意见。但创始人要分得清楚，哪些是关键问题，值得反复探讨。哪些是非关键问题，必须设置一个截止日期或者关闭时间。时间一到，创始人立即拍板关闭。老板和拍板是同一个"板"字啊！快速出原型见客户最重要，不要花费太多时间"闭门"讨论。

这里还有一个分支问题，也是我在中欧国际工商学院多次和同学讨论的：在大公司里孵化新项目的尴尬局面。

一些大公司设立了新项目创业团队，但这些团队由于自身业务特点，在薪资上、工作方式上、激励方法上与老团队的需求完全不同。我认为大老板一定要给内部创业团队独立的资源，在人事和管理制度上、办公区域上，甚至在公司架构上，要让创业团队有独立空间，否则新团队根本没机会生存。

以某公司的真实场景为例。新项目的很多决策需要上公司管理例会，老部门的大佬毕竟是公司元老，手握公司主要营收数据，一遇到争执张嘴就说，"你们新项目这些人就是我养的。"在这个场景下，你可以想象，多数新项目负责人根本不敢据理力争，要特殊政策。

中欧的龚焱教授讲创新方法，他提到 MVP 方法论也有"短视"的问题：可能放弃了需要长期投入但具有更大发展的机会。所以也要辩证地看 MVP，关键还是创始人的判断。开玩笑地说，即使创始人错了，也应该听他的。团队就是因为他、因为这个创意聚到一起的。

换句话说，没有决断力的人，做不好创始人。

4.2　协同打造产品价值的三个段位

打造产品价值难道只是产品部门自己的工作？各个业务部门如何配合提升产品价值？

4.2.1　初段水准：仅靠产品部门输出产品价值，孤掌难鸣

对 SaaS 企业来说，产品、营销、服务是三项需要兼备的能力，产品价

值正是其间的关键链条。但在产品价值打造、输出的工作上，大部分公司
只能做到下图所示的程度。

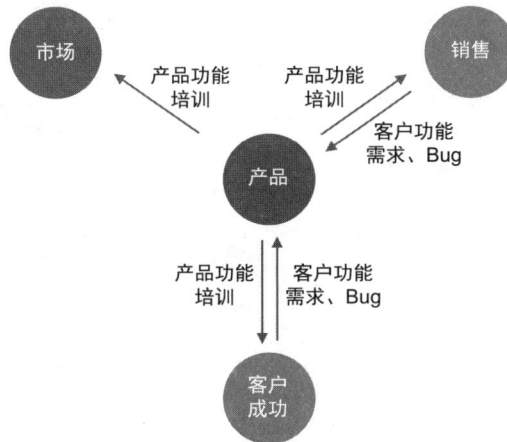

产品价值协作-初段水准

具体情况如下所示。

（1）对于产品研发部门，产品的每个版本提供什么功能，基本上靠自
己拍脑袋。

（2）销售部门自己整理产品价值，做 PPT 等销售工具。

（3）销售代表和 CSM 遇到客户提 Bug、提需求，就丢给产品经理，让
他们自己做取舍。

（4）每次发新版本，产品经理就给所有部门做同样的培训，把每个新
功能都操作演示一遍。这样的组织，产品版本即便更新很快也往往会抓不
住市场脉络，产品价值包装做不到位，每次产品培训都让销售人员听得一
头雾水，产品优势在市场竞争中体现得也不明显。

4.2.2　中段水准：在各部门间传递产品价值而非功能

协作水准为初段的公司会发现，给销售代表做全功能讲解，内容吸收
度很低（其实他们在销售过程中也不需要给客户演示那么细的功能）。给市

场部只讲功能又远远不够。销售代表直接向产品经理（甚至研发工程师）反馈客户发现的 Bug，往往心很急却说不清楚，操作也复现不出来，无端打乱了产品经理和研发工程师的日常工作节奏，影响后者的工作效率。因此，我认为下图所示的这些动作是错误的（图中打叉的地方）。

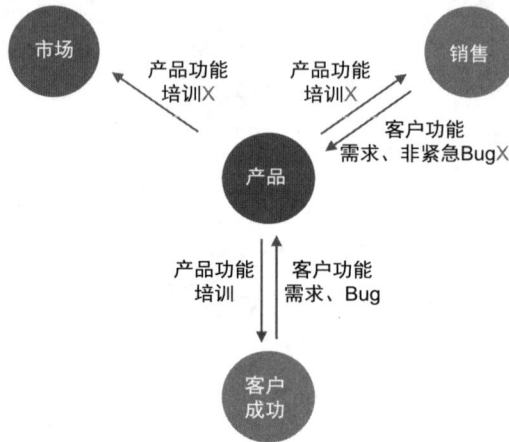

产品价值协作-初段的错误

而协作水准能达到中段的公司会这样开展工作，如下图所示。

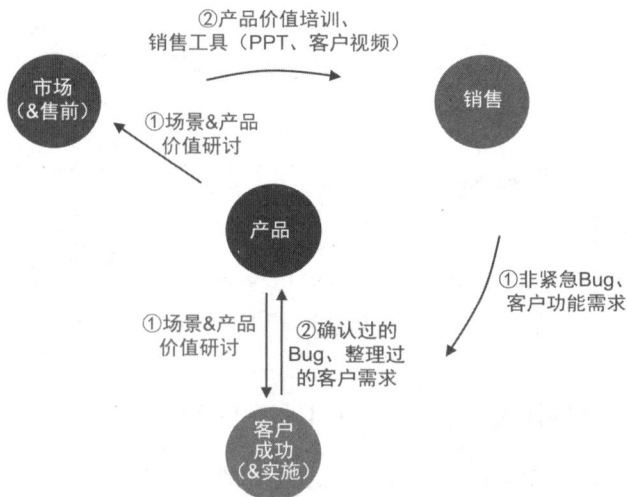

产品价值协作-中段水准

这里有两个流程。

（1）新版本价值输出及培训流程。

- 在准备发新版本前，产品经理与客户成功部、市场部一起探讨应用场景和产品价值描述，由市场部升级销售工具，客户成功部完善使用场景和客户使用案例。

- 由市场部对销售团队做基于产品价值和应用场景的新版本培训，并不需要做完整的操作演示（产品越复杂越不需要），而应该围绕几个核心客户应用场景，向销售代表传递产品价值而非功能。而客户成功部的内部培训，除了价值传递，仍需要培训功能及操作的部分，因为他们是需要帮客户解决操作问题的。

（2）Bug 及客户需求传递流程。

- 销售代表不再直接向产研部门发送非紧急 Bug、设计缺陷及客户需求，而是发给客户成功部的热线客服。

- 热线客服会做好 Bug 复现、设计缺陷确认及需求整理工作（后两者亦可能由 CSM 负责），在确认有效后再转给产研部门。这里需要有 IT 系统支持，把 Bug 等关联到客户，让销售代表、客服人员和 CSM 可以了解处理进度，方便主动向客户反馈。其中，Bug 根据是否阻碍主工作流程（Blocking）和影响范围分 3~5 级，不同级别的处理时限及流程有所不同。紧急 Bug 处理（一般占比很小）因为有严格的处理时限要求，仍然由销售代表、客服人员直接与研发工程师（或者产品经理）进行沟通。

4.2.3 高段水准：各部门协力打造价值产品

对于中段水准的协作，两个流程将使得产品价值的传递水平得到很大提升，但这还不足以影响产品本身的演进。协作达到高段水准的公司还能够做到各个部门共同为提升产品价值而高效协作，如下图所示。

产品价值协作-高段水准（产品打造）
产品价值描述、销售工具
（PPT、客户视频）

市场
（&售前）

客户对产品价值
的反馈

销售

产品设
计逻辑

应用场景
价值需求

产品

成功客户
使用案例

功能改善需求、
新功能需求

客户对产品
功能的反馈

客户
成功
（&实施）

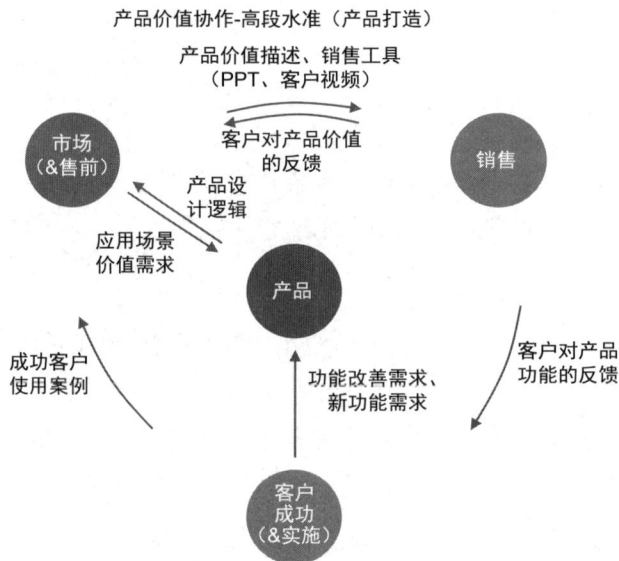

高效的产品价值打造流程如下。

（1）销售部门将客户对产品价值的需求反馈给市场部，而把产品功能方面的信息反馈给客户成功部。

（2）客户成功部将功能改善、新功能的需求反馈给产品经理，这些信息来自销售部门的反馈，也来自服务过程。

（3）客户成功部在服务过程中会发现"成功客户"，须养成定期将成功使用案例输出给市场部的习惯（作为 OKR /KPI 要求或做好其他激励）。

（4）市场部汇总销售部门、客户成功部的信息，基于战略做市场、客户群体分析，输出目标客户画像，再把目标客户画像的关键使用场景提供给产品部门。产品经理、市场部定期交流产品设计的思路和核心逻辑，并一起与 CEO、销售 VP、客户成功 VP 探讨，以确定下一个版本的主要新特性。可以看到，这个流程的核心部门是市场部（如果是售前支持岗位，也会承担其中一部分工作）。

有一段时间，业内讨论得比较热的一个概念是 PMM（ Product Marketing Manager，产品市场经理）。这样的人才具备产品、市场、销售等多方面的才能（在 SaaS 企业中还得了解客户成功），起到"业务交通警察"的作用。

因此，如果有 PMM，他就会在上面这个产品价值打造的流程中起到关键作用。但对于大部分营收未过 5000 万元的 SaaS 企业来说，可能都还没有这个岗位，或者找不到这样的"全才"。我们需要成立一个虚拟组织来完成这些职责，其中包括售前、销售、服务、市场等不同岗位的同事，一起完成产品价值总结和物料输出。此外，要形成以上流程并使其成为工作习惯，需要做好各部门的职责设计和绩效目标牵引，更需要公司形成"价值营销""价值服务""价值产品"的文化，一切以客户为中心，一切为了打造对客户更有价值的产品。

2020 年 4 月，我在公众号发起了一个投票，询问读者："你所在公司在协作打造产品价值上，能达到哪个段位？"投票结果是典型的正三角形。高段位的公司总是少的，大部分公司都需要努力，如下图所示。

投票详情

1. 你所在公司在协作打造产品价值上，能达到哪个段位？

初段：产品培训、Bug处理效率不高、手忙脚乱　　89票　61%

中段：在各部门间传递产品价值而非功能　　38票　26%

高段：各部门都能为产品演进提供案例、场景和价值　　18票　12%

当然，也需要因地制宜。凡是涉及人的事情，都很难一概而论。也许团队中有个别牛人，能把一些环节串联得很流畅，产品协作的环节也许就因此而不同。

4.3　产品经理的层次

4.3.1　产品经理的三个层次

从我的视角看，如果要给产品经理分层次，大概有三个层次。

（1）按别人提供的需求文档做功能设计，只能算初级产品经理。

（2）懂得客户业务，能按场景做设计，可以算中级产品经理。

（3）高级产品经理，则要从营销服务的角度，从客户的视角做产品设计。这包括产品做出来后如何获得客户，客户如何使用产品才能获得价值，如何持续给客户带来价值，即续费和增购。

是的，在设计产品时就要考虑如何获客。我有一句话：产品未做先想卖。

要站到全局的角度看问题。我们的产品只有 H5？那客户在 App Store 里搜我们的品牌名会怎样？在小程序里搜会怎样？客户如果在百度里搜到我们投放的不同关键词，落地页该如何设计？是否要设计小程序、企业微信应用等增加更多用户搜索曝光的机会？

大家可以在企业微信里搜一搜"道一"，看看能搜到多少相关的产品，如下图所示。

这才是互联网的思考方式，"只是把以前 OP 软件的功能搬到云上，对客户没有价值"。

有人会说这是市场人员的工作！但是，如果产品人员通过长时间思考都没弄清楚，就期待市场人员临时接到一份产品价值包装的任务，在短时间内就能灵光乍现？这更难了！只有产品经理才有更完整的视野，市场人员在此事上只是参谋。

4.3.2　亚马逊的 PR-FAQ 逆向工作法

2021 年，我受邀到 AWS（亚马逊云）的线下活动上发言。有一位 AWS 的资深专家讲了亚马逊的非常著名的产品开发方法——PR-FAQ。这是一个要从"客户需求"出发开发产品的逆向开发方法，如下图所示。

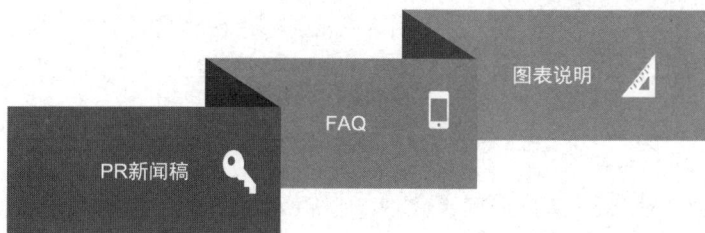

产品经理在设计产品前，不要直接想功能如何设计，而是先想如果产品开发完成，我们如何写 PR（公关）新闻稿。这个 PR 新闻稿里当然就会谈及新产品的价值、解决了客户什么问题，而这些才是一个产品经理应该首先思考的问题。

然后呢？还是不要做产品设计，而是先写"常见问题解答"，即 FAQ。客户如果想用新产品，肯定需要很多帮助，会问很多问题。所以这个 FAQ 也是要先写出来的。这么写，产品经理就能想到客户可能会遇到哪些问题，才会想如何让产品更容易被理解。

最后，还要做个"图表说明"。设法用图表而非文字的方式说明产品的使用场景。想到这一步，"场景"就自然而然就出来了。这些都比上来就做

UI 设计、写代码重要得多。

再往深里说，SaaS 产品有可在线查看用户活跃数据的优势，所以 SaaS 产品经理还要通过这些数据理解自己的现有客户：现有客户用了哪些功能？客户的使用场景是怎样的？新模块/新产品能帮到哪部分现有客户？产品如何触达客户？如何让客户感受新模块的价值？能做到这些，才是优秀的 SaaS 产品经理。

这里建议大家多用互联网思维思考产品、营销、服务、运营等各方面的问题。有的问题也许过很久都没有答案，但突破往往在日积月累中发生。

4.4　为何要追求极致

2022 年年初，我与河狸云创始人何强辉交流，他有句话对我触动很大，"一眼看上去产品就应该美"。

我们在做产品的过程中，有多少次讲——

"先把功能做完整，页面美化以后慢慢做！"

"to B 产品太复杂了，UI 本来就不会好用！"

这是真的吗？

多少 SaaS 企业的 App 到现在还是通过短信验证码折腾首次登录的用户？难道不知道有"本机号码一键登录"这个功能吗？

还有多少企业在用的 App 没有"深色模式"？难道企业 App 的用户就不喜欢页面好看、操作体验舒服吗？也许有人会说，我们给客户带来使用价值，不去追求表面的好看。那下面就来探讨一下，我们为何要追求极致。

我先讲一个故事。我家附近有一个名为"果蔬好"的超市，东西比对面的某知名连锁超市贵不少，但环境和服务都特别让人放心。如果第一次

产品及商业模式

走进"果蔬好"店，马上就会发现这里每个店员见到顾客都会鞠躬！不仅走到店员面前他们会鞠躬，路过店员身边他们也会鞠躬。

我看了很多网上的帖子，不少人觉得鞠躬没必要。我也上网了解了一下"果蔬好"的创始人江明，他介绍自己曾在某大型汽车贸易公司做高管。"果蔬好"在北京市非常繁华的地段租店铺，卖比较贵的新鲜果蔬，显然针对的就是城市的高消费人群。那么，这和鞠躬有什么关系？

先从客户视角看，如何向客户表明，我们就是"高端"超市？除了店面位置好、令人舒适的环境，一群服务态度好到极致的店员是不是也很有用？"鞠躬"正是传递"我们是高端超市"这一信息最快捷的方法：我们以客户为中心，我们有严明的纪律，我们有很强的执行力，我们的服务和商品都是能让您放心的，等等。

再从员工的视角看，鞠躬是非常表面的动作，但每次遇见客户就鞠躬，可以彻底改变员工对"客户服务"的看法。而每天几百次鞠躬，对一个人的体力来说也并不容易，这里面有一个强烈的暗示：能做好鞠躬，就能做好所有的客户服务工作。

最后从管理的角度看，统一的行动能让团队对"客户至上"有统一的认识。

而且，这也是个筛子：我们是高端超市，不以"客户至上"为价值观的、放不下面子的员工可以不来。这样最快速地筛出了服务意识更好的一群人。人筛对了，团队自然也就好管了。

当然，我今天要讲的不是鞠躬，更不是说 SaaS 行业的服务人员需要给客户鞠躬。在 SaaS 领域，除了服务态度，客户更需要我们的专业度。SaaS 主要靠产品服务客户，我们的"极致"应该是"产品的极致"。

因为只要把 UI 这类表面工作做到极致了，就会向客户发出一个信号：我们是重视客户需求的。

因为只有把 UI 这类表面工作做到极致了，才能向全体同事发出一个信号：我们是追求极致的团队。

这大概也是前文所说的创新之路吧。只有专注才会开放，只有开放才会更加专注。

4.5　"一站式解决方案"是成功的产品定位吗

某一天，连续有两家 SaaS 企业创始人与我聊到"一站式解决方案"的产品定位，过去几年这也是一个圈内颇有争议的话题。这里就为大家分享一下我的判断和实操建议。

4.5.1　to B 与 to C 的"一站式解决方案"逻辑

提到"一站式解决方案"，让人容易联想到的是京东这类购物网站。京东的逻辑是：一方面给客户完整的购物体验，不用到多个网站下单，快递上门次数也少；另一方面，因为流量昂贵，希望顾客能找到全部要买的商品，顾客不会分流到其他电商网站。

当然这不是没有代价的，京东的朋友告诉我，卖瓶装水是非常赔钱的业务，但基于上面的"一站式解决方案"目标，他们坚持赔钱卖水。

这是 to C 的"一站式解决方案"逻辑：完整体验、流量保护。

再来说说 to B 的"一站式解决方案"逻辑，业界的认识包括以下几点。

（1）避免客户企业形成信息孤岛，同一家软件供应商提供的系统互相连通和协同可以使工作更高效，这样也能降低 IT 运维成本。

（2）责任清楚，避免在有新需求或发生异常时，多个供应商之间扯皮。

（3）降低 IT 系统经常替换和推倒重来的风险。

（4）客户省事，一家 IT 公司提供所有 IT 服务。

当然，对软件供应商来说，对一个客户交叉销售（Cross-Selling）多个产品能够扩大营收并降低营销成本和服务成本。为客户提供以上便利，这是该决策最关键的考量。从传统 OP 软件的历史看，确实有往"一站式解决方案"的方向发展的趋势。国内外大厂都推出了众多产品线，为客户提供完整的软件解决方案。

但 SaaS 的出现，改变了这个趋势。

4.5.2　SaaS 与传统软件的不同逻辑

SaaS 的特点之一是部署在云端。SaaS 生态的发展也改变了以上"一站式解决方案"的逻辑基础。

SaaS 产品更开放，相互对接更方便。各个厂家在产品比较成熟后都会推出"开放平台"，更有类似腾讯云 IPaaS 这样的众多 SaaS 同步完成对接的生态方式。

SaaS 产品在云端，天生就更容易维护和升级。

SaaS 产品按年收软件服务费，从机制上来说会更重视服务。

因此，从客户角度分析，未来企业对"一站式解决方案"的需求将会逐步下降。

4.5.3　SaaS 创业公司勿轻言"一站式解决方案"

这两年我接触过多个选择做某行业"一站式解决方案"的 SaaS 创业团队。这个"一站式解决方案"也未必包括客户企业用到的所有 IT 系统，但至少包括 3 个及以上产品，例如同时包括 ERP、线下门店管理系统、导购员管理系统、电商管理系统等。如果确实发现目标客户群体需要的功能是完整不可分割的，那么推出一个整体解决方案作为应对也是必然之选。但我看到选择做"一站式解决方案"的大部分公司往往是因为推出"单点产品"后客户反馈不佳，市场竞争又很激烈，于是选择做更多产品并组合成一个大的解决方案。

他们的理由是市场上还没有整体解决方案，这样的产品组合有机会占领这个空白市场。但这里真是市场空白吗？作为一个创业公司，做多个产品，优势又在哪里？一个产品卖不好，多做几个就能卖好吗？做多个产品意味着更高的研发成本，这个困境公司"熬"得过去吗？

4.5.4　"I-T-M"策略

这里推荐一个开拓产品及市场的"I-T-M"策略。这个表达有意思的地方是，看这几个字母就能猜出是什么意思，如下图所示。

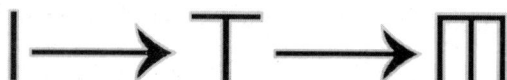

$$I \longrightarrow T \longrightarrow \Pi$$

首先专注在一个垂直的功能和场景上（就是这个"I"），解决企业的一个或一组痛点问题。

在产品推出后，设法完成"商业闭环"：即便不能做到全公司盈利，起码做到优秀的 LTV/CAC 数据，营销服务费用能被单年合同收入覆盖。

一个深井打好了，再往横向走（就如"T"的这一横）。利用这个垂直的"深井"，深挖场景、积累资源，形成资源聚集的平台。这些资源包括客户资源，也包括客户的客户（也许是个人），客户行业中的相关供应商和专家，例如医药行业的医生、驾校的教练、摄影服务链条上的摄影师/设计师等。

这样现金流更稳健，公司组织发展也更稳健。通过融资、并购和团队创新，逐步形成"M"型产品矩阵。

这背后的逻辑是：SaaS 并非把传统软件搬到线上就能实现增值，需要找到更多连接和扩展客户价值网的附加价值。而 SaaS 的开放性已经让"一站式解决方案"的意义大大减弱，生存机会大大降低。

4.6　产品的专注与开放

关于"一站式解决方案"，这里再换个角度深挖一下。

4.6.1　专注的必要

在商学院里，教授们会教两种扩张战略：聚焦产品找更多客户，或者围绕客户做更多产品。

两个方向都没有错。但我始终担心在这个开放的年代，做大客户要的完整解决方案并不符合潮流，那是系统集成商的事，不是 ISV 的使命。

专注在自己擅长、有积累的领域做产品，才能越做越深，才能形成壁垒。因为自己专注了，就会想清楚为什么边界外的产品不应该做，边界外的功能不应该碰。

有了这个坚定开放的思想，就会发现"普天下皆朋友"。如果边界模糊，在自己的产品合作历史上反复多次，可能会导致"天下人共弃之"。

说到实操层面，如果一个产品已经比较稳定了，在市场上也取得了较好份额，才需要考虑捕捉新出现的机会，做一个与产品 1 互为助力的产品 2。产品 1 就是金牛，不断为产品 2 提供现金流、客户资源、成熟人才，让产品 2 在市场上赢得先机。如果产品 1 还未赢得市场成功，还在不断大刀阔斧地改动，那我不建议同时上产品 2。

创业公司不是腾讯和今日头条，CEO 的时间是稀缺资源，公司核心人才是稀缺资源，应该集中力量在一点上，才有机会突破。多个方向都尝试，只能说明还没想清楚。

还有一点，不要认为那些已经在产品 2 上专注多年的竞争对手是傻子，他们产品还不行，不是因为他们笨，一定是那块领域确实有很多硬骨头需要慢慢啃。

4.6.2　专注是生态合作的前提

某次，我听一个 CEO 在员工大会上讲"以人为善"的理念：善良的人，不是因为自己善良，而是认为别人大多是善良的——于我心有戚戚焉。SaaS 圈，不应该是黑暗森林。

我呼吁过多次，"开放、开放、开放"，生活在黑暗森林里是悲哀的。看美国的 SaaS 应用调查数据，拥有 200 名员工的企业会用到 90 多个 SaaS 产品。为什么能快速应用？因为各个产品之间有开放的 API 接口。

相反，某次我与一个零售行业 SaaS 企业交流，某零售公司新采购一个数字营销 SaaS 系统，与其他各套原有系统的对接大概需要 100 人·天。这还是在原有软件厂家配合的前提下。这大约需要 100 人·天的实施费用（大约 20 万元~30 万元），就是企业应用新工具的门槛。而从 SaaS 企业的角度看，这也是新产品在市场上"跑得慢"的原因。

在人际交往中有一个"汉隆剃刀"（Hanlon's razor）原则：当产生误会时，能解释为愚蠢的，就不要解释为恶意的。合作中难免有误会，不要因为误会产生新误会。也许有些错误并非恶意，而是愚蠢。

我说一个正面的例子。这两年我与企业微信团队很多人聊过，最大的感受是，企业微信的成功和微信一样都源于极度克制。确定自己不做的，就要有耐心，等 ISV 成长；ISV 的产品再弱，也要等，不能自己上手。你一上手，合作品牌就减分了；三上其手，天下人共弃之。

当然，根据"汉隆剃刀"原则，我也推断：企业微信的对手也不是恶意的，因为企业微信背后的微信关系链优势实在太可怕，不得不拼命抢时间。我认为泛行业 to B 市场不会一家独大，行业是碎片化的，市场也会碎片化。而对 ISV 来说，在这个大家都要在企业微信里共生的状况下，自己不是巨头还什么都做、什么都没做到位，只会四面楚歌。

4.6.3　界定出合适的边界

能做多大范围的产品，与能力有关。

说另一个例子。2023 年年初，我采访北森云创始人及 CEO 纪伟国，他告诉我："2023 年，北森云将继续聚焦一体化 HR SaaS。"他们的产品覆盖招聘、测评、入职、人事、假勤、薪酬、绩效、继任、培训到离职等多个

产品及商业模式

功能，差不多 10 个子系统，涵盖了员工在一家公司工作生涯的全周期场景。

正好那段时间我与一家日本 HR SaaS 创始人也做了一次交流。他介绍了日本市场上的 5 大 HR 子系统（与中国 HR 子系统分类有所不同）Top3 的供应商名单，我数了一下，共有 14 家公司（只有一家重合）。

那为什么我会认可北森云的一体化方案呢？有两方面原因。

其一，北森云有 PaaS。我估计北森云 HR PaaS 的投入在 3 亿元以上，建设花费至少 7 年时间，还不算前面多年做 SaaS 产品过程中的知识体系沉淀（没有优秀的 SaaS 产品积累做不出 PaaS）。

这是覆盖更大产品边界的能力基础。

其二，再说说产品间关联关系。对于在某个规模之内的客户，HR 系统可以被视为一个整体（如果是规模特别大的企业，对某些模块的需求过于特殊，就不是一体化方案能解决的了）。所以对北森云来说，HR 是边界，他们当然不会跨出边界去碰 MA（营销自动化）或 WMS（仓储管理系统）产品。

在某些行业 SaaS 面前，也是这样的选择。行业客户本来就只有几万家甚至只有几千家，那么除了首个成功的产品 A，还要不要围绕客户的需求做产品 B？

也许该做，因为企业的边界就是这个行业目标客户群体（以客户为边界）。

也许不该做，可能产品 B 其实是很通用的，做产品 B 的公司很多且它们有更广阔的市场，这样的技术积累难以超越。而企业为了做产品 B，未来势必要服务行业外的客户，这是企业擅长的吗？

所以，该不该做新产品（或扩大既有产品功能边界）的判断标准有两条：客户有需求（真实场景），且自己有独特优势（产品积累、技术基础、实施能力、服务属性等）。

这个边界的判断在实操中确实不容易，特别是在创始人拿到大笔投资的情况下。但在我眼里，具体到每个案例，很多创业公司的选择是明显错误的，具体案例需要具体分析。

4.7　SaaS 产品应该免费吗

这几年的新冠疫情，对需要线下拜访客户的 to B 企业是一场巨大的危机，但也有很多公司找到了新的机会。其中有不少 SaaS 企业推出了免费措施，希望在疫情期间帮到更多人，也希望能得到客户数量的快速增长。那么，免费措施到底对不对呢？

我与近 10 家 SaaS 企业 CEO 及高管交流，大家一致的结论是：主产品不能免费。相对地，可以免费的是应对本次特殊状况的裁剪版轻产品，以及免费为付费客户提供更好的增值服务。

为什么主产品不能免费？我从几个层面分析。

4.7.1　价格其实包含了大量信息

我读了一本关于大数据的书，关于价格作者提出了一个很有见地的观念，大体意思是：人们在比较具有同样功能的产品时，会从产品的以下属性比较：重量、颜色、质感、触感等，信息量很大；如果要仔细比较，则会耗费大量时间，而价格则把这些信息（甚至供需关系信息）都包含了。

所以，价格包含了大量产品及供需关系的信息。在下一个时代（大数据实现全覆盖的时代）来临前，价格是信息量最大的产品指标。别小看"580元/人·年"这么一个简单的描述，背后的信息多着呢！

4.7.2　价格=0，意味着什么

价格还体现了市场对产品及服务的认可程度。

在价格为 0 的状况下，意味着客户无法通过价格信息来比较产品。客户的选择难度其实加大了。

不能看价格，那么看什么呢？客户只能做以下选择。

- 看品牌知名度。

- 听用过的朋友介绍。

- 亲自去体验一下。

这里分析一下对 SaaS 企业这意味着什么。

- 看品牌知名度——SaaS 企业无法与平台公司比，大多尚不具备高品牌知名度。

- 听用过的朋友介绍——to B 产品的客户周围没有那么多在用同一产品的熟人。

- 亲自去体验一下——to B 产品比较复杂，简单体验不容易发现实际价值。

4.7.3　反过来看 to B 免费与 to C 免费的逻辑差异

B（企业）与 C（个人消费者）的差异大家都清楚：它的决策链条长，决策人多，决策更谨慎。还有两个特点我要强调。

（1）企业的数量相比个人消费者的数量要少得多。按工商总局的 4000 万家企业的数字做决策是不靠谱的，实际有信息化产品需求的企业不会超过 1000 万家。

（2）B 与 B 之间差异大，即便是同一个行业中的企业，对同一个领域产品的需求也是有差异的。因此网络效应不明显，在统一的宣传后自动转化的比例比 to C 低很多，大多需要人工干预才能实现付费。

to C 免费的逻辑公式是：用免费吸引来 1000 万人，按照 5% 的自然付费转化率计算，则有 50 万个新付费客户和 9950 万个对产品无感的个人。

to B 免费的逻辑公式是：用免费吸引来 1 万家企业，按照 1%的付费转化率计算，则新增 100 家付费企业客户和 9900 家对产品不满意的企业客户。

4.7.4 自动转化与人工服务，这是最大的区别

to C 的付费转化是"自助"的：个人消费者自己下载 App，自己摸索使用方法，因为产品简单，很大概率自己就能用好，满意了还会向其他朋友传播。

而 to B，在出现大量免费使用产品的企业后，面临以下问题。

- 服务器负载：一般企业不可能像平台公司，例如钉钉、腾讯会议那样增加 1 万台甚至 10 万台服务器。SaaS 企业本身还没盈利，谁来为免费使用产品的客户买单？

- 人工服务：免费使用产品的企业也有很多问题需要人工服务，这时候如果服务能力扩展性不足，就有可能造成对产品不满意的企业客户。

- 对付费客户服务质量的冲击：在大量免费客户涌入后，付费客户的服务反而被冲击，影响既有和新增付费客户的体验。

- 销售转化能力：同样不足，浪费很多机会。

同时，销售是非常苦的工作，正所谓"逆水行舟，不进则退"。本来推进付费就很困难，现在免费的来了，销售代表在面对本来能付费的客户时，反而更容易放弃："要不您试试我们的免费版？"

这样看来，获得大量免费客户的做法，是否是捡了芝麻，丢了西瓜呢？这后面还有更大的隐患。

4.7.5 带偏市场定位

如果公司已经有明确的市场定位，这批因为特殊状况大量流入的客户，就是公司的既定目标客户吗？

不管是付费的客户，还是免费的客户，都会提需求。大量免费客户的涌入，加上公司自己肯定有把他们转化成付费客户的强烈意愿，这样他们的需求就会带偏公司产品的市场定位。

这些客户能长期留下还好，如果只是这个季度内的短期现象呢？即便客户留下来，他们目前的需求是否是长期稳定的需求呢？

4.7.6　持续、谨慎地创新

这里不是让大家不做创新，相反，我经常讲"管理在于沉淀，营销在于创新"。

创新要有新思路，也要"大胆假设，小心求证"。在没有想清楚之前，不要大规模尝试，要避免对现有业务产生影响。应该用"AB 测试"等方法，快速试错，多迭代几个版本，再去做有可能动摇企业根本的新举措。

4.7.7　to B 创业的底层逻辑

在巨变之中，企业仍然需要坚持自己一贯相信的几件事，这是 to B 创业的根基。

- 不要盯着竞争对手，多看看自己的客户。

- to B 是个慢活，没有捷径。

- 在定位明确后，要坚定，不要频繁改定位。

- 组织能力的发展需要时间（按年计算）。

- 即便是特殊时期，主产品也不应该免费。

4.8　产品商业化十问

2022—2023 年，这两年是 SaaS 企业重要的分水岭，胜出的必是那些产品更优秀及营销方式更互联网化的公司，反映出来的结果是 NDR 和人效。

谁说在资本寒冬中不能创业？其实从 2023 年开始 SaaS 创业，也许正好抓住了大节奏——SaaS 产品上市前普遍需要 2 年左右的打磨周期，2023 年用自己和朋友的钱启动种子轮，用 MVP（最小可用产品）的逻辑做产品及迭代。两年后 SaaS 投资热度转头向上，正好融天使轮；再过一年半 SaaS 投资恢复热度，A 轮融资正当其时。

身边朋友现在开始 SaaS 创业的，我认为时机很对。所以，这里聊聊新产品的商业化。

我在服务的一家 SaaS 企业拥有十几家超级大客户，现在准备做面向腰部企业的标准产品。其产品负责人及 PMM 约我聊商业化，我提出了 10 个有关商业化的问题，接下来具体介绍。

4.8.1　核心价值与差异化优势

在这个案例中，通过产品负责人和 PMM 的描述，我大概理解了产品的核心价值以及与竞品相比的优势。但我发现这个"描述"还很模糊，不够具象化，客户理解起来有困难。

我认为这里面还有很多工作要做，需要产品团队多与客户及销售、市场团队在一起，把"描述"做到位。这也需要客户在使用过程中验证。

"描述"还包括面对不同角色的客户，有针对其从不同角度进行"描述"的岗位。

4.8.2　新品类还是老品类

这个选择与营销工作的关系巨大。

"老品类"（例如 CRM、HRM 等）在市场推广上容易被客户理解，但普遍是红海市场；新品类有独特性，但创业公司教育市场的难度很大，只能一个个教育客户。

有一个巧妙的方式，就是在老品类上"加字"。举例来说，十几年前 EC 推出"社交 CRM"（即 SCRM）的概念就很巧妙。它有 CRM 的核心功能，又有社交的属性（记录销售与客户的沟通过程），名实相符。借力 CRM，又保有自己的独特性。

这个方法适不适合企业自身的产品，需要更多考量。也许，有互联网思维的创业公司还有更多新玩法，我们拭目以待。

4.8.3　理想客户画像

在该案例中，理想客户画像的描述自己人能听明白，但无法实现"按图索骥"。

销售团队往往需要更多关于行业、人员及营收规模等信息的描述，帮助销售人员高效找到目标客户。这也能帮助市场同事测算 TAM（Total Available Market，总市场规模）。

同时，早期的理想客户画像不能太宽泛，要找到自己的利基市场。一般会从一个行业开始，再扩展到更多行业。当然，一个产品的远期理想客户画像范围是在不断扩大的。按行业描述是常见的方式，也有按客户营收规模从上往下或从下往上描述的方式。

4.8.4　通过掌握客户使用状况落实产品价值

活跃度、健康度等是企业产品提供价值的落脚点。在产品初期，后端比前端更有说服力。

也就是说，在服务客户的过程中，企业会发现产品真正的使用价值。而销售过程可能有很多"飘"的东西，未必能落地。

4.8.5　头部客户与腰部客户是否需要同一个产品

我发现，在大部分倒三角形市场（按营收分布）中，头部客户需要的与腰部、尾部企业并非一个产品。而橄榄形市场、正三角形市场，也有小部分领域存在这个特点。

如果明确是两个产品，选择一般是：超级头部用 OP 项目制（客单价超过 100 万元），腰部则需要做标准产品。两个研发团队在平时需要经常交互、相互借鉴。

如果明确头部与腰部客户需要的是同一个产品，则坚持使用一个版本，避免多版本带来未来维护及成本上的难题。

4.8.6 是否要有行业版

这个问题的答案很明确，是"不需要"。SaaS 企业需要用一个产品版本覆盖多个行业的客户，而不是做多个行业产品，后者的维护成本过高。Salesforce 的"销售云"服务各行各业的海量客户，也只有一个版本。但不排除为了某个行业，做个别行业特色的模块，只是不给其他行业客户看罢了。

那么，如果各个行业的需求并不一致，怎么办呢？

SaaS 企业的做法是通过产品的高可配置能力实现不同行业的配置，而销售前端则给不同行业的客户展示不同的行业解决方案（PPT 及 demo）。

这也带来行业化方案交付实施的话题。我认为虽然困难，但实施效率是可以通过积累经验得到不断提升的。这个具有高可配置能力的产品，升级到最后就是 APaaS。但行业 SaaS、小领域的通用 SaaS 产品都没必要做这么复杂。

此外，大家还纠结"开箱即用"的问题。我认为几十万元的产品不存在"开箱即用"的问题。如果能"开箱即用"，在国内那会有一个"红海"市场；如果同时市场规模还特别大，那这个市场就是平台公司的目标市场。

4.8.7　预测该产品的总市场规模

在确认落地价值后，可以根据"远期目标客户画像"估算 TAM。

根据 TAM 可以决定是采用大项目制，还是采用标准产品交付方式；是通过 OP，还是私有云、公有云做 SaaS 运营维护。在营销方式上，也可以通过 KA 狙击，或者通过更大范围的市场营销获得客户。

4.8.8　验证产品市场匹配

我对 PMF 的认知也不断被海内外的 SaaS 创业实践刷新。前文提到过，目前我认为严格的 PMF 标准如下所示。

- 目标客户画像（ICP）的活跃度、健康度良好的比例超过 70%。
- ICP 客户的销售额累计超过 200 万元，并且有 10 个以上付费客户（这是针对客单价较高的 SaaS 产品）。

如果能达到第 2 条，第 1 条不能达到，也许是目标客户太宽泛，需要缩小 ICP 范围。SaaS 产品一般需要 18 个月以上才能完成 PMF，急不来，欲速则不达。

4.8.9　产品的市场定位及定价

本书后面会专门探讨"定价"这个话题。对于新产品来说，定价不宜太低；定价决定定位。官方目录价应该合适，但早期的价格优惠力度可以大一些，这样对客户来说也更公平。

4.8.10　客户决策链条决定营销手段

这个话题更大，以后再进行专题探讨。这里只说一句，客户的决策链条也不是一成不变的：如果方案需层层审批，层层折损转化率，应该考虑是否能从营销上选择更短的路径（需要重新思考对产品价值的包装）。

4.8.11　小结

我把这十问串联起来，画了下面这张关系图。

SaaS产品商业化十问：关系图

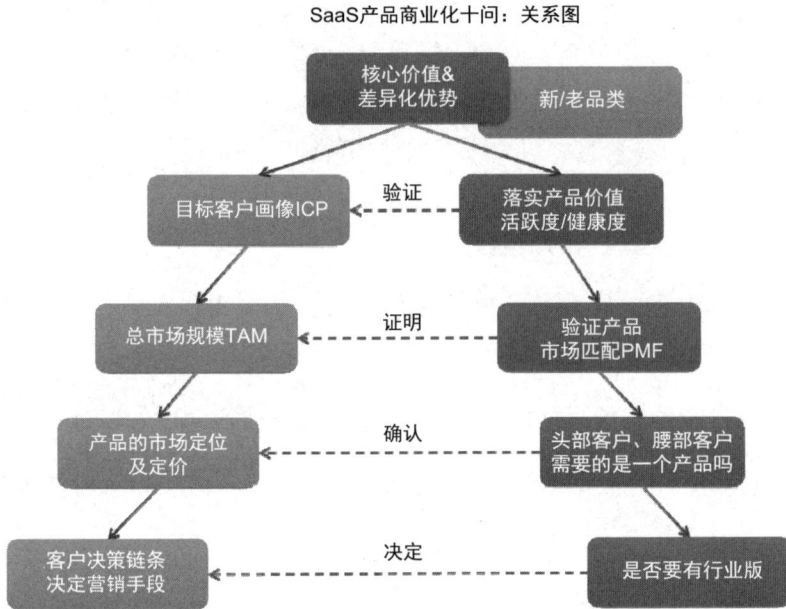

这十问是有关联的。左边的与客户相关，右边的则与产品有更大关系。左右呈两个瀑布流，左右之间又有一定相关性。不仅是新产品，进入市场遇到问题的老产品，也可以拿这张图重新审视一下。

第 5 节　定制项目与标准产品

遇到关键客户的特殊需求，要不要定制开发？这是个重要的话题，这里由浅入深进行探讨。

5.1 与 3 位 CEO 的讨论：从定制项目到产品

2021 年 9 月，我发起了一场与三位 CEO 的连麦讨论直播。大家遇到的问题很明确。

（1）定制开发虽然客单价高，但投入也高，而且毛利低、难以复制，公司还是希望做产品。

（2）从定制到产品，如何解决产品设计、研发、销售、交付等一系列新问题？

（3）定制开发和产品研发能否并行？

这里我做一个总结。

早期 SaaS 企业从定制项目到产品，最重要的是节奏——什么时候转产品。其中的关键是对目标行业/领域的认知是否成熟。

对行业/领域的认知如何走向成熟呢？有两条路径：①做足够多的项目，沉淀对通用需求的认知；②从头部客户做起，在行业专家的帮助下，先做定制项目，之后做产品。

这里的关键是——要面对"未来的客户"做"未来的产品"。公司服务的对象最好是"未来的客户"。他们的需求是引领性的，从这些需求出发才有可能做出适应未来的产品，并获得领先地位。

再说产品的抽象能力。我见过很多 SaaS 企业的需求库里有成千上万的客户反馈。打造 to B 产品的难题是客户需求距离真实需求比 to C 更加遥远。企业要有清晰的产品边界，克制多做的妄念；还要能够从庞杂的需求中，抽离出真实的场景和隐藏的真正需求。

我每年见到的 SaaS 企业很多，这方面是最缺乏确定性的。顶尖高手，心无旁骛，熟知行业，也未必能做出好的产品。但三心二意，没有边界，心浮气躁，甘于苟且，则一定做不出好产品。

销售方式必须改变。卖产品与卖项目是两回事儿。我用一个通俗的比喻，也是几年前与来自深圳的 SaaS 创业者交流时听来的——卖项目是满街找脚，是双脚我就给他定制一双鞋，找脚容易，做鞋难；卖产品是我的鞋已经做好了，就是 39 码，只能找 39 码的脚来卖，这样才有可能打造出高性价比的鞋。

听起来前者更容易吧？但大家都知道，在市面上 99.99%的鞋都是标准产品。

从方法上来讲，公司要提炼产品价值，销售团队要改变销售打法，交付团队要从定制变成配置，客户成功团队的地位变得非常重要等，这些都是巨大的组织能力变化，对转型的企业挑战很大。

伙伴生态的变化。在前面"SaaS 企业的互联网特性"一节中，我提到有没有可能逐渐建立生态，把部门行业或区域的售前咨询、销售、实施交给合作伙伴去完成，SaaS 企业只提供标准 SaaS/PaaS 产品。如果能够如此建立生态，产品的标准化也就指日可待了。

微媒数字会议的 CEO 天狐也参加了本次连麦直播，在提交自己的问题时，他也留下了自己的答案："不完全拒绝外部伙伴做定制，配合外部伙伴做项目、做服务承接，但是把握好产品定制投入的边界，降低定制部分的利润率，通过定价引导转向标准化交付。"

是的，有伙伴做定制，他们能赚到分成之外的收入，这样 SaaS 企业也可以减少定制的压力，安心打磨标准产品。

5.2　个性化需求：能否先定制产品再合并到标准产品中

在某期"CEO 实战营"中，我与十几位 SaaS 创始人一起讨论定制的话题。我要求大家先写一篇几百字的小论文，谈谈各自的看法。具体讨论结果如下。

5.2.1 如何应对客户的个性化功能需求

十几位创始人都分别做了回答，结合我以前搭的小框架，得出一个判断和应对路径，如下图所示。

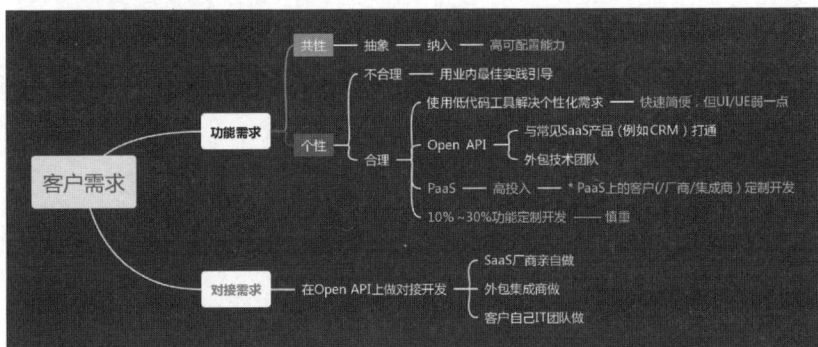

该图从左往右，其实是一个 SaaS 企业对客户需求进行判断的决策树。需求来了，先判断是"功能需求"还是"对接需求"，对接需求的做法是一致的，都是在 Open API 上对接，只是实施方不同。如果是功能需求，就要看属于共性需求（未来可以做）还是个性化需求。这里简述一下业务上的判断方式。

"对接需求"大部分是合理的，或者说对 SaaS 产品没有扩大边界的风险，还能增加使用黏性，并且具体谁做问题也不大，那么关键是企业自己产品的 Open API 是否已经成熟，功能及参数是否稳定。另外，如果与传统的 ERP、WMS 等软件对接，还可以找数帝这样的云平台合作节省开发费用。

对于"功能需求"，做标准 SaaS 产品的公司就需要仔细判断，如果是共性需求，在抽象后需纳入标准产品的可配置项中。但大家要知道，可配置项超过一定数量（我个人理解是 50 个），就会增加企业实施工作的难度。而且这意味着客户很难自己玩转产品，一旦有业务和管理上的变化就需要找 CSM 协助。

如果是个性化的功能需求，需判断其是否合理。如果不合理，要设法用客户行业内的最佳实践引导消除；如果是合理的个性化需求，SaaS 企业有 5 个应对手段。

- 用第三方的低代码工具实现。

- 用其他常见 SaaS 产品（如 OA/CRM 等）打通（预置）。

- 打开 Open API，交外包技术团队完成。

- 做 PaaS。

- 定制开发（要特别慎重，一个 CTO 能掌控的大概也就是 10 个左右的项目版本）。

5.2.2 是否应该先做定制产品再合并到标准产品中

在十几篇小论文中，我发现有 5 位 CEO 都提出了这样一个困惑：是否应该先做定制产品再合并到标准产品中？定制阶段的架构、代码和页面设计都无法复用到标准产品中，只有对业务和产品的认知是可以拿来用的。

下面是几个非常有趣的实战结论。

云启星辰 CEO 王智勇介绍，他们先做了珠宝行业头部客户的定制项目。在面对腰部客户时却发现他们的经营模式与头部企业完全不同。原来与头部企业的经营模式差异，正是腰部企业能生存的理由。

所以我也提出，腰部客户与头部客户需要的可能不是一个产品。

斗棋云 CEO 杜文宝讲到，在做 KA 客户时需要使用 ERP 思维，在做 SMB（中小企业）产品时，不仅不需要 ERP 思维，更需要"忘记 ERP"，这样才能做出适合 SMB 的优秀产品。

明雀 CEO 王翛也提出，从 MVP1 版本到 MVP2 版本"不是继承"。MVP 是最小可行产品，这是一个快速迭代试错的产品理念。

针对"如何应对个性化需求"这个话题，我的结论是：认识到"SaaS 产品公司不追求定制化营收"只是第一步。在实战中，战略、决策、方式、组织、迭代和路径，这 6 方面一个都不能少。

这么复杂？是的，创业艰难，先难后易的事情才值得坚持。

5.3　OP 软件公司转型需要克服的难题

做定制产品还是标准产品，这是大量定制开发型 OP 软件公司转型 SaaS 需要解决的最大问题。

这方面也有不少成功案例，已经实现 IPO 的明源、广联达都在此列。

在 2019—2021 年这段 SaaS 投资非常火热的时间里，有不少做传统软件项目或 OP 软件的企业 CEO 来找我，希望我给他们转型 SaaS 提供一些建议。在与他们几次深度交流后，我初步总结了下面几点。

5.3.1　明确区隔新老产品

违反这一点而失败的案例很多。

我见过一家软件企业，项目型 OP 软件平均一个单子 80 万元。随着 2015 年 SaaS 热潮又做了一个 SaaS 产品，价值点差别不大，一个客户平均收费是 8 万元/年。在这种情况下，SaaS 产品与 OP 软件的内部竞争很激烈，那么一定要壮士断腕、舍弃公司赖以生存的老业务吗？我认为这是企业在早期没有想清楚造成的。

那么二者如何区隔呢？只靠客单价，不是真正地区隔。使用客户人数或产值规模实际上也无法明确区隔，这样还是无法避免新老产品的内部竞争。

我觉得可以参考明源云的做法。他们的原有 OP 产品是房地产开发商 ERP，然后 2014 年开始转型 SaaS，他们选择了不同的场景："售楼 SaaS"（明源云客，主力 SaaS 产品），这个决策有三个优点。

- 不影响原有 ERP 产品的销售。

- 可以从原有产品的客情借力。

- 新老产品可以有数据协同关系。

所以，这里的关键是"增量创新"，而非用 SaaS 替换 OP 软件。

而且，我在前文也反复讲到："只是把以前 OP 软件的功能搬到云上，对客户没有价值。"没有价值的事情就不要兴师动众，不要无比痛苦地搞内部竞争了。

另一个例子是广联达（主产品是工程造价软件及 BIM），从官网上也能看到，其做数字供采业务，为建筑行业提供采购建筑材料与设备的信息，是开发商造价估算之后的一个工序。这就更进一步了，是我说的"商业 SaaS"的范畴——为客户提供 IT 工具之外的增值服务。

这些其实是战略问题。不能在战略上没想清楚，就在战术上拼命努力。

5.3.2　明确区隔新老团队

我常被问到一个问题：新 SaaS 产品能与原有 OP 产品/项目共用产品及研发技术资源吗？

答案很明确：不能。老业务还在跑，肯定会有需要"紧急支援"的时候。资源混用，新产品的进度和质量就无法保障。

创新团队需要每天 24 小时都想着新业务，这样才有突破的可能。从产品、研发到营销、服务，都需要有独立团队运作。

关键则是负责人。如果公司规模还不大（200 人以内），建议由 CEO 亲自带领创新团队，并把大部分时间放在新团队上。如果公司规模已经较大，可以考虑找一个非常信任的熟手（最好来自公司内部），这样协调团队外的资源比较有效率。

5.3.3 开放学习：两类公司的差异巨大

SaaS 产品和 OP 软件貌似只有部署及收费方式不同，两类公司应该差别不大（实际上也有很多 SaaS 企业发展路径就像 OP 软件公司）。但我这 11 年做下来的感觉是，部署方式的差异倒还在其次，收费方式不同就是两种商业模式，影响从战略、产品到市场、销售、服务的各个方面。

下面列出了 SaaS 企业与 OP 软件企业的主要差别。

- 连接：SaaS 产品不是简单地把 OP 软件搬到云上，需要考虑互联网的"连接"特性。

- 数据：客户拥有自己在 SaaS 产品中产生的数据，SaaS 企业必须严格保密。但从长期看，总有一个场景让客户愿意贡献自己的数据（例如企业贷款）。

- 年费：SaaS 产品不能一次买断，而是收取软件服务年费（坚决不做多年单）。

- 本质："SaaS 的本质是续费"，这从根本上决定了 SaaS 企业的组织结构与 OP 软件公司不同，SaaS 企业有 CSM 负责"主动服务客户"和续费。

- 以客户成功为中心：从市场到销售环节，不能给客户错误的价值引导，因为对 CSM 来说，"错的客户"是无法实现续费的。

- 更成体系的组织及管理方式：to B 企业的管理体系原本很难统一，但大量模式一致的 SaaS 企业逐渐有了一套标准的管理方式，其中战略落地、组织、流程的很多决策都已经有了一定的标准模式。

SaaS 模式在硅谷已经锤炼了 20 余年（其中约 70%的方法论适用于中国），在中国也打磨了 10 余年。SaaS 企业的运作模式已经比较成熟：一个优秀的 SaaS 企业应该有怎样的商业模式，该重视哪些经营、业务指标，SaaS 创业有哪几个阶段，每个阶段该有怎样的里程碑，都是有方法论的。

国内外的很多 to B 企业都向 SaaS 企业学习经营管理方法，这是因为很多领域的 to B 企业的业务都不相同，管理方法差异很大，无法沉淀；而 SaaS 企业的业务都很相似，能够抽象出它们的管理体系。

所以我建议 OP 软件行业的从业者，先把国内外 SaaS 领域的一些好书仔细读读，也关注相关的一些公众号，多学习、多与有实战经验的同行交流。

主线 2

业务：市场、销售与客户成功

第 1 节　市场营销与定价

1.1　如何做 to B 内容营销

我聚会时偶然开玩笑说，我只花 1/4 的时间挣钱（做几家 SaaS 企业的常年顾问），创业的朋友们听了都羡慕不已。其实，我另外 3/4 的时间是拼命地在做知识沉淀和输出。在专业上有高质量的输出，就可以吸引大家主动来找我，我根本不需要花时间找客户。这其实就是"集客营销"（Inbound Marketing）的逻辑。这里就和大家聊聊 to B "集客营销"的关键——内容营销。

有一次，高成资本创始人洪婧送给我一本 Hubspot 销售副总裁 Mark Roberge 写的《销售加速公式》，该书讲述了 Hubspot 从 0 到 1 亿美元的营收增长过程。书中介绍的集客营销、全员营销、量化管理等概念虽然并不新鲜，但 Mark 的数字化管理实操案例令人惊艳。

与集客营销相对的是"推式营销"（Outbound Marketing），它是一种打断性的营销，比如：弹窗广告、电视广告、电话营销等。而集客营销则是营销人员通过内容"吸引"潜在客户主动了解与产品相关的信息的一种营销方式。

1.1.1 "营"和"销"的策略

"营销"包括"营"（Market，市场）和"销"（Sale，销售）。一个产品该如何选择营和销的策略，我画了一个图来说明，如下所示。

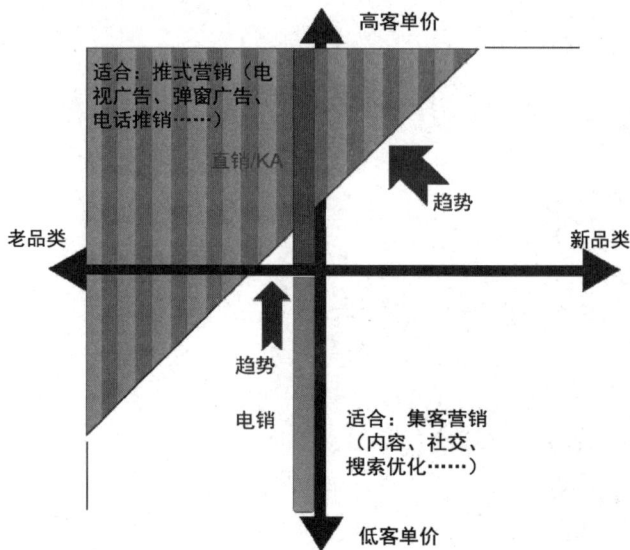

这里的纵轴表示客单价，而横轴则表示"品类"的新旧。

对于老品类，例如 OA、CRM、HRM，这些都是大部分企业很熟悉的 IT 产品品类，客户一看到 CRM 就知道是什么。很多时候，客户会自己产生对该类产品的需求，从而主动寻找这类产品。

而"新品类"是目标市场上大部分客户都还不知道的产品类型。客户有相关痛点，但不会主动搜索该品类。当然，新品类的"新"是相对的，随着时间的推移，新的品类会逐渐被客户了解。

从市场获客的方式上看，集客营销很适合新品类产品的营销，而推式营销则更适合老品类。

从近几年的趋势上看，客户对推式营销逐渐厌烦，而且对 to B 产品来说，推式营销的准确率低一直也是一个很大的问题。其目的似乎更偏品牌建设，而非获客。集客营销则逐渐兴起，这也是 Hubspot 高速增长的背景原因。但对 to B 企业来说，两种方式会长期并存，只是从趋势上看，集客营销正在挤压推式营销的市场份额。

由上面的图可以看出，客单价也会影响我们对营销方式的选择。客单价越低，越需要重视集客营销。

与"营"（市场）对应的是"销"（销售）。客单价决定了是使用电销团队（平均客单价<2 万元），还是直销，甚至使用 KA（Key Account，大客户销售）团队。我认为电销是最经济的方式，新冠疫情培养了用户"在线"的习惯，电销和远程拜访及演示占据越来越大的市场份额。

1.1.2 我是如何做内容营销的

"内容"是集客营销的重点。

我自己的咨询业务就是 to B 方面的，但我从来不主动问 SaaS CEO："你需要战略和营销咨询吗？"这样问的人反而拿不到单子。我的客户都是主动找到我，问："我们公司在某方面有短板，吴老师有没有时间？"这些客户都是 to B 方向的，显然这是纯"集客营销"，其中的关键也是内容。今天我就为大家剖析一下我是如何做"内容营销"的。

1. 初心

我在 2018 年 5 月开始写公众号文章时，并没有任何做商业推广的想法，只是看到大家还在踩我们以前踩过的坑，想为国内的 SaaS 圈做一些知识沉淀。我想，做内容营销需要坚持长期主义并有长远眼光。当年我在公众号"SaaS 白夜圈"的介绍里写道，"希望帮到 SaaS 创业团队，我们一起见证这个充满希望和艰辛的领域走向繁荣"，至今如此，初心不改。

2. 定位

公众号内容的读者是谁？我当时选了一个非常窄的定位：SaaS 圈，但覆盖 SaaS 创业的方方面面：从战略、产品、市场、销售、客户成功，到组织发展。有朋友说 SaaS 圈太小，你应该做整个企业服务市场的营销咨询。我给出了两个理由：其一，国内 SaaS 行业尚有巨大的上升空间，市场越早，构建长远影响 IP 的机会越大；其二，我的优势在于拥有 SaaS 领域多个岗位的广度，跳出去和整个 to B 营销领域的老师们竞争，我没有优势。不结合独特优势就没有市场定位。宁做细分市场的第一，不做大市场的长尾。内容营销的定位亦应如此。

3. 持续

从第一篇文章开始，我平均每周更新约 1.5 篇，前 2 年更新了 171 篇，主打系列"SaaS 创业路线图"。到 2023 年年初已更新 165 篇。如果你足够细心，会发现我前 3 年几乎是每周二必更新，一年只有春节前后的 2 周例外。

4. 结合实践

虽然我的收入以咨询费为主，但咨询的副产品是为我的"知识沉淀及输出"提供养分。所以开篇我就说了，我的时间分配是 1∶3，而不是花大部分时间去增加营收。咨询基本是按时长收费的，如果把投在咨询上的时间增加 2 倍，营收当然也会增加 2 倍。但那是短期行为，会逐步使我丧失核心竞争力。此外，我一年与 100 多个 SaaS 创业团队做深度沟通，与 SaaS 圈各个岗位的十几位顶尖高手保持每周联系。这都是为了保持核心竞争力——SaaS 领域的知识输出能力。

5. 形成体系

在写了十几篇文章后，我攒了不少散乱的"珠子"，发现需要找到一根绳子把它们串起来，让珠子变成项链。找到一根绳子也是为了让读者更容易摸清行业脉络，对 SaaS 创业有全局观。结构化的体系还能让我发现自己的输出内容中还缺哪些部分。我的这根绳子就是"SaaS 创业路线图"。
"创业公司的时间轴"是一根比较容易找到的绳子，我涉及的岗位多，所
以也只能用这根绳子。但如果要做更细分领域的研究，应该有更精准的
"绳子"。

我的文章也有一些小系列是自成体系的，例如"年度经营规划系列""客
户成功系列""商业 SaaS 系列""定价系列"等。这些系列也都是逐渐演进
并从案例交流中总结出来的，有层层递进的关系。这些系列写到 2019 年年
底时有 60 多篇文章，这时，更系统地重新整理一遍的机会来了。这就是最
近几年在 SaaS 圈热销的图书《SaaS 创业路线图》。在写书的过程中，不仅
要对选用的公众号文章进行仔细整理，还要从体系上做重构。例如，我把
创业的 8 个阶段简化为 5 个阶段，修订了过去有些偏激的地方，还增加了
不少没发表过的新内容。

6. 不断创新

互联网的抄袭行为是商业环境还不成熟的表现。

我写一篇结构复杂的文章，要花费 10 个小时：构思、打字、交流、修
改……而删掉作者介绍再转发一下，只需要 5 分钟。改得面目全非变成所
谓的"原创"，只需要 1 个小时。

内容创作者应该怎么办？我觉得有两件事可以做：

（1）内容要结合自己公司的业务：即使被抄袭，对公司仍然有帮助。

（2）不断创新：文章有新意，读者就会找到你。

我见过有些原创作者抱怨好文章被人"暴力"转载，其实真没必要抱
怨，只要你不断创新，别人就跟不上你的步伐。不怕抄袭，是一种对创新
能力的自信。做内容、做产品莫不如此。

7. 传播载体

对 to B 业务来说，微信公众号（订阅号、服务号）是一个好的流量集中器。各篇文章有点儿散乱？没关系，写一篇汇总文章的"链接文章"就行，放到公众号菜单里方便读者查找。当然，汇总文章需要时常更新。

除了微信，知乎也是很好的 to B 专业知识沉淀平台。百度百科也有这方面的能力，但审核严格，耗费时间更多。

微信视频号现阶段有流量红利，如果有精力长期坚持做内容输出，也是值得重视的。抖音和视频号做的内容可以一样，保持同步，花费的时间不会太多。

而 10～30 分钟一节的视频课程是我做专业知识沉淀的另一个重要选择。这是个视频为王的年代，人的精力有限，看视频比看文字轻松不少。

8. 传播路径设计

载体有这么多选择，那传播路径如何设计呢？我画了一张图，如下所示。

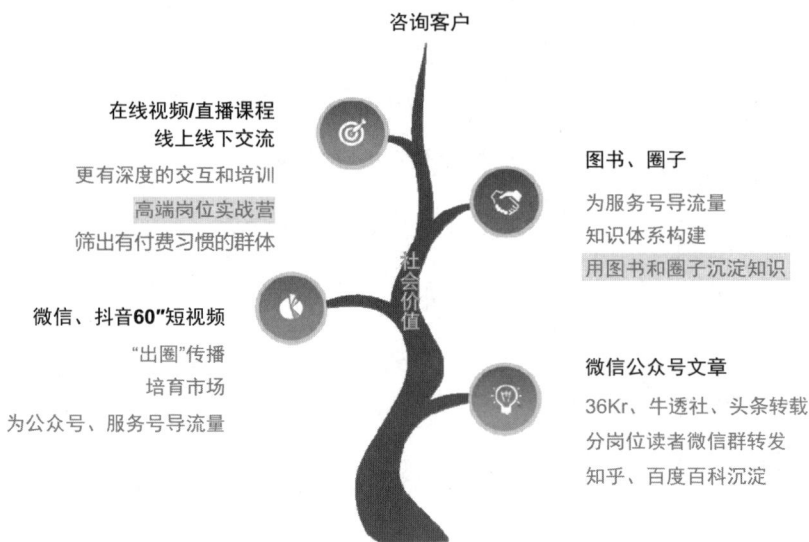

咨询客户

在线视频/直播课程
线上线下交流
更有深度的交互和培训
高端岗位实战营
筛出有付费习惯的群体

图书、圈子
为服务号导流量
知识体系构建
用图书和圈子沉淀知识

社会价值

微信、抖音60″短视频
"出圈"传播
培育市场
为公众号、服务号导流量

微信公众号文章
36Kr、牛透社、头条转载
分岗位读者微信群转发
知乎、百度百科沉淀

我传播的核心阵地是微信生态。前 3 年在微信生态获客的 SaaS 企业明显获得了额外红利——获客成本比百度等传统通道低很多。只不过操作复杂度比 SEO（Search Engine Optimization，搜索引擎优化）/SEM（Search Engine Marketing，搜索引擎营销）要高不少，第一条就是：必须会做内容。

到 2023 年年初，我的公众号有 6 万名粉丝，经常阅读文章的粉丝有几千人。文章一般通过微信群、朋友圈转发，形成圈内传播。微信视频号是一个朋友传朋友的"出圈"通道。此外，文章通过在 36Kr、今日头条、知乎、百度百科的传播，可获得更广泛的影响力。我的图书和视频课可培养付费习惯，其实这也是一个"筛子"，能够自然筛出有深度需求的读者。再通过线上、线下的交流，最终筛出了咨询客户。这个过程还带来了附加的社会价值：传播了 SaaS 企业管理知识，为培育中国的 SaaS 市场做出一点贡献。

从 2022 年开始，公众号的流量明显在衰退，读者的注意力被抖音及视频号吸引走了。做短视频的难度比写公众号文章低，但拍摄及后期制作的操作复杂度会高一点。短视频的优势是更容易被接受，劣势是观众更偏"公域"逻辑，不如公众号的"私域"沉淀效果好。

作为知识沉淀者，我近两年仍然以公众号为主，视频号、短视频的目标是辅助引流。

1.1.3 对 SaaS 企业做内容营销的建议

作为一个 SaaS 企业，面对的市场、产品、客户毕竟与我这个独立顾问的不同。我也为 SaaS 企业提供几条建议。

（1）找到目标客户群体中的"人"。接受我们内容传播的是个人，而不是"企业"。要分析这些"人"有什么特点，他们有什么需求。

（2）找到"锚点"。内容千千万，但它们需要有一个锚点与目标群体连接，这也可以帮助目标群体更方便地找到我们的内容。锚点应该与我们的产品有很强的关系。例如，做 CRM 的公司可以找到的一个锚点就是，销售管理者希望提高业务流程管理的水平。此时，如果确定一个"销售技能培训"的锚点，我感觉就偏了。

（3）知识体系结构化。要设法输出一个知识体系。我相信创始人做一个产品，都是有一套"大逻辑"的。做内容时，我们就可以把这个大逻辑说出来，让目标群体产生共鸣。从这个点出发，CEO 和 CTO 要能自己写点东西。比如，神策 CEO 桑文锋就写了一本内部书，我认真读了一遍，认为它对于实战很有参考价值。相信目标客户读了，也会被深深折服。

我们不能指望从外面招一个"码字"高手解决内容输出的问题。他毕竟不懂业务，一年半载也写不出高质量的内容。关于这一点，Hubspot 的 Mark 建议可以让实习生做内部采访。但是我们以前也尝试过，内容深度还是差得很远（此处仅一个样本还不能下结论）。

（4）内容要有亮点。一篇文章如何能帮到读者？能写出在业务上具体可操作的改善方法就很好，如果暂时写不出来，那么至少要引起读者在这个业务难题上的深度思考。好多 SaaS 企业把公众号当成发业务"战报"的地方，但是，如果不能简洁地讲清楚客户通过使用产品解决了什么问题，得到了哪些具体的价值，只是一篇媒体通稿是没有吸引力的。一个正面的例子是，网易云信（实时音视频服务）做了给视频工程师看的白皮书，其 CMO 说里面也没提自己的产品。但是工程师们读了白皮书会选用谁家的产品，其实已经不言而喻了。这就是有体系、能帮对方解决问题的优质内容。

（5）站在客户的角度提供内容。Hubspot 的 Mark 讲了他们公司一个很有趣的实践：每个销售人员都会运营自己的社交自媒体账号，话题是自己喜欢的领域就行，即使记录个人生活也可以。重点是要用公司的产品（Hubspot 是一个营销工具）提高该自媒体账号的传播效率。如果是做 SaaS 客服呢？我认为可以每周做 2 小时的客服。20 年前，我还在甲方公司，公司需要上线一套基于 Avaya 的呼叫中心系统，而我自己就是客服中心的 IT 工程师，假期里会轮班接热线电话。客服中心 IT 工程师的工作可以这样做，SaaS 企业做不到吗？

话说回来，销售人员如果能站在甲方的立场上想客户之所需，双方就不再是甲方和乙方的关系，而变成了我这样的咨询顾问与求知若渴的 CEO 之间的关系，销售工作反而变简单了。

（6）传播要落地。落地就是干 Farmer（农夫）的活，把地耕到位。前文提到的网易云信会做白皮书，也会找到目标工程师喜欢参加的会议活动现场，一个一个劝人扫码留下个人联系方式，再赠送电子版白皮书。

这就是我认为优秀的内容营销要做到的几个要点。

另外，除了从市场中获得线索，销售自开拓能力也是 SaaS 企业必备的。比如，明明知道目标大客户有潜在需求，我们却没做好市场培育，难道 KA 还傻等着？当然得上啊。在业务组织中，从市场中获得线索和销售自开拓这两项能力都需要有，正如我们得用两条腿走路。

1.2 如何写好公众号文章

都说"内容营销"ROI（Return On Investment，投入产出比）高，但也都知道 to B 内容不容易做。2022 年的小年夜，我发了一篇讲创新的文章，当周阅读量突破 2 万次（到 2022 年年底达到 2.6 万次）。这里复盘一下该文章的写作和传播过程分享给大家。

1.2.1 先看数据

后台可以看到某个时段的文章阅读数据，如下图所示。

我们先看送达转化，如下图所示。

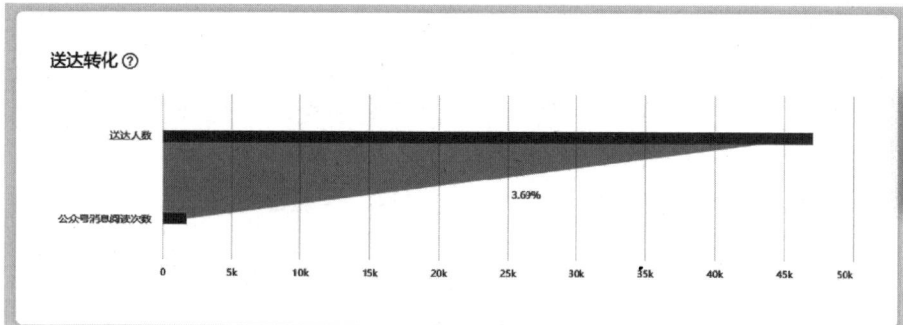

文章虽然能送达 4.7 万名订阅读者，但在公众号推送里打开这篇文章的比例只有 3.69%，带来 1740 次阅读。最关键的数据是分享转化，如下图所示。

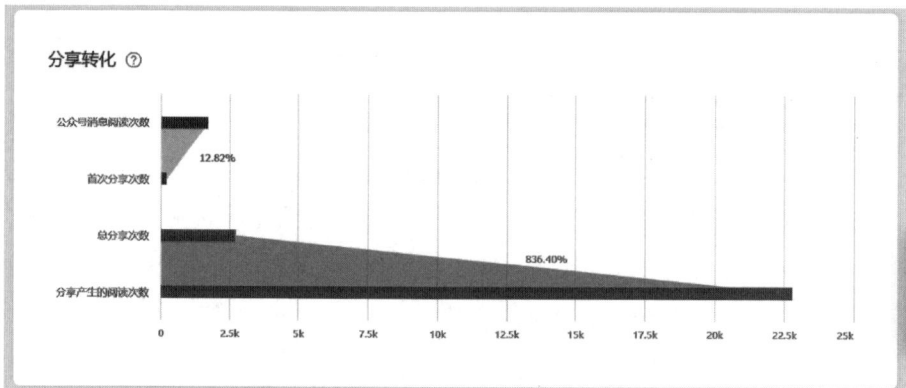

这里可以看到读者总共分享了 2725 次（这是最关键的动作），由此带来了关键的阅读扩散。这 2725 次分享，是发在了微信群，还是朋友圈呢？我查了 2022 年 1 月 25 日之后一周的全部公众号文章的统计数据。

在订阅号（"公众号会话"）中的阅读量是 5039 次，在微信群（"聊天会话"）中的阅读量是 5369 次；而最大的一个阅读量来自朋友圈，达到 1.87 万次！

回过头看，在上面图中首次分享只有 200 多次，而总分享达到 2725 次，这才是整件事情的关键——"病毒式传播"。

具象化的场景大约如下。

第 1 波：200 多人进行了第一次传播，几千人看到了，其中 600 多人进行了第二次传播（"病毒式传播"系数 ≈ 3）。

第 2 波：600 多人进行了第二次传播，又有几千人看到了，其中 1200 多人进行了第三次传播（"病毒式传播"系数 ≈ 2）。

第 3 波：又有上万人看到了，其中 800 多人进行了第四次传播（"病毒式传播"系数 ≈ 0.67）。随着渗透越来越深，能传播到的新人越来越少，传播者的动力也在下降（已经看到很多朋友在转，自己转的动力就会不足），传播系数也会减小，逐渐趋近低位。

所以，"病毒式传播"有两个关键：文章本身的传播力，首批传播者的选择。

具体怎么做，读者也可以思考一下。下面介绍具体的做法，你可以将此作为参考案例。

1.2.2　具体做法

1. 读者分析：了解文章目标群体的特征

我主理的公众号"SaaS 白夜圈"在很多方面可以表现出中国 SaaS 人群的特征。我这里也公开一下相关数据，方便 SaaS 从业者和投资人研究（这些都是脱敏数据，腾讯公众号后台也不会提供具体的个人信息）。性别分布如下图所示。

to B 企业的创新与精细经营

性别分布

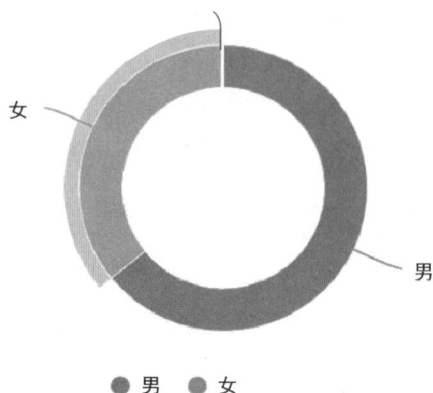

● 男　● 女

　　SaaS 圈的女英雄不少啊，占到 1/3，应该是创业公司里比较令人羡慕的男女比例。年龄分布如下图所示。

年龄分布

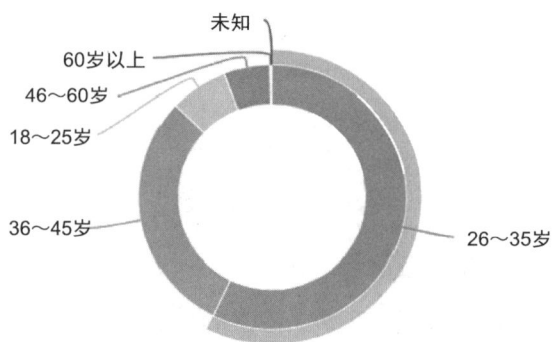

　　我见到的 to B 企业创始人的年龄大多在 40 岁以上，但公司里的同事以26～35 岁为主。36～45 岁所占比例也不低，这应该是公司中层干部、骨干的常见年龄段。地域分布如下图所示。

业务：市场、销售与客户成功

地域分布

地域	用户数	占比
北京市	12 790	20.68%
广东省	12 413	20.07%
上海市	9016	14.58%
浙江省	6912	11.18%
江苏省	3038	4.91%
四川省	2316	3.74%
湖北省	1844	2.98%

SaaS 从业者集中在北京（12 790 人）、上海（9016 人）、深圳（6800 多人）、杭州（6100 多人）、广州（3500 多人）这些城市。

公众号粉丝的终端分布如下图所示。

终端分布

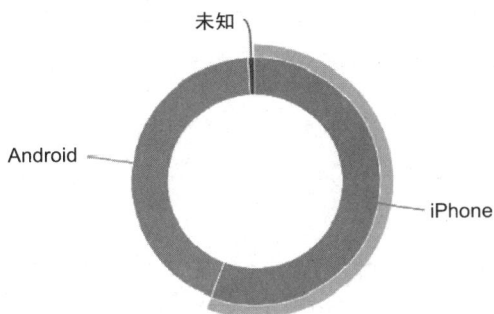

可以看出，毕竟是科技公司，iPhone 手机的使用比例高于国内平均水平。

2. 关注点：宏观又具体

在宏观层面上，如果讲太细碎，具体的话题，看的人就会很少。文字内容不要太抽象，要通俗易懂。最好能够用场景、案例和故事把要说的观点具象地表达出来。同时，分析具体问题、具体做法也是有意义的。我写

了很多关于具体岗位的文章，这使得公众号中的文章显得有系统性，对 SaaS
从业者也就有了更大的吸引力。

其中有一篇文章我还提前 3 周做了互动式读者调研，留言就有 45 条。
调研的目的是了解大家的想法，并做预热。

3. 题目：有吸引力而非标题党

3 年来，我有不少标题醒目的公众号文章。例如，《中国 SaaS 的唯一出
路》《凛冬将至，生存十条》《商业环境是中国 SaaS 的镣铐，也是钥匙》《业
绩增长是组织成长的副产品》《他们闯出中国 SaaS 2.0》……

这些都是 SaaS 从业者一看就会感兴趣的标题。标题千万不能词不达意、
拗口难念。不要做"标题党"，取一个耸人听闻的标题，文章内容却与标题
出入很大。总而言之，标题很重要，值得你花半小时以上去思考。

4. 内容：丰富且围绕主线

上面举例的文章一开始我打算自己一个人完成，后来认为这样的话内
容太枯燥，不如加一些实战案例。于是我在微信上采访了 7 位我认为很有
创新精神的 CEO，果然他们的陈述因为来自实战，很有吸引力。没有面谈，
也没有打电话，因为我知道他们在年底太忙，电话采访下来也会拖很久。
而对于访谈，如果让对方现场临时想答案，反而不如在微信上留言给对方，
让他们想清楚再回答，这样他们给出的答案条理更清楚，占用的时间还短。

一篇公众号文章只有一个主题和一条主线。文字尽量简炼，不要占用
读者过多的时间。

5. 时间分配：慢工出细活，利用每天早上最有创意的 90 分钟

每个人的写作习惯不同，我的习惯是在创意最多的时候写文章。我的
文章大多是在早上 6—9 点写出来的。人的睡眠很重要，大脑在你睡觉时并
不休息，而是把一天的信息做归类整理。我的文章也不会在一天内写完，
都是拖 3 天（大文章可能是每天写 2000 字，花 5～10 个早晨写完）。这样

每天早上起来都有些新点子，趁此机会可以调整结构或补充精彩的内容，包括一些"金句"。

6. 传播路径：转发效率

前文提到"首批传播者"的选择。我是如何设计传播路径的呢？除了我自己常发言的几个微信群，我还将文章及提炼出的两个亮点在微信上发给 80 个投资人，请他们作为我的首批传播者。

第一波：投资人会发给自己所投企业的 CEO；第二波：CEO 们发给自己的管理层；第三波：管理层发给团队成员。这三波传播奠定了基础，当然更多朋友圈的传播来自 SaaS 圈的朋友们。

7. 积累：人格化的公众号主体

无论大小，每个 IP 背后都应有一个具体的人物形象。人类的大脑更容易接受一个人的形象，而非一个难以具象化的企业形象。所以"即便是企业的公众号，也应该设法人格化。"

此外，就是长期积累。我可以看到后台数据，即便 10 多天不发文章，公众号每天也有 300 多次的阅读量。

过去 3 年中，我的公众号的关注人数就是这样增加的，虽然增长非常缓慢，但哪怕每天增加几十人，1000 多天下来，到 2022 年 11 月就有 6 万多人关注了。

8. 定位：清晰的定位利于融入生态

为何不发文章时，我们公众号每天还有几百次阅读量和几十个新关注者呢？表面上看是因为坚持写了 192 篇原创文章，其中"SaaS 创业路线图"系列写了 160 篇。背后的原因则是长期坚持一个清晰的定位 —— SaaS 领域的知识沉淀。

作为一个独立的 SaaS 咨询顾问，我的商业模式看起来很简单：文章和参与线下活动带来的流量 → 线上 SaaS 企业管理课 → 常年做咨询顾问。

其实不然，有流量、有 IP，"诱惑"很多啊——把自己打造成 SaaS 圈的头部自媒体？建立 SaaS 创业社区？圈子里熟人多可以顺便做猎头？认识创业者又认识这么多投资人可以做 FA（融资财务顾问）？

但这些都与做知识沉淀的定位不符。我只做对"SaaS 知识沉淀"有意义的事。做几家 SaaS 企业的常年顾问，也是为了不脱离实际业务，能引发更多深度思考……创业公司只有把所有力量都用在一个点上，才有可能生存下去。因为我有这个明确的定位，所以生态圈里的各方都愿意与我合作：崔牛会、to B 头条帮我发表文章，甲子光年愿意采访我，to B 投资基金会愿意邀请我去给他们的投资企业做分享……

边界清晰，朋友就会越来越多。相反，边界模糊，生态圈里能合作的伙伴就少，因为你占了别人的跑道。希望大家都能做出对整个 SaaS 生态圈更有益的选择。

在坚持近 4 年之后，我发现，以前发过的文章，当周阅读量只有 8000多次的，到今天已经一两万次了。让我们一起做时间的朋友！

1.3　从内容营销到社群营销：公众号、视频号及训练营

1.3.1　视频号与公众号的本质区别

我们对比一下短视频工具。YouTube 及快手（早期版本）的用户界面都像图书馆——把很多视频标题罗列出来，这与公众号一样，观众需要自己选择要看的内容。而抖音、视频号（手机端）则更像电视台，手往上划出什么内容，由"电视台"定。还好，这个"电视台"是为你个性化定制的。

用户端"图书馆"与"电视台"的区别，决定了生产端内容及生产方式的差异。以我的短视频为例，每个短视频只讲一个问题，1~5 分钟说明白，要有故事、有场景，读者"被动"听就可以理解。

对我来说，视频号是流量入口，也是对片断知识的梳理。最终这些知

识还是会沉淀到公众号文章里。读者们在工作中遇到问题，也是到公众号里搜索。因为这些是文字信息，容易搜到，容易定位，阅读速度也快。公众号有体系地沉淀多年后，即便半个月不出新文章，每天我的公众号也有几百次的阅读量，这都是来搜过往文章的读者贡献的。

1.3.2 互相导流，形成小 IP 矩阵

视频号、短视频和与之绑定的公众号还可以为直播导流。2022 年 8 月，电子工业出版社为新书《客户成功经济：为什么商业模式需要全方位转换》办了一场直播，我是主讲嘉宾，我在视频号也做了转播。为了这场直播，我拍了 5 个短视频讲这本书的精彩片段。短视频播放量很不错，为这场直播赢得了大约 500 个预约。直播当晚有很多次转发，最终我的视频号中有近千人"围观"这场直播。之后再做直播时，我请助手把直播过程转发到朋友圈和学员群中，直播参与人数也翻倍式提升。

一场有影响力的直播也可以为产品更好地导流。例如我的"CEO+客户成功"实战营开营课，在视频号中同步做了直播，做到了影响力和获客的双丰收。

某次，我和十几位 CEO 做线上对话，有一位创始人提出在抖音上做电商营销，SaaS 企业在抖音上直接获得客户非常困难，但可以换个新思路：在抖音上卖 9.9 元的课程。这个课程是精心录制的产品理念及实践总结，例如"连锁门店如何运营好自己的私域？"（私域 SaaS 产品的课程）、"销售团队如何通过过程管理提升业绩？"（CRM 厂商的课程）。当然这需要产品和技术之外的内容创作能力。9.9 元的购买门槛很低，购买者往往是我们的目标客户，而且他们还愿意留下联系方式。通过几十分钟或几小时的学习，客户掌握了理念，产生了实操的兴趣，这类客户往往是 SaaS 企业的高质量客户。

1.3.3 线上训练营是终极营销及服务工具

电商玩法还不是终点，线上训练营是内容营销更深度的形态。一次有

效的训练营能达到以下效果。

- 吸收潜在客户，完成对目标群体的深度教育（包括介绍新理念、SaaS 产品的应用场景和价值、操作体验等）。

- "启动"新客户，令其信任产品：自己不会用不能怪 SaaS 产品，看看其他会用的企业。

- 加深在用客户对产品的理解：通过训练营了解更多客户是如何使用 SaaS 产品的。

- 形成客户间的连接：分享思想和案例，互相帮助（从"自助服务"升级为"互相服务"），分享喜悦，吐槽。

当然，我在与其他公司的 CEO 探讨时，也感慨把原本不认识的客户"拽"到一起，让他们在一起吐槽，需要有强大的定力，以及对产品的信心。但我想，这个勇气也是我们 SaaS 创业者应该有的吧。

由此我提出把"内容营销"升级为"社群营销"。线上训练营就是一种典型的社群营销形式。为什么线下市场活动反而不如线上训练营有效呢？因为社群要基于信任，建立信任需要时间和多次互动。线上的形式便于进行多次交流，Zoom、腾讯会议、飞书等互联网工具又让社群成员可以很方便地跨越时空，实现异地同步或异步的交流。所以我说，社群营销是内容营销的升级版。

对于 to B 领域来说，短视频、线上训练营都是新工具，很多观点还在探索中，欢迎大家探讨。

1.4　线索—客户流转及市场部 SDR 管理

我认为市场工作在顺序上应是后置的。前期打磨产品时不应该花太多钱引流，更需要直接触碰客户。前期做测试性销售时，也不应该浪费资金撒网式地打广告，而是需要明确目标客户，设法赢得深入沟通的机会。

业务：市场、销售与客户成功

销售到了一定阶段，总结出一套成熟的产品/服务价值描述，市场工作才容易开展。在上规模之前，市场的主要工作在获得市场线索上，而非品牌上。品牌需要慢慢培育，可以早启动、慢花钱。

1.4.1 线索—客户流转的过程

从线索到客户的过程，在业内也称为 L2C（Leads to Cash，线索到回款）过程。关于 L2C 的文章很多，这里不再重复讲 L2C 的相关理论。我从组织和业务流程的视角，重新画了一张 SaaS 企业内部线索—客户流转图。

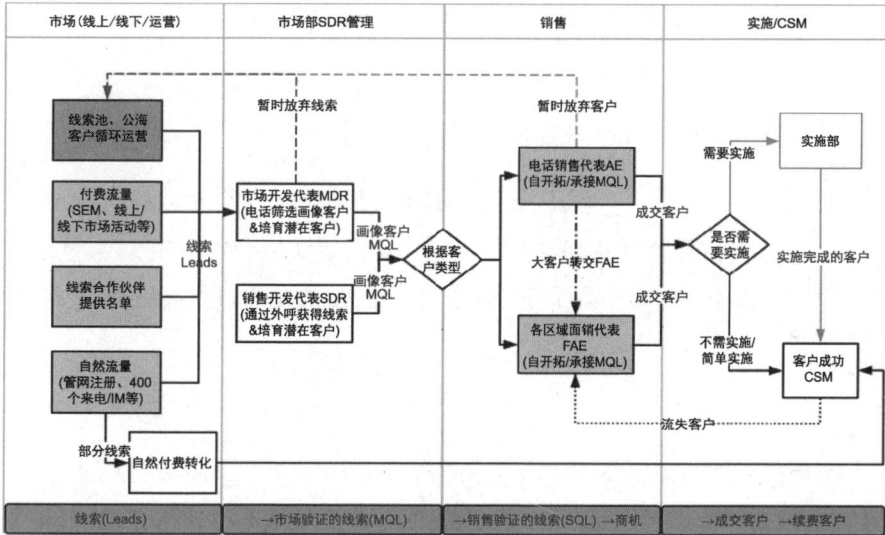

SaaS 企业线索—客户流转图

一图胜千言。这张图包含的内容很多，主要包括了以下几点。

（1）从线索到客户的过程

线索（Leads）→市场验证的线索（MQL，Marketing-Qualified Leads）→销售验证的线索（SQL，Sales-Qualified Leads）→商机（一般 to B 企业获得商机要分 5~7 个阶段）→成交客户→续费客户（进入稳定期）。

每家企业都需要定义自己的标准：什么样的线索才可以叫作 MQL？哪个阶段的线索叫 SQL？成为商机的标准是什么？成为商机是否需要审批？

只有统一了定义，日常管理中才会减少误会。

（2）客户来源

- 市场的自然流量和市场部的付费流量。

- 市场 BD（Business Development/Developer，业务拓展/业务拓展经理）合作线索。

- 电销或区域面销（外出拜访的销售团队）自开拓获客方式：客户转介绍、陌生电话、混圈子等。

（3）暂时放弃的线索或客户

虚线部分是一个"回流"分支，SDR 或销售代表暂时放弃的线索或客户，应该由市场部继续用自动化的方式培育。营销自动化的方式包括：邮件、短信、DM（直邮印刷品）、公众号、服务号推送，以及线上线下课程和活动等。

（4）流失客户

顺便说一下，对于没能在 CSM（客户成功经理）这里续费的"流失客户"，同样应该进行"回流"处理，可以由销售代表作为新单重新跟进。我建议这个交接点是续费逾期后 30 天。至于为什么是 30 天？各位读者可以思考一下，后面关于客户成功的章节还会详细探讨。

1.4.2 是否需要设置 SDR 小组

在国内 SaaS 圈，SDR（销售开发代表）是 2018 年才开始出现的概念。

2019 年 8 月，我和 SaaS 圈 10 个公司的 CMO、市场总监及 SDR 负责人聚在一起，花 5 小时探讨了关于 SDR 的方方面面。

业务：市场、销售与客户成功

1. SDR 的职责

在国内 SaaS 企业里，SDR 一般有两类职责。

- 通过电话清洗市场线索，并分类分级。

- 主动外呼陌生客户，产生有效线索。

SDR 输出的市场验证线索，会分配给销售代表来转化成交。

其实，按照美国硅谷 SaaS 的用语，承担 A 类职责的是 MDR（市场开发代表），而承担 B 类职责的才是 SDR。但我调查了一圈市场部的 CMO，他们的 SDR 确实是把两项工作混合在一起做的，所以本书中统一称 SDR。

SDR 小组对输出的 MQL 有一些要求，例如，需要有公司名称、需求等。业内 CMO 爱用 BANT 的标准。

- Budget（预算）。

- Authority（权限）。

- Need（需求）。

- Time（预计上线时间）。

以上能够满足 2 项，就可以达到 MQL 的要求。在实际操作中，要求可能会更低一点。毕竟 to B 的线索很难得，营销组织一般不会轻易放弃。

2. 应该将 SDR 放在哪个部门

这是一个很有争议的话题，应该将 SDR 放在销售部还是市场部？

首先，我们要明确一点：SDR ≠ 电销人员（简称电销）。SDR 的职责是输出有效线索，电销的任务是电话成交。很多公司让电销做 SDR 的事情，电销先清洗一遍市场线索，客单价低的自己电话成交，客单价高的交给面销团队跟进。这是极其错误的！

大家在设计制度时不要和人性做斗争。当电销面临一个 5 万元的单子时，是转给面销，还是自己设法做成一笔 4 万元的单子呢？不要认为自己公司的风气正就能克服这些问题，正是这些错误的机制最终造成团队文化出问题。

其次，是否需要成立 SDR 团队也与客单价有关。如果线索量不大，客单价在几千元到 2 万元的范围内，那就直接让电销团队打"裸线索"即可，不一定要成立 SDR 团队。

如果客单价不高，但线索量很大，电销超过二三十人，那么为了加强管理，也可以考虑成立 SDR 团队。SDR 的价值是线索分级后，SDR 负责 MQL 到成交的转化。否则，由于线索量波动大，导致转化率也无法管理。

最后，我建议将 SDR 放在市场部。

看起来，SDR 是市场部与销售部中间的一个环节，好像放在哪边都可以。但这里我建议把 SDR 放在市场部有几个原因。

（1）如果公司要管理 MQL 到成交的转化率，那么输出 MQL 的部门最好与负责转化的部门分开。在这件事情上，销售部门不能既当运动员又当裁判员。

（2）市场部的工作需要形成闭环。搞了线下活动，产生了多少有效线索？加大了 SEM 投入，对应的有效线索量如何？这些都需要尽快形成闭环，也就是需要有效果反馈，没有效果反馈的市场部就好像在盲人摸象，无法通过快速迭代提高效率。

（3）在实际运作中，销售部门的业绩用 KPI 衡量，反馈线索转化情况只是"附加工作"，如果将 SDR 放到销售部门，反馈这些数据就隔了一堵部门墙，反馈速度和质量会大大降低。

（4）市场部通常的 KPI 指标包括有效线索，如果将 SDR 放在市场部，则两者具有共同的目标，这就从制度上确保了 SDR 不会漏掉所有潜在的有效线索。

我见到有的公司中 SEO 或 SEM 的负责人直接管理 SDR 团队，这样很特别，效果也很好，因为反馈足够快。SEM 负责人花那么多钱，自己也会盯紧后面每个流程，希望有更好的 ROI。

在一次闭门会上，我调查了一下。10 个 SaaS 企业，能拿到 L2C 全过程转化数据的不到一半。我和致趣百川的 CEO 何润交流，我们认为整个 SaaS 圈里这个比例不到 20%。这也说明国内 SaaS 企业的线索管理水平还在低级阶段。

所以，在市场部内部形成闭环就更重要了。

3. SDR 的工作方法

SDR 的工作方法是通过打电话从市场线索中筛出符合条件的有效线索。

（1）筛出的线索需要打上一些标签并做好备注。这是一个分类分级的过程。

只有对线索进行分类（有效/无效、线索来源、客户行业、客户需求类型等）分级（客户规模、需求紧急程度等），后续销售转化的效率才能衡量和提升。

（2）通话过程需要录音。录音有两个作用。

- SDR 主管抽查 SDR 对线索分类分级的准确度。

- 销售代表拿到分来的线索后，需要通过听录音了解之前的沟通情况，避免问重复问题引起客户不满。

（3）销售代表给线索客户打电话，也同样应该录音。这里有三个理由。

- 调查 MQL 到 SQL 的转化率。

- SDR 也需要偶尔听销售代表的录音，以了解自己判定的 MQL 的后续跟进情况。SDR 和销售代表间的关系，应该不仅仅是 SDR 单向地输送 MQL 给销售代表，销售代表也应该及时准确地提交线索反馈，双方达成正向、良性的互动关系。

- SDR 可以通过听销售代表的优秀录音学习话术，达到快速培训上岗的目的。

4. SDR 的 KPI 设置

我调查了几家较大的 SaaS 企业，市场部 SDR 的薪酬结构大多是：底薪＋绩效奖金＋线索成交后的提成。

其中，绩效奖金取决于三个指标：电话量和时长、MQL、SQL。

设计线索成交后的提成机制是为了引导 SDR 在转出有效线索后，仍然有动力持续跟进自己的线索转化情况。

从行动结果上看，这样的设计带来的好处有两个。

- SDR 对于有效线索的判断更精准，有利于提高 MQL 到 SQL 的转化率。

- 因为 SDR 是客户最先接触的人，所以在后续跟进过程中，如果客户和销售代表之间发生了任何不愉快的事情，SDR 能够从中调停。

5. SDR 的人才画像及职业发展通道

以电话筛选市场线索为主的 SDR，需要有以下能力。

- 电话沟通能力：吐字清晰。

- 理解能力：能听懂客户的初步需求。

- 产品价值陈述能力：能理解和讲清楚产品价值。

- 稳定方面能力：能按流程操作，逐步引导客户。

- 耐心方面能力：能对客户的问题耐心回答。

所以并不要求这类 SDR 有销售能力，由销售转岗过来也并不合适。销售代表更有"攻击性"，但往往缺乏耐心。这类 SDR 岗是一个更偏客服性质的岗位。

如果是需要自己打陌生电话开拓线索的 SDR，则更偏销售性质。这类 SDR 岗位的能力模型与"电话销售岗"的能力模型更相似。

要增加一个岗位的吸引力，公司 HR 部门和业务主管部门应该设计好该岗位的职业发展通道。我也列一下 SDR 的职业发展通道。

- 晋升为 SDR 团队负责人。

- 转岗为 CSM（一般针对比较"轻"的产品）。

- 转岗为 AE（Account Executive，在美国常指电话销售代表，本书沿用该含义）。

6. SDR 工作的关键：部门协作

SDR 的上游是市场线索输出小组：SEO/SEM 组、PR 及内容组、品牌组、线下活动组等。双方的协作在一个部门内，而且上游这些部门大多也要考核"有效线索"，所以大家的配合一般都比较顺畅。

SDR 的下游是销售部门。对 SDR 及市场部来说，销售部门能否准确、及时地反馈线索的转化情况，对提高市场工作的效率极其关键。

其中，制定"线索分配规则"虽然是销售部门的工作，但市场部负责人应该与销售部协作制定一套既有利于提高线索转化率，又有利于销售团队成长的规则。

从更高层面讲，SDR 的工作有以下几个重大意义。

（1）建立起 L2C 的数字化跟进能力，这样我们才能真正衡量每个线索通道的 ROI。

我知道有不少 SaaS 企业客户的来源主要是 SEM，但对 SEM 投放的限制又很严格，原因是年初有预算限制。这就明显是 ROI 算不清楚，影响正确决策了。

（2）从提升组织能力的角度说，SDR 对线索分类分级后，我们能够更好地测算销售部门后续的转化率还有多大的提升空间。

关于协作，很多公司会发现在实际操作中会有很多困难。

有的 SDR 反映，由于销售成交周期是半年，因此他们的工作结果很难评估。我的建议有两方面。

第一，如果 L2C 的转化周期太长，则可以用 MQL 到 SQL 的转化率指标即 MQL 有效率来评价 SDR 的工作结果。

第二，如果要计算市场部的 ROI，仅看 MQL 有效率是不够的。我们还需要知道 L2C 的情况。这时我建议分割得更细一些：通过数据观察销售过程中的哪个商机阶段能做到比较快成交，而且在该阶段后成交概率比较大。

以 L2C 转换漏斗图为例，确认"商机阶段 2"的需求后，已经有较大概率拿到订单。而很多甲方在后面商务、合同签署、付款环节可能会耗费几个月的时间，那我们评估一批线索或 MQL 的 ROI，可以不用等到"回款阶段"，而在"商机阶段 2"就可以做出评估。

这样做的好处是能够将评估周期从几个月大幅度缩减为几周。这加快了方法迭代升级的速度，也能更有效地评估 SDR 及销售代表的工作效率。在企业管理中，奖励和批评都要及时。与员工沟通上周的工作效果，跟沟通三个月前的一批工作的效果，沟通效率的差别是很大的。

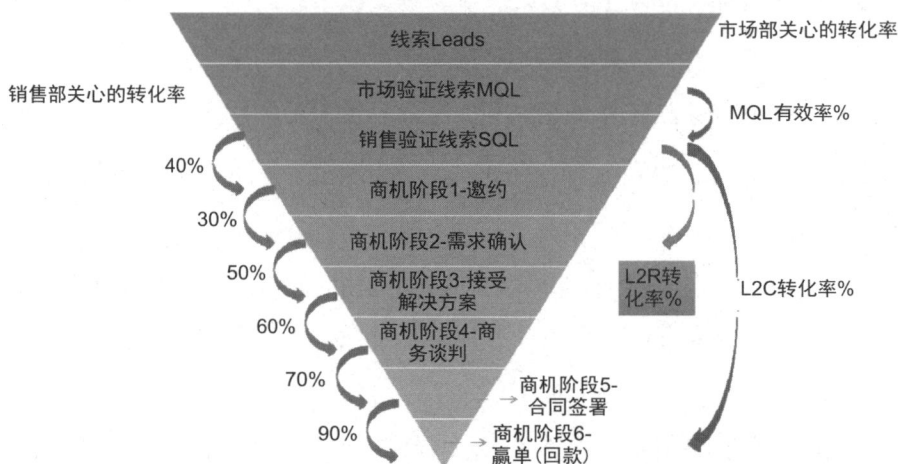

从销售验证线索到需求确认阶段的转化率我们称为 L2R 转化率。这个
指标能够按周统计，我们可以使用它来快速指导和优化相关工作。当然，
财务部计算 ROI 时，还会用到 L2C 的完整转化率，此时"慢"指标会更可
信，可以作为考核及统计指标。

1.4.3　目前国内 SaaS 企业 SDR 部门配置状况

我曾经在公众号做过两个关于 SDR 的调查，这里分享一下结果，方便
各位读者了解国内 SDR 部门的发展状况。

（1）SDR 配置情况及工作内容

调查对象（共 93 人）所在企业，销售主要依赖市场线索，但没有 SDR
部门的占 28%。建议这部分企业仔细考虑是否需要设置 SDR 部门。

从职责上看，只打陌生电话获得线索的 SDR 比例很低。大部分 SDR 承
担的是清洗市场线索或者清洗市场线索兼打陌生电话的工作。具体情况如
下图所示。

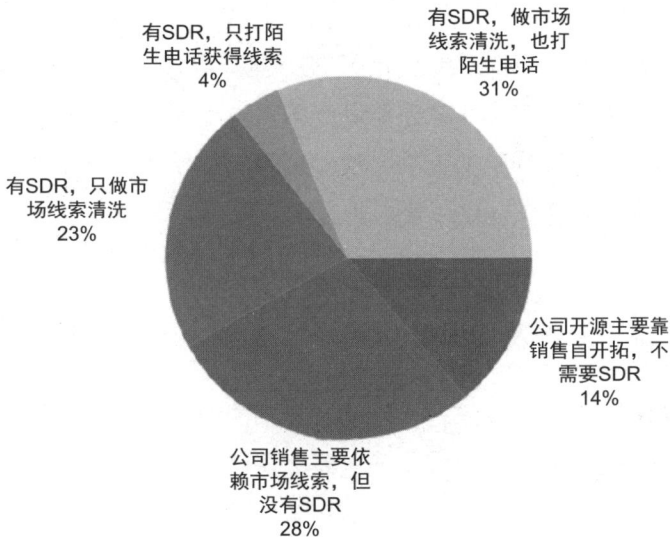

（2）关于将 SDR 小组放在哪个部门管理，请看下图。

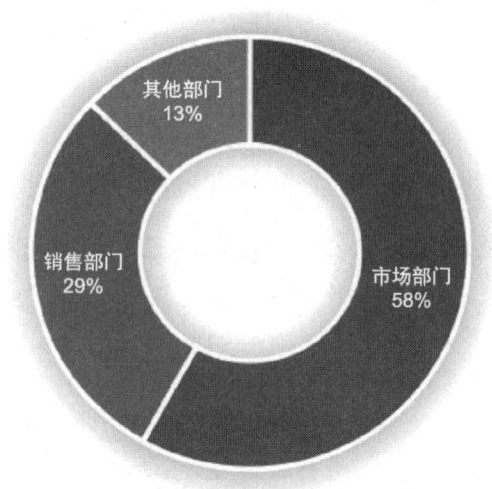

有 29%的调查对象所在的企业，SDR 小组仍然被放在销售部门。建议这些公司考虑将 SDR 小组调整到市场部。当然，所有的组织安排，也与部门负责人的能力有关。将 SDR 小组放在市场部的前提是市场部负责人有能力管理好该类型的团队。

也有读者反馈，他们没有 SDR 小组，但有能力更全面的"增长黑客"，他们能做各种市场获客工作，还能做线索清洗工作。有这样的超级牛人当然不错，但我觉得这样的人太难寻找。公司上规模后，市场部还是要做一些岗位职能拆分，这样有效线索的输出量才能持续增长。

1.5 定价 1：原理及 SaaS 实践

定价是大家常问我的问题，也是个复杂的话题。我花了大量时间和精力，查阅了相关文献资料，做了一次线上调研和多次访谈，将定价话题从四个角度来阐述。

- 定价原理及 SaaS 实践。

- 定价策略。

- SaaS 定价案例及实操。

- 定价即定位，定价即营销。

下面我们从定价方法论的角度来讲解定价原理和相关基础知识。当然，我们也会在这些框架的基础上结合 SaaS 业务做实战研究。

1.5.1　SaaS 产品的供需曲线

在经济学领域，有下图所示的标准供需曲线。

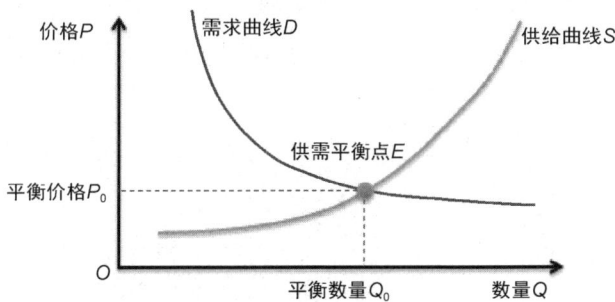

供给和需求曲线的交汇处，就是双方就数量 Q 和价格 P 达成的共识。

那么，SaaS 产品的市场具体是怎样的呢？先从供给方看，SaaS 企业有较高的固定成本（产研、职能部门的支出）、中等的获客成本（CAC，即市场、销售部门支出），以及较低的单位变动成本（运维、服务支出）。因为变动成本低、毛利高，所以很多 SaaS 企业在价格管理上会过于随意。这也正是我们"定价"部分想探讨和解决的问题。

可以看出，SaaS 产品的供给曲线对价格敏感度低。

在需求端，可分为 A、B 两类产品。

A 类产品：能解决企业客户的痛点问题，属于刚需。这一对供需关系如下图所示。

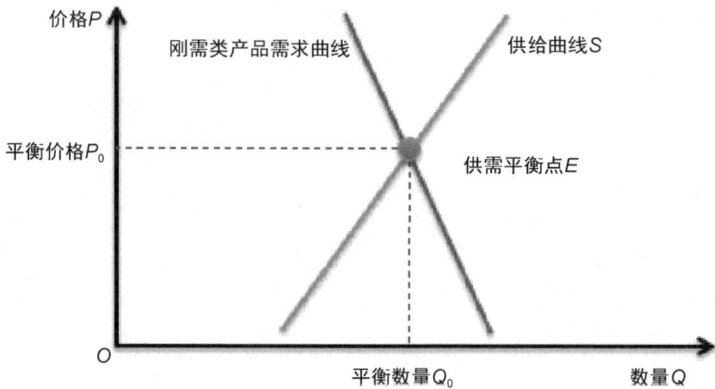

这里的图及后面的供需曲线图都使用直线，直线与曲线相比更直观，但不影响结论推导。

SaaS 企业的供给量对价格不敏感（增加一个用户的变动成本很低），客户由于必须有一套移动 OA 或高级商机管理 CRM、生产制造 ERP 等，所以对价格也不敏感。

B 类产品：B 类产品并非客户刚需，它能提高一些工作效率但又不显著提高（例如，小规模销售团队的 CRM 需求、容易被 Excel 替代的简单 IT 工具等）。这组供需曲线图的特点如下：产品价格稍高一点，客户就有些难以接受；即使价格低，需求总量也很有限。这几年我也遇到过这类产品，我往往劝创始人再多深挖一些，设法找到客户的痛点问题并予以解决。

1.5.2　阶梯价格

根据供需曲线计算，供给方能拿到的收入用矩形面积表示，有如下公式：

$$销售收入 = 平衡数量\ Q_0 \times 平衡价格\ P_0$$

这里介绍一个 to C 领域的经典案例，就是麦当劳的折扣券。某麦当劳门店的巨无霸汉堡，原价为每个 20 元，一天能卖 500 个。如果打 8 折，则可以卖 800 个。这样收入可以从 1 万元增加到：800 个×20 元/个×80% = 12 800 元，增幅为 28%。

那还有没有更好的办法？如果多卖出的这 300 个打折，原来 500 个不打折呢？则收入增加：300 个×20 元/个×80% = 4800 元，增幅为 48%。

业务：市场、销售与客户成功

如何做到的呢？——定向打折券。对于不在乎折扣、赶时间的人还是原价售卖；对于学生、老人等对价格敏感的群体，则可以拼凑最佳价格组合，使他们买到便宜的汉堡。反映在供需曲线上就是这样：以前的营收是斜线阴影区域，现在多了一个灰色区域，如下图所示。

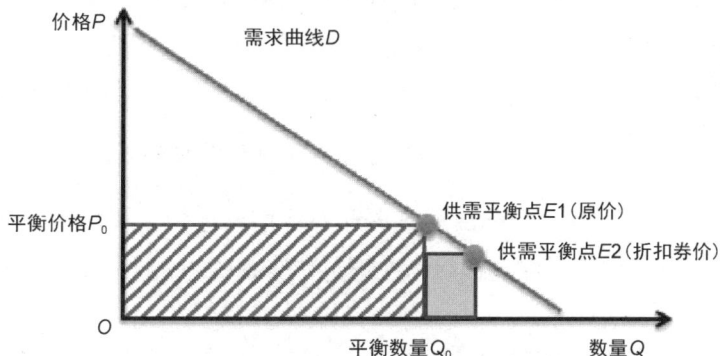

企业采购比个人要理性得多，to B 类定价显然不能照抄麦当劳的做法。但我们可以用 2~4 个不同的功能组合，满足不同类型客户的需求，这同样可以达到细分市场的目的，如下图所示。

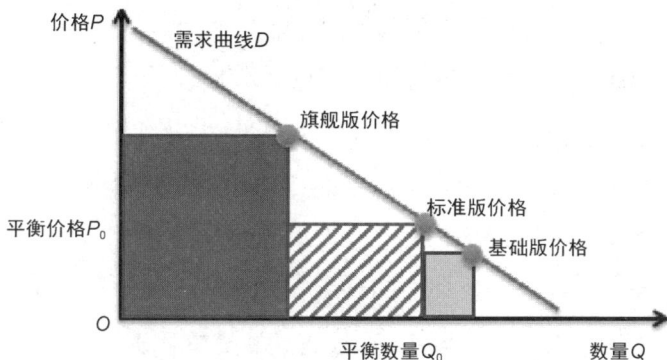

这就有很多讲究了。

其一，在实战中，我看到很多产品的旗舰版和标准版（或叫企业版、高级版）之间有功能的差别，但没有明确的客户群体及场景差异。

销售代表不了解客户企业的状况和真实需求，客户也弄不清楚各个版本间有什么差别，当然就不会买高价格的版本。客户即便买了旗舰版，也只是因为预算宽裕而已。

其二，人类做选择经常受"锚定效应"的影响，最高价、最低价都是
"锚"，大部分客户初次采购会选择中间版本。

你的产品是否也是如此？再扩展一下，《定价制胜》一书中还提到一个
创造利润却从来没人买的商品，就是价目表上那个超贵的商品，从来不会有
人买，但会有"价格锚"的作用，让顾客看到次高价商品不会觉得太贵。

大家思考一下，这个方法我们 to B 产品也能采用吗？

其三，图中还有四个空白的三角形，我们还能再"填"些什么吗？这
个问题留给读者思考，欢迎在笔者主理的"SaaS 白夜圈"公众号留言探讨。

1.5.3 卡尼曼的行为经济学

上面提到的"价格锚"让人不禁怀疑——人类决策是完全理性的吗？
果然，《思考，快与慢》一书的作者丹尼尔·卡尼曼发现，在许多情况下，
我们的决定不一定符合经济利益最大化，我们的理性也是有限的。我们的
大脑天生是有惰性的（笔者的理解是因为能耗太大，必须节约使用），大脑
经常无条件地接受快速思维系统做出的直觉判断。

卡尼曼的研究颠覆了经济学中的"理性人假设"，并于 2002 年获得了
诺贝尔经济学奖。换句话说，支配我们行动和让我们做出决定的是我们的
直觉，不全是理性分析。

卡尼曼有一个特别经典的"心理账户"实验：假设一张戏剧门票需要
10 美元，两组实验者都站在剧院门口。A 组被告知刚买好的门票丢失了，B
组则被告知刚丢了 10 美元钞票。结果丢现金的 B 组有 88% 的人决定再购买
一张门票，但丢失门票的 A 组只有 54% 的人决定再买一张。这是因为 A 组
的人把遗失的门票（10 美元）和新门票的价钱（一共 20 美元），都计入"看
戏剧"的账户里。对于 A 组 46% 的人来说，20 美元看一场戏剧太贵了。而
B 组的人将丢失的 10 美元记在"现金"账户里，其"看戏剧"的心理价格
仍然是 10 美元。

行为经济学家发现，价格信息会激活大脑的疼痛中枢。避免和推迟损失（即付钱）的需求，是一种强大的人类特征。我们将在 1.6 节中讨论更多定价策略的细节。

1.6 定价 2：五花八门的策略

上一节谈到了供需曲线，也说到了卡尼曼的行为经济学。前者是理论框架，后者是直觉判断。两者相结合，就产生了我们下面要讲的五花八门的定价策略。

1.6.1 定价方式

定价方式有几种。

1. 基于成本定价

这种计划经济时代的定价方式显然是脱离市场实际的，大家采用的不多。但成本确实是定价的底线。单位价格不能低于增加这个客户带来的变动成本，而且所有客户带来的毛利需要能覆盖全部固定成本。关于这一点，我们会在 1.8 节中做 CAC 的详细计算。

2. 跟随竞争对手定价与差异化定价

一家公司应该紧密关注竞争对手的定价，但不应把自己的定价权"外包"给对手。

在这几年与 SaaS 企业陪跑的实战中，我发现，如果我们的定价从结构上就与竞争对手不同，并且这个结构能够向客户展现我们的产品和服务特长，则在市场上就能获得更大的优势。

举例来说，某 SaaS 产品的并发性能比竞品更好，就可以考虑不采用与竞品相同的按人数计费方式，而是按最大并发数计费。在报价环节就能揭示己方产品的长处和对方产品的短板，岂不快哉（前提是客户的该项业务确实非常需要高并发能力）？

"价格即营销"，通过报价就可以展现出产品的独特优势。

3. 10 倍原则

价格为 10 万元的产品应该给客户带来 100 万元的价值(帮客户多挣 100 万元，或节省 100 万元)。这就是 10 倍原则。

刚才说到，"价格即营销"。价格本身就能反映很多信息：从"价格位" (本产品相对其他产品的位置) 就能看出，产品是高端的还是低端的。

对于 SaaS 产品，我们在营销环节，要尽量用"数字"说明产品的价值。如下图所示。

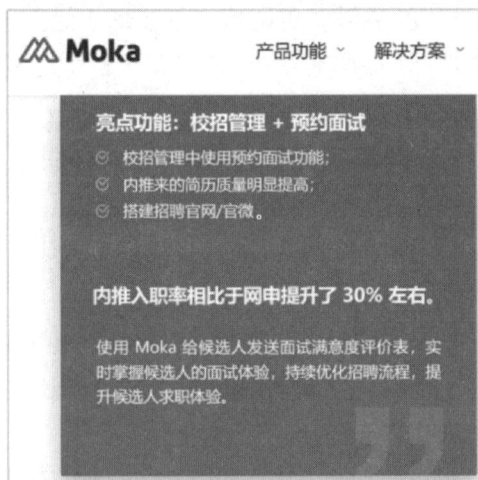

以上截图来自 2022 年 4 月 16 日两家 SaaS 企业的官网。

4. 五五分账

《定价制胜》一书中提到，如果你的产品比竞品向客户多提供 20% 的价值，那么你可以在产品价格中收取价值差的一半。

在实际运用中，我们会发现，与"10 倍原则"相比，五五分账的优先级更高。

5. 调研客户对价格的意见

实际上，"客户定价"是不靠谱的。无论 C（个人）还是 B（企业），都有降低痛苦（损失金钱）的本性。除非有监督机制或碍于面子等，否则客户当然会要求更低的价格。

但客户调研还是必要的。做价格调研时，切记不要只问对价格的意见，而是把价值和价格放在一起问，使得价格只是客户回答问题的一方面。

如前所述，价格即营销，价格包含的信息量很大，定价时需要做多方面调研后综合判断（例如，市场部门向现有客户、潜在客户，以及销售、服务、售前、实施、产品运营等多个岗位调查市场对价格的反馈）。

1.6.2 捆绑价格（对应 SaaS 产品的价格版本）

捆绑价格的意义来自客户购买一个商品的过剩意愿被转移至另一个商品上。

我列一个表格大家更容易理解，如下所示。

销售方式	价格（元）	利润（元）	客户心目中的价值（元）	价值-价格差（元）
商品A	100	30	150	50
商品B	80	10	50	-30
AB捆绑	180	40	200	20

客户是否购买取决于其心目中该产品的价值是否大于价格。商品 A 的"价值-价格"的差是正数，所以客户会购买商品 A，但不会购买该差值为负数的商品 B。这时候商家能赚到的利润是 30 元。

但如果商家把 A、B 商品捆绑销售，虽然 B 商品"价值-价格"的差是 -30 元，但毕竟还是有 50 元的价值的。如果将 A、B 商品捆绑还有多余价值，则客户还是会购买捆绑的 A、B 商品的，因为可以额外获得 20 元的价值。

而商家的利润也增加了 10 元。

我们再深入一些，聊聊 SaaS 产品的捆绑。SaaS 产品的价格版本其实就是一种捆绑模式。我们看 1.5 节中提到过的这张图。

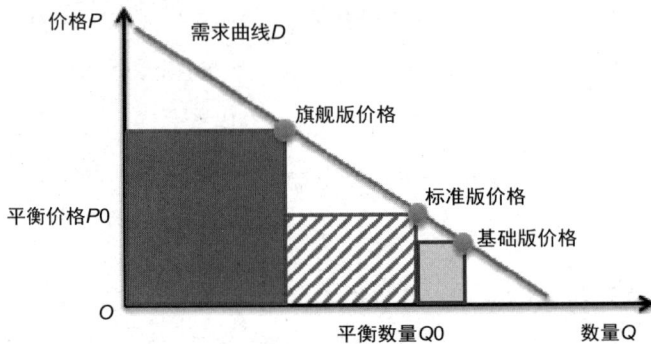

在以往 OP 软件时代，厂商的报价是如下图这样的（按每个功能模块定价，单位为元）。

产品名称		许可数与价格
子系统	模块	模块基础价 （默认含1许可）
财务会计	总账（含税务管家1站点）	10,800
	UFO报表	4,000
	固定资产	5,000
	成本管理	21,800
	工资管理	5,000
	出纳管理	3,000
	网上银行	4,000
	应收款管理	5,800
	应付款管理	5,800
	财务分析	4,000
	财务汇总	9,800
供应链管理	采购管理	9,800
	销售管理	10,800
	库存管理	10,800
	存货核算	9,800
	委外管理	16,800
生产制造管理	简单生产	28,800
	MRP运算	12,800
	工序管理	9,800
计划生产管理	计划生产管理	46,800

而现在的 SaaS 产品价格则是如下图这样的。

OP 软件按功能模块报价的优势是组合灵活，但这会给客户带来选择困难，也会增加销售代表的解释成本。

SaaS 报价则希望给客户 3~4 个清晰的使用场景，避免客户选择存在障碍，减少销售摩擦。更重要的是，这样产品的每个价格版本都有一个清晰的应用场景，更有利于产品经理理解客户、帮助客户实现产品价值，如下图所示。

不少 SaaS 企业没有理解到这层含义，在官网的报价是 OP 软件和 SaaS 产品的"合体"。

谈到这里，还有一个更深的话题：如果客户企业不同岗位要用不同版本，该如何处理？这个问题比较复杂，我们在 1.7 节再做具体探讨。

1.6.3 尾数 8、9——看到价格，真的会有"疼痛感"

为何我的 CEO 实战营收费不是 10000 元，而是"9980 元"？是的，即便是 CEO 也会对价格有"疼痛感"。

在心理上，1 万元、2 万元、5 万元都是"整数关卡"，客户对此有一定心理感受上的区别。

此外，从 to B 定价的角度看，不少政府机关和企业有超过 10 万元或 100 万元必须走招标流程的规定，这也是另一种形态的"整数关卡"。

在 to C 营销中，金额文字要尽量小，个别划掉的"原价"文字可以大一些，货币符号 ¥ 、$要避免出现。在 to B 的报价表上也可以把货币符号缩小一点。

1.6.4　不确定性——成交杀手

在客户的一次购买体验中，如果存在不确定性，则成交就会存在很大障碍。

即便是盲盒，其实也是有很大确定性的 —— 大家都知道里面商品的大致范围（某系列手办等）。

对 SaaS 产品来说，客户希望能够掌控成本。例如，按员工人数收年费，按额外增加的销售额分利润，按订单数量收费，这些都是可以预计和掌控的。

如果按照客户不能掌控的要素收费（例如直播流量、转码视频文件容量），则会产生很大的"交易摩擦"。我们要设法避免这类情况的发生。应把复杂的计价模式转化为简单的计价模式。

同时，厂商反而可以利用客户厌恶风险的特点，在"提供确定性"上给客户带来价值（例如保障机械有效运转时间超过 98%，保障直播稳定性），从而赢得生意。

1.6.5　附加费

通常，附加费的弹性低于基础价格的弹性。如果某项特定成本对客户来说也是很清晰的，那么可以尝试附加费的方式。

举一个《定价制胜》书中的例子。2002 年德国汉莎航空引入 5 欧元的传统预定附加费，同时提供免费的在线预定方式。这项措施提高了在线预订的比例。一旦客户习惯了在线预订，汉莎航空就取消传统预订方式的附加费。

对于 SaaS 业务，实施费就是一种附加的服务费。客户可以买 SaaS+实施服务，也可以只买 SaaS 服务。实施费不计入 ARR，它对公司价值的贡献很低，但对于帮助客户成功上线又非常重要。

SaaS 企业可以考虑逐渐应用更简单易懂、场景化的产品配置方式，同时加大实施服务附加费的总价或人·天单价，引导客户用"远程协助+自助"的方式完成实施工作。

厂商的实施是一次性的，但客户企业其实经常需要"实施"（优化配置），只有客户掌握了自助实施能力，产品才能用得更好。

1.7　定价 3：计费对象及价格版本

我们在前两节探讨了定价原理及五花八门的定价策略。那么 SaaS 产品的定价有哪些原则和实操技巧呢？这一节我们详细谈谈 5 个关于定价的子话题。

1.7.1　计费对象的选择

有 300 多位同行参与了我在 2022 年 3 月底发起的"定价方式"投票，如下图所示。

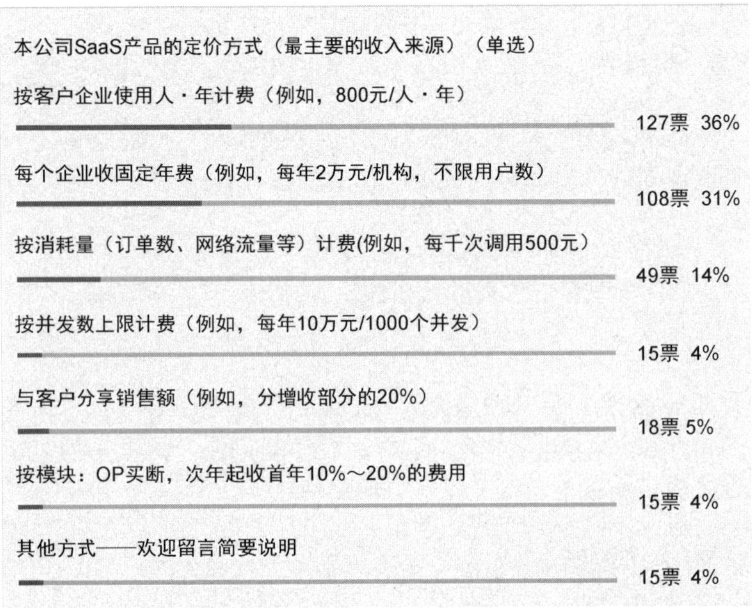

本公司SaaS产品的定价方式（最主要的收入来源）（单选）

按客户企业使用人·年计费（例如，800元/人·年）
127票 36%

每个企业收固定年费（例如，每年2万元/机构，不限用户数）
108票 31%

按消耗量（订单数、网络流量等）计费(例如，每千次调用500元)
49票 14%

按并发数上限计费（例如，每年10万元/1000个并发）
15票 4%

与客户分享销售额（例如，分增收部分的20%）
18票 5%

按模块：OP买断，次年起收首年10%～20%的费用
15票 4%

其他方式——欢迎留言简要说明
15票 4%

可以看到，约有 36%的朋友选了最经典的按人·年计费的方式，31% 的朋友选了每个企业收固定年费的方式，选按消耗量计费的比例为 14%。在留言区讲到自己公司采用混合定价方式的朋友也不少，这个结果还是挺让人意外的，看来已经有很多 SaaS 企业采用了非常规的计费方式。

那么，计费对象应该如何选择？我的朋友，公众号"我思锅我在"的主笔高宁在关于 PLG 的对聊节目中说过一句话："通过定价传递价值。"

我觉得这句话切中了要害。如何通过定价把本产品与其他产品的价值差异凸显出来？如何让这个价值更容易传递给客户？由此我们可以推演出选择计费对象的 3 个原则，顺序如下。

（1）真实反映产品价值。

（2）反映出本产品与其他产品的差异。

（3）报价简单易懂。

我们就从这 3 个维度，分别为以上计费对象打分，如下图所示。

业务：市场、销售与客户成功

多种"计费对象"对比表

计费对象	本次调查投票占比	反映给客户的价值	反映与其他产品的差异	客户理解难度	推荐顺序
按使用者(人·年)	36%	低	低	高	3
固定年费	31%	低	低	高	4
消耗量(订单数等)	14%	高	中	高	2
IT消耗量(网络流量等)		低	中	低	5
与客户分享销售额	5%	高	高	低	1
并发数上限	4%	中	高	低	6
按模块(OP买断)	4%	低	高	低	7
以上多种方式的混合	4%	中	中	低	-

我们按推荐顺序分析。

（1）与客户分享销售额的方式是价值感最高的

SaaS 企业要能向客户证明销售额的增长与产品直接相关。这是可遇而不可求的，我只见过有个别行业的 SaaS 企业能做到这一点。

（2）按订单数等消耗量计费

该计费方式在价值传递上比经典的按人·年计费更优秀，客户一年需要多少订单也容易算清楚。若按客户的购买成本，订单少意味着营收低，客户所需支付的 SaaS 费用也少。而那些订单数量大的客户，由于营收高，对较高的 SaaS 费用也愿意接受。这其实是比下文要讲的"多个价格版本"更贴近需求曲线的方式，几乎占满需求曲线左下方的四边形。如下图所示。

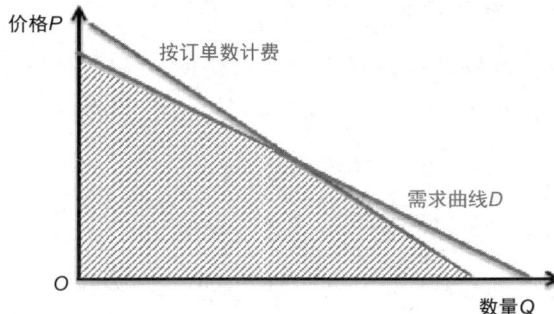

185

在该图中，需求曲线已简化为直线，而价格线则确实是随着客户订单数增加而线性变化的。

举几个例子。在 2022 年 3 月底一个帖子的留言中，微猪科技的合作人张佳介绍说，他们的 SaaS 费用按母猪头数计费。这就让客户很容易理解和接受。

另外，也有连锁行业的 SaaS 费用是按门店收年费的，门店年费阶梯递减（有年费上限），不限用户数。这与客户业务关系紧密，属于不错的收费方式。

但有个维度其没考虑到，就是有的品类门店数量巨大，但每个店其实非常小，营收也不高（例如很小的鸭脖店）。而有的品类则单门店营收很高（例如中式正餐），按店收费对他们不公平。

船舶管理的 SaaS 系统按船舶数量和吨位级别收费，这就是与客户业务量更相关的收费方式。会展星的杨同学谈到，有的会展有 2000 个展商，有的有 1000 个展商，展商数量的多少基本决定了客户的实力，我们按展商数量的多少来阶梯性收费。

我们再看一个例子。供应链金融 SaaS 平台注册使用都是免费的，产品费用算进利息里。这也是非常"顺滑"的计费方式，客户甚至无"疼痛感"。我们在前面说过，看到价格，客户就会有真实的"疼痛感"。

（3）最经典的 SaaS 计费方式是按人·年计费

对客户来说，这种计费方式比较容易理解，但它的价值传递性和差异性都较低。可以看到，超过 1/3 的 SaaS 产品按人·年计费，包括纷享销客CRM、卫瓴 SCRM、网易七鱼智能客服等。

（4）对每个企业收固定年费

虽然这种计费方式客户很容易理解，但它的价值传递性很弱。这类计费方式一般存在于客单价较低（≤2 万元）的市场中，在这种市场中各家竞品的定价策略之间的差异比较小。

（5）按 IT 消耗量计费

由于网络流量、API 调用等是纯 IT 概念，与客户业务（例如直播销售额、招聘结果等）没有直接关系，因此这种计费方式客户既难以理解又无法预估一年下来费用有多少。不确定性是成交杀手，同时，这种"计费对象"的选择对产品价值的传递也不利，所以是"交易摩擦"比较大的计费方式。

在 2022 年 3 月底的那次定价方式投票的后面，也有读者提出以下问题：①客户不理解流量、存储是什么含义；②客户没有办法在购买时做用量费用估算，又不希望购买之后因为流量、存储空间等原因，再次走流程申请费用。这是按 IT 人的理解方式计费带来的困难。

当然，如果已经使用了流量等计费方式，则可以考虑使用"预存"和"后端收费"的方式，降低客户付费时的"摩擦"。

顺便说一句，部分成熟的 SaaS 企业，即便是按人·年计费，也会使用"后端付费"方式。具体来说，如果客户企业在 5 月突然要增加 98 个账号，没关系，我们立即就给客户增加用户数量上限，然后次月起才计费。

（6）按并发数上限计费

该计费方式也用了"IT 逻辑"，但其好处是反映出了本产品与其他产品的差异。举个例子，某 SaaS 产品 A 能完美支持 1 万个并发，而其他类似产品都只能做到 1000 人同时在线，那么 A 产品就可以用并发上限计费，通过报价就能凸显出公司的技术实力，也能指明友商的弱点。如果有其他凸显产品技术实力的计费方式，也可以按此方式计费。

（7）按模块计费

按软件、模块计费虽然组合灵活，但实质上是不理解客户的业务模式及使用场景，除了给客户带来选择困难，增加解释成本，也给后面的实施及服务工作带来管理和执行上的困难。我不推荐 SaaS 产品使用该方式计费。

（8）混合方式

这种计费方式在价值传递、体现差异性上也许有一些优势，但客户不容易理解。

如果只有这种计费方式才能与客户实际的业务贴合得紧密，这也许是一个好的选择，否则，尽量不用混合方式。每个 SaaS 产品在定价时都有一些限制条件，所以做出的选择各不相同。在选择"计费对象"时，可以多想想上面的 3 个原则。

1.7.2　明价与暗价

看国内各家 SaaS 企业的官网就知道，客单价低的 SaaS 产品大多会在官网展示价格，而客单价高的产品一半会展示价格，一半会打出"价格面议"。我查了一下硅谷 SaaS 企业的官网，其中 Salesforce 的销售云、zendesk 的官网是展示价格的，而 Workday（客单价高）的官网则没有展示价格，如下面两张图所示。

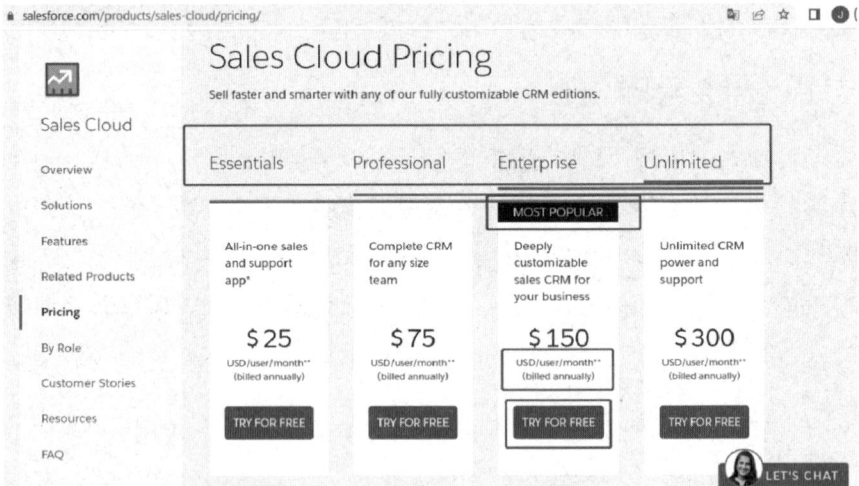

（该图来自 Salesforce 的官网，2022 年 4 月）

业务：市场、销售与客户成功

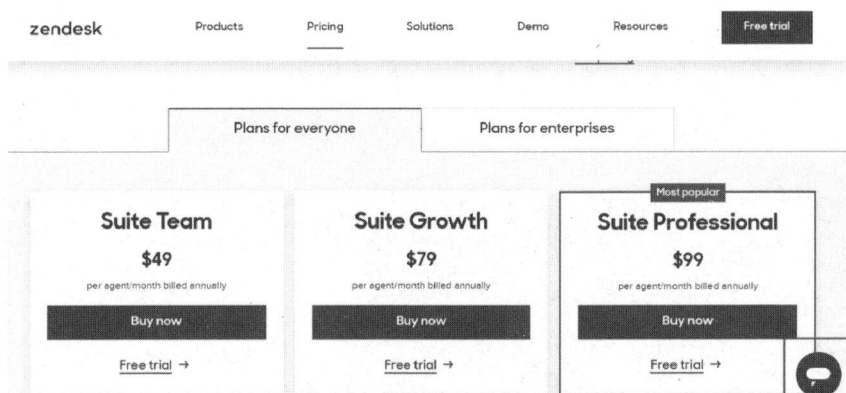

（该图来自 zendesk 的官网，2022 年 4 月）

我们来思考一下，对于明价与暗价，应该如何选择？

首先，友商如果想要，一定有办法拿到我们产品的报价，所以这不是考量因素。因此，是否在官网展示价格，主要考虑客户的感受。

设置为暗价（官网不展示价格），可能有以下几种原因。

① 担心潜在客户看到价格后被吓到，根本不联系我们的销售人员。

② 希望客户无论如何都与在线客服联系一下，最好能留下联系方式。

③ 报价确实太复杂了，需要有销售代表解释说明。

设置为明价，可能是担心客户看不到价格，就转而去找看得到价格的网站。

判断暗价、明价的比例各有多少，来决定我们应该采取明价还是暗价方式。

关于①，对于高客单价的 SaaS 产品，企业采购者肯定知道要谈折扣，所以这个担心没有必要。②倒是一个值得考虑的因素。我们如果看看 Gainsight 的网站，就会发现他们是非常希望与客户接触的。这里我简单展现一下过程。

SaaS 创业路线图 2.0

to B 企业的创新与精细经营

（1）用 Google 搜索 Gainsight，点击左侧第一个链接进入官网后，首页上就是留资料、预约 Demo 的信息，如下图所示。

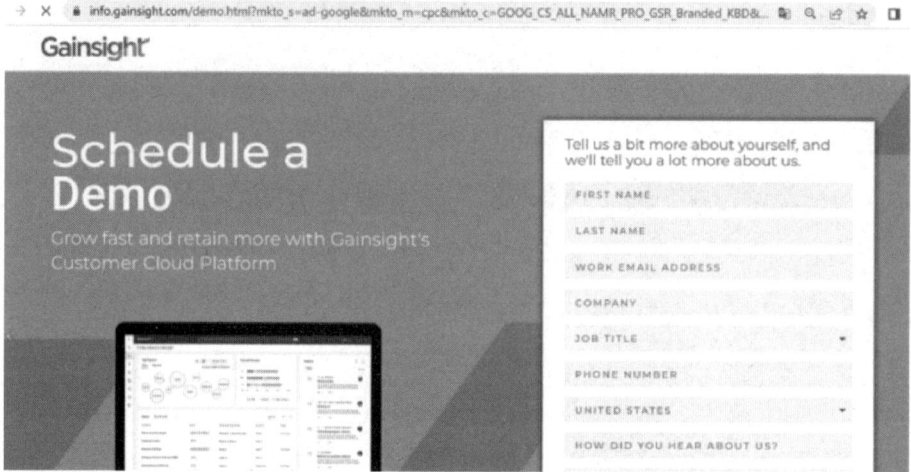

看到这些信息我还是挺惊讶的（也有可能是他们正在做 A/B 测试，所以不同用户进来看到的页面不同）。

（2）在官网可以找到 Pricing（报价）页面，但该页面也不直接展示价格，请看下面两张图。

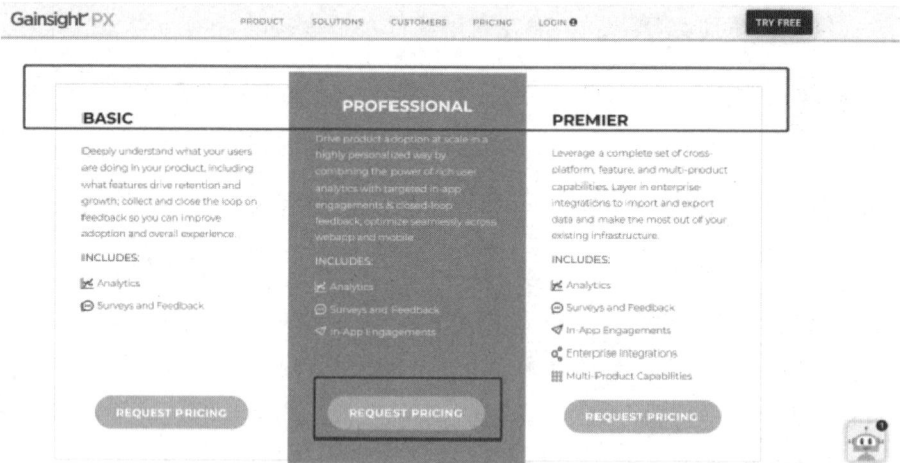

点击 REQUEST PRICING 后，出现的还是留资料页面，我感觉他们这个 A/B 测试有点过分了。

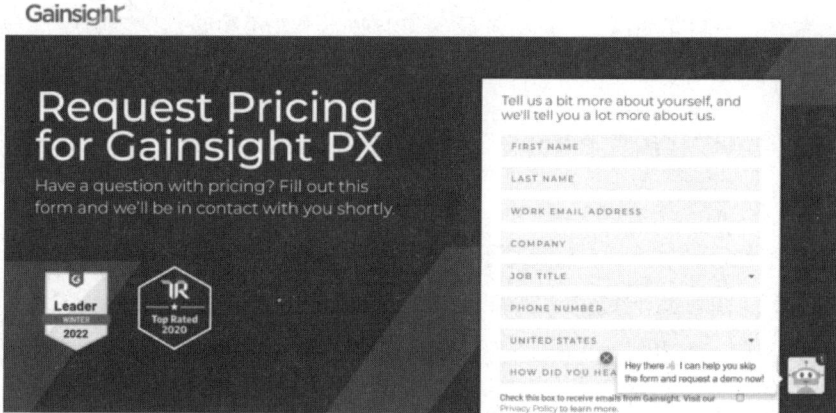

那么留资料后报价的方式是否正确呢？这个见仁见智。

询价客户的感受是："你们有些爱绕弯子，你们的价格是否太贵了，所以不愿意直接展示出来？"但留资料的价值确实很大，这里需要取舍。

我们再从营销的角度看这一点。潜在客户已经来到我们的网站，说明已经在被我们影响的道路上。"一次成交需要七次触达"，所以急于"催熟"未必有好结果。何况在微信时代，留下电话号码也未必有多大价值，加上微信才是王道。

如果是情况③，那确实没办法在官网直接展示，因为潜在客户看后会更糊涂。

所以，我的建议是，如果计价方式简单明确，则尽量明示定价。我还记得，几年前纷享销客的我的老战友王东说过，未来企业采购 SaaS 产品能否像在京东超市采购办公用品一样——价格透明，没有折扣和猫腻？在 SaaS 时代，我们不能只是把传统 OP 软件的功能搬到云上，营销方式也需要有彻底改变。

从中国 SaaS 全局的视角看，"京东模式卖 SaaS"确实会是更好的未来。

1.7.3 价格版本

在 1.6 节我们谈到"捆绑价格"的意义：客户购买一件商品的过剩意愿被转移至另一件商品上。SaaS 产品分"基础版""标准版""旗舰版"，就是依此设计的。

OP 软件时代按几十或几百个功能模块分别报价的模式，在 SaaS 时代已经被摈弃了。

我在 1.6 节也提到，SaaS 报价要给客户 3 ~ 4 个清晰的使用模式，避免客户选择存在障碍，减少"销售摩擦"。更重要的是，这使得产品的每个价格版本都有一个清晰的应用场景，更有利于产品经理及服务同事理解客户，帮助客户实现产品价值，如下图所示。

这是小鹅通官网上的价格页（2022 年 4 月）。可以看到，3 个价格版本都有清晰的客户应用场景描述。

SaaS 产品应该更关注"场景"而非"功能"。场景是相对稳定的本质，功能是浮在上面的表象。不少 SaaS 企业没有理解到这一层，在官网的报价是 OP 软件和 SaaS 的"合体"——在几个价格版本之下，又有很多需要单独购买的模块。那问题来了，如果客户需要"专业版"，又需要某个"旗舰版"才有的功能，这不正是推动客户购买旗舰版的好机会吗？

对于中低客单价（≤8 万元/年）的产品尤其如此，没有必要在"价格版本"之外又增加单独购买的项目。

对于高客单价（≥20 万元/年）的产品，也许值得用上述"合体"方式，毕竟购买更高版本可能会一年多付几十万元，让客户和销售都费点力气还划算。但这没必要反映在官网上，可以在内部价格文件里体现。

我来总结一下多价格版本的定价原则。

（1）价格版本与客户应用场景（组合）相关，而与厂商从开发者视角进行的功能分组无关。

（2）入门版本应该越轻越好。快速成交首单+服务过程中增购（Landing & Expand)，是 SaaS 企业业绩快速增长的最佳实践之一。

所以我们可以设计一个容易上手的"基础版"，以此缩短销售周期，降低首次实施和上线的难度，再期望服务过程中增加用户数、增加模块或升级版本。

对于入门级用户的价格版本及功能设定，我有两句话分享给大家：在业务闭环的前提下，功能越简单越好。在不被击穿的前提下，产品越"锋利"越好。

（3）价格版本不宜太多。一般 3~4 个为宜，过多的版本会增加客户选择的难度和销售代表的解释成本。

（4）中间价格版本是大部分人的首选。如 1.5 节中所说，人类做选择经常受"锚定效应"影响，最高价、最低价都是"锚"。初次接触时，大部分客户会选择中间价格版本。

（5）每个价格版本之间的价格差距不宜太大。

一个版本的价格不宜超过低一级版本的 120%，否则客户会倾向于向下选择。这里举个例子，如果价格版本是如下图这样设置的：

标准版	专业版	旗舰版
¥9,800	¥19,800	¥39,800

大家站在客户角度感受一下——每个版本的价值不同，但首选专业版的可能性最大。但如果价格阶梯是如下图这样设置的：

标准版	专业版	旗舰版
¥9,800	¥29,800	¥59,800

那么放弃专业版，选择标准版先尝试一下的人会占更大比例。

1.7.4　同一客户的混合价格版本

2021 年我与纷享销客的创始人罗旭聊天时，说到一个关于价格版本应用的更复杂的情况：如果一个企业中有 100 个人需要用旗舰版（例如销售部门的员工），900 个人需要用基础版（例如销售支持、市场、服务部门的员工），该怎么办？

按照常规做法，一个企业只能购买一个价格版本的产品。在实操中，如果要求 1000 个人都用旗舰版，客户一定会讨价还价——"我们大部分人都用不到旗舰版的功能，请给我一个低折扣价"。于是，"低折扣"就出现了。更尴尬的是，随着该企业的产品应用的场景逐步深入，越来越多的员工需要使用旗舰版的功能，而 SaaS 厂商却不能提供增购策略，过去的那个"低折扣"，会一直保持下去。

所以，更好的方式是，一个企业购买我们的产品，可以有一部分员工使用旗舰版，一部分使用基础版。一个 SaaS 创业公司也许到了纷享销客这样的成熟阶段才会遇到这样的问题。但如果在设计产品架构和后台运营系统时先考虑到这一点，将会避免未来的一番折腾。

1.7.5 to B 业务不需要"赠品"

正巧，我在 SaaS 创业过程中也有一段关于"赠品"的经历。

当时公司的主产品营收以一年 10 倍的速度在增长，为了完成新一年的销售目标，我们规划了 7 个新模块，客户可以单独购买。上线后，有 3 个新模块的功能很抢眼，销售们也取得了突破。这时候出现了尴尬的问题：研发资源已经转回主产品，新模块的产品体验只有 70 分，要达到 90 分还遥遥无期。

这时我犯了一个错误——决定将新模块作为"赠品"附赠给客户，以为这能增加产品整体价值。其实不然，如果客户在使用赠送的模块时遇到困难，仍然会找 CSM（客户成功经理）或销售代表解决，为这批客户在一个 70 分的小模块上耗费的服务精力比主产品还多。

然后，销售代表也不愿意送了，因为客户反馈的问题迟迟不能解决，反而影响了与客户的关系。

所以，to B 产品的功能其实越简单越好。"赠品"多没有意义。产品包括的功能越少，产品价值反而越容易传递到位。

到这里，我们把 SaaS 产品定价的框架说得差不多了。但还有一个最大的问题没有谈及，就是我们的产品价格到底应该定多少。

1.8 定价 4：定价即定位，如何在竞争中占优

1.8.1 价格位

虽然在《定价制胜》一书中"价格位"这个概念只被一带而过，但它却给我留下深刻印象。以某领域的产品为例，我们会发现各不同厂商的"价格位"（人·年费用）的分布规律，如下图所示。

"价格位" 示意图

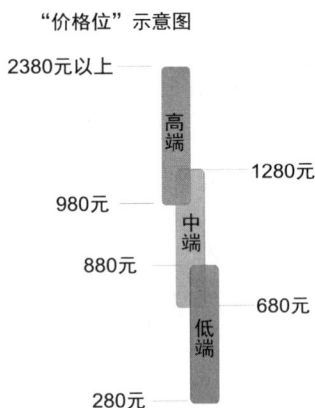

具体价格会重合，但价格位的差异却很明显。当我们看到这张图时，能得出很多结论。

（1）低端产品的价格很难突破中端产品的价格上限，中端产品的价格亦很难突破高端产品的价格上限。

（2）高端产品的价格上限非常高，即便是"2380 元"都还远远不够，还有很多高端客户需要更深的服务和更高级的产品功能，因此高端产品有更大的毛利及利润空间。

《定价制胜》一书还揭示了一些非常重要的价格定位的逻辑。

价格位是判断一家公司优劣的黄金标尺，反过来，购买哪个价格位的产品，反映了客户的身份。to B 软件亦是如此，大企业会因价格太低担忧产品的质量（所以我提醒大家思考价格版本里的"旗舰版"该如何定价）。

一家企业在确定了价格位后，再想转型是有难度的。价格位的选择，影响企业的商业模式、品牌定位、产品定位。它决定了我们的产品将服务哪些客户以及如何做市场营销及销售。

如何占领高端定位？首先，要有较高的产品价值，在早期把短期的技术优势转化为长期的品牌优势。然后，持续的创新是可持续的高端定价的基石。高端品牌会在营销上不断投入资金，因为只有被认识到的价值才有意义。高端品牌要尽量避免打折促销，否则会"掉价"。

在市场上，高端与低端品牌的比例是怎样的？采用高端定位策略取得成功的企业数量更多，而且采用高端定位策略的企业成功的可能性也更大。这是由于在大部分市场中都只能容下 1～2 家"低价格高销量"的公司，而大多数市场都可以支持数量众多的高端定位公司。前者的优势来自兼备产品价值和成本控制，后者只要把产品价值做到位，市场就会买账。这个重要结论来自《定价制胜》一书的作者赫尔曼·西蒙对"雷诺&阿哈姆德"研究的总结。该研究分析了 2.5 万家美国上市公司在 1996—2010 年的数据。

中国的 SaaS 企业的产品，大多成本很高，所以采用低价占领市场的策略，即便在早期能很快获得一批客户，到后期也难以为继。

国内知识付费领域的龙头是"得到"App，由于具有先发、品牌和聚合平台的优势，其坐拥 50 万名中国最有学习意愿的高端粉丝。但在准备 IPO 前的 2019 年，其主营收入（6.3 亿元）、扣非净利润（公司主营业务带来的利润）双双下降。当年我看到这个消息还是非常吃惊的，这和我们眼中"龙头"的形象相差甚远。

原因当然有很多，我个人认为其中一个主要原因就是，他们以为市场很大，实际定价太低。我特别喜欢万维钢老师的精英日课，他的课是 318 节课为一季，一季课才卖 299 元。虽然我们看到总学习人数为 11 万人，单节课能带来 3400 万元的收入，但每节课为 10 分钟左右，两三千字，只卖 0.94 元。

我是"得到"的忠实粉丝，而且还是个时间自由的人，但一年无论如何在"得到"上也花不到 500 元——真没那么多时间和感兴趣的内容。

我认为"得到"的价格与定位就很不匹配，"得到"做的是高端产品却定了个低端的价格。很多 SaaS 企业在创业初期也是如此——市场很大，竞争又很激烈，我先用低价多占领一些市场再说……

殊不知定价即定位，定价已经反映了定位，定价也反映了公司及产品的定位。

更没想到的是，价格低下去，将来想涨上来就难了。"得到"精英日课就是一个例子：第 1 期是 299 元/人，第 2 期、第 3 期和第 4 期的价格也没涨上来，都是 299 元/人。第 1 期订阅人数为 19 万人，第 4 期虽然减少到 11 万人，但这 11 万人都和我一样是"铁粉"——我每节课都是边听边划重点，大约 1/4 的内容我会转发给相关的朋友一起听。

实际上我完全能接受每节课 2~5 元的价格。如果"得到"在刚进入业务成熟期就将长期利润作为公司更高的目标，而非虚幻的 DAU(Daily Active User，日活跃用户数量)，公司的经营会比今天好很多倍。

1.8.2　定价与长期估值

我经常与 SaaS 创始团队交流，发现很多 SaaS 企业的产品价格及折扣管理比较随意。这可能源于企业管理者对价格与利润的关系没有深刻认知。我帮大家算一下利润及公司估值与价格、折扣之间的关系。首先，我们算算折扣对利润（=营收-服务成本-获客成本）的影响，如下表所示。

折扣对利润的影响

	折后 100%（元）	折后 90%（元）	折后 70%（元）
原报价	10000	10000	10000
实收	10000	9000	7000
获客成本（CAC=60%）			
市场费用	2000	2000	2000
销售底薪等固定成本	2500	2500	2500
销售提成（15%）	1500	1350	1050
IaaS 及服务成本（20%）	2000	2000	2000
去除 CAC 及服务成本后的利润	2000	1150	-550

可以看到，若折扣为 90%，则利润从 2000 元降低到 1150 元，降幅为 42.5%。为何会有这么大的变化？这是因为获得这个客户的市场费用、销售

底薪，以及服务这个客户的成本，其实都是固定的。唯一变化的只有销售提成。

如果折扣为 70%，则利润干脆变成负数。新获得一个订单不但不能收回公司其他部门（产研、行政等）相应的费用，还要在获客及服务环节倒贴钱。

通过这个计算说明，定价及折扣管理会直接影响公司的利润和长期估值，而且是成倍影响。可是，我们公司的 CEO 和高管团队花了多少时间在定价上？会不会连 1% 都没有？

所谓管理，就是将更多资源（包括人力、财力和管理者自己的时间）放在更重要的事上。大部分企业的定价不够有效，根本原因是花的时间不够。那么，请大家先想想下面这个问题。

1.8.3　定价的目的是什么

企业的经营是为了什么？是为了在给客户创造价值的同时，获得合适的利润。有句话说，"不挣钱的公司是不道德的"。即便 SaaS 企业前 5 年甚至前 7 年都不盈利，但未来总归要盈利的。否则，投资人为何要投钱？员工创造的价值如何体现？所以，在讨论定价策略前，我们需要明确一点，即优化企业经营和定价策略的目的是增加公司的长期价值，在当前或未来获取更多利润。

只有以实现长期利润为目的的定价策略，才是理性的。

有创业者问，能不能在早期先以低价进入市场，到成熟期再调高价格进入高端市场呢？其实这是很难实现的。

如下图所示，在我定义的 SaaS 创业 5 个阶段中，创意、验证阶段是打磨产品，也是摸索定价的时期。

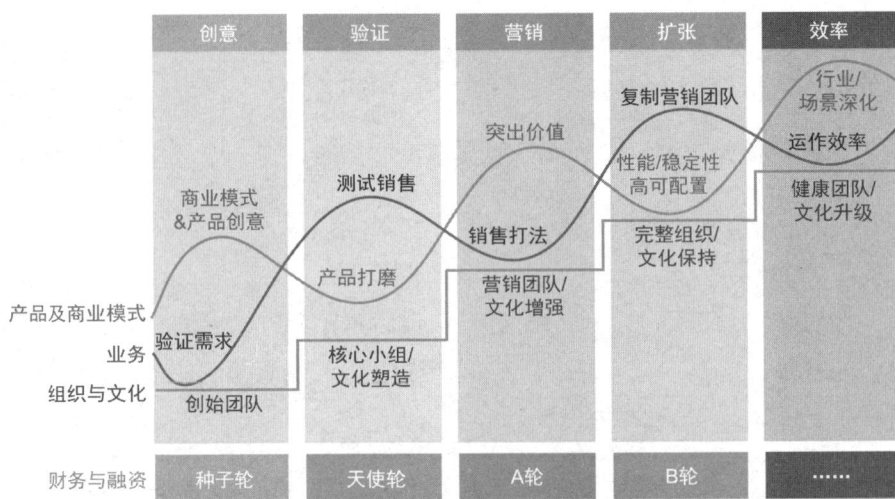

大家要明白，产品的定位与定价是相互作用的关系。价格位一旦确定，就已经决定了如何选择客户，如何打磨产品和打造公司的团队。

如果到了营销阶段还需要改变产品及价格定位，就需要从创意阶段从头开始。如果已经在扩张阶段，再去改造产品和团队几乎是不可能的，那还不如组建个新团队。如果已经定位为低端产品，要想重新定位到高端，则需要重新设计战略、团队和产品、市场、服务策略。

这里说的定价是定"目录价"或称"原价"。在定位实际落地的过程中，需要根据 PMF 的进展调整折扣。

1.8.4 折扣管理实践

在 SaaS 企业中，价格定位之后，还有一个实际落地的问题，这就涉及折扣管理。我们需要在折扣管理环节，注意内控流程和激励方向。

我们对比下面这组模拟案例数据。

A 公司销售提成 10%，只与回款金额（业绩）挂钩。

B 公司基础销售提成仍是 10%，同时增加了一个条款：基线折扣为 80%，每高 5 个百分点，提成增加 1%；折扣每减少 5 个百分点，提成减少 1%。

可以想象，在其他条件相同的情况下，B 公司的折扣管理效率要比 A 公司高，效果也会更好。

我常说，一个好的机制胜过一万遍日常管理。天天批评销售代表把折扣放得太低，还不如制定一个政策让大家更主动地管理好折扣。

当然，高管们也需要根据团队成员的成熟度和理解力，制定复杂度合适的折扣管理策略。一个机制如果大家根本看不懂，它也不会有效。

1.8.5　竞争中的定价

SaaS 产品的购买门槛不高，所以很多领域中的竞争都很激烈。据我观察，如果多个竞品是同时起步的，且又都拿到多轮融资，那么要积累到足够长的时间（一般要 5 年以上），产品的差异才能逐渐体现。

那么，在竞争环境中应该如何定价呢？

（1）每家企业都可以迅速对价格和折扣做出调整，一旦竞争格局中的一方降低价格，其他方大概率会跟上。因此，谁也不能通过降低价格来建立持续的竞争优势。在中国 SaaS 市场上，通常一方降价后，所有对手都会跟进，以保持价格位的相对不变，最终市场份额变化不大。

（2）发送避免恶性竞争的信号。在欧美成熟的商业市场上，发送信号本身并不违法，只要这个信号同时发给市场中所有的客户、竞品商和投资者。这个信号可以是下一年提价的声明，也可以是宣告如果对手降价，己方也会报复性降价的可能性。

（3）在产品差异化定位上发力，不断巩固和提升企业独有优势（包括产品、营销、服务和整个组织能力）。用创新带来的产品及服务差异化，替代同质化恶性竞争。

这里分享一个国内家电行业的有名案例。美的、格兰仕联手"消灭"低价微波炉。

2012 年 4 月，中国微波炉产业两大巨头之一的美的宣布，在百货超市停止销售 399 元以下的微波炉，在家电连锁系统停止销售 599 元以下的微波炉。而另一个巨头，曾经的微波炉价格"杀手"格兰仕，竟然没有"趁火打劫"。相反，格兰仕也表示不再向家电卖场投放三五百元的低端微波炉。两家老对手一起走向高端市场。

首先，这样公开地宣称涨价，并且竞争对手跟进，非私下约定，是不违反我国《反垄断法》的。其次，这次涨价（停售低端产品）的大背景是多年来原材料涨价，导致美的与格兰仕虽然占据全球微波炉 70%的市场份额、中国 90%的市场份额，却都在亏本销售；另一个背景是两家占有如此大的市场份额却没有定价权，高端市场的定价权还是牢牢掌握在外资品牌手中。大家看看，这种状况是否与中国 SaaS 企业今天的情况非常类似？

格兰仕在这次事件后，仍然坚持产品研发上的高投入比（高达销售额的 5%~8%），实现产品创新。2019 年本案例还被著名学者、《创新者的窘境》一书的作者克莱顿·克里斯坦森收录为哈佛商学院的经典案例。

2020 年，美的与格兰仕在国内微波炉市场的份额仍保持在 87%以上。所以，激烈竞争中的定价，未必意味着低价，降价也不是扩大市场份额的有效策略。在激烈的竞争中，反而应该坚持自己的产品价格定位，并通过创新和提供差异化的产品及服务来赢得市场。

定价永远不会结束（Pricing Never Stop）——企业需要经常回顾自己的定价策略和执行效果，不断优化策略框架和相关细节。在我看来，在 SaaS 企业的每次半年会前，都应该有人专门分析和思考定价问题。

1.9　客单价决定论

每次回答 SaaS 创业者的提问前，我都喜欢先问一个问题：你们的客单价中位数是多少？

虽然 SaaS 产品的客单价看上去只是一个简单的数字，但它几乎决定了公司的所有业务行为：

- 成交周期长短。

- 适合的销售方式：网销、电销、直销（面销）、渠道，以及它们的组合。

- 市场营销方式：品牌传播方式、线索获得方式。

- 交付协同的组织方式。

- 成交后服务客户的方式。

这里说一下国内 SaaS 企业的以上行为的平均水平及选择逻辑，目的是引导大家审视一下，自己从产品到营销及服务的模式选择，与客单价是否匹配。

1.9.1 SaaS 产品数量的正态分布

这里我大胆做一个假设：目前国内市场上的近万个 SaaS 产品的客单价中位数，是符合正态分布的，具体如下图所示。

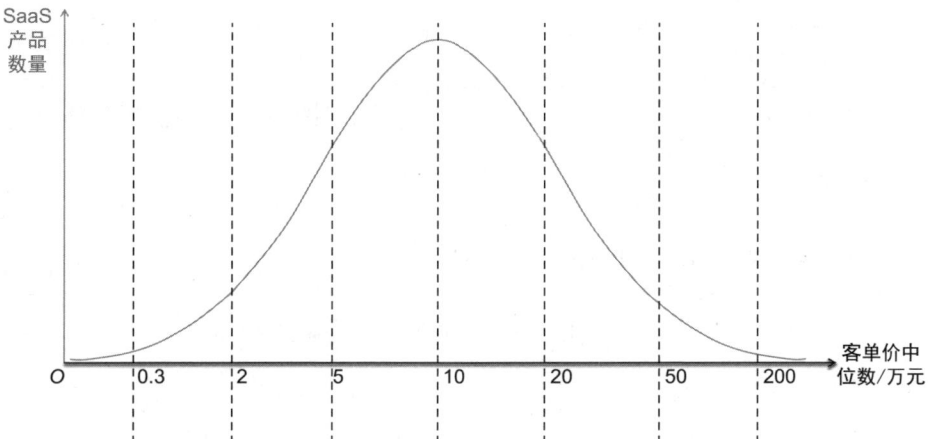

也许这样表示并不严谨，但构建模型就是为了把复杂事物进行抽象和简化，以便研究和发现规律。

我们来看看，如果把这张分布图与我们对产品、营销、服务模式的选择关联起来，会有哪些有趣的发现。

1.9.2 客单价与成交周期

如果我们在上图右侧加一条表示"成交周期"的纵轴，就会发现一条斜向上的曲线，如下图所示。

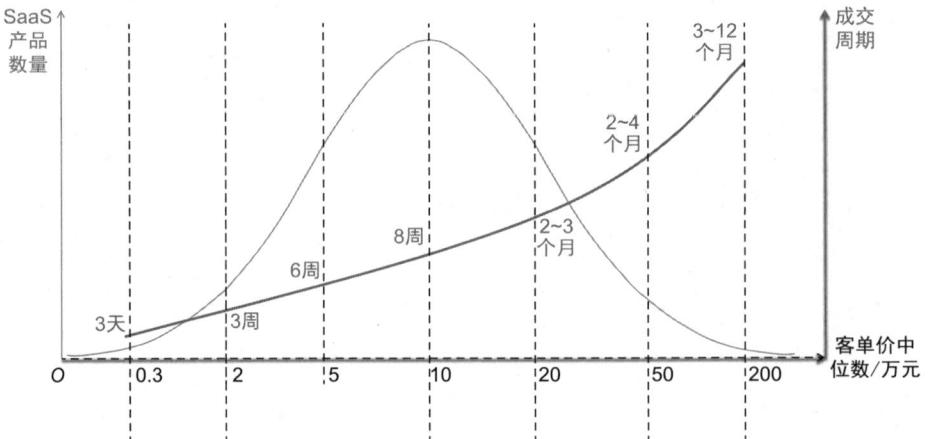

客单价在 3000 元左右的产品，平均成交周期在 3 天左右。随着客单价升高，成交周期加长。

1.9.3 客单价与营销模式

我们再来看看客单价与核心营销模式之间的关系，如下图所示。

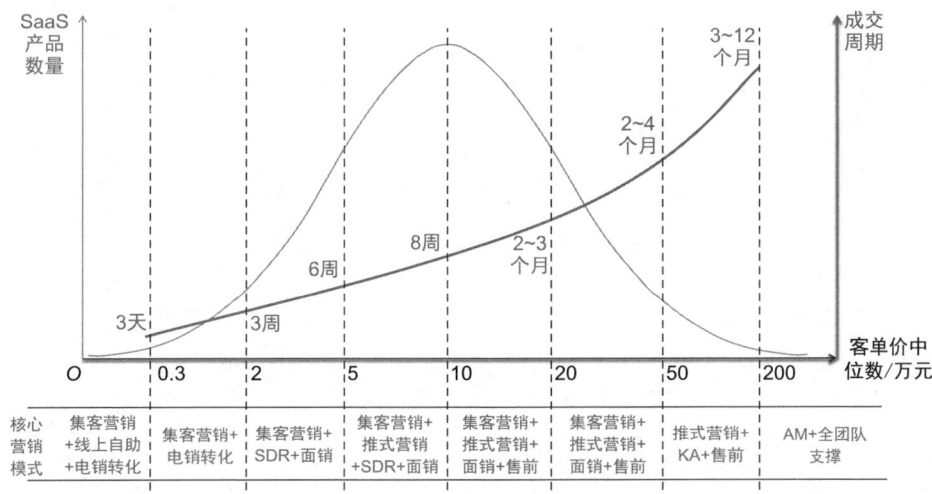

（1）当客单价<2 万元时，是无法用面销（直销）团队获客的。因为一个直销团队从找资料到邀约、拜访、成交，要耗费大量时间，销售漏斗本身也有很多损耗。由此可以看到，即便是一个合格的直销团队，无论客单价高低，人均 2 单/月也是个很难逾越的门槛。

所以当客单价<2 万元时，销售团队以"集客营销"（用优质内容教育吸引目标群体主动注册留资）+电话销售转化为主。

这时候也不太可能设置一个 SDR 团队去打陌生电话或清洗线索，因为一笔成交的客单价太低，不能支撑两个人的成本。

（2）当客单价达到 2 万元~5 万元时，就"值得"设置 SDR 团队了。这时直销团队应具有一定的产品技能，甚至能够提出"轻解决方案"，因此直销团队需要花费更多的时间在产品学习和解决方案上，SDR 团队可以帮助他们减轻负担。

随着客单价的提升，"推式营销"越来越重要。中小企业的采购决策者是老板，所以集客营销会直接产生结果。而大客户则更需要我们主动上门服务，因为推式营销的效果更直接。

（3）随着客单价继续增加，推式营销的比重会越来越大，"解决方案售前支持顾问"的角色加入前端团队，销售主角也由直销团队变为 KA 团队乃至 AM（Account Manager，大客户经理）。

负责 200 万元以上客单价的 AM，需要的是全团队的支持，包括产品部门、技术部门、客户成功经理、交付项目经理、市场部门等。

但我认为 SaaS 企业产品单价最好在 50 万元以下。在中国，百万元大单往往意味着定制开发、私有部署，这未必是 SaaS 高人效之路。

1.9.4　客单价与交付及服务模式

我再把右侧的纵轴变为"业务交接次数"，它指的是在一个签约客户的生命周期中，出现过多少个我方的"主责任人"，如下图所示。

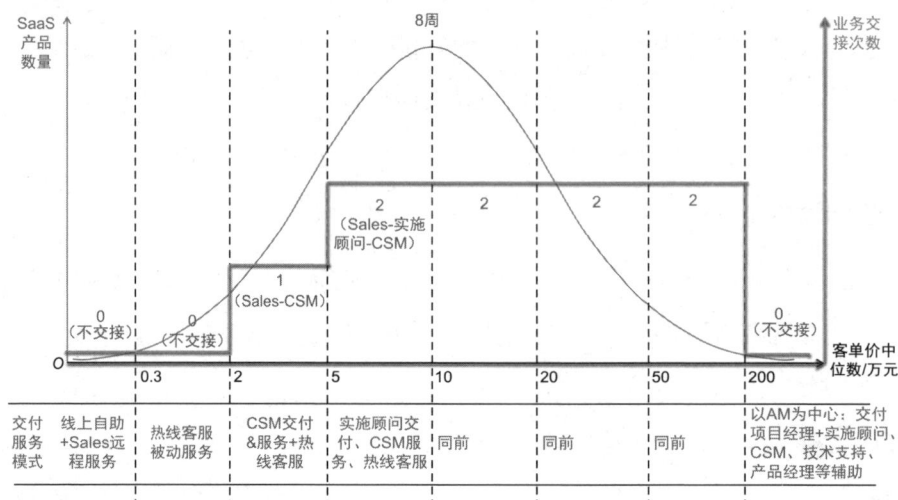

我们看到，这是一个两头低、中间高的"高台跳水"图形，正好与正态分布曲线相似。

如果客单价太低，从成本角度考虑，不值得交接，从销售到实施、服务，都能一人搞定。

主线 2

业务：市场、销售与客户成功

如果客单价在 2 万元～50 万元区间，你会发现客户成功经理、实施顾问岗位的专业能力很重要。只有专业化才能标准化，只有标准化才能规模化。说白了，把销售、实施顾问、CSM 这三个岗位分开，一部分是工作节奏的原因，但更重要的还是为了达到规模效应。

所以，随着客单价增加，交接次数从 0 次（销售人员从头到尾服务），到 2 次（销售成交后交接给实施顾问，实施顾问拿到验收单后交接给 CSM）。但到了特大客户（客单价>200 万元/年）这里，主要责任人就又只有 AM 一个人了，所有团队都要围绕着 AM 转。这有点儿物极必反的意思。

1.9.5 小结

SaaS 企业的价值与客单价高低无关。但不同的客单价适合不同的市场营销、销售、交付和服务模式。选择错了，就会事倍功半。

"客单价决定论"来自我 2022 年的几期 SaaS CEO 实战营。在与 CEO 及高层管理者交流的过程中，我发现客单价决定了各个公司运转的模式和工作中的关注点。

此外，除了"客单价决定论"，还可以引申出两个推论。

推论 1：改变客单价将会使对组织结构、人才能力的要求发生巨大变化。

推论 2：平均客单价不会轻易大幅变化。

我在过去 6 年中亲眼见到一家 SaaS 企业把平均客单价从 2 万元提升到 20 万元。这中间他们经历了一次彻底的组织变革和人才画像迭代，相当于汽车在奔跑中换了外壳、车轮和传动轴，大家可以想象一下，这有多么困难！

你所在公司的营销、交付及服务模式是否与客单价匹配？这值得重新审视一下。

第 2 节　销售策略与布局

2.1　电销、直销、KA 及渠道代理的对比

这一节的内容源于我与一位销售负责人关于公司内各个销售团队之间该如何划分区域、如何配置资源的讨论。

2.1.1　电销

我最喜欢电销团队，不是情感上的喜欢，而是从效率角度的喜欢。

电销触达客户的成本低，沟通技巧的培养比直销（当面交流）容易得多。电销是几十个人坐在一起，因此现场管理也比直销销售代表的外勤管理要轻松得多。更大的好处在于，当需要扩大市场覆盖范围时，我们只需要在办公室加座位或者租旁边的办公室就可以了，不需要派遣总经理、主管们到另一个城市开办分公司，也不用冒风险在一个新开辟的城市让一个新入职的分总担负所有业务及管理责任。

电销的总运营成本也比较低，没有差旅费用，人工费用一般也比直销低一些。

所以从 CEO、CFO 的角度看，电销是 SaaS 企业的首选。我了解到大部分美国 SaaS 企业就是这样，低于 10 万美元的产品是可以通过电话和远程演示成交的。

电销的最佳搭档是"市场线索"。如果公司有一定的品牌，能带来自然流量，加上 SEM（购买搜索关键字）带来的线索可以覆盖电销团队大部分线索需求，那么"市场线索+电销"的组合就无敌了。

这两年，我见过部分电销团队的销售代表人均月度产出达到 8 万元，

也有达到 12 万元的（客单价不高，单数多）。可以算得出来，他们销售团队的毛利是很不错的。即便市场线索不足，通过电销寻找线索，也比通过地面部队寻找线索更快。

当然，电销也有三条局限。

- 客单价不能高（目前国内客单价超过 2 万元的产品很少不见面就能成交的）。
- 产品配置及操作不能太复杂（最好能"开箱即用"）。
- 客户使用该产品不需要改变业务流程（实施难度不高）。

此外，电销在输出结果上，还有区域市场覆盖深度不足、渗透率不够的问题。

一句话总结，电销团队的特点是复制快、覆盖广、渗透浅、毛利高。

2.1.2 直销（快单）

直销团队与电销团队一样，都有机会打造成高战斗力的铁军。

直销销售代表需要外出拜访客户，这要求其销售技能、对产品价值的理解、对客户业务的理解的能力更高。即便是同样的产品、同级别的线索，直销相对于电销签单的平均价格会高不少。

但同样由于"现场拜访、离场管理"的特点，直销团队的管理难度比电销团队的现场管理要高出两倍以上。即便是优秀的管理者，离场管理的效果也不可能超过电销团队管理者。直销团队每天触达目标客户的数量、获得有效商机的数量都少于电销团队。

因此，如果建立直销团队，就一定要在产品价格上有所不同，以保障直销团队能够签到更大的单子。直销团队在本地复制的速度并不慢，但如果希望直销团队覆盖更大的区域，就面临出差难以管理的问题。如果开设更多的分支机构呢？又会面临分支管理者不容易培养的难题。

虽然有些优秀的 SaaS 企业能很好地解决这些问题，但时间耗费也不会少：要成功完成 4 个一线城市分公司布局，从人才储备、培养到分公司开办、招募、培训、调优，起码也要花费 12 个月的时间。

直销的销售线索可能来自市场线索，也可以来自销售代表自己客户的转介绍。直销团队因为能见到客户、能与客户做更深的线下互动，所以在自开拓上比电销有更多优势。因此直销团队能够把一个区域市场做得更深。从国内 SaaS 企业的实践看，直销团队的成本结构中，获客成本（销售、市场的费用之和÷销售收入）大多在 60%～90%，所以成本是比较高的，新客户首年单的利润贡献并不太好。

直销团队的特点是复制快、覆盖少、渗透深、毛利中低。

2.1.3　大客户解决方案销售

我们简单划分一下，称客单价在 1 万元～8 万元的快单面销团队为直销团队，而客单价在 8 万元以上并需要给客户提供解决方案的面销团队为 KA 团队。

KA 团队相对于直销团队的特点是，销售代表理解产品的能力、提供解决方案的能力和理解客户业务的能力更强。可以想到，按这样的要求，KA 团队培养人才的速度有限，从公司外"挖"来的人融入公司同样需要较长时间的磨合。KA 团队的管理复杂度是不及直销团队的。KA 团队的管理更依靠价值观和绩效目标驱动，其过程管理的复杂度没有直销团队高，KA 团队的过程管理更注重理单等业务侧能力。

关于依赖市场线索的程度，KA 团队走两个极端。我看到的情况通常是，通用工具型 SaaS 的 KA 团队极度依赖市场线索，而行业 SaaS 企业中的大客户销售代表往往通过自己混行业圈子获得大客户的信任和商机。

获得一个大客户，往往有售前、服务、产品研发等多个角色的参与，加上人均年度产出远超直销团队，所以 KA 团队的营销费率往往不高，公司的毛利较好。

KA 团队的特点是复制慢、客户大、渗透深、毛利高。

以上这些特点会影响电销、直销、KA 团队的薪酬绩效设计。具体设计方法，本书在介绍组织与文化时会谈及。

2.1.4　渠道代理

这里所说的代理不包括能够做大客户定制开发、系统集成的集成商，只指比较纯粹的销售代理。

SaaS 企业是否应该建立代理渠道？在《SaaS 创业路线图》一书中有详细探讨，这里不再重复。这里只讨论渠道代理方式，以及对于 SaaS 企业来说，它与直销、电销等有什么不同。

渠道建设是一个漫长的过程。SaaS 企业如果要成立渠道部，就一定要有长线投入的打算。初期说服大量代理商并不容易，需要先重度投入支持几个优质代理商，把标杆立起来。渠道管理的工作比较复杂，渠道部的人才也相对难找一些。

从销售线索的角度看，代理商应该有自开源的能力，如果主要依赖厂商提供的线索，效率上可能还不如 SaaS 企业的电销或直销成交。在二三线城市设立合作代理商的目的就是深挖区域市场，因此代理商要有对当地市场的渗透能力。

在渠道体系设计中，往往还要考虑服务问题。代理商在当地是非常合适的服务主体。SaaS 企业的客户成功部门应该统筹全国的客户服务、续费率目标，而代理商也不能不劳而获，要做服务、续费的工作，这样才能拿到对应的回报。在二三四线城市的代理商，虽然人工费用比直销团队便宜很多，但其成交效率往往不如直销团队。目前绝大部分 SaaS 企业给代理商的新单分成、续费分成比例都不低（一般在 40%～70%），再算上渠道部门本身的成本，渠道代理方式的毛利率是相对较低的。

渠道代理团队的特点是复制先慢后快、渗透深、毛利低。

2.1.5　不同团队搭配使用

谈完各个团队的特点与局限，我们再聊聊针对不同的产品、市场，如何搭配这些团队。

组合 A：电销+直销

这是一个常见的组合，电销团队负责全国小单（1 万元~2 万元），较大的商机交给当地或就近的直销团队去上门成交。由 SDR 团队分辨市场线索等级。

组合 B：直销+KA

这个组合比较适合客单价跨度大的情况，可以处理 2 万元~8 万元的适合直销团队的单子，也可以处理 10 万元、20 万元以上需要给出解决方案的 KA 团队的单子。他们之间的划分可以使用目录制，KA 团队负责目录中的大客户，而其他目标客户按区域划分给各地直销团队。

组合 C：直销+渠道

直销团队负责一线城市市场，二三四线城市的市场交给渠道代理商负责。双方需要有明确的地域边界，以减少摩擦。让各地直销、代理团队都安心做当地市场的深挖。

组合 D：渠道+KA

KA 团队只负责大客户，全国飞行签约，而将所有中、小客户交给渠道代理商完成签约及服务。与组合 C 按地域严格划分客户资源的方式不同，组合 D 是按照客户规模划分的，这种划分方式会存在很多中间地带，相互之间的冲突在所难免。

如果能像金蝶的 ERP 产品一样，用高、中、低三档产品（EAS/K3/KIS）来划分 KA 团队与代理商的边界当然会更好。但 SaaS 企业的产品组织方式不同，也许不应该做得这么复杂。

除了以上两个团队类型的组合，也有 SaaS 企业选择组合三种团队。这样的话复杂度就更高，需要做更有效率的区域、资源、新购/增购/续费的权责利划分设计。

最后，我们用一张图说明四种销售组合各自的特点。

电销
复制快、覆盖广、渗透浅、毛利高

直销
复制快、覆盖少、渗透深、毛利中低

KA
复制慢、客户大、渗透深、毛利高

渠道代理
复制先慢后快、渗透深、毛利低

2.2　免费策略的理论与实战

在一次直播答疑课上，我与几位 SaaS 企业创始人聊到一个话题：SaaS 产品应如何推行免费策略以及实战决策点是什么。

关于免费的问题，和定制开发等问题一样，我也是在这两年被 SaaS 企业的实践"刷新"并提高了认知。

2.2.1　免费模式的公式

无论是 to C 还是 to B，免费模式中都有下面这个公式：

付费客户的数量=尝试客户总数×免费使用活跃率×付费转化率

to C 产品的"目标客户总数"很大，可达上亿人。即便后面的免费使用活跃率、付费转化率较低，最终获得的付费客户数量依然很可观。

例如，某 to C 产品的付费客户数量=1 亿人×5%×5%=25 万人再看看 to B 产品，其客户是企业，如果再有一些领域、行业的限制，目标客户可能也就有 10 万家。根据公式：付费客户数量=10 万家×5%×5%=250 家。

这个付费客户数量就很难支撑一个 SaaS 产品了。所以免费策略的关键就落在这两个比率上。

2.2.2　实操案例和方法

其一，免费使用活跃率＞20%。

这与产品有很大的关系，很多 to C 产品的免费使用活跃率非常好，在网络的传播效应帮助下，一下就可以成为爆款（抖音、哔哩哔哩都属于这类产品）。

我以前的认知是，to B 产品很难提升该比率，但 2022 年我也见识到了能把该比率做到 40% 以上的 SaaS 企业。其产品的客单价还挺高的，从几万元到 50 万元。2021 年他们还专攻大客户。以前做大客户业务，在商机阶段主要是听销售代表反馈信息，让人往往很难判断准确：一个单子，明明每次汇报都说没问题，最后却花落别家。

而这家公司把 SaaS "在线"的特点充分发挥出来：销售代表可以将产品送给客户不限期试用，而每个企业有多少用户在使用？使用频率和深度如何？从后台脱敏数据中就能一目了然，销售代表不能乱讲，商机评估也有了更客观的标准。

一般来说，免费使用活跃率要达到 20% 以上。如果低于 20%，则意味着 80% 的客户对产品印象不佳，这就增加了未来销售的难度。

其二，激活的成本有多高。

如果一个产品在试用中，还需要特别复杂的实施和培训过程，甚至还要改造客户的现有工作流程，激活的代价就太大了，说明该产品不适合使用免费模式。

而且，这个免费使用活跃率要获得得比较自然。什么叫"比较自然"？我以前也带上千人的团队尝试过免费赠送，如果销售的激励手段特别好，大家拼命推高免费使用活跃率，确实能把免费使用活跃率暂时抬高，可惜并不能持久。

所以，能否低成本地达到 20%以上的免费使用活跃率，主要还是依赖产品。产品要价值点突出，能直接解决客户痛点，操作上容易上手，这些才是活跃的关键。

其三，付费转化率＞20%。

一年下来，免费客户转付费的比例得上去。如果这个比例太低，那免费模式仍不能带来营收的有效增长。

其四，最好用的功能免费，最需要的功能收费。

在某次讨论中，有位同学提出一个好问题：我应该把最好的功能放在免费版还是收费版中？从互联网思维来说，最好的功能要放在免费版里，这样才能扩大基数，赢得更大的市场份额。如果安排妥当，这与付费转化并不矛盾。

我举个 Dropbox 的例子。大量客户免费使用该产品管理个人文件，它最强大的功能是什么？是修改文件后只上传差异部分，所以使用体验特别好。我们无法想象免费版不提供该项功能，只把快速上传的功能放在付费版中的情景。但最后企业为什么要买付费版？是因为企业的 CIO 不能容忍企业的文件流传到企业控制范围之外。所以买付费版主要是买了一个小小的文件权限控制功能。但这已经足以让企业买单。

所以，免费策略的关键点是，最强、体验最好的功能要放在免费版里，而企业最需要的功能可以放在付费版里。大家可以举一反三。

2.2.3 免费策略的价值

在前面我们讲 SaaS 企业的互联网特性时，讲过 SaaS 销售的"连环刀法"：用更轻更快的产品，快速切入市场（无论是免费的还是低客单价快速成交的产品），然后通过实施和客户成功环节，导入更有价值的产品。这个增购逻辑，正是 SaaS 销售的重要特点。

2.3 客户报备管理背后的战略意义

客户报备管理在普遍使用 CRM 的年代似乎不应该是一个问题，但很多企业并没有想清楚这件事背后的管理逻辑和战略价值。我们今天就从一个真实案例，谈谈 to B 企业在客户报备管理中的实际问题、解决思路及操作步骤，以及客户报备管理的战略意义。

2.3.1 为什么要做客户报备

首先，并不是所有企业都需要做客户报备。比如 10 年前很活跃的面向老板的培训行业，多是不需要做客户报备并设置客户开发保护期的。能签到单就说明这个销售代表与客户之间的信任到位了，不必关心谁先接触客户，谁先得到商机等过程。

一般来说，不报备会带来如下结果：

- 管理难度下降，不需要关心过程。

- 客户没有报备保护期，销售代表之间"短刀搏杀"，这适合不需要深度协作、产品价格统一度高（不打折扣）的团队。

我们分析这个不报备的案例，是为了通过对比让大家加强对"报备"的理解。下面我们看看客户报备能够带来哪些好处。

（1）开拓企业客户，从初步接触到发掘出商机、签约交付，需要一个过程。如果有客户报备保护期（一般为平均成交周期的 1～2 倍），销售代表就愿意去深挖那些在"水面"下的客户及客户需求，否则大家都只捡"水面"上容易快速成交的客户，难免造成市场渗透率不足。

（2）每个阶段只有一个销售代表接触客户，客户不容易钻空子。同时在多个销售渠道施行更低折扣，价格能够得到保护。

（3）有了明确的客户归属关系，多个销售代表之间反而更容易配合作战，实现高转化率。

至于客户报备有怎样的战略意义，后面再分析。我们先看看客户报备会带来的困难。

（1）多了一道操作流程，带来管理成本。

（2）最大的风险是一个合适的客户被不合适的销售代表 A 报备，A 推进不利却"占着"客户一两个月（甚至半年、一年）的时间，其他销售代表也束手无策，从而导致整体效率下降。

有人会说，如果出现这样的情况管理层就把客户从 A 手里"拿"出来嘛！可是一种管理制度是需要有明确标准的，真实情况是，如果你不给销售代表安全感，客户报备制度就形同虚设，会引起很多争端，耗费管理层大量时间，也让销售同事们回到"丛林法则"中。

2.3.2 报备电话号码还是报备工商注册名称

下面分析一个真实的案例。一家 SaaS 企业有电销部门，也有成立不久的直销部门（负责所在大城市的直销）和渠道部（负责全国代理商的开拓及管理）。因为绝大部分客户的客单价不到 1 万元，成交周期为 1~2 周，所以为了方便操作，电销部门多年来一直使用客户联系人的电话号码作为报备依据。

有了直销团队与代理商之后，销售体系对市场形成了更有层次的覆盖（这是非常有必要的），但也造成撞单事件频繁出现。举个常见的例子：代理商 A 拜访甲客户的老板后，老板安排助理注册了产品。注册线索随后被分配到电销部门的 B 员工手上。B 员工与甲客户的助理多次交流后，完成了合作签约。这时候代理商 A 才发现自己开发的客户被总部签了，因此进入判单环节。

目前判单的权重是这样规定的：首次接触为 20%，服务过程为 0~60%，签约为 20%。虽有规定，但这个 0~60%的决定性部分不够明确，而且举证内容主要依靠微信截图，拜访、电话沟通的有效性不容易被证明，所以在实际操作中，双方管理者都为判单付出很多精力，最终结果还可能是双方都不满意。

作为顾问，我在这个案例上的具体建议是这样的。

明确报备规则：①谁先接触客户，报备权归谁；②报备期为 2 周（与平均成交周期接近），首次接触后 14 个自然日内还未成交的，丧失报备权。报备规则应该是非常明确的，避免扯皮。

同时，为了鼓励合作，我们要制定一个不非常明确的合作分配比例规则：首次接触为 x%，产品演示为 y%，签约为 z%……执行分配的前提是：①有报备权的一方同意；②双方在签约前留下书面证据（邮件和聊天记录均可）。

从短期看，如果把电话号码报备换为工商注册名称报备则代价太大，可以暂时保留按电话号码报备。但遇到判单时，我们要把客户企业作为整体来看待。也就是说，第一个接触到该企业联系人并进行电话号码报备的，被视为报备权所有人。

从长期看，由于公司已经推出更高客单价的产品，也为了深化管理，有必要建立更严格的报备管理制度。

2.3.4 客户报备的战略意义

报备不仅仅是为了减少扯皮。我们从公司战略及营销策略的角度来分析一下报备的意义。

首先，营销的目标是获得客户，那么客户在哪里？

有少量 to B 企业有非常明确的客户清单，但 99%的 to B 企业很难框定自己客户的范围。那我们该怎么做？一般是通过现有客户"画"出客户画像，然后按图索骥。

有更高战略眼光的企业会分析全国乃至全球市场，分析目标客户是哪些。

而对每个区域分公司的负责人来说，应该弄清楚所辖区域大致有多少目标客户，这些客户该如何分类分级，如何分阶段覆盖，这是他接手伊始就应该考虑的工作。这叫作描绘"作战地图"，是区域分公司负责人的头等大事。

客户报备是这项工作的一部分，而且是最易落地的部分。通过销售同事、代理商伙伴不断将目标客户录入系统，并且标注清楚企业规模、行业、组织架构、决策链条、KP（关键决策人）联系方式等，这些信息对公司战略决策和数字化管理都是非常重要的。将这些信息一直细化到客户成功等服务部门，客户成功部门的同事会确认上游环节留下的信息的准确性并补充更多信息。

随着销售过程的开始，资源分级的工作也自然而然完成了：潜在客户进入了市场部的名单，目标客户进入了线索池，SQL（销售验证线索）转化成了客户，有销售机会的客户留下了商机，成交客户被转交给客户成功部门持续服务……

这是企业营销战略中获取客户策略的全局图景。经过 5～10 年的积累，我们的 CRM 中就有每个城市目标客户的名单了，并且还有客户的基本信息、我们的跟进过程信息。即便有些客户尚未成交，他们也是公司核心竞争力的一部分。

除了发文件强制要求，我更认可自然积累和自然惩罚。

特别是对代理商来说，与厂商之间建立信任关系需要时间，需要稳定的渠道政策支持。一个稳健、合理的报备制度，不仅让他们有录入客户资料的意愿，而且也从实际操作上给他们录入客户资料提供了便利。

其次，对代理商的销售过程进行管理，为代理商赋能。

只通过外部培训和指导往往无法解决问题，更何况我们的厂商还希望实现直销、渠道的一体化和数字化管理。而客户报备正好是一个比较好的切入点。除了管理客户报备这个入口环节，在业务管理水平更成熟后，公司还可以丰富报备管理的层次。

例如，一个 SaaS 企业的平均成交周期为 60 天，但我们不希望一个报备程序就把客户"锁死"60 天，因此使用这样的方式成功报备客户后给予 10 天保护期，对电话邀约和拜访（需签到并拿到纸质名片）给予 10 天时间，对产品演示及答疑（或得到招标邀约邮件）给予 20 天时间，对签约（但尚未回款）给予 15 天时间……通过更精细的报备管理，可以督促直销、渠道团队加快工作节奏，更快推进成交。目前市场上也已经有 CRM SaaS 工具可以支撑这样的管理要求。

2.3.5 设计客户报备的操作步骤

这里我提出一系列客户报备的操作步骤，方便大家参考。

Step1：确定报备关键字（电话号码、企业名称及商机）。

（1）电话号码：适合 to C 销售和 to B 极小单销售。

（2）企业名称：适合 to B 销售。

（3）商机：适合 KA 销售。一个大企业可能会有多个部门在不同时段分别提出采购需求，因此对于需要项目型销售管理的大客户，在报备认定上会有更复杂的具体要求。

Step2：制定报备保护期制度。

（1）这个制度应该非常明确地保护首次报备者的权利。

（2）限制报备时长（一般为成交周期的 1~2 倍）。

（3）报备期结束，客户掉入"公海"，其他各方按地域规则（或其他规则）在权限内"领取"。

（4）报备到期可申请延长一次，需要销售 VP 特批。

（5）一个客户只能在一个部门（或代理商）的"公海"里保留 2～3 个报备期，超过该期限后流入其他部门的"公海"（可选项）。

Step3：细化报备期延长机制（可选项）。

增加更细致的报备期逐步延长机制（见上文）。

Step4：制定多方合作的业绩及提成分配机制。

（1）鼓励多方合作，公司公布业绩分配的指导意见。

（2）每次客户报备后，合作各方尽快确定分配比例，并留下文字证明。

Step5：长期运营，倡导合作文化，不让"雷锋"吃亏。

（1）公开表彰成功合作的典范。

（2）批评恶意占便宜及浪费客户资源的行为。

在具体执行中，管理者还会面临很多令人纠结的情况。例如，一个大客户被能力很弱的代理商先报备了，厂家的直销部门要不要把客户"拿"过来？

我认为不应该"拿"。规则制定者如果为了局部利益打破规则，就会影响全局利益。作为厂家，尤其要保护好不容易与合作伙伴建立的信任关系。在这样的情况下，厂家最合适的姿态是：主动提供支持，以服务好大客户、获得品牌及口碑效应为目标。利益方面可以看轻一些，可以为参与项目的员工争取一些奖金。

上面说的很多规则需要系统支持。常见的 CRM 系统基本能够满足内部直销、电销管理的需求。

对于合作伙伴管理（包括代理商报备、代理商报价表审批等），较少有产品能够做得这么深。写这部分内容的前一天晚上，我专门向纷享销客的联合创始人刘晨详细了解了他们的 PRM。刘晨答复，纷享销客的产品是能够完全覆盖以上功能的。

2.4 管理的层次：战略、策略、执行

时常有新晋升的中、高层管理者问我：职责发生变化后，该如何管理团队？哪些事情该做，哪些事情该让下属做？下面我就拿一个非常具体的案例拆解一下，CEO 和高层、中层、基层管理者分别该负责的工作。

案例背景是这样的：随着公司业务的发展，渠道销售部门的业绩进入"平整期"，缺少再次大幅上升的动力。作为公司的渠道 VP，如何在理解公司战略目标的前提下，做好策略设计？如何激发渠道总监做好战术设计和进行闭环安排？我们一层层拆解。

2.4.1 明确公司战略

公司在本阶段的战略目标是什么？一般有几个选择。

A. 更高的利润（毛利、净利、利润率等）。

B. 更高的营收（合同额、ARR 等）。

C. 更高的市场占有率：付费客户数量、MAU（Monthly Active Users，月活跃用户数）等。

这位渠道 VP 首先和 CEO 再次确认，公司的战略目标是 C 选项，即更多付费客户数量，营收总额在其次，毛利方面要求保本即可。可能会有人认为只要业绩增长，这 3 项不都有了吗？非也，在具体决策中，这 3 个目标带来的结果大相径庭。相信做过几年中、高管的都很清楚这个差别。公司管理层定下 A、B、C 的选项后，一般也是数年不变的。

2.4.2 策略制定

策略与具体业务形态关系极大。这位渠道 VP 分析渠道代理商群体的状况并与多方交流后，定下一套新渠道策略。

渠道现状：使用原有渠道体系，招募了大量中小代理商（占总数的 95%，

占营收的 70%）。中小代理商由于自身规模小（大多在 10 个人以下），因此生存状况不佳，担心亏损，不敢大力投入。

而公司产品的营销工作已经处于深水区，各个区域的目标客户群体犹如一个大水缸。表面的"浮油"很容易被直销及代理商伙伴捞到，但如果不培育各地市场和深挖主流客户群体的需求，捞"浮油"的销售工作就会越来越艰难。关于客户分布的具体形态，详见前面关于 SaaS 企业如何跨越鸿沟的介绍。

分析：小代理商难以放手做市场培育工作，后续的服务工作也做不到位。如果想让渠道业绩有所突破，还需要从大策略上重新思考。

策略方向：目前 to B 市场上可选的渠道策略主要有两种。

- 群狼策略：在每个城市都招募大量中小代理商，力求覆盖更多的目标客户。

- 独家策略：在每个城市"赛马"或合并出一个独家代理商，将该区域的市场、销售、服务工作全部交给该独家代理商（部分 KA 客户仍由总部跟进）。这样做的优势是能够更深度地覆盖地方市场（一般情况下，一线城市还是交给直营团队），可减轻渠道工作难度。

第一个策略正是该 SaaS 企业目前采用的，现在已经显露了业绩瓶颈。但第二个策略并不完全适合该公司的产品特性及市场格局。因此，这位渠道 VP 选择了"准独家"的模式：每个区域重点扶持一家代理商，但又不给予其独家特许经销权。

顺便说一下，第二个策略是终极渠道策略，百度的渠道体系是国内 to B 领域最强大且成功的体系。但这与百度大搜产品的强势地位有关，不宜轻易模仿。

策略框架：在未来一年执行重点扶持准独家代理商策略。在符合条件的城市重点培育一家肯投入、有潜质的代理商，以之为该城市的营销及服务中心，负责本地市场推广、销售工作，以及配合总部持续做本地服务。

对于行业代理商、当地更小的代理商，渠道部门需要设计联合打单制度，做好利益分配工作。

策略落地：重点扶持落地工作，包括销售、市场、服务等方面。

（1）渠道经理定期驻场扶持（每月 2 周）。

（2）将该城市的线索定向分配给重点扶持的代理商。

（3）与公司市场部协同，在该城市举办更多沙龙活动。

（4）市场部赋能代理商老板（或总经理）进行本地商会、协会的市场开拓。

（5）公司客户成功部对代理商进行客户服务及续费工作指导，并建立维持日常客户活跃度、续费预警等服务过程，建立结果的监督机制。

对象选择标准制定：选出猴子而不是犀牛，才能够成功上树。渠道 VP 在这里列明对重点扶持代理商的选择标准，包括代理商团队状况、代理商老板的属性、历史合作情况、城市潜力等。

请注意，渠道 VP 在这里只制定了选择标准，而没有进行重点扶持对象的具体选择。

策略闭环：定期统计数据并汇报。在该项策略落实前，渠道 VP 规定了试验期（两个季度）结束后，该策略的成败标准。例如，总部提供的线索成交率比以往直销团队提高 1/5，重点扶持代理商自开拓业绩占各自总业绩一半以上，该城市总体业绩比以往半年月均值提升 $x\%$，新客户活跃率、满意率达标，等等。

将每月该组数据汇报给公司最高决策会议，以便迅速反应，在必要时做策略调整。

2.4.3　战术制定

华东、华南、华北、华中、西部 5 个大区的渠道总监（公司的中层干部）听渠道 VP 介绍了新渠道策略的思路后，都非常兴奋。这是明年渠道破局的关键决定啊！于是，大家着手进行了以下战术设计工作。

- 设计重点扶持代理商的评估表格（包括活跃率、投诉率、业绩状况、合作状况等具体数值）。

- 列出所有代理商的数据，各区域渠道总监提出自己备选的代理商及理由。

- 输出渠道落地支持方案：渠道经理两周驻地支持的要求、遇到各类问题的响应方案（该方案在具体操作中不断迭代并留存）、渠道总监辅导和监督渠道经理落地执行的状况。

- 明确具体数据统计分析责任人，请其提前准备数据来源。

2.4.4 闭环执行

上述工作在策略、战术上已经做了闭环设计，如下图所示。

在具体执行过程中，还会不断遇到新问题，执行团队需要有智慧地解决。无论如何，必须坚持闭环和定期汇报。只有不断复盘，整个团队的管理能力、整个组织的战斗力才能得以锤炼。

2.4.5　小结

这样分层，各级管理者的职责就非常清楚了。以该案例来说，就有如下要求。

- CEO 负责确认战略（目标）。

- 渠道 VP 制定策略（方向、策略框架、重点扶持代理商的选择标准）。

- 区域渠道总监负责确定战术（扶持代理商的方法、推荐重点扶持代理商、指定落实具体责任人）。

- 渠道经理和渠道运营的同事负责落实，形成闭环。

在实际操作中则有以下原则：

首先，各层级在设计策略、战术时，需要与上级沟通达成一致。

其次，具体执行时则根据具体情况灵活变通，并且不断调优策略、战术和具体执行方法，并沉淀下来形成对今后工作有指导意义的文档。

最后，汇总结果，向上级汇报，形成闭环。

这里顺便说一下，企业管理思维中有两个法宝。

- 第一是分类分级。管理上著名的"二八原则"也来自于此。例如，不少 SaaS 企业的客户众多且情况复杂，这时就需要分类分析，找到他们之间的相关性，然后制定措施，对不同客户提供符合其需求的不同服务。

- 第二就是分层。这显然是更高级也更复杂的管理思路。TCP/IP 协议需要分 7 层，复杂的产品架构要分多层，管理层的职责也要有清晰的分层。

有了这两个思维工具，组织中的很多问题就能够慢慢厘清了。分类分级的操作难度小一些，我们可以立即在工作、生活的很多地方运用它。

分层则需要多实践，逐渐形成重要的管理思维方法。

第 3 节　销售规模化

3.1　创造标准销售打法的必要性

我曾经用 18 个月时间带着一个团队从 10 个人扩张到 600 个人，并且保持着稳定的人均月产出。如果没有标准销售打法和标准化的管理套路，我无法以这个速度复制销售团队。

其实当团队规模上百人时，再考虑标准化的问题就已经晚了。当团队只有几个人、十几个人时，就应该考虑如何进行标准化复制的问题。我先给大家讲几个真实的案例。

3.1.1　案例 A：6 个亏损的分公司

某一年五一假期，我的一个老部下和我聊天，他准备去新公司担任全国销售团队负责人。前期公司扩张很快，已经开了 6 个分公司。但后面发现问题很大，每个分公司都不挣钱，甚至有的分公司一个月会有大部分人"挂零"。

我给他讲了两个策略，第一个策略就是远程加强对 6 个分公司的管理。但这实际上非常累，而且是不可能完成的任务。分公司的业绩任务都不能完成，每个人都处于个人收入低下、对公司产品没有信心的低迷状态。所以必须花大量的时间安抚、鼓舞大家。即便是这样，不能开单的团队始终不会有好的状态。

第二个策略是把 5 个外地分公司都砍掉。把每个分公司最优秀的人才聚集到总部来。总部有产品，有研发和服务人员，大家可以深入研究如何打造一套标准的销售方法，如何建立一个盈利模型达标的销售团队。

与其把时间花在安抚低绩效的员工上，不如花时间好好研究客户。只有这样，公司才能长远、健康地发展。

3.1.2 案例 B：一个销售团队过百人的公司

这是一家 SaaS 企业，企业的产品非常不错，续约率很高，增购率也不错。

但是团队也曾经快速扩张过，现在全国各地有十多个分支机构，有业绩非常好的，也有业绩差的。我就和他们一起开会，了解各分支机构的销售打法及培训情况。

结果，每个区域销售负责人讲述的销售打法和培训新人的方式各不相同。培训负责人也说他手上有一套培训方案，但是自己也没多少信心，所以培训要求的贯彻也不够坚决。

其实这些都是因为公司没有为销售团队打造一套标准做法而引起的。

如果没有一套标准的销售流程、标准的关键环节销售话术、标准的招聘及培训方案和日常销售管理的方法，十几个分支机构是无法管理的。

为什么这么讲？我简单列一下跨区域管理需要做的事情。

- 掌控每个分支机构各个销售阶段的商机数量及销售总金额。如果每个分支机构的商机（商业机会）阶段的划分方式不同，就无法总体管理商机情况。

- 掌控每个分支机构的拜访及蓄客进度。分支机构有自主权，比如月初安排一次集中的沙盘演练（模拟客户现场的考核），到了月中（或季度中期）要把蓄客量、拜访量补起来（大部分分支机构都做不到这一点）。如果总部只知道结果，而不能掌握过程，就无法保证稳定的业绩。

- 掌控新人入职后的成长进度。在入职 30 天时，是否能熟练讲解产品(80 分以上)？60 天时,是否能达成小单成交或商机积蓄的目标?

- 制定低绩效员工淘汰标准。总部应该有总体标准，每个区域有灵活度（例如主管可以多保留 1~2 个月等），但总部至少要知道有哪些员工的业绩是不达标的，达标的标准是什么。

- 制定个人收入核算标准。大部分公司都会有统一的提成核算方式，但核算对于很多公司都是一个极其痛苦的过程。如果缺乏统一的标准，错漏在所难免。

可以看到，如果每个分支机构的销售打法不同、管理方式不同，则进行整体管理的难度会非常大。

建立了标准打法后还要测试，在确认效果后就要坚决执行。标准化的落地是非常难的，比如，一个销售冠军就是不愿意按标准方式做，是留着他还是开除他？

标准方案里要有一定的灵活度，但连基本要求都做不到的人（例如不按 CRM 中的销售记录格式填报，不参加每周固定的早会/夕会），坚决劝退，否则对全团队都是坏榜样。

此外，从各级管理者的时间效率上看，每个分支机构每周都会发生一些异常情况，如果没有标准做事流程，这些异常情况出现的形式就各式各样。总部的管理者就无法给出好的、彻底的解决方案，往往只能应急处理。从总部到分支机构负责人，大家每天都在处理一些很琐碎的事务，没有几个人去好好研究客户，研究如何提高销售效率以及更好地服务客户。

3.1.3 案例 C：初期团队也有缺乏标准化带来的问题

我见过一个团队只有 5 个销售人员，但是绝大部分业绩都是一个超级销售员完成的，其他人都是配角。

没有业绩的人一筹莫展，不知道该怎么办。而那个超级销售员的打法又没有人总结，所以也难以复制到其他人身上，这样团队的扩张也遭遇很大的阻碍。

所以我给他们的建议如下。

销售负责人多陪访超级销售员，用 3 个月时间总结出一套标准销售打法。开始能有 60 分就可以，先用起来，再逐步提高（这是对小规模团队的要求，大团队的标准打法要有 80 分才能推广）。

在标准打法形成后，逐渐降低销售打法的难度。例如现在需要 5 年软件销售经验，将来要降低到只要 2 年 to B 销售经验，再通过 2 周培训，在 2 个月内掌握这套打法。

这期间可以尝试招少量较优秀的人才（甚至有小团队管理经验），对其进行标准打法培训，检验这套打法的可复制性。

以上 3 个案例都是销售团队在某个阶段遇到了问题。而解决方法都是一样的，就是用一段时间来打磨标准的销售打法，进而复制人才、复制团队。

3.1.4 标准化的程度

每家公司都有自己的独特性，产品的复杂程度和目标市场也不同，因而销售流程也会不同，所以销售打法和管理上的标准化程度也会不一样。

总体来说，快单、短周期销售标准化程度较高，大客户销售标准化程度相对较低。但即便是大的解决方案式销售，也需要标准的流程。如果涉及多部门协作，对流程的要求会更高。只是其对具体动作的标准化要求会降低，需要发挥销售代表个人的能力。当然，这也是解决方案式销售团队复制困难（人才难招、新人成长慢）的重要原因。

对此，我在指导某个 SaaS 企业时发现一些不错的思路。

这家企业专做行业头部客户，产品线很丰富，交叉销售成绩很好。但苦于培养不出新销售人才，业绩都靠老业务员顶着。究其原因，一是新业务员缺乏客户资源，大客户开拓见效慢；二是产品确实太多、太复杂，新业务员掌握速度慢。

在不断摸索中，他们找到一个新方式：让新业务员只学习一个入门级产品，该产品可以销售给行业内的小企业。当积累了一定的行业经验、产品能力和客户人脉后，再逐步增加产品，一步步提升销售能力。

我认为"无标准、不复制"。这里面有两层含义：其一，没有标准，复制销售人才很困难；其二，不要在没有标准时扩张团队，否则增人不增业绩，管理者天天忙于安抚员工，不关注客户，欲速则不达。

3.2 如何打造标准销售打法

我经常与 SaaS 企业的创始人交流，发现到了 A 轮融资前后，大家普遍对营销组织的发展很头疼。

"招了一堆业务员却无法独立成单，CEO 和 CTO 常被叫去帮忙。"

"业务员人数增加了，业绩却没有同比增长，人均月产出不断下降。"

"缺乏标准的打单套路和管理方式，销售业绩忽高忽低。"

"销售合伙人没有带大营销团队的经验，决策失误的代价巨大，耽误抢占市场的机会。"

如何让优秀的销售代表持续出单？只靠个人能力、个人状态是不能持久的。如果一个 SaaS 企业有长远打算，就应该考虑用标准化的销售打法和销售工具，这其中包括销售全流程、话术和完整的销售工具包。

3.2.1 销售全流程

我先举个快单销售的例子。所谓"快单销售"，我这样定义：客单价为 1 万元～4 万元，成交周期为 1～4 周，成交前拜访次数为 1～4 次的产品销售模式。这类销售的基本工作流程如下。

（1）蓄客：包括销售代表自开拓、获得高层资源、转介绍、从市场线索获得等多种方式。

（2）验证：销售代表根据公司客户画像，判断客户是否为目标客户。

（3）邀约：电话邀约拜访（辅以短信、微信、邮件等方式）。

（4）首次拜访 KP（关键决策人）：了解需求，建立信任，挖掘痛点和产品价值，提出方案等。

（5）再次拜访：方案答疑、报价、商务谈判、实施安排等。

（6）签约回款。

（7）转介绍。

（8）转交服务：销售与 CSM 交接。

全流程中需要标准化的内容不少，我根据上面 8 个步骤罗列如下。

（1）公司可以统一确定 3 种以上效率高的销售代表寻找客户的方法，并鼓励销售代表不断创新。同时，市场部制定 3~10 套短信及邮件模板，每季度设计统一的 DM（Direct Mail Advertising，直接邮寄广告）单，由市场部统一培育（短信、公众号内容营销）或由每个业务员定向发送给自己的潜在客户。

（2）公司有标准的客户画像，画像描述清晰、准确，并且给出验证目标客户是否符合客户画像的标准方法。

（3）3~5 套统一的邀约电话的话术、短信及邮件模板。

（4）首次拜访非常关键，我们下一节单独解读。

（5）推进成单的方法包括解决方案和疑问解答等方法。由于第二次拜访涉及的情况比较复杂，标准化比较困难，因此在实操中需要销售主管多进行拜访前的管理、拜访后的及时复盘，并不断提升销售代表的成单能力。

（6）签约回款环节：公司应该有操作性好的合同管理方法、合同特殊条款规则、折扣管理规范等。

（7）转介绍也可以有比较标准的做法，后续章节有专门介绍。

（8）有服务交接流程、表单和考评方法。

管理工作大多遵循"二八原则"。我们应该把销售全流程按步骤分解，然后逐一分析标准化每个环节的效益。再决定优先和重点做哪一个步骤的标准化。评价标准有 3 个。

- 哪个环节容易标准化成文字稿？

- 哪个环节标准化后，销售代表容易掌握？

- 统计团队在以上 8 个环节中哪个环节的转化率比较差？

我们简单做一个各销售环节标准化工作必要性评估表，如下所示。

销售环节	容易标准化	容易掌握	转化率差 （更需要标准化）	优先级
蓄客	☆☆	☆☆☆	☆	较低
验证	☆☆☆	☆☆☆	-	较高
邀约	☆☆☆	☆☆☆	☆☆	次高
首次拜访 KP	☆☆☆	☆☆	☆☆☆	最高
再次拜访	☆	☆	☆☆	较低
签约回款	☆☆	☆☆	☆	较低
转介绍	☆☆	☆	☆☆☆	较高
转交服务	☆☆☆	☆☆☆	☆	较低

以上分析针对的是快单产品及其目标客户群体，每家 SaaS 企业可以根据自己的具体情况来分析。

当然，销售团队最需要标准化的常常是邀约和首次拜访 KP 环节。邀约环节的标准化比较简单，这里不详述，我们重点描述一下首次拜访 KP 环节的标准化。

3.2.2 首次拜访 KP 环节的标准化方法

大部分单子都是在首次拜访 KP 这个环节丢失的。更糟糕的是，一旦某一个销售代表拜访失败，将来其他销售代表邀约该客户成功的概率也会大幅降低，因为该客户不愿意为同一个供应商的产品浪费两次时间。

此外，这个环节对技巧要求比较高，销售代表要能够准确把握客户的需求和推进时机。下面介绍的方法，是我在做销售代表时实践过的方法，效果显著。

首先，与拆解销售全流程一样，我们要拆解首次拜访 KP 环节的关键步骤。

（1）确认拜访的是 KP（标准中有对 KP 的定义）。

（2）做好访前准备（资料、设备、仪表）。

（3）到访破冰。

（4）挖掘痛点。

（5）提出痛点解决方案。

（6）建立信任（口述＋视频）。

（7）解答问题（最常见的 10 个问题）。

（8）引导进入下一步（报价，拜访升级），其中，最关键的是第 4 步——挖掘痛点。

我见过很多公司的销售代表，在客户那里首先把自己的公司吹嘘一遍，然后拿出 PPT 花费十几分钟时间介绍创始人、融资等。

这样做对不对呢？这要看客户处在购买的哪个阶段。

这里我简单引入一个营销学里经典的"AIEPL 理论"，其核心观点是，客户的购买行为是分阶段的，应该对不同阶段的潜在客户用不同的方式推销。

业务：市场、销售与客户成功

AIEPL 理论认为营销有 5 个阶段：

（1）Aware：知晓阶段。

（2）Information：信息搜集阶段。

（3）Evaluation：评估阶段。

（4）Purchase：购买阶段。

（5）Loyalty：忠诚客户阶段。

如果客户已经过了"知晓"阶段，说明客户已经了解了自己的需求，他来找你是做信息搜集和评估的，你需要先介绍自己的公司背景。

如果这个客户的需求还未出现，这次拜访的目的是促成需求的产生，此时就应该先挖掘痛点，否则你讲了 10 分钟有可能还没有引起对方的兴趣，他只顾处理自己的事情。

所以，要根据首次拜访对象的状况来决定你的拜访目的和推销方法。

如果客户在电话邀约环节同意拜访，但其需求并不明确，那么挖掘痛点就非常关键。挖掘痛点要用顾问式销售方法。但考虑到不能过多依赖销售代表的能力，所以销售体系做出标准化的"提问—回答"模板。这里有几个关键点：

- 提问应该是闭环的，不要是开放问题。

- 在拜访前的准备过程中，需要深入了解客户，对客户可能的需求及痛点有所掌握。

- 在拜访提问环节，一要引导客户介绍自己的状况和需求，二要逐步引导客户说出自己的痛点或由销售代表直接询问客户是否有相关痛点。

经过反复打磨后，要将首次拜访 KP 的 8 个步骤写成文字稿。其中包括：目标客户常见痛点总结、产品价值讲述模板、建立信任的标准语言逻辑、客户十大常见问题的标准答案、推进成交的标准思路。还要配套使用挖掘痛点的 PPT、客户见证视频等销售工具。

如果不能沉淀为文字，就无法逐次优化修改，也无法让不同区域的分支结构使用通用的业务语言。所谓"无文字，不管理"就是这个意思。

对于客单价为 1 万元～4 万元的产品，销售的首访流程文字稿大概有 5000 字。

此外，关于首次拜访再补充两点。

第一，关于破冰能力。公司可以做统一的破冰能力培训，讲讲茶道、琴棋书画等。这不仅有助于破冰，也能提升销售代表的综合素质。

第二，关于是否要拿出 PPT 来讲的问题。PPT 能降低新销售代表的讲解难度，是可以用的。但在某些情况下，销售代表并没有机会拿出电脑来讲解，所以要培训他们达到脱离 PPT 讲解的能力。

3.2.3 解决方案销售打法的标准化

如果是解决方案销售，就涉及 SDR、AE、FAE（ Field Account Executive，区域销售代表、外勤面访销售代表 ）、KA、售前支持、实施、CSM 等多个岗位及其管理者。

解决方案销售的业务流程设计、组织设计、各个环节转化率的监控更加重要，管理难度也更高。

对于客单价更高的产品，做标准化时也要有文字稿，可能字数会少一些。因为走到解决方案销售后，与客户的沟通更需要灵活性，标准化的多是流程而非具体话术。当然，这也造成解决方案销售代表的复制难度更大。

我有一个方法论体系叫作"可复制的市场成功"。销售打法标准化是其中第一个环节，即"可复制的成交"。后面还有"可复制的人才"和"可复制的团队"。这些内容将在后文详述。

3.3 建立销售团队毛利模型

建立了销售标准打法后，创业公司还需要打造该阶段的销售团队毛利模型。这要求公司财务体系具备核算能力，证明销售团队有真正的毛利。我列一个简单的收支项目表，如下所示。

收支项目	金额
年度营收（只包含一年 SaaS 服务费，即 ARR）	S
销售代表工资、提成（含公司支出的社保费用）	A
销售部门费用（管理层薪资、团队办公及运作费用）	B
相关市场投放费用（SEM、SEO 等获得线索的直接成本）	C
市场部门费用（市场部所有成员的薪资、部门办公及运作费用）	D
新增客户首年服务费用（根据新老客户比例，将服务部门的费用分割成新、老客户两部分）	E

这里的毛利算法可以进行多个层次的解读。

最低要求是：毛利 1＝S－A 要大于 0，这表示销售部门自己能养活自己。如果连这一点都做不到，那么纯粹是市场和销售团队在烧钱。由此培养的营销团队的财务模型和运营模型都是不健康的、难以复制的。

我认为基础的要求是：毛利 2＝S－A－B－C 要大于 0，这表示销售部门能养活自己，还能承担市场部为了获得销售线索支付的成本。

当然，更高要求是：毛利 3＝S－A－B－C－D－E 要大于 0，这表示营销服务体系的新单能够为公司的研发行政体系贡献一定的毛利。

请注意，在这里并不要求计算整个公司的盈亏平衡点（Break Even Point）。在路线图的第 3 个阶段里，能证明营销体系这个飞轮在财务上可以转起来即可，并不需要用一支这么小的营销团队承担整个公司的研发及行政费用。

同时，这个公式只用于 SaaS 企业创业初期的第 3 个阶段，所以只考虑新客户的新单和增购收入，没有考虑续费带来的收益。成熟的 SaaS 企业的经营财务模型将会在后面的章节中介绍。

初期销售团队的毛利模型不健康，隐藏了很多信息。

可能是第 2 阶段的 PMF 做得不够扎实。一旦让小规模销售团队跑市场，就会发现其与客户需求匹配度不高，还需要再次把重点放在产品打磨上，这时不要急于扩张团队。

也可能是商业模式仍有问题，客户痛点不明显，销售成本很高，仅通过销售 SaaS 产品很难为公司挣钱。

也可能是销售方法不够高效，需要提升从获客到成交的每个环节的效率。

如果确实是以上问题，我们需要返回到第 2 个阶段，把每件事情做扎实，再重新进入第 3 个阶段。

在路线图的第 3 个阶段完成的是销售工作的闭环和销售部门财务指标上的闭环。如果销售团队还不能养活自己就急于扩张，将会造成公司现金流出加大。此时越扩张团队，公司经营状况越糟糕。

一方面，这是隐性的销售补贴。销售体系的同事都挣到钱了，公司却没挣钱，这就是一种补贴。补贴的坏处是各个层级为了自己的目标或利益不断侵蚀公司的利益（很多时候是无意识的），公司最后得到了一个不能盈利的畸形营销体系。

另一方面，通过补贴获得的 B 端企业客户并没有多少价值。这些客户是销售"过度"推销或低价得到超值的服务才获得的。但实际上并没有被激发出很强的需求，也就是在使用中缺乏黏性，最终流失率很高。SaaS 公司原指望新单第一年不挣钱，来年续费再挣钱，但实际上大部分补贴出来的客户根本没有续费。

因此我非常反对跨越式发展——路线图的 5 个阶段需要步步为营，不能随便跨越。

3.4　可复制的市场成功

我曾经在一个 SaaS 企业负责营销体系，销售业绩在 18 个月里从单月 30 多万元做到接近 1990 万元。这当然是全体员工努力的结果，但这背后也有一套营销管理的逻辑。

我把这套方法体系叫作"可复制的市场成功"。它有 3 个层次：复制成交、复制人才和复制团队，如下图所示。

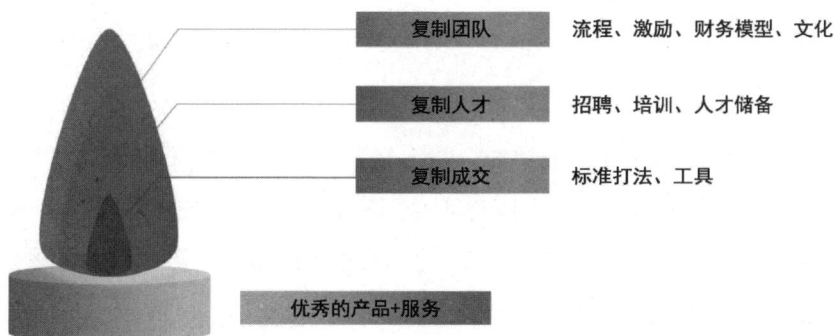

下面详细解释一下这个方法的体系框架。

复制营销团队的前提是，先要有产品价值闭环、优良的服务保障。很多公司销售人才的复制周期是 2 ~ 6 个月，相同产品的服务人才（客户成功经理）的复制周期是 6 ~ 12 个月（复杂产品更长），那么在销售业绩快速增长的情况下，服务力量是否能够跟上呢？

SaaS 企业销售的本质是续费。没有这些服务资源，销售团队规模一年增长 5 倍、10 倍，最后只能带来灾难。

3.4.1　复制成交

这部分内容我在前面已经讲过，这里不再重复。

3.4.2 复制人才

在市场销售方法标准化后，将此复制到每个人身上也很困难。

有一次在与一个超大 SaaS 企业交流时，销售培训部门负责人问我，该不该搞新兵训练营？我说，如果有规模地复制，当然应该搞，可是，我们得先确保培训课程、培训组织的质量都能超过 80 分。

另外，如果一个销售全流程对业务员的基本素质和销售经验要求太高，也是无法规模复制的。这时要考虑降低人才要求和销售全流程的难度。

复制人才本身也是有套路的。我有一套"集中面试—集中入职—集中培训"的标准方法论，后文将会详述。

对于快单销售团队，如果有一套方法，可以让合格的业务员在 2 周内完成基础产品和销售技能培训，2 个月后有 60%的新业务员出单数目达标，则团队复制就走上正轨了。后面的工作就是不断优化方法，建立学习型组织，让大部分业务员积极参与自我学习和不断改进标准打法。

这也是标准化打法对跨区域团队的重要价值——大家有共同的工作语言，沟通成本大幅下降，并且升级后的方法和工具，也能够低成本、快速地落地。

关于复制人才，我再多说一点。要为员工职业发展做总体设计。对于快单销售团队，要设计成长路径（设置多个级别）和晋升通道。对于解决方案销售团队，要设计员工的成长通道。特别是年轻人，他们更喜欢变化，厌恶机械重复。

3.4.3 复制团队

更难的是复制团队。如何才能把一个区域的团队成功复制到其他区域？如何让每个团队都拥有昂扬的斗志？如何避免亚文化的产生？

我常说，营销在于创新，管理在于积累。

业务：市场、销售与客户成功

对于营销创新，你可以天马行空，反正不行再换下一招。可是管理不行，提成政策一旦公布，就不能朝令夕改。如果修改，公司不但要多付成本，还会引起员工对管理公平的质疑。再比如，一个错误的管理者任命会让一个团队连续多月萎靡不振。

虽然管理的方法可以学习，但试错成本太高，而在激烈的竞争环境下，机会稍纵即逝！

这里我给出一个建设可复制团队的任务清单，各公司可以看看在各项任务上的得分。

- 关键业务流程的建设：清晰，有效，可数字化衡量，可不断改善。

- 提成和激励制度的建设：关于财务核算模型，可以基于公司当前的战略目标，设计匹配的提成和激励制度，激发一线团队的工作热情，正确平衡内部竞争与合作的关系。

- 建立部门日常工作规范：周报/日志、CRM 使用、例会制度。

- 人才培养机制：设计公司的领导梯队，通过目标引导和机制设计，让各级管理者较快成长，招募优秀人才，培养新人。

- 文化传播机制：一个区域优秀的创业文化能够复制到其他团队，公司及团队活动能够展现公司的 VMV（使命、愿景、价值观），并能够沉淀成文字和标准。

- 建立关键指标体系：实现数字化管理，坚持月度数据汇报例会。

- 公司营收模型搭建及年度预算：控制现金流，抓住发展机遇。

当然，标准化方法也会有高风险。如果标准化方法本身不完善，则复制只能带来更多问题。因此，要确保"标准"的质量，标准要经得起打磨和验证。

3.5 如何高效扩张团队

公司在扩张阶段最大的苦恼就是招不到合适的人。

这一节我讲一下如何带领大团队做招聘，即使每家企业情况不同，道理也相通。

3.5.1 招聘工作的难点

招不到人的第一大原因是什么？HR 招聘专员的普遍答案是符合条件的简历太少。这是实情，也是客观条件。但招聘的工作就是要在如此困难的情况下，从市场上招到优秀的人才。

所以，关键的原因真的是简历太少吗？我与至少 50 家企业聊过招聘问题，一般存在两种情况。

- 筛出来的简历浪费严重，优秀的候选人没来面试，公司的介绍无吸引力，面试过程管理混乱等。

- 筛选简历的"开口"太小。

对于第一种情况，本节会介绍一整套方法，帮助大家提高招聘漏斗各个环节的转化率。

对于第二种情况，不同团队会有不同看法。但我们要思考，公司招聘到底应该重质量还是数量？

常规答案是重质量，但使用常规方法总招不来对的人。

我有一个新的解决思路，那就是先重数量。当数量足够时，再通过快速有效的方法筛选。

3.5.2 招聘工作的大原则

1. 招聘"开口"：数量重于质量

我看到很多团队有这样的问题：对于业绩不好的同事，团队负责人迟迟不愿意淘汰。这些负责人的回答通常是，业绩虽然差，但好过没有啊！

其实，主要问题是人才画像要求太高，不能持续招人。结果现有团队中不合适的人迟迟未被淘汰，导致团队斗志低迷，团队规模扩张受阻。

因此，要先把招聘口子开大一些，保障有人进来。

2. 层层快速筛选，留下高质量人才

在招聘、新员工培训的过程中，应多次设置筛子，避免浪费企业、应聘者（或新员工）的时间。

如果要求员工能吃苦，招聘时就应该讲清楚公司的加班时间、团队的工作状态。不要用公司福利好、上下午茶歇等待遇把其他人招进来。

只有设置多重、严谨、非人为判断的筛子，才能实现从数量到质量的升华。在新人培训环节，也一定要有考试，而且考试的实操性要高，保障筛选出高质量的人才。例如设置产品讲解、模拟与客户互动等考核。

筛子出现的时间一定要早。不要等到入职一个月才考试，更不要等到试用期结束前才回顾业绩。考核的过程、对考官的要求以及设计的打分表，都要严谨和有可操作性。

3. 集中招聘、集中入职、集中培训

让应聘者在不同时间分别来面试，最大的损失是简历资源。

传统的招聘 HR 一个个通知应聘者，一个个面试，效率非常低。面试官给每个候选人的时间太少，公司的介绍不透彻（除非公司本身很知名），岗位的职业发展也没说清楚，双方沟通不彻底，应聘者意愿未被激活。

所以我反其道而行之。

从 2014 年 6 月到 2015 年 6 月，有一个演讲我讲了 50 多遍，就是关于招聘的演讲。

通过多次演练，这个演讲控制在 70 分钟。因为时间短了讲不清楚，长了影响后面的一对一面试。我会在这 70 分钟里，讲清楚行业前景、公司愿景、团队实力、产品价值、个人收入情况、销售提成比例、新人培训计划以及对吃苦耐劳的要求。其中还会穿插 10 分钟的产品演示，除了介绍产品功能，也通过演示展现团队艰苦奋斗、团结互助的文化。演讲中每 7 分钟有一次快速互动，防止听众走神。最后再安排 5 分钟的答疑。在演讲结束时，再做拔高总结——让每个人都觉得"现在加入，正逢其时！"

几乎每次演讲后我都会做小的优化，招聘 PPT 最后一个版本是 v3.8，从 v1.0 到 v3.8，我迭代了 28 个版本。

通过集中招聘宣讲，应聘者能够全面了解公司，其入职的意愿大大增加。每次到场 30~120 人，中途离场的比例不超过 1%。

而集中入职是为了集中培训。培训 2~3 个人的效果远远不如培训 5~30 人。人多了才有学习和竞争的氛围，也才有努力争取留下来的压力。

3.5.3　与众不同的招聘流程

根据招聘工作的大原则，我们设计并实践了一个招聘流程。几年运作下来，招聘的效率非常高，招来的人才大多在公司茁壮成长。有的离开公司后也到很多 SaaS 企业担任重要职位。具体流程如下。

（1）业务主管亲自搜索简历

很多 HR 喜欢在招聘网站上挂 JD（岗位描述），但主动投来的简历往往质量很差，远不如主动搜索出来的简历质量好。当然，这里讲的是规模招聘，如果是个别 VP 岗位的招聘，则应该通过别的渠道来招聘。

业务：市场、销售与客户成功

在招聘网站搜索简历时，有很多过滤参数，需要灵活调整，以保证简历既有质量也有数量。这工作到底是 HR 做还是业务主管做？需要看公司处于什么阶段，如果是创业公司，业务主管比较可靠，效率也更高。

（2）招聘专员或助理发招聘邮件模板

这些邮件包含公司的完整介绍，这样可以节约打招聘电话的时间。招聘专员也要通过电话确认应聘者的求职状态，这可以衬托电话面试官的重要性。

（3）业务主管亲自打招聘电话

一个优秀的应聘者会有 20 个左右的公司邀约，HR 如果只通知面试，优秀人才来的概率只有几分之一。要把这个概率提高到 80%以上，主管应该给每个优秀的应聘者打 15 分钟电话，把公司、岗位、个人发展和收入情况介绍清楚，把来听招聘宣讲的价值也讲清楚。

也可以做些灵活处理，例如，如果业务主管很忙，则可以把简历按质量排序，排在前 20%～40%的简历业务主管打电话，剩下的由 HR 招聘专员或助理打电话，这样做最终的转化率也可以接受。管理上的二八原则也适用于招聘。

电话沟通后再发一条短信，防止优秀的应聘者接到多个招聘电话，记不住我们公司的面试时间，从而错过集中招聘演讲和面试。

面试前一天下午或面试当天提前两个小时再次通过短信确认。这是为了保障到场率。

在高层集中宣讲、招聘演讲及面试前，HR 要打印好简历、面试打分表及签到表。

管理者逐一面试和复试，并要求尽快入职。这里有一个打分表，要求进行初试和复试的面试官按多个标准维度打分。该表提供了部分标准问题，初试官和复试官的标准问题是不同的。招聘面试打分表如下所示。

SaaS 创业路线图 2.0

to B 企业的创新与精细经营

招聘面试打分表

面试打分级别：A＋/A/A-/B＋/B/B-/C/D　　初试人：　　　　　　复试人：

项目	内容或题目	初试问答（记录对方回答及你的评价）	初试分数	复试问答（记录对方回答及你的评价，复核初试的关键内容）	复试分数
外在	第一印象	（写下观感）		（写下观感）	
交流	通过问答了解对方理解问题的能力和逻辑思维能力	讲一个与客户之间印象最深刻的故事： □关键点突出/□逻辑清楚/□简洁/□结论清晰（选择√或×）		自述优势： 觉得自身还需要提高的地方： □关键点突出/□逻辑清楚/□简洁/□结论清晰（选择√或×）	
业务	详细了解销售经验、以往掌握的销售方式、销售业绩及能力	作为一个销售人员最重要的特点应该是： 以往销售业绩情况： 企业销售经验＿＿＿年 □电销/□面销/□会销 □短周期/□长周期(平均成交周期：＿＿＿) □和老总/□和 HR/□和 IT/□和＿＿＿打交道		和客户打交道的方式方法有哪些： 以往销售业绩情况复核： 企业销售经验＿＿＿年 □电销/□面销/□会销 □短周期/□长周期（平均成交周期：＿＿＿） □和老总/□和 HR/□和 IT/□和＿＿＿打交道	

主线 2

业务：市场、销售与客户成功

项目	内容或题目	初试问答（记录对方回答及你的评价）	初试分数	复试问答（记录对方回答及你的评价，复核初试的关键内容）	复试分数
管理	了解团队管理能力	带团队的情况： 带销售团队_____年，最多带_____人		1.带团队遇到最难的事情是什么： 2.是如何解决的： 带销售团队_____年，最多带_____人	
认同度	事业认同文化认同团队认同	1. 你对公司的产品怎么看： 2. 自己的职业规划： □没想法直接勾选		你对公司怎么看：	
薪酬	了解收入情况	我想了解一下您现在的薪资及您的期望薪资，其中基本工资和去年全年收入分别是多少（一句话问出，保障答案的真实性）： 目前底薪： 去年一年收入： 期望底薪： 期望年收入：		不知您是否方便透露去年一年收入大约是多少：	
总结	判断此人是否可用	特性描述： 计划入职时间：	自己是否愿意带领此人去完成一个困难的任务? □可用 □不确定 □不可用 （不可用则不用参加复试）	特性描述：	□可用 □不确定 □不可用

247

（4）总结，汇总，跟踪招聘转化漏斗

把一次招聘、入职、培训的过程，当作一个效率漏斗来统计和分析，每个环节都要细抠，这样才能提升招聘效率。招聘转化漏斗模型如下图所示。

集中在下周一入职，进入为期 2 周的新人入职培训环节。所以我另一个配套的演讲是"新员工入职文化培训"，固定在每周一早上 9 点开讲，该演讲同样讲了 50 多遍。

在开了 5 个分公司后，我要求每个分公司总经理都按这个招聘流程工作。分公司开张前几个月，我会请各分公司的总经理助理把总经理的招聘演讲录下来并提出意见，如此反复。管理就是日积月累，每周提高 1%的水平，一年下来管理水平就能提高 50%以上。

3.5.4　招聘是件苦差事

看完招聘转化漏斗，你会发现招到 3 个合适的人，竟然要打 100 多个电话！没错，招聘就是一件苦差事，但没有人啥也做不成。

集中招聘至少比零散招聘节省 30%～50%的时间。更重要的是大大提升了简历使用效率，不耽误公司发展。当然，集中招聘只适用于某些岗位级别和岗位类型。

有一些产品较重的 SaaS 企业 CEO 问我，每个月要招的人很少，是否还用这个方法呢？我调查发现，他们每周招 1～2 个人，一个月也要招 5 个人。如果这样每周招人，还不如在月初集中招人，一次把 5 个人都招够。

强调一点，不要抱怨在招聘中遇到的困难，关键在于团队负责人有没有在最重要的事情上花足够多的时间。而招聘人才永远是最重要的事情。

3.6 复制的哲学

复制成交、复制人才、复制团队的具体操作方法在《SaaS 创业路线图》一书中有详细介绍，这里对一些理念和方法加以梳理。

2022 年我开了几期 CEO 实战营，其中有两期聚焦的主题是销售管理。学习了"客户资源战略管理""复制成交—复制人才—复制团队"等课程后，每位同学都写了篇小论文回答一个问题：您在客户资源管理及 3 个复制中的困惑及解决思路是什么？在一次共创课上，我们从中抽出了 3 个经典问题——正好分别对应课程中的复制成交、复制人才和复制团队，经当事人允许，本节拿出来分享给读者。

3.6.1 复制成交的突破

第一位同学的问题是：入职的销售人员在客户资源的转化上不理想（其中一种情况是卡在客户没有预算）；团队规模一直在 5～8 人，也不敢轻易做人员优化。对于这种情况，该怎么办？

有两位销售管理经验非常丰富的同学给出了一些建议。

- 对预算的态度：高客单价产品（该案例中的客单价中位数是 30 万元）最好从上往下打，如果能说动老板或其他 KP，预算不是问题。

- C139 营销模型：这是高客单价产品销售可以参考的模型。找到 C（内部教练）、弄清楚 1（客户决策结构里的最高职位者）是谁……最后根据 14 个要素打分评估赢单、输单的可能性。

  我在前一家公司带业务团队时，听一位售前老师详细讲过 C139 营销模型，当然，我个人觉得这个模型适合更大一些的单子（例如 100 万元以上）。面向的是几十万元客单价的销售团队，也应该了解这里面有哪些要素。知乎上有相关介绍。

- 加强重点客户关键人的运营（一定要选客户近期关注的话题）。

- 对关系的态度：产品质量和销售技能要过硬，关系会越来越不重要。

我最后也总结了三点。

- 要回顾和确认客户画像。案例中的 SaaS 企业签了很多大客户，但这并不意味着所有大企业都适合这样做，需要找到更精准的客户画像。

- 有了客户画像，方可"按图索骥"。客户画像要精准到可以让销售代表"按图索骥"，也就是说要提供具体搜寻、验证客户的方法。

- 在复制的哲学里，资源并不重要。

资源有资源的价码，我们要培养的是能够不断复制成交的销售战士。

新销售代表有客户资源当然很好，但如果吃光资源后也没有培养出拓客能力，大量招募这样的销售代表实际上违背了我们"复制"的逻辑。这就是"复制成交"的逻辑。

下面我们再聊聊复制人才和复制团队。

3.6.2　复制人才的成本

集中招聘、集中培训，这是否需要巨大的资金支持？

我认为，扩张的前提是高质量 SOP，扩张也是从 4 人到 8 人、从 8 人到 16 人的过程，逐步扩张并不会消耗很多成本。

业务：市场、销售与客户成功

招聘效率漏斗有两个关键点（一头一尾）：其一，开口要大，这样才能找来足够多的潜在人才（背后的逻辑是："人眼"的判断是靠不住的，要靠实战筛选）；其二，培训围绕首访 SOP 做沙盘演练，尽量在真实的场景下考核，通过 1~2 周就能筛出适合的人才。

新人的能力要分阶段培养。对于刚入职的新人，我们不要指望他什么产品都能卖得好，每个销售环节都能掌握。

能否先熟练掌握一个成单周期最短的产品？能否先只掌握首访前的流程？至于展示解决方案的二访、推动成交的三访，能否先由组长协助？即便公司的产品都是高客单价的，也总有一些倾向于中低客单价的客户吧？能否先与小客户签约？在实战中，甚至有些公司会为培养新销售代表，拆出小产品给他们练手。

在整体上控制好人效。例如，扩张销售团队前的人均月销售额为 10 万元，我们规定人效超过 7 万元（含新销售代表）的团队下个月继续扩招，低于此数值的团队下个月先提升人效。对于成交周期超过两个月的团队，不能只看当月合同额人效，应根据整体商机储备、预测的季度销售额等数据测算人效。

总而言之，按照以上思路，有 3 个结果。

（1）在实战中培训，不合适尽早劝退，这样既节约公司成本，也不浪费这些同事的时间。

（2）新人要尽早出单，以便及早验证能力和意愿是否匹配（只通过"人眼"识别准确率不会超过 60%）。新人出单后信心也会增加，再去挑战更复杂的产品、更深的销售阶段，就更容易成长。

（3）由此，人效可控，成本也就可控了。

具体到实际中，还需反复练习和总结迭代。这就是复制人才的逻辑：开口大，快速筛选，尽早出单，控制好人效。我自己当年在把销售团队从 10 人扩到 600 人的过程中，也没有浪费成本。销售团队本该是为公司挣钱的。

3.6.3　团队建设：选拔和淘汰

有的销售代表不研究产品，只向公司要线索、做转化，开始业绩不错，后来逐渐出现问题。对于这种情况，是该继续培训，还是淘汰换新人？

这里引出一个经典的对人评价的问题。下面的内容扩展得比较多，并不只是针对原问题的解答。

我认为，在业务部门里，评价一个人只有一个简单标准：在红线之上，主看业绩。

因为唯有"法治"，而非"人治"，才可复制。公司在 100 人以下的初创阶段，自身在飞速发展，"人治"比"法治"（按制度办事）效果好，超过一两百人后，要有标准流程，有清晰的评价标准，不能过于依赖"强人"。

"强人" CEO、"强人"销售负责人本身就难以复制。"强人"自己也很累，情绪一来做了严厉的处罚决定，个个都来求情；一拍脑袋发出一个干部任命，人人都来抱怨在公司没有升职机会……人多了，就需要有规矩，没有规矩，就无法复制。

所以回到前面的问题上。业绩不好，应当由淘汰标准来决定去留。红黄牌制度立在那里，要贯彻执行，这样后来者就不敢有侥幸心理，业绩差的话自己都会想办法学习。

20 年前，我在《南方都市报》上看到一篇文章，记得标题大致是："形式公正与实质正义"。当时我对这个标题感到震撼，它影响了我 20 年来的管理思路。

实质正义表面很美好，但总会有人拿它钻营，只有形式公正才能保证公平和可持续发展。

在复制团队时亦是如此，不坚持制度化、标准化，老是搞"人治"，你的团队就无法规模化。

3.6.4　总结：复制——规模化的哲学

大家都已经很熟悉我那张 "SaaS 创业路线图" 的 5 个阶段了（创意—验证—营销—扩张—效率）。在大多数情况下，拿到 B 轮投资的公司都已经或即将进入规模化 "扩张" 阶段。

但在扩张之前，需要在营销阶段（A 轮投资前后）先打好标准化的基础。这就是我们常说的 "无标准，不复制"。如果还未建立起标准的销售 SOP、招聘—培训—筛选—培育套路、团队管理制度……硬去扩张团队，只会缺方法、缺干部，欲速则不达。

如何规模化？唯有复制。在 SaaS 领域，有很多不可复制的路径。以下这些都是我在处于 B、C、D 轮融资阶段的公司所见过的状况。

- 为某个大客户的个性化需求做定制开发，这样做即便时常有大单，但从规模化的角度看却没有价值。

- CEO 和销售 VP 天天忙着打单，这种岗位决定了它不可复制，所以个人工作时长限定了营收的上限。

- 低续约率，不言而喻，SaaS 的本质就该是续费。

- 高获客成本（CAC），LTV/CAC 应该至少在 2 倍以上，低于 2 倍的 SaaS 产品从长期看价值有限。

- 获客成本回收周期（CAC Payback）长，即便客户留存率很高，但如果 CAC 的回收周期超过 2 年，则规模化仍会产生短期的资金压力。

- 销售团队的财务模型问题。我们可以看看自己的直销团队是否为公司带来利润？如果直销团队都不赚钱，更不要指望只拿 50%、60% 返款的代理商能赚钱了。不能赚钱的渠道体系，不能稳定；不赚钱的直销团队在补贴市场，这不能长久。

要度过这些难关，需要在前一个营销阶段就做好准备。只有天天想着复制，把复制做到极致的管理者，才能成功实现规模化。这就是规模化的哲学。

套用列夫·托尔斯泰的一句名言：成功的创业都是相似的，失败的创业则各有各的原因。大概这也是投资机构复制成功投资的逻辑吧，所以他们才会重视 NDR，重视团队，重视业绩的健康增长……

3.7 阶梯提成的问题与销售目标运营

大部分公司都采用阶梯提成作为激励手段，但这是源于认知还是传统？有谁仔细算过一个销售代表上一个台阶的激励是否足够？而公司为此要付出多大的管理成本？

3.7.1 阶梯提成的价值

虽然我反对阶梯提成，但它本身的价值不可否认。

a. 引导销售代表提高业绩，上到更高的提成台阶。

b. 树立个人收入标杆，吸引更多销售代表加倍努力。

c. 节约提成成本。

我们分别证明一下。a 做法有没有刺激作用？我们用一个表格计算，如下表所示。

业绩为 4 万元、5 万元、6 万元个人收入变化

达成目标（万元）	提成比例%	固定底薪（万元）	提成收入（万元）	当月收入（万元）	该档提高%
6	12%	0.6	0.72	1.32	20%
5	10%	0.6	0.5	1.1	20%
4	8%	0.6	0.32	0.92	

业务：市场、销售与客户成功

若一个销售代表的业绩目标是 5 万元，6 月份他的业绩从 4 万元积累到 5 万元然后到 6 万元，公司对应的阶梯提成比例是 8%、10% 和 12%。可以看到，他们每多完成 1 万元的业绩，当月个人收入（底薪+提成收入）可以增加 20%。心理学上普遍认为，如果做一件事情，收入能提升 15% 以上，是有刺激作用的。所以 a 做法可以起到激励作用。

关于 b 做法，树立个人收入标杆，吸引更多销售代表加倍努力。这其实是营销常识，一个团队中有标杆员工，大家就都被带着往前走。在一个渠道体系里，同样需要花大功夫树立标杆代理商，其他代理商看到有赚钱的标杆，自己也就肯加大投入。毫无疑问，可以确认 b 做法也是有效的。

关于 c 做法，节约提成成本，我也做了精算，如下表所示。

各阶梯业绩占比%	各阶梯业绩（万元）	提成比例%	提成奖金小计（万元）
30%	30	12%	3.6
60%	60	10%	6.0
10%	10	8%	0.8
合计	100	30%	10.4
平均提成比例%			10.4%
与最高提成比例的差异%			−1.6%
折算金额（万元）			−1.6

假设 6 月份销售团队完成 100 万元的业绩，分布到 8%、10%、12% 各提成阶梯的业绩分别是 10 万元、60 万元、30 万元，对应提成合计为 10.4 万元，也就是说平均提成比例为 10.4%。

这与直接给到高限（12%）的固定提成相比，节约了 100 万元 × 1.6% = 1.6 万元。所以 c 做法也是有效的。

很多公司做提成设计时没有做过上面这两个测算，看了这部分内容后大家可以自己算算，看看自己的激励政策到底有没有作用，阶梯提成到底给公司节省了多少成本。

3.7.2　阶梯提成的问题

阶梯提成的问题在初期不明显，但运作两三年后问题会越来越大。问题至少有这么几点。

- 奖金计算不直观：销售代表不知道拿下当前这一单能得到多少奖金。

- 作弊问题：藏单、借单、奖金私下再分配。

- 文化问题：有人作弊的团队，何谈正气？问题没被处理，风气就会传染给更多同事。

- 提成制度复杂，未来打补丁的难度很大，容易出现更大漏洞。

藏单的意思是这个月已经上不了高台阶了，干脆把单子藏到下个月。

借单的意思是，"我在 10%的台阶上，不如把单子'借'给已经上了 12%提成台阶的同事（如果提成阶梯差距大，例如 20%与 10%，更容易诱惑员工犯错误）。"

相比之下，那几个阶梯提成的"价值"是由别的方法带来的，如下图所示。

权衡阶梯提成的价值与问题

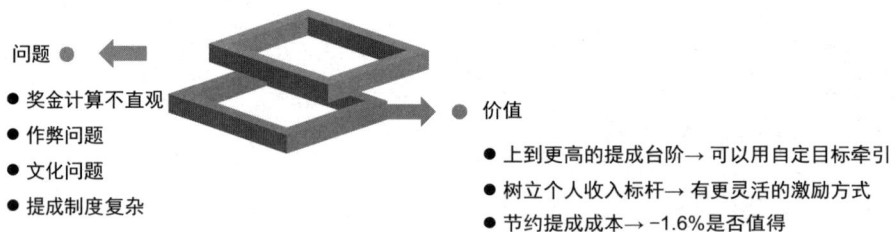

问题
- 奖金计算不直观
- 作弊问题
- 文化问题
- 提成制度复杂

价值
- 上到更高的提成台阶→ 可以用自定目标牵引
- 树立个人收入标杆→ 有更灵活的激励方式
- 节约提成成本→ -1.6%是否值得

例如，树立个人收入标杆，可以用别的经济和荣誉方式激励。更重要的是，在阶梯提成规则下，大家都有统一的目标（最高提成台阶要求的业绩目标）。但在实际操作中，我们需要给每个员工设置一个跳一下就能够达到的目标。目标定得不合理，目标就没有意义。

除了普通的月内业绩阶梯提成，我还遇到过另外 3 种阶梯提成方式。

- 月内差额累计阶梯。

- 跨月金银铜牌制（上月业绩决定本月提成比例）。

- 年内累计阶梯。

我做了测算，结果如下图所示。

其他阶梯提成方式的问题更多

· 月内差额累计阶梯 —— 计算更复杂，销售代表受到的刺激反而更小

达成目标 （万元）	提成比例	固定底薪 （万元）	提成收入 （万元）	当月收入 （万元）	该档提高
6	12%	0.6	0.54	1.14	12%
5	10%	0.6	0.42	1.02	11%
4	8%	0.6	0.32	0.92	

· 跨月金银铜牌制 —— 计算复杂度加倍，仍然有作弊空间
· 年内累计阶梯 —— 诱惑更大，借单难以避免

可以看出，越复杂的激励策略，问题越多，激励效果也不明显。其中，"跨月金银铜牌制"是阿里中国供应商独创的激励策略，我认为它更适合中国供应商的团队，组织能力还没到这个段位的企业驾驭不了这么复杂的制度。

3.7.3　固定比例月提成的优势

相比于阶梯提成，固定比例月提成（例如，统一按 12%计算月度提成）计算简单并且易操作，它有以下优势。

（1）简单易算，感性刺激："这一单 10 万元，我能拿到 1.2 万元奖金！"

（2）没有复杂的计算，也就少犯计算错误，以免引起信任危机。

（3）提高浮动部分比例，令提成收入占个人全年收入 50%以上。

（4）提成制度简单，未来调整更容易。

3.7.4 管理原则延伸

我们再延伸出几条管理原则。

（1）"高激励"需配套以"强管控"。

一个有狼性的销售团队，高提成比例是必要的。因为经济基础决定上层建筑。

但如果设置了高提成，就一定要做好强管控。务必确保业绩真实，团队内公平分配资源，公平竞争，不能让雷锋吃亏。

在复杂的激励制度下，这些很难做到。

（2）个人收入属于刚性参数，不宜复杂，不宜多变。

个人收入策略的调配，影响同事们的生活水准，所以它非常刚性。一旦有问题，容易被钻空子；一旦要做调整，利益受损方的反弹不会小。

（3）不同管理目标需要不同的管理手段。

不能都用最刚的个人收入参数，否则将付出巨大的管理成本和信任代价。

有的管理目标需要日常管理来达成，有的管理目标的实现需要管理者耐心与同事谈心，不能凡事都与 KPI 挂钩，与个人收入挂钩。仅靠 KPI，管理不好团队。

3.7.5 制定提成制度是为了什么

有一次与纷享销客的创始人罗旭聊天，我问他对阶梯提成的看法，他反问我："设置提成制度是为了什么？"我回答："为了达成业绩目标。"

管理者想通过设置阶梯提成的方式达成业绩目标，很可能是还不清楚如何通过高水准的销售运营方式达成销售目标。我们下面聊聊销售运营的话题。

3.8　销售运营

前面我解释过我为什么反对阶梯提成，提倡用简单明了的激励方式。激励是为了达成目标，如果有更强的运营能力，就不要用复杂的激励方式。

这里我提出以下逐层递进的 4 个观点。

（1）通过自定目标，激发每位销售代表的潜力。

（2）通过重奖、明罚、淘汰及晋升的机制，保障团队里人人争先。

（3）通过 PK，激发团队的更大潜能。

（4）通过激发使命感和对每个人的人文关怀，及时发现问题，释放压力。

3.8.1　因人而异，自定目标

大部分公司都还是采用统一的个人目标，认为这样才公平。但是公平与效率在这里是矛盾的，如何统一它们？ —— 这需要一点儿智慧。

我分析了一下，不公平的担忧来自两方面。

（1）阶梯提成按目标完成率来设置不同的提成比例。如果两个人的目标不同，那么完成同样业绩对应的完成率就不同，提成比例也应该不同。

（2）各种评优是根据目标完成率来操作的，如果大家的业绩目标不同，这样的评优就非常不公平。

我提供的解决方法是，把目标拆成两个。

（1）公司的任务目标：这个目标对所有人一视同仁，比如每个销售代表都是 10 万元/月（成熟销售代表和新销售代表可以有差别）。

（2）同时由团队主管与每位销售代表沟通一个自定的挑战目标。上个月只完成 5 万元业绩的销售代表，本月可以自定一个 7 万元的目标；上个月已经做到 15 万元业绩的，这个月可以挑战 18 万元的目标（亦须结合蓄客情况）。这就是因人而异、因材施教的意思。虽然是两个目标，但大部分人主要关注自定的挑战目标，只有少量较吃力的人会关注公司定的任务目标。

任务达成率应该在 70%以上。完成任务是销售团队的使命，完成目标就是我们的荣誉。如果大部分人都完不成任务，就说明任务制定得不合理，或业绩稳定性太差（需要找到根本原因并设法解决）。而挑战目标亦是我们的荣誉之战，但公司层面只奖励达成自定挑战目标的，不惩罚未完成自定挑战目标的员工。否则，下次就没人敢于自定挑战目标了。

成功才是成功之母，败军之将何以言勇？自定挑战目标让不能达标的落后团队也有了一些希望："这个月完不成人均 10 万元的目标，起码可以完成我们自定的 7 万元目标，先建立信心，下个月再挑战 10 万元的目标。"

经常有人问我："团队目标是否可以小于成员个人目标之和？"我认为这是不能接受的。不应出现团队中每个人都没有完成任务，但团队负责人完成任务的情况。那兄弟们还是在一条船上吗？让团队目标等于成员个人目标之和，确实增加了团队负责人完成任务的难度，但也能增强团队的凝聚力。

此外，我们还需要注意，月度（季度）目标与全年目标之间的关系。对于一线销售同事来说，心里要清楚自己的全年任务。如果本月蓄客尚不充分，则可以暂时自定挑战目标＜月度任务，但这个月没按计划完成任务，下个月需要补上。

而对团队管理者来说，越往高层越需要承担团队全年任务目标达成的责任。他不仅要负责完成每个月的团队任务，也要在每年、每季度之初，就做好当年、当季度的资源、人才培养、销售打法提升等规划工作。

3.8.2 奖罚分明

首先是设计有激励作用的奖励机制。我 2014 年看过一本名叫《游戏化

业务：市场、销售与客户成功

思维》的书，对于想在团队运营能力上有所提升的人本书非常值得一看。一个电子游戏中主要有 3 种刺激玩家的手段：排名、积分和勋章。这 3 种手段在销售团队运营中全都可以用上。

通过这 3 种方式可以把销售运营玩得很好，让大家拼命工作的同时还特别开心，而且在业务上还非常有创造力。

我不推荐用阶梯提成的方式打造销冠（Top Sales），树立个人收入标杆，树立标杆很有必要，但阶梯提成基本上就把公司奖励销冠的方式绑死了。

我更喜欢用灵活的方式激励大家。例如搞季度冲刺时，设置一个 iPhone 大奖。我也听说有公司年初就买辆车放在公司门口，到 12 月 31 日谁拿到全年销售冠军谁就开走。虽然"匪气"重了些（要看奖励方式与团队气质是否匹配），但激励作用确实远胜过定时把工资奖金发到银行卡上。

当然，在物质奖励上，要讲究不断创新，而非每次花更多的钱。在运营上，用心比花钱更重要。有的公司每年发钱让销冠们去新马泰、日本旅游。可是这样只是把钱花了，没有起到团队建设、文化建设的作用。

我在前一家公司，每年都会搞销冠之旅，有时去沙漠，有时去戈壁，非常艰苦。但核心管理团队和销冠们能够一起每天徒步 10 几个小时，一起摸爬滚打，互相搀扶。在这个过程中大家还不断交流实战经验，探讨如何升级销售打法，这才是团队建设之道。

重奖之外还有明罚。对团队成员的处罚，不管是罚请客吃饭，还是罚做俯卧撑，都需要事先有明确规定。按规则该罚时就坚决罚。有战斗力的团队都是在高压下锻造出来的。此外，就是淘汰。销售团队没有淘汰机制，团队就会像一群绵羊一样。与其用阶梯提成的方式让落后者收入下降，甚至早些淘汰、换上新人。

还有一个重点就是换血能力：招聘和培养新人的能力是淘汰的底气。很多公司告诉我说，"前两个月对招聘不够重视，一直没上新人。"我看这不是重视不重视的问题，"招聘"是很多公司的能力短板，从组织上就缺乏这个能力，而非哪个招聘专员的问题。

如果招不到新人，主管们就不敢淘汰落后员工（其实也是耽误该同事的时间），团队就总是死气沉沉的。当然，淘汰一定要有缓冲、要有预警，先亮黄牌，下个月再亮红牌，这是不错的机制。

我再聊聊晋升。晋升是很多优秀销售代表的工作动力。但要做好引导，销冠未必是好的管理者，其可能缺少管理能力和领导力。当然，销冠是最值得培养的潜在管理者。

我补充一句，很多公司弄不清薪酬激励、日常管理和晋升要求之间的关系。凡事都拿钱考核，KPI 里面一大串过程指标，这是不对的。有的过程指标难以核实，以它考核反而让你拿不到准确的数字。

3.8.3　通过业绩 PK 挑战更高目标

通过 PK 可以让团队热度从 90 度直接冲到沸腾，可以更大程度地激发潜能。我有个数字上的测算：任务是 10 万元/月，通过自领"挑战目标"可以做到 15 万元，通过 PK 可以做到 20 万元。这与销售代表的性格及团队氛围有关。当然，PK 的前提是团队热度已经到了 90 度。PK 的整个过程需要加强运营，宣传，吸引大家围观，即时播报……让一次两个人的 PK 带动全团队进入 100℃ 的状态。

3.8.4　人文关怀：高压力团队的触手

长期处在高压力下的业务团队也容易出现问题。前面我们讲过阶梯提成的问题，我们说，高激励配套强管控。其实有战斗力的团队，也需要配套以真正的人文关怀。

这需要的不是技巧，而是真心。我还记得在 2015 年公司年会时，渠道部的同事们踢着正步走进会场，"打江山"就是他们当年的使命。另一件事情是有一年冬至节，我想着上千同事都还在外面奔忙，于是远程请各地在加班的同事吃了顿饺子，至今还有老"战友"提起当年这顿饺子，很是感动……

目标运营是要用心的。和团队一起完成目标，得到的也远不止一个业绩数字，而是共同的成长和难以磨灭的共同记忆……

3.9 销售 VP 应关注的指标

有一次我被问到，销售体系每周、每月应该关注哪些指标？我就花了一些时间把以前带大销售团队时的管理指标整理成了一个文档。没想到这个文档陆续被很多人要去参考，我干脆把它放在书里公开出来。

关于销售体系的管理指标的价值，我有一个亲身经历的故事。2015 年初，北京直销部培养的 3 个副总分别带着自己的几个骨干到上海、广州、深圳开设分公司。各地团队发展得都很快，而上海分公司则迅速超越北京直销部成为销冠分公司。连续几个月霸占销冠位置，突然有一个月上海分公司的业绩跌了一大截。我赶紧与时任上海分公司总经理的彭冠中做了沟通。

发现这个月出现了一个没想到的情况：月初整个分公司做了基本功回炉训练。这本来是好事，但没想到整个团队的销售节奏被打乱了。当时成交客户的客单价平均是 2 万元，平均成交周期为 3 周左右。为了保障每月业绩 20%的增速，每个月底我们都会组织全团队冲刺，把手上的"子弹"打完，月初重新蓄客。因此，月初第一周的培训令销售代表们蓄客量不足，接着就发生连锁反应：第二周的拜访量就跟不上，第三周商机缺乏，第四周大量客户就没有到成交时机……

我和冠中复盘了整个过程，如果当时建立一个每周复盘的指标体系，就可以在第二周初和第三周初发现蓄客不足、拜访量不足的问题，然后采取加强运营、激励等管理动作进行补救。从那之后，我们建立了每个星期一白天报数、晚上各区域总经理与我开数据周会的机制，通过初步的数字化管理，发现异常，提升各级组织的能力。

那么，每周要看哪些指标呢？

3.9.1 每周销售管理指标

每周的销售管理务必围绕 CRM 展开。我在很多 SaaS 企业看到，基层销售团队开会还是打开 Excel 文档讨论商机，这说明 3 个问题：CRM 的记录不准确，团队成员使用 CRM 的习惯还未养成，团队负责人还不清楚如何引导大家用好 CRM。

至于负责全公司销售体系的销售 VP，每周需要关心的销售指标很多，其中大部分数据难以人工搜集，需要有 CRM 等工具支持。具体每周需要关注的管理指标如下所示。

（1）各团队当前人均客户资料储备数、商机数量及金额、合同金额、交付金额、回款金额、上周人均有效拜访量（如果是电销团队，就要看有效电话量或其他过程中的关键行动指标）。"有效拜访"需要主管审核拜访的企业对不对，拜访对象（人）准不准。

（2）各团队管理动作执行情况（次数，例如理单会、周会、陪访、培训、员工关怀等）。

（3）招聘工作进展：下载简历数，以及邀约、面试、入职的情况（关于招聘的效率漏斗，详见前面关于招聘和培训的章节）。

（4）此外，如上面的故事所讲，一个月（季度）中各周（月）销售工作的节奏可能不同，需要观察有没有发生偏差。

3.9.2 销售团队每月管理指标

CEO、销售 VP 及各级销售管理者每月需要关注的指标有以下这些。

- 月度营收金额及同比、环比。

- 成交客户：平均客单价、成交周期、平均拜访次数。

- 成交客户来源分析：第 1 来源、第 2 来源、第 3 来源及变化分析。

业务：市场、销售与客户成功

- 营收总额的拆分：按客户类型、细分行业、新增续等维度拆分，并进行环比对照。

- 各团队的营收变化。

- 各团队新人成长业绩情况对比（需有明确的"新人"定义，例如 0~3 个月一个阶段、4~6 个月一个阶段，6 个月以上为成熟员工）。

- 各团队人均效率变化情况、高产出员工占比（排名前 30%员工业绩占总业绩的比例）。

- 入职、离职数据。

- 各分公司一线销售代表人数比例（需要控制销售团队中纯管理、助理等非业务岗位的人数比例）。

- 各部门开单人数比例（成交周期大于 1 个月可以按季度分析）。

- 续费率、退款情况分析。

- 代理商数量变化、有产出代理商数量变化。

- 代理商盈亏情况分析。

- 销售部门费用情况、渠道部差旅费用情况。

建立公司各部门的指标体系，有两个关键点。

（1）做好指标定义：每个指标要有清晰的定义和计算公式。这样才不至于换个人计算就算出不同的数值。

（2）坚持使用该指标体系，这样才能得到连续的同比、环比数据，从中发现问题，找到解决办法。

关于如何建立公司的指标体系，在《SaaS 创业路线图》一书中有详细介绍。

建立起指标体系后，销售 VP 要带领业务部门（如果时间允许，最好

CEO 和市场 VP、服务 VP 也能够参加），每月开一次以数据为基础的经营分析讨论会，找到指标变化背后的原因和对策。同时，表扬业绩优秀的团队，请未完成任务的团队负责人做出深刻反思和汇报改进计划。

为了梳理这些指标，我曾与解决方案式销售企业做过交流，进行过补充，但肯定还有遗漏。

3.10 业务体系规则清单

每逢年底都要做规划和回顾。有一年年底，我帮一家 SaaS 企业梳理全部业务规则。我把在前一家 SaaS 企业工作的 6 年中作为执行总裁发布的 160 余条业务规则筛选了一遍，选出了最重要的 37 条规则。

下面讲一下部分要点。

（1）市场线索分配规则：如何分配线索，全团队的线索转化率才能达到最优？以市场线索为主的团队和以自开拓线索为主的团队分配线索的方式应该有何不同？

（2）新购、增购、续费的定义及职责：这 3 项要有明确的定义，边界要清晰。例如，销售代表不应该拿续费作为业绩（可以拿一点提成），否则如何保障新开？而 CSM 才是全面保障客户续约率的最佳人选。

（3）多年单：如何看多年单？公司重要的决策要从价值观出发。什么叫客户第一？续费率只有 50% 却要一次收 3 年的费用合理吗？如何引导销售代表减少多年单的比例？举个例子，每年 10 万元的单子，打 7 折卖了 3 年收回 21 万元。我们可以把第 1 个 7 万元作为新购业绩，而后面 2 个 7 万元都视为提前续费（不计为销售业绩或者计为业绩但减少提成比例）。

……

内容较多，各位 CEO 和业务部门负责人可以基于下面的表格，结合自己公司的实际情况来梳理一遍自己公司的业务体系规则。

主线 2

业务：市场、销售与客户成功

分类	政策内容
市场相关	市场线索分配规则
	主办展会、沙龙 SOP（各岗位职责）
	参加展会 SOP 及业绩分割指引
	促销活动管理规范
销售业务	新购、增购、续费的定义及职责
	多年单政策
	客户报备规则及报价流程
	线索、客户流转的全局设计
	CRM 使用规范（丢单原因等）
	转介绍规则
	退款规则
	跨部门客户撞单规则
	销售绩效及提成制度（体现"客户第一"的导向）
	联合打单及业绩分割指引
	销售体系干部晋升制度
	销售体系红黄牌制度（淘汰）
	自开拓线索规则
	年度渠道政策
	跨区域开拓客户规范
	销售体系培训讲师制度（晋升前提）
	写日志、点评日志规范
	拜访客户着装及礼仪规范
	行业解决方案演示环境维护规范
	折扣管理规范
	新销售同事招聘、培训 SOP
	新销售同事入职流程
	客户信息安全保护规范
	销售体系高压线（管理者分员工提成、欺骗客户等）

续表

分类	政策内容
销售业务	团队经费使用规范
	直销部、渠道部外勤打卡规范
	跨月回款规则
	特殊合同条款使用规范
	早会、夕会组织规范
	员工调动/离职时的客户交接规范
	成交客户交接工作流程及规范
服务相关	客户成功服务流程及规范
	续费工作流程及规范

3.11　销售管理全流程及实操指引

2021 年年中，我在公众号发了一个关于销售过程管理的调查问卷。有近百人投票，虽然人数不是很多，但投票的结果也基本反映了国内 SaaS 企业销售管理的水平。下表列出了投票结果。

你认为自己所在团队的销售管理水平在哪个段位？	票数	占比
F 级：快成交了才在 CRM 中录入客户和商机	33	35%
E 级：可以及时录入商机	25	27%
D 级：真正理解什么时候该录入商机以及商机各个阶段的价值	8	9%
C 级：所有人能较实时地更新商机信息（预计成交日期、金额、每次跟进记录）	13	14%
B 级：真正可以基于商机实时管理业务，开主管周例会时使用 CRM 而不是电子表格	7	8%
A 级：通过销售漏斗实现销售预测，发现短板和为销售人员迭代赋能	7	8%

有 1/3 的人投票是 F 级：快成交了才在 CRM 中录入客户和商机，处于这一级基本上没有销售过程管理。只有 8% 的人真正能做到 A 级：通过销售漏斗实现销售预测，发现短板和为销售人员迭代赋能；仅 16% 的人能做到 B 级：真正可以基于商机实时管理业务，开主管周例会时使用 CRM 而不是电子表格）。

所以我提出了以下问题：

- 如何管理一个商机阶段较为复杂的业务团队（客单价 ≥ 2 万元）？

- 如何在团队规模还不大时，沉淀好管理数据，为将来全国中大规模团队做好管理方法和数据的准备？

- 销售一把手如何带领销售总监、主管们在日常工作中逐步提高业务管理能力？

最近 3 年，我作为常年顾问参与了多家 SaaS 企业的日常业务管理，发现优劣之间差别巨大：在相近的情况下，管理水平高的团队，其业务增长速度可以比初级水平团队高出 2 倍以上。而且随着时间的增加，差距还会扩大。这些差距到底在哪里？今天我就从业务管理的角度系统地讲一下销售过程管理的最佳实践，并通过一套真实的 CRM 操作组合告诉大家如何落实这套方法。

3.11.1 实操场景

我曾经带过一个规模很大的销售团队，从我的经验看，高水平的直销团队运作一般有这样几个典型特点。

1. 销售代表的日常

销售代表周末在 CRM 中自行将所有商机梳理一遍：调准商机的"预计成交金额"及"预计成交日期"，并在"销售记录"中记下推进思路。

周一上班，先观察自己的销售漏斗形状，据此与主管讨论：我本周主要是推进重点商机进入下一个阶段，还是抓紧蓄客？由此安排自己的 3 类拜访比例：首访、持续拜访及老客户回访。然后开始电话/微信邀约。

销售漏斗可显示各阶段商机和预计成交金额，如下图所示。

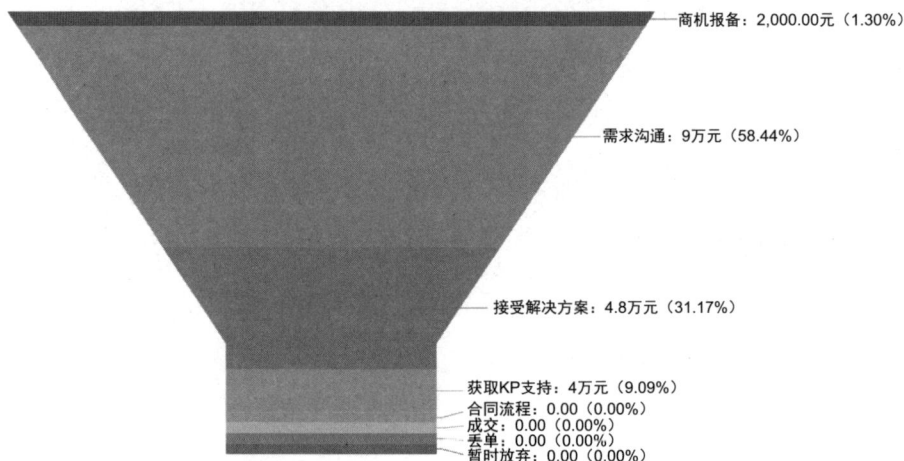

商机报备：2,000.00 元（1.30%）
需求沟通：9 万元（58.44%）
接受解决方案：4.8 万元（31.17%）
获取 KP 支持：4 万元（9.09%）
合同流程：0.00（0.00%）
成交：0.00（0.00%）
丢单：0.00（0.00%）
暂时放弃：0.00（0.00%）

有时 CRM 会提醒销售代表：某个商机的停滞时长（例如 15 天）已经超过了该阶段商机的平均水平（例如 10 天）。销售代表当日即对该商机进行复盘，需要的话也可以找主管协助分析对策。

找到一个新客户后，如已达到客户报备数量上限，就在尚未产生商机的客户中选出一个产生商机的可能性最低的，填写暂时放弃的原因，放入客户"公海"。然后在 CRM 中录入新客户。

2. 销售主管一对一理单（在 CRM 中）

我不建议主管把几个团队成员叫到一起开理单会，这对大家是时间上的浪费。理单工作应该在开例会前，一对一地做。所以直销基层团队不能超过 8 人，否则主管根本忙不过来。

主管理单，目的是帮助销售代表分析商机所处阶段，预计成交的日期及金额。有的公司还会请主管填写一个销售代表看不见的"主管预测金额"字段，我觉得这样做也是有意义的。预计每一个商机成交的日期及金额，

业务：市场、销售与客户成功

如下图所示。

3. 基层团队周例会

一对一理单完成后，5～10 人的小团队的周例会就更能聚焦在整体节奏及重点客户上。这时有几个主要工作：

- 销售代表分享达成客户成交的关键行动（提前准备、限制时间）。

- 听一段完整的拜访客户的录音或一段值得一起学习、讨论的录音（主管事先听 5 段录音，然后选出一段值得分享给全团队的录音）。

- 主管对团队中短板的业务动作进行详细指导（例如，不知道如何应对某个客户），必要时现场指定几个成员模拟演练。

- 在 CRM 中（还在用 Excel 的，请戒掉）进行团队整体蓄客、销售漏斗分析，主管对大家提出具体行动要求。

4. 销售 VP 周会

公司销售一把手如何开周会？建议首先由销售助理做充分的数据准备，提前一天将统计结果（特别是异常数据）发给各位团队负责人先做自行分析。销售运营的同事可以在管理者的指导下，通过多次会议上的经验交流，将异常数据的常见状态总结出来，做到会前分析和提醒。在实战中，我发现一位优秀的销售运营人员（可以称作业务数据分析师了）能够省下团队很多开会的时间。

销售管理周会包含以下内容。

- 根据 CRM 数据，一起观察总体业绩、蓄客、商机阶段、过程行为（包括电话量、拜访量、促进试用客户活跃数）等指标，对总体情况提出统一要求。例如销售 VP 会要求各个团队在季度初以蓄客工作为主，在季度末重点推进倒数两个阶段的商机等。

- 针对每个销售总监团队（一般有 3~8 个二级部门）的业绩、蓄客、商机阶段、过程行为数据进行询问和指导。

- 介绍公司的发展情况及强调企业文化，介绍本部门与其他部门协同工作的进展情况，为每个销售总监如何管理下属主管级团队提出具体建议。

除了以上内容，销售一把手还有一项最重要的基础工作要做：督促大家由浅入深地使用 CRM。

我在前面所讲的调查问卷中，将一个公司中销售代表们的 CRM 使用水平分为 A~F 6 个级别。如果你所在的团队还在 F 级（快成交了才在 CRM 中录入客户和商机），那么你就体会不到本节所讲的 CRM 的重要价值。每往上一级都需要 1~2 个月的时间练习。销售管理者自己需要先领会 CRM 的价值，要以正确的态度对待它，并带领团队一起进步。

对于上面提到的"业绩""蓄客""商机阶段""过程行为"等数据，我会在下文中介绍如何具体操作和分析。

5. 公司月度经营会（销售 VP/总监汇报指标）

月度经营会要盯住既定关键业务目标实现情况及效率指标，以看过去 12 个月折线图并对异常情况进行分析为主。关于这些指标，前文在讨论销售 VP 应关注的指标时介绍过，《SaaS 创业路线图》一书中也有详细讲解。

6. CEO/销售 VP 日常数据阅读

如果 CEO 和销售 VP 需要每天看一些销售业务相关的指标，则可以在 CRM 中配置一些图表，然后设置为自动推送简报。

3.11.2　销售过程管理的七大模块

1. 业绩完成情况预测

1）要求及背后的逻辑

我们考察销售干部，业绩占 1/3，带队伍的能力（业务管理能力和领导力）占 1/3，业绩预测能力占 1/3。我们希望销售主管、销售总监能够在一个季度中的每个月甚至每周都设法做出尽可能准确的预测，由此他可以提前合理分配团队各个成员在蓄客、邀约、拜访、商机推进等工作上的时间，公司也能够提前预备市场及产品研发资源的投入。

2）涉及的 CRM 操作

（1）销售代表自己理单：根据本周进展更新所有商机的"商机金额""预计成交日期"。

（2）主管一对一理单：主管每周与销售代表理一次商机（最好安排在管理周会前一天），至少更新或确认以下数据：每个商机的预计成交日期、主管预测金额（成交日期前能成交的金额）。

3）展现相关数据的 CRM 图表

谈到预测，我们会预测当月和当季的业绩，也会预测当年的业绩。

（1）月度和季度业绩预测

假设产品的"平均成交周期"是 3 个月，那么在做月度或季度业绩预测时，不用考虑"未来新产生商机"的部分，因为那部分新商机基本不会影响本月或本季度的业绩。在这里我介绍一种新方式 —— 同时用两种方法测算并对比两个数值。

- 主管对每个商机的金额进行预测，然后汇总出总预测金额 F1。

- 用各阶段商机金额分别乘以该阶段赢率，然后汇总出预测金额 F2。

可以在 CRM 中直接进行第二种测算，CRM 中会显示商机金额及配置好的各阶段的赢率，直接计算就可以了。举个具体的例子，配置的各阶段商机的赢率如下图所示。

商机阶段	赢率
商机报备	10%
需求沟通	20%
接受解决方案	40%
获取KP支持	70%
合同流程	90%
成交	100%
暂时放弃	-
丢单	-

这是 CRM 销售流程自动化（SFA）的核心逻辑。但我们国内企业在实际操作中会发现，具体的某个商机是否能够成交，在本季度成交概率有多大，与商机所处阶段未必有直接关系。

例如，有个单子，虽然只到"接受解决方案"的阶段，但后面的决策链已经提前搞定了，那销售代表或主管就可能认为，这一单本季度是可以成交的。但也会有很多反向的情况，例如到了合同流程阶段，大客户的付款流程很长，本季度肯定来不及完成赢单。所以我们会同步进行第一种测算：主管预测金额。在具体运作中，我们会得到一个两种测算方法的数据比较表，如下表所示。

主线 2

业务：市场、销售与客户成功

SaaS产品Q1销售预测表（统计日期：2月20日）　　　　　　单位：万元

团队	季度目标	赢单	销售代表人数	本季度已完成人效	待完成业绩	在途商机-主管预测	预测完成率	预测与目标之间的差距	在途商机-阶段赢率预测	两个预测之间的差距
公式	G	W	H	W÷H	G+W	F1	(W+F1)÷G	G-(W+F1)	F2	F2-F1
北京1组	100	35	5	7	65	50	85%	15	90	30
上海1组	180	90	7	13	90	80	94%	10	60	(20)
合计	280	125	12	10	155	130	91%	25	140	10

（人效目标为23万元）　　　　　　　　　　　　　　　　（用于优化赢率配置）

> 人效目标还有13万元的差距

> 加上在途商机后，还有9%（25万元）的差距，说明还需要新增商机

> 主管预测与系统根据赢率自动预测的差距，可以通过逐步优化"赢率"的配置值来缩小

具体操作的建议如下。

① 10人以内的团队，以主管预测为主（F1）。

② 在团队规模不断扩大的过程中，我们通过逐步调优赢率数值，让F2（系统根据赢率预测）贴近F1。

③ 对于大规模的团队（50人以上），会发现由于商机数量庞大，主管预测太依赖个人能力，F2的系统预测可能比F1的主管人为预测靠谱。所以我们应该在每个季度结束时做一些复盘工作，调优赢率数值，逐步提高系统预测的可靠性。

这里讲的大部分图表内容可在CRM中配置后自动输出。

（2）年度业绩预测

当一年中余下时间（例如9个月）远超过"平均成交周期"（例如3个月）时，我们做全年预测时就不仅要看CRM里的商机，还要对未来的商机进行预测。我这里也做了一个表格（见下表）供大家参考，大家可以由该年度销售预测表倒推当前工作重点。

275

年度销售预测表

（日期：4月30日；单位：万元）

	公式	金额	说明
销售目标	G	1000	
平均成交周期	T	3	3个月，从CRM中产生商机到成交
平均商机单价/客单价	A	10	新购客户首单平均金额
当年已赢单商机金额	W1	180	截止目前已赢单业绩
在途商机预计成交金额（当年）	W2	250	目前在途商机预计成交金额（截止年底）（根据阶段赢率或主管预测计算）
近期每月新产生商机的预期金额	P	50	近3个月（与平均成交周期T相同）每月新产生商机的预期金额（根据阶段赢率计算）
今年剩余月份产生新商机的预期金额	W3 = P x（当年剩余月份 - T）	250	根据P推测今年余下8个月中还将产生多少新商机及对应的金额（但最后T个月产生的新商机不能关闭，因此须减去）
业绩缺口	Gap1 = G - W1 - W2 - W3	320	
商机缺口（金额）	Gap2 = Gap1 x 3	960	一般规律是商机金额总和应为业绩目标的3倍，可根据企业经验数值调整
商机缺口（个数）	Gap2n = GAP2 ÷ A	96	缺口商机金额除以客单价

W2（已有商机预计成交业绩）是比较有保障的，而 W3（今年剩余月份产生新商机的预期业绩）则不是很确定。在 W1（当年已赢单）、W2、W3 之外，如果 Gap1>0，则说明今年还需要补充商机（Gap2）（为 Gap1 的 3 倍）。

Gap2 是"正常"商机之外，还需要追加的商机，这需要市场部提供更多商机或进一步增加销售团队人数。这里的商机缺口（Gap2）用业绩缺口（Gap1）乘以 3 算出，这是销售领域比较通用的做法。为了提高精度，也可以通过统计过去 3 个月（即平均成交周期）的转化率（成交金额 ÷ 3 个月前在途商机总金额）来计算。

4）图表数据的常见异常情况及应对办法

（1）"主管预测值"与"根据赢率预测值"相差大

上面讨论过，F2（根据赢率预测值）对未来团队扩大后非常重要。一般来说，初次配置 CRM 时，是凭个人经验配置的"各阶段赢率"，可能存在较大的偏差。需要在 CRM 运行一段时间后，再对各阶段赢率进行调整。

主线 2

业务：市场、销售与客户成功

算法应该是：

$$阶段1商机赢率 = \frac{2个平均成交周期后的阶段1商机成交总金额}{某时刻阶段1商机预计成交总金额}$$

在该公式中，分子统计的是 2 个成交周期后，这批商机的成交金额。在具体操作中，也可以取 1.5 倍或 3 倍，能覆盖 90% 的商机即可。有兴趣的同学还可以考虑用正态分布的方法进行更精细的计算。

（2）预测业绩与本期目标之间有差距：在年度销售预测表中，如果出现"业绩缺口"及"商机缺口"，则说明商机储备不足，还需要拓展新客户或在已合作客户中寻找增购机会。

（3）已赢单数据与时间进度不匹配：如果"业绩缺口"为 0 或负数，则说明商机储备是足够的。但还请注意，从年初累计到当月的赢单总金额是否与实现销售目标的节奏相符。如果不符，就需要检查"平均成交周期"有没有加长，并检查是哪个商机阶段的平均时长增加了，从而影响了成交周期。

对此，有两个应对手段：

① 采取措施加快该阶段商机的推进速度。

② 在年度销售预测表中，调整"平均成交周期 T"，重新计算"商机缺口"，补充更多新商机。

2. 客户/商机报备

1）报备管理及背后的逻辑

要做商机管理，首先要做客户管理，而客户报备是客户管理的第一步。关于客户报备，是该使用电话号码、企业名称，还是一个大企业的某个事业部？可以参考前面关于客户报备管理的战略意义的相关讨论。

这里有一个要点，如果我们希望将来拥有一个"干净"的客户"公海"，

277

就需要对报备客户做审核。主管或销售助理审核都可以。这样做，将来销售代表就愿意在质量较高的公海池捞客户，市场部也愿意对这些客户做推广，SDR 也可以再次打电话联系这些客户。

2）CRM 操作

客户报备是商机管理的第一步，如下图所示。

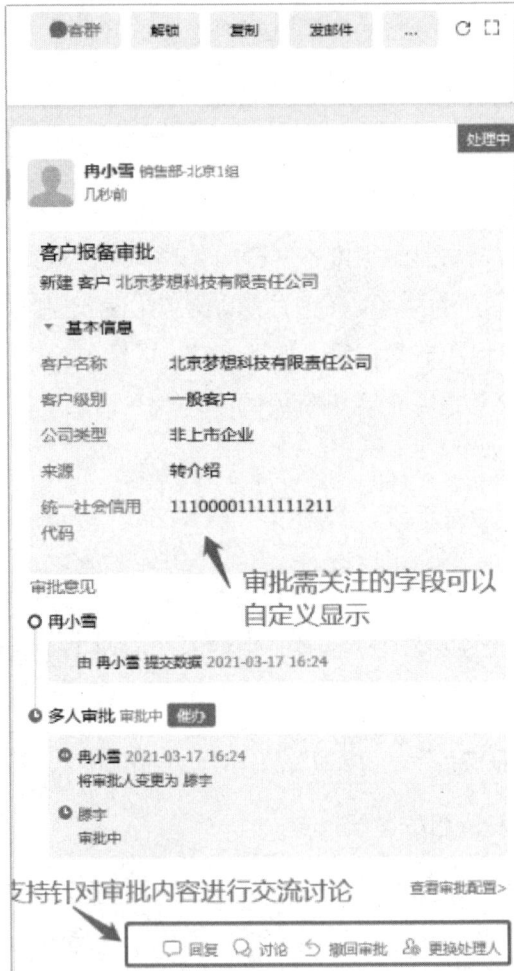

3. 商机总储备

（1）要求及背后的逻辑：商机总金额应与当期目标有倍数关系（例如，3倍），用以保障当期任务完成以及下一期商机储备。

（2）展现相关数据的CRM图表。

商机储备分布表可提示当前工作重点，如下图所示。

商机储备分布表（统计日期：2月20日）　　　　　　　　　　　单位：万元

团队	季度目标	季度赢单	待完成业绩	Q1在途商机储备	Q1在途商机储备倍数	商机储备分布		
公式	G	W	G-W	Op	$OpX=Op÷(G-W)$	预计Q2成交	预计Q3成交	预计Q4成交
北京1组	100	35	65	250	3.8	550	0	0
上海1组	180	90	90	190	2.1	500	600	300
合计	280	125	155	440	2.8	1050	600	300

（应为3倍以上）

Q1只剩一个多月，商机倍数还不足3倍，需要警示

从这张商机储备分布表，我们可以看到，上海1组的商机储备倍数不足3倍，应该抓紧进行商机及客户储备。

同时，这张表右半部分还展示出两个小组全年（或未来12个月）的商机储备分布（根据"预计成交日期"）。下面我们换用柱状图展示。

健康的商机储备分布如下图所示。

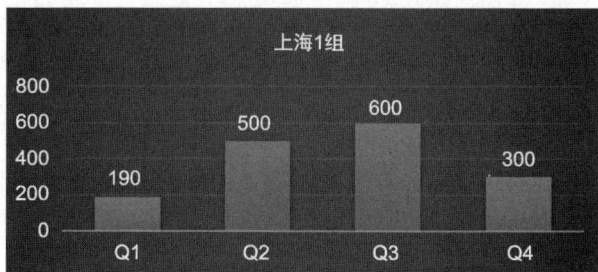

有问题的商机储备分布如下图所示。

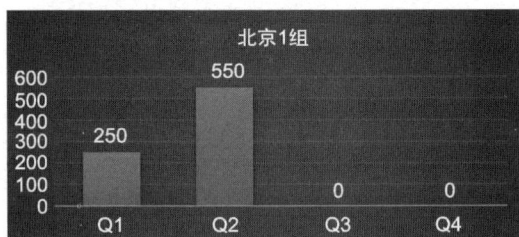

可以看到，上海 1 组的商机储备分布比较合理，中小客户会在 Q1 或 Q2 关单，一些大客户和超大客户到 Q3 或 Q4 才可能成交。而北京 1 组的图形显示，销售主管在主观上把所有在 Q1 不能成交的商机都放到 Q2，这样的话他可能需要对"预计成交日期"进行更精细的管理。

（3）全年商机储备汇总表。

在 2 月份看全年商机储备总表以决定当前工作重点，图表如下所示。

全年商机储备汇总表（统计日期：2月20日）　　　单位：万元

团队	全年目标	累计赢单	待完成业绩	全年在途商机储备	全年在途商机储备倍数
公式	G	W	G-W	Op	OoX=Op÷（G-W）
北京1组	800	35	765	800	1.0
上海1组	1000	90	910	1590	1.7
合计	1800	125	1675	2390	1.4

虽然时间只到2月下旬，但如果产品成交周期很长（例如需要6个月），则达到今年的商机储备倍数仍然有很大风险

通过该表可以看到，如果产品成交周期在 3 个月左右，那么 2 月 20 日有这样的商机储备是可以的。但如果产品成交周期是 6 个月，则这个商机储备是有风险的。另外，还要考虑到年底、年初是商机储备的高峰，但从目前到 6 月份储备商机的机会相对少，所以要特别抓紧才能保证在 6 月底之前完成商机储备总量（3 倍于剩余目标）。

4. 商机阶段管理

1）要求及背后的逻辑

销售过程管理除了看总体商机储备，更需要看在各个阶段积蓄的商机、

商机在各个阶段的停留时长。在销售过程管理中有一个重要环节，就是对商机阶段的定义。很多销售团队在这件事情上比较随意，口头有个约定或在 CRM 中配置一下就算定义了。这样会在实际运作中，把商机阶段划分错，更重要的是，这样也没法对销售代表每个阶段的工作进行深入指导。那么如何定义商机阶段呢？可以如下图这样来定义。

商机阶段	关键动作（全部完成方进入下一阶段）
商机报备	☑满足客户画像 ☑发现潜在支持者 ☑初步联系确认
需求沟通	☑支持者承认痛点 ☑有解决愿望 ☑完成拜访
接受解决方案 （示例商机处在本阶段）	☑解决方案讲解及反馈 □针对反馈的沟通 □接受解决方案 □支持者同意引荐KP
获取KP支持	□KP（决策者）承认痛点 □有购买预算及计划 □获得KP支持
合同流程	□完成合同谈判 □完成合同签署
成交	□开具发票 □完成回款
暂时放弃	-
丢单	-

需要注意，进入下一个阶段的条件是，本阶段的每个必要条件都满足。关于如何设置商机阶段，《新解决方案销售》一书中有详细讲解，你可以参考本书中介绍的方法。可在 CRM 中设置商机阶段，如下图所示。

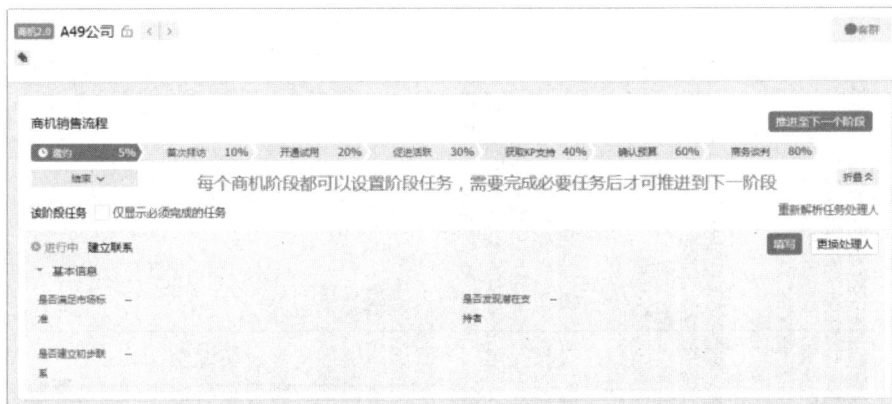

在 CRM 中，为每个阶段设置"必填项"，可使用工具引导每个销售代表做好该阶段的工作。在"必填项"后面可以把具体要求再描述得更清楚

一些。精确的工具引导，胜过主管们口头要求一百遍。

2）CRM 操作及管理动作

展现当前各团队商机阶段情况、过去四周各阶段商机积蓄的变化情况。根据团队、个人的具体商机阶段储备情况，提出相应商机阶段管理动作：

- 增加蓄客动作。

- 就某阶段商机不足的情况，进行专项推动。

- 就某阶段商机转化率低于平均水平的情况，进行针对性的复盘和培训。

- 就某阶段商机停滞的情况，对销售代表进行日常提醒（可在 CRM 中设置自动提醒），每周由主管带领进行重点商机的评估和指导。

3）展现相关数据的 CRM 图表

下图是一支业务进展较正常的销售团队在过去 5 周的商机变化情况。

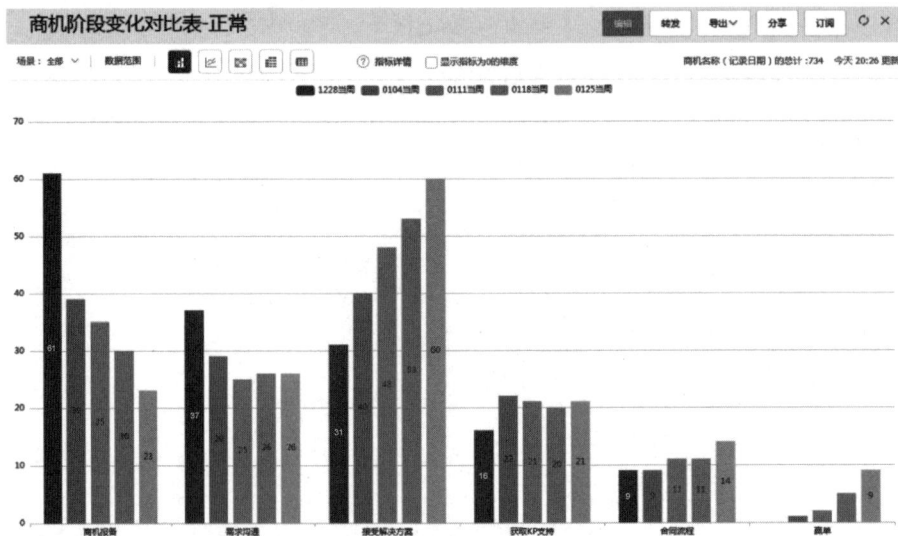

从后半段看，赢单在增加，"获取 KP 支持"和"合同流程"的商机也在增加，这说明后半段积蓄情况很正常，有中段的商机不断补充进来。再

业务：市场、销售与客户成功

看前半段，"商机报备"阶段的商机下降速度很快，但下一个阶段的"需求沟通"增速停滞，这说明蓄客方面有一定问题，有可能会影响到下个季度的业绩。

4）图表数据的常见异常情况及应对办法

我们在观察近 5 周商机变化图时，也能发现一些异常图形。异常图形反应的是一些流程、CRM 设置上的问题，或业绩风险、团队/个人的能力短板。

下面我们就几个常见情况进行解读。

（1）商机阶段划分不合理

我们看看下图所示的这个全团队的销售漏斗（用阶段的高度反应预计成交金额的多少）。正常情况下，应该是每个阶段的高度接近（预计成交金额与赢率的乘积），或者前面的阶段高度更高一些（说明蓄客充足）。

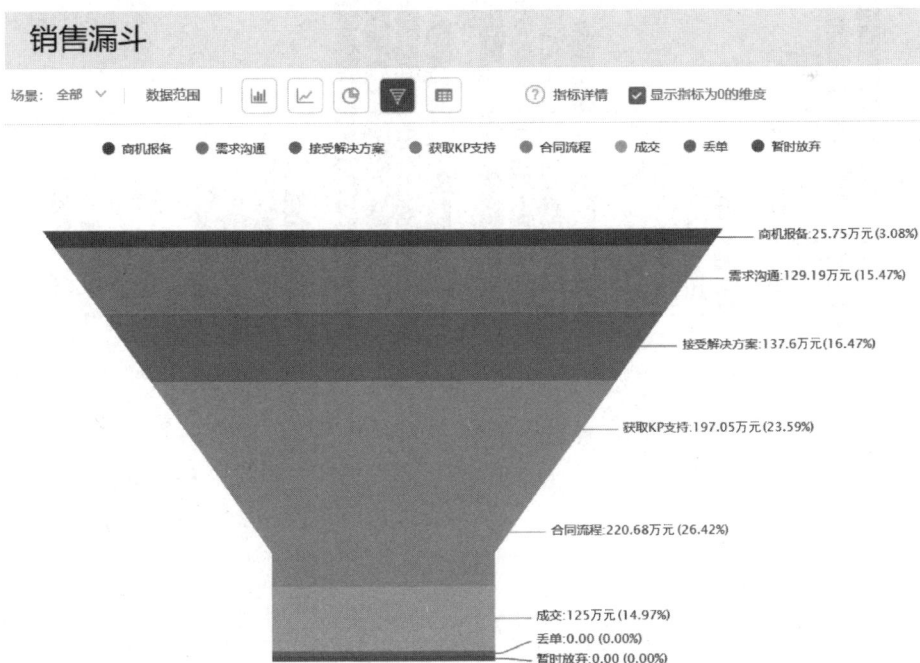

销售漏斗

场景：全部 ∨　　数据范围　　📊 📈 🍩 🔽 ▦　　⑦ 指标详情　　☑ 显示指标为0的维度

● 商机报备　● 需求沟通　● 接受解决方案　● 获取KP支持　● 合同流程　● 成交　● 丢单　● 暂时放弃

商机报备:25.75万元 (3.08%)

需求沟通:129.19万元 (15.47%)

接受解决方案:137.6万元 (16.47%)

获取KP支持:197.05万元 (23.59%)

合同流程:220.68万元 (26.42%)

成交:125万元 (14.97%)
丢单:0.00 (0.00%)
暂时放弃:0.00 (0.00%)

如果看到第一个阶段"商机报备"的高度长期很"矮",则可能说明不是团队蓄客的问题,而是这个阶段压根不需要存在。经过调查后,我们发现这个团队因为产品复杂的原因,销售代表在与客户沟通需求前往往不能确定商机是否可以报备,所以"商机报备"阶段是根本不需要的。商机报备是一个开启商机的操作,而非商机处于停滞状态(每家企业情况不同,需要具体分析)。在这种情况下,我们可以考虑将"商机报备"与"需求沟通"两个阶段进行合并。

(2)各阶段商机停滞

异常的商机变化图如下所示。

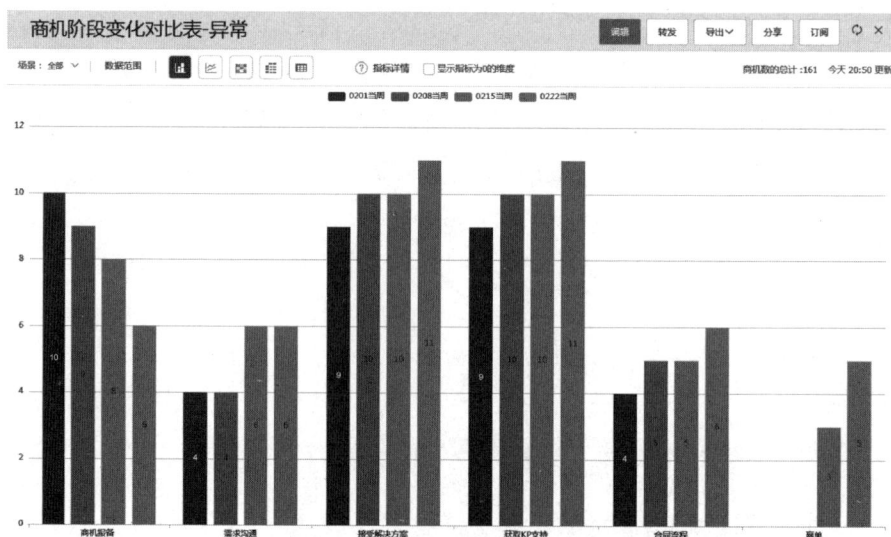

由该图看出,该团队商机进展不多,在"接受解决方案""获取 KP 支持"阶段近 3 周没有太多进展,后面的"合同流程"阶段变化也不大,这说明中段丢单情况较严重,前段蓄客又没有跟上,需要寻找这背后的原因及应对方法。

(3)某部分商机停滞

各阶段商机停滞的设置和提醒如下图所示。

工作流信息

10:03	**商机停留提醒**	
今天	数据名称：A218公司	
	商机在当前阶段已停留超过10小时，请及时推进商机	
10:03	**商机停留提醒**	
今天	数据名称：A220公司	
	商机在当前阶段已停留超过10小时，请及时推进商机	阶段停滞提醒周期可自定义配置
10:02	**商机停留提醒**	
今天	数据名称：A216公司	
	商机在当前阶段已停留超过10小时，请及时推进商机	

（4）团队商机停留时长

我们也可以统计每个团队在每个阶段的商机停留时长，以此分析每个团队的短板在哪里。打个比方，如果整个销售部门从进入到关闭"获取 KP 支持"阶段的平均时长是 21 天，而 A 团队是 41 天，就说明 A 团队在此阶段的能力上有短板。A 团队应向其他团队取经，对短板队员进行专项辅导并进行实战模拟训练。进行总结分析后，公司层面也可以把这个阶段的业务流程再梳理一下，看看有没有可提升的环节。

5. 对拜访进行分类管理

1）要求及背后的逻辑

很多销售管理者都知道要抓拜访量，例如要求一周 10 次（一般是市场部提供线索）或一周 3~4 次（一般是自开拓商机）。但是，对拜访也是要做分类管理的。

在一个季度（或一个月）的不同阶段，需要抓不同类别的拜访。对于成交周期为 2~3 个月，需要 4~6 次拜访才能成交的产品，我们可以在一个季度中安排好节奏：第 1 个月，重点开发新客户；第 2 个月，持续拜访未成交客户推进成交；第 3 个月，抓紧做未成交客户的方案、商务流程，设法在本季度关单。

在这个过程中，成交后客户的维护拜访也是销售代表的重要工作，一是为了维护客情，二是为了转介绍。下面我做了一个拜访量分布表的样例。

其中产品成交周期是 2~3 个月,拜访量为 4~6 次。如下图所示。

各类拜访量分布表(比例)

时间	拜访量分布		
	成交前 首次拜访	成交前 持续拜访	成交后 维护拜访
1月份	60%	10%	30%
2月份	40%	50%	10%
3月份	20%	70%	10%

说明:成交周期为2~3个月

看比例还不够直观,我以一个真实团队的情况为例,他们的潜在商机基础很好,每周做 10 次拜访。我们看看具体拜访量的分布,如下图所示。

各类拜访量分布表

时间	拜访量分布		
	成交前 首次拜访	成交前 持续拜访	成交后 维护拜访
1月份	24	4	12
2月份	16	20	4
3月份	8	28	4
合计	48	52	20
占比	40%	43%	17%

全季度 48 次首访,其中如果有 30%的首访可跟进,则有 14.4 个商机。为此做了 56 次持续拜访,平均每个商机又拜访了 3.9 次(加上首访共约 5 次)。这就是比较合理的比例。我们从整体上看,会发现真实数字与我们想象的有很大不同。感觉一个产品需要拜访 5 次方能成交,即销售代表绝大部分时间应该是在做"持续拜访"。但实际上,上面表中首访的比例却高达 40%!这说明直觉是靠不住的,团队上规模后更应依赖数字化的管理手段。

2)CRM 操作

不建议每周人工统计拜访量。现在手机端 CRM 已经做得很好,外勤拜访打卡时关联上客户,就能够做到自动统计以上数据。

3）常见异常情况及应对办法

在现实中，大量销售团队的"首次拜访量"是不足的。大家可以把自己团队的历史拜访数据调出来，看看比例。还有的团队不重视老客户的"维护拜访"，这个也可以通过报表暴露出来。

有的人会问，远程拜访算不算？我认为正式的视频会议、远程产品演示可以视同拜访。如果只是纯粹的语音电话，那对客单价为 2 万元以上产品推进的力度有限，不应计为拜访量。

6. 试用客户活跃度分析（如果有试用环节）

有一部分 SaaS 产品的营销采用 Freemium 模式。在 3 年前，我是坚决反对为 to B 产品设置不受时长限制的试用版的。但我对 Freemium 的认知也在不断提升。现在我认为 Freemium 对于"试用"成功率高（例如 40%以上）的 SaaS 产品是一个很有效的手段（详见前面关于免费策略的理论与实战的介绍）。

在我作为咨询顾问服务的 SaaS 企业里，就有一家首单为 2 万元～10 万元（甚至更多）客单价的，他们采用 Freemium 模式，让客户长时间试用。但这个产品很特殊，虽然是 B 买单，但每个客户自己独立用，几乎不需要协作。所以有 70%以上的试用活跃率，后面的付费转化也就自然而然地发生了。

这与国内企业员工的 IT 基础能力有关，就像 Slack 这些软件在美国自然增速很快，但国内的钉钉、企业微信还是要靠广告砸，地面的服务人员来推动。如果您公司的产品有"试用成功率高"的特点，就可以考虑采用 Freemium 模式。说到试用客户活跃度管理，需要注意以下几个细节上的管理：

- 客户活跃度分几个级别（通过运营系统可计算活跃度）？

- 需要设法激活哪个级别？激活手段、标准话术有没有准备？

- 可以推动哪个级别进入下一个级别？推动话术有没有标准（最好有一套公司制定的销售打法 SOP，并每月迭代）？

- 公司每周新增活跃客户的目标是多少？每个团队、每个人承担多少？
……

下面提供一个某公司管理客户活跃度的例子，如下所示。

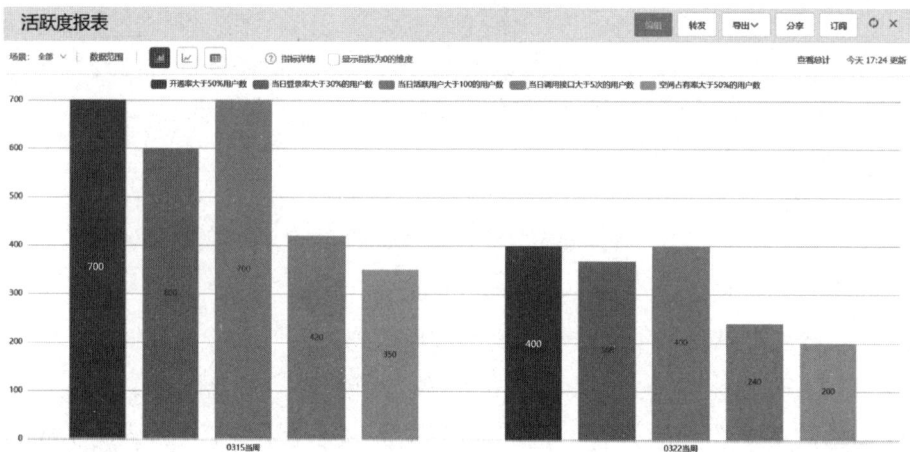

该公司的活跃度管理就很精细了，关注了"企业内开通率""登录率""活跃用户大于 100 人的企业""接口调用超过 5 次的企业""使用空间超过 50% 的企业"，并且对比了本周与上周的数据。如果每个 SaaS 产品都符合自己的"试用关键指标"，则一旦确定下来，在每周的管理动作中就要体现出来。

7. 丢单归因

（1）要求及背后的逻辑

有的销售团队只理单，不复盘。这样会缺乏对市场全局状况的了解。对此，一个最容易的解决方法就是做"丢单归因分析"。

（2）CRM 操作及管理动作：在将客户退回公海、商机阶段关闭时，销售代表需要选择"丢单（或放弃）原因"。我们应该关注的是已经建立商机的丢单。每个月结束，需要做统计和历史变化分析。

（3）展现相关数据的 CRM 图表

从 CRM 数据分析丢单原因并思考改进措施，如下所示。

业务：市场、销售与客户成功

近3个月丢单原因对比分析表

分类	丢单原因	2021年4月		2021年5月		2021年6月	
		单数	占比	单数	占比	单数	占比
需求	客户需求小时/减弱	12	19%	12	19%	5	13%
	方案沟通中需求变化	5	8%	3	6%	2	5%
价格	客户没有预算	3	5%	3	6%	2	5%
	客户认为价格与价值不匹配	3	5%	4	8%	3	8%
	希望采用其他计费方式	0	0%	0	0%	1	3%
竞品（包括由于价格原因丢单给竞品）	主要竞品1	5	8%	6	11%	3	8%
	主要竞品2	3	5%	3	8%	6	16%
	其他竞品	9	14%	7	13%	5	13%
服务	服务问题1	4	6%	3	6%	4	11%
	服务问题2	1	2%	2	4%	1	3%
	其他服务问题	3	5%	3	6%	1	3%
功能明显不满足	功能模块1	3	5%	5	9%	2	5%
	功能模块2	8	13%	1	2%	1	3%
	其他模块功能问题	5	8%	2	4%	2	5%
合计		64	100%	53	100%	38	100%

从这个原因分析表上，可以发现竞争情况发生了变化，竞品 2 突然发力。销售及市场部门需要就这 6 个单子做具体分析。也可以看到，服务问题 1 变得突出，服务部门需要寻找背后的原因。

3.11.3 过程管理在销售管理中的位置

前面我们探讨了销售过程管理，它在整个销售管理的 3 层视图中处在"中流砥柱"的位置。有了业务基础，还需要销售过程管理落地。而管理架构对业务基础和销售过程管理起到支撑作用，如下图所示。

管理架构	组织结构
	例会及绩效、晋升/淘汰、离职交接等制度
	业绩目标制定及管理
	招聘、培训及团队运营
销售过程管理	线索-客户资源管理
	商机管理（储备、预测、阶段、丢单分析）
	行为管理
业务基础	客户画像
	产品价值、服务价值
	营销手段
	销售打法SOP及销售工具

这三大块内容，大部分在我的公众号的过往文章及我的视频课中谈过。本节又重点谈了商机管理、销售行为管理，并给出了一套能够在日常管理和 CRM 中落地的解决方案。相信这对各层级的销售管理者及优秀的销售代表都会很有帮助。

第 4 节　实施与客户成功

4.1　实施困局与化解之道

在几家我常年服务的 SaaS 企业里，我经常与核心团队一起解决具体问题。在 2021 年，一家规模不小的企业 CEO 突然找到我，说对实施交付的环节非常头疼。后来我分别与销售、实施、产研部门的几位负责人交流，确实发现实施环节已是他们当前业务发展的明显瓶颈。

在具体了解了几个客户交付的状况后，我们共同探讨并梳理出了一套解决问题的组合拳。

4.1.1　战略

明明是实施资源不足，赶紧补人就行了，谈什么战略？

这个 SaaS 企业的实施团队已经超过 100 人。在日常小决策中，我常说，"用钱就能解决的问题，是最简单的问题。"今天这个困难，却已经不是花钱请人就能解决的困难了。

在企业中，下游的问题往往是上游造成的。在交流中，我发现由于实施交付困难，已经把产研团队拉下水了——这就不是简单堆人力就能解决的问题了。

业务：市场、销售与客户成功

我提出的第一个问题是，咱们的客户是谁？

客户画像是行业里的小企业、中型企业，还是大企业？"我们公司的产品功能很强大，可以同时满足大、中、小企业客户的需求。"很多 CEO 都是这么回答的。

可我不这么看，即便是同样的业务场景，大企业的需求往往更复杂，如果满足了大企业的需求，则这个产品对中小企业的员工来说可能就太复杂了：选项太多，页面太多，表格太长……而中小企业的员工往往没有经过很多培训，一人多岗，工作内容更繁杂，企业也往往没有完善的业务操作流程，所以他们需要的工具应该更简单，培训时间也不能太长。

即便功能相同，给中大客户和小客户使用的产品，也不一定是相同的产品。我们需要在战略上做出选择。如果不做成两个产品，那么对产品架构的要求就更高。

例如，本案例中的这家企业，做大客户的生意确实很有必要。这是一个客户间交流很密集的行业，标杆的意义很大。倒不仅仅是为了增加营收。

我的第二个问题是，所有的大标杆都值得做吗？

每个一级行业下面还可以细分出二级行业，二级行业里的客户还可以再分类。

在其他公司，我还见过这样的情况：公司欢欣鼓舞地签下一个大客户，然后发现，为了满足客户的独特需求，把很多服务、实施甚至产研的资源都消耗进去了。实际上，这个标杆能影响的企业总共也只有 10 几家，满足了它的需求又能如何？

所以，公司要引导销售们找对客户，这绝对是个战略问题。但是也会有人问，难道所有需求复杂的大客户我们都不做吗？当然也不是，我们需要有规范的流程。

4.1.2　流程

既然选对客户这么重要，公司就需要制定一个规范的流程，选择客户要严格遵循流程。也许即便遵循流程也不一定能选对客户，但销售代表的选择能力会因此逐步提升，最终该能力会成为组织能力的一个重要部分。

回到本案例上来，我给出的建议是，建立一个选择客户的标准及流程。对于创业公司，这套流程也不用太复杂。哪怕是约定俗成的东西也行，几个部门的老人在一起碰一下的习惯就很好。决议也未必要审批，只要能在协同工具里留下文字记录就可以。具体有以下几点建议。

（1）客户选择分级

x 万元以下的客户（按潜在 ARR，而非合同金额），就别提任何功能上的需求了。对于这个级别的客户，即便要退款，也不接受任何功能定制需求，哪怕该需求是合理的通用需求。我以前带大销售团队时要求，xx 万元以下的单子就不允许超卖（即提前卖下一个版本产品或提供远期规划的功能）。对于 xx 万元以上的潜在 ARR 客户，才值得走下面这个流程。

（2）大客户决策流程

如果是 xx 万元以上的潜在 ARR 且又有超过目前版本功能需求的客户，则不能由销售部门决定是否签约，需要由相关部门决策人一起讨论。这个相关部门一般包括销售、实施、客户成功及产品研发等部门。

如果觉得这 4 个部门在一起沟通的效率太差，也可以考虑成立售前技术支持部门，由这个部门做决定。而售前技术支持部门会平衡销售与实施、客户成功及产研部门之间的意见。

（3）决策标准

其实在定制开发之下也可以再分类。我是这样分的，如下图所示。

业务：市场、销售与客户成功

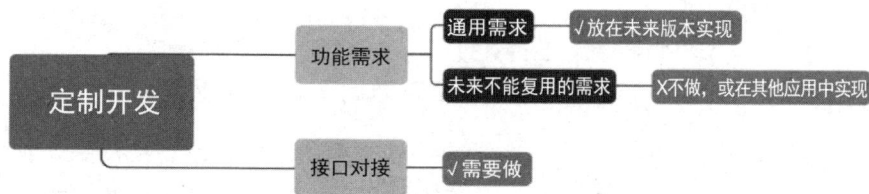

一般来说，接口对接的工作，是需要 SaaS 企业的实施部门或客户的 SI（集成商）做的。这个工作的工作量在开始往往还不小，但随着产品 API 与其他系统对接得越来越好，工作效率会越来越高。

至于功能部分，做产品的 SaaS 企业只会接受将来其他客户也能用上的通用需求。当然，话是这么说，实际上该功能是否真正是通用的功能，往往需要谨慎的判断和时间检验。

这里还有一个技巧，就是与客户沟通分期上线。

以我的实际经验，一个企业一套新系统上线，最好是先上一部分基础功能。例如首次使用 CRM，上来就想把线索、客户、商机、订单、财务对账等功能都用好，这对使用的团队来说可能要求太高。而且这样实施周期也会更长。一般是先把基础功能用好，再上线高级功能。

另外，从新开发功能的稳定性考虑，请 SaaS 企业开发一个新功能，然后自己立即去使用，也不是太安全。SaaS 企业有自己的设计—开发—测试—灰度客户—正式上线的流程，遵循客观规律做事情才能事半功倍。（以上内容可以作为销售人员说服客户减少定制开发的话术。）

当然，从销售的角度看，这些都是掣肘业绩增长的做法。我自己做过客服、研发、市场工作，也带过上千人的销售团队，我不太担心销售的动力，毕竟销售的机制简单——签单拿业绩，获得荣誉和奖金。而设计一个好的定制需求决策流程，则复杂得多。这需要具有销售、售前、实施、客户成功、产品及研发等各个方面的全局视野，是一件需要 CEO 协同大家做好的事情。

4.1.3　人才密度

2021 年上半年，大部分 SaaS 企业都遇到了招人难的情况。

随着 2020—2021 年对 SaaS 领域投资热度的增加，拿到投资的企业都在扩张团队，抢市场份额。在本书后面讨论"业绩增长是组织成长的副产品"的话题时，也会谈到人才密度的问题。

我们能看到，企业中有的岗位是强调执行力的，按流程认真办事即可把事情做到位。也有很多岗位是"一夫当关，万夫莫开"，必须得有很强的个人能力及创造力才能把事情做成。创业公司中大量岗位有这样的特性——在从 0 到 1 的过程中充满创造性，这也是创业公司的吸引力所在。

这就要求创业公司得用能力很强的人，人才越多，互相之间的学习和协同就越好，这就是强调"人才密度"的逻辑。随着融资到位，公司会招募到更多高级的人才。以前不敢去招 211/985 院校的毕业生的公司，我建议在这个阶段也应该开始招。

老同事当然也会在这个过程中受到激发，我们在前面谈过，他们是企业遇到困境时最重要的基石。据我的经验，大部分老同事只要放开心态，努力学习，都能跟得上。我曾见到一家发展非常迅速的 SaaS 企业，在这时提出"子弟兵"的概念。是的，人才进来后，认同感非常重要。虽然是创业公司，也可以考虑招募应届毕业生。

说说我的亲身经历。我自己进华为是在参加工作的第 6 年，适应起来还是蛮困难的。而我那些在 1997 年和 2000 年应届毕业即加入华为的同班同学，他们大多至今还在华为及其关联企业工作，现在都已成为公司的顶梁柱。第一份工作就如初恋，往往能坚持很久，对公司有很高的忠诚度。从实操上，管培生也是很值得考虑的。

虽然我们经常会从新闻上看到××管培生出了××问题，这其实是幸存者偏差问题。毕竟留在企业里踏踏实实做贡献的人，大家是看不到太多有关他们的新闻的。我看到的结果是，坚持做好管培生项目的企业都受益良多，例如京东和海尔都是管培生项目的受益者。有兴趣的 CEO 和 HRD

可以考虑一下。趁着融资后资金宽裕的机会，提升人才密度。毕竟，未来的战争仍然是关于人才的战争。

除了招募优秀人才加入企业，也可以考虑外部资源。在实施、售前、销售运营等这样的具体问题上，业内已经有很多资深专家。SaaS 企业可以正式或非正式地与专家们做做交流。听君一席话，胜读十年书。

4.1.4　解决复杂问题的通用方法

最后我们再从更高的方法论层面聊聊。

企业遇到的很多问题，都不是单点问题。要解决这些复杂问题，我们可以参考下图所示的思考框架。

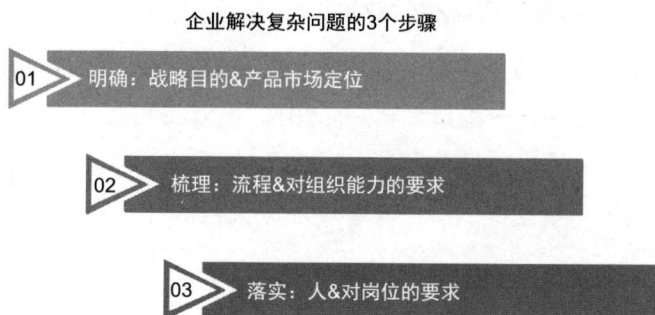

企业解决复杂问题的3个步骤

01　明确：战略目的&产品市场定位

02　梳理：流程&对组织能力的要求

03　落实：人&对岗位的要求

前面我们在讨论实施的话题时，就是用的这个思考框架。好像它已经融入我的思考方式中了，凡是遇到貌似无法解开的难题时，我都不会只在单点上纠结，而是很快找到更全局的解决之道。

不仅解决实施难题可以用这个框架，当面对产品定价、开发版本规划、要不要给大客户做定制开发等这些复杂的问题时，都可以用这个框架来找到解决方法。

4.2　客户成功部的职责

SaaS 企业的客户漏斗与传统公司不同，除了有上半部分的销售漏斗，还有下半部分的服务、续费及增购漏斗。当目标客户成为"成交客户"后，在 CSM 的服务下，其还会继续演进，成为"活跃使用客户"→"忠诚客户"→"高 NPS（净推荐值）客户"。SaaS 企业的客户价值漏斗如下图所示。

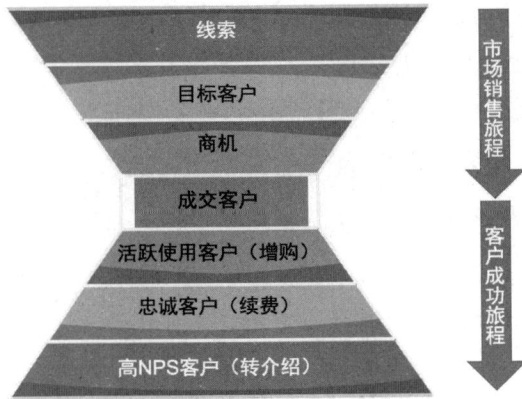

硅谷有一家专业做客户成功管理软件的 SaaS 企业，Gainsight、Workday、Box、Marketo、VMware 都是其客户。2016 年我和同事一起到硅谷参观了10 几家 SaaS 企业，其中也拜访了 Gainsight。当我第一次看到他们的客户价值漏斗图时，还是挺震撼的。这次参观加深了我对客户旅程的理解。

这里我先把客户成功部的具体职责罗列一下。

4.2.1　保障客户续费

因为 SaaS 客户是每年续费的，所以客户成功部的第一职责就是保障客户续费。

4.2.2　客户预期管理

实际上仅靠对活跃度的监控是不能预测决策人（或权力影响者）的价值认知变化的，由此带来的续约风险需要借助前期对行业、客户、干系人的管理方法来提前干预。

很多时候，客户用不好产品，并不一定是产品不好，服务不好，而是客户对"成功"的预期与最终产品能满足的程度存在着差异。

CSM 的服务，很多时候是在弥补这种差异。所以了解客户对"成功"的预期就会变成 CSM 在第一次接触客户时非常重要的职责。

CSM 基于客户的预期判断他们是否是目标客户。如果是目标客户，那么就与客户共建合作路线图、行动计划。通过差异化干系人管理策略确保目标达成。最后通过数据衡量客户目标的达成情况，并持续优化行动计划。

关于非目标客户，在下文的客户分类中阐述。

4.2.3　初期促活

大量 SaaS 企业多年的实践证明，客户购买后的前 30 天是客户能否将产品用起来的关键期。所以客户成功部要特别重视刚接手的新客户，要做好需求了解、关键岗位交流、使用方案沟通、使用培训及初期增加使用活跃度的工作。

在实操中，不同客单价的产品在使用初期，增加使用活跃度（促活）的责任人是不同的。

- 如果产品轻、客单价也不高（在 2 万元 ~ 10 万元），通过配置就能完成简单实施，这项工作通常可以交给 CSM 负责。这个区间也是 SaaS 产品客单价的主要分布区间，所以在大部分 SaaS 企业中，初期促活由 CSM 负责。

- 如果该 SaaS 产品有实施环节（客单价高于 10 万元），则公司实施部门会负责其中的大部分工作。实施完成后交接给 CSM，CSM 负责实施后的促活工作。

- 如果客单价较低（低于 2 万元），我建议让销售代表完成初期简单的产品配置及培训工作，并负责初期的促活工作。

关于交接节点、交接次数，大家可以通过现象看本质。如果客单价高，收入能够覆盖交接成本，则在组织设计上就值得把各项工作切割开，让专业的人做专业的事。如果客单价很低，则由销售代表完成初期启动工作，然后再转交给 CSM。CSM 在接手客户后，主要做批量服务的工作，这样并不会为一个低客单价的客户付出太多时间成本。

下面再说说 CSM 的促活任务。

促活的标准通常是看"使用活跃率"。至于如何制定活跃度标准，与产品特性有较大关系。举例来说，OA 类产品可能更重视已开通账号的登录率，CRM 产品则更重视深度功能的使用率。

还有一个相对更复杂的"健康度"标准，用来考量高层岗位（例如老板）是否使用产品，客户是否将产品嵌入到了业务流程中。由于 SaaS 产品的运营系统无法直接提供这类数据，所以操作难度更大一些。

在分析用户使用情况时，可以借助一些数据分析工具，通过埋点/非埋点形式观察用户使用情况。这其中既包括活跃度的情况，也包括健康度的数据。

SaaS 企业可根据对用户行为的分析，设定若干"北极星指标"，来区分活跃用户与非活跃用户。通过北极星指标的实现情况可更好地判断用户的活跃度。

4.2.4 异常处理

服务中小客户的 CSM，由于负责的客户数量较大，一旦客户使用上手后，CSM 就不需要每天关注所有客户。SaaS 运营系统会将活跃度突然下降的客户预警给 CSM，提醒他们尽快介入。

SaaS 运营系统相当于 Gainsight 的客户成功产品，但国内 SaaS 企业一般都自研运营系统。该系统除了进行客户成功管理，也管理客户的订单、开通/关停等操作。

4.2.5 定期沟通

CSM 需要按一定频率（根据客户级别、状态决定）与客户进行沟通交流。

4.2.6　增购

在一般情况下，新签约客户后紧接着的一段时间内的增购与销售代表关系更大。但过了 3～12 个月后，客户的增购就与 CSM 的关系更大了。该期限的设置与客单价的关系较大，客单价越高，销售代表需要进一步努力争取增购的时间就越长。

在公司的职能设计中，权责利要一致。负责增购的人有对应的绩效，也一定要有日常动作，不能不劳而获。

4.2.7　输出客户使用案例

与市场部输出标杆客户案例不同，客户成功部输出的案例偏向使用方案和客户的具体业务。这些案例更多地用于指导其他同事，也用于一对多的客户运营，包括线上培训、线下沙龙等。

4.3　CSM 的考核指标（KPI）

明确职责后，客户成功部门及 CSM 的考核指标就比较容易确定了。我调查了几家国内客户成功能力不错的公司，他们的考核指标有续费率、初期成功激活率、所属客户活跃率和增购金额等。

有的公司为了覆盖增购的职能，允许把增购部分算进续费中，这也是合理的。但我认为应该另外设置一个纯粹的续费率，以满足内部管理需求。

续费率包括客户（数量）续约率和收入（金额）续费率。大部分公司会看重收入续费率。但也要根据情况判断。如果聚焦中小企业市场，则续约客户数量也非常重要，不能用几单大客户的续费掩盖了大量中小客户流失的影响。

让 CSM 负责增购在业内的实践效果不错。我的思考是，如果活跃率、激活率与公司收入不挂钩，就有注水的可能性。而续费率、增购金额是真金白银，作为考核员工及公司决策者的关键指标更真实可靠。

处于不同客户成功管理成熟度的企业可以选择不同的 KPI 组合。

除了 KPI，客户成功管理很成熟的 SaaS 企业，还会对中高级 CSM 顾问进行评级。其中，解决方案能力和价值传递能力是重要的考评项，并非只看客户续约和活跃度数据。

4.4 全员参与才有客户成功

了解只是一半，而爱是另一半……

4.4.1 有客户成功部，就能实现客户成功吗

从 2018 年开始，国内 SaaS 企业逐渐认识到 SaaS 的本质（续费的能力）和客户成功对 SaaS 的意义。于是，纷纷成立了客户成功部，或将原客服部门转为客户成功部门。

这就像在辛亥革命中，旧朝各省督抚衙门挑掉几块自己门上的青瓦，换个牌匾，这样革命就成功了吗？ —— 这是进步，但还远远不够。对客户成功部来说，要做好客户成功，需要内外兼修。前面我们讲述了客户成功部的职责。而其他各个部门的职责呢？

4.4.2 只有全员参与，才有客户成功

有个朋友在客户成功方面很有经验，也很有自己的思想。我请她有空时在我的 "SaaS-客户成功知识研讨" 微信群里帮忙解答一些大家的问题。有一次她告诉我，很多做 CSM 的管理者卡在自己部门的 "筒仓" 里，整天想绩效如何设计，日常如何管理，但却忽视了客户生命周期的全流程管理。这也提醒了我，于是有了本节内容。

一个成交客户与我们 SaaS 企业有很多的接触点，如果只在最后一个阶

业务：市场、销售与客户成功

段才从服务的角度思考问题，那客户成功部就真的是"最后"一站了。我们今天就来一起梳理一下这个全流程的框架。我们回到之前讲过的客户旅程"双漏斗"图，如下所示。

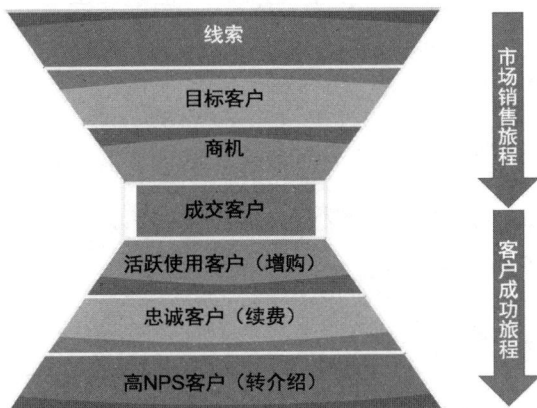

SaaS 企业的价值（包括 10 倍 PS 的估值）来自下半个开口扩大的倒漏斗。我们在后续章节中将会证明：没有优异续费率的 SaaS 企业只是在做传统生意。在这个漏斗中，各个部门的职责如下图所示。

各部门在客户旅程中的任务

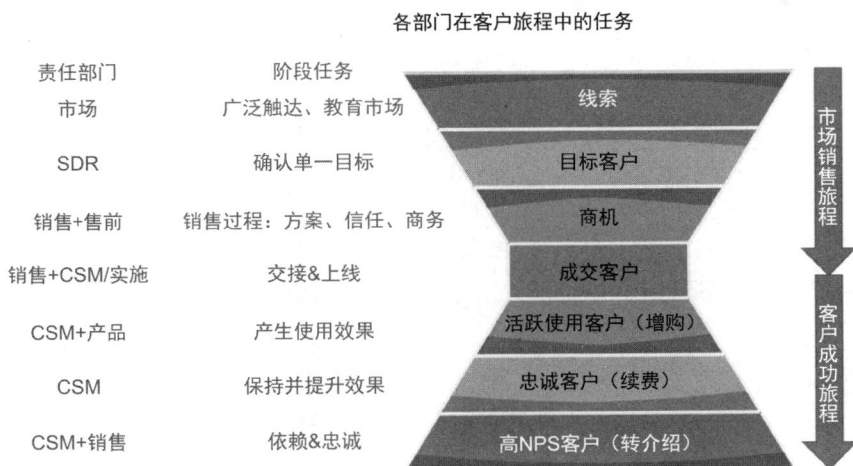

那么为了实现最终的客户成功，我们需要在哪些与客户的接触点中做出改变呢？下面我给大家罗列一下：

- 市场宣传：传递对的产品价值，不能夸大，不要误导。

- 市场 SDR（MDR）：选对的客户，筛选出符合目标画像的客户。

- 需求：引导对的需求，不能超卖，即提前卖出未上线版本的功能。关于超卖大家可以仔细评估一下，超卖是加快了产品迭代的速度了，还是给产品研发套上了更多枷锁。

- 销售：正确销售，给客户的书面及口头承诺要真实、可兑现。

- 实施/CSM：在交接及上线时，与销售同事做好客户交接。理解客户需求，帮助客户改善流程，启用产品。

- CSM：主动跟踪，对客户进行合理的分级和分类。根据客户所处阶段提供不同的协助和服务。客户成功部总体做好客户服务运营、NPS 调查等工作。

- 最终达到客户成功：客户成功续费及增购，NPS 得分高。市场方面获得更佳品牌形象，销售获客更容易，公司实现营收和毛利的增长等。

简单的图示如下。

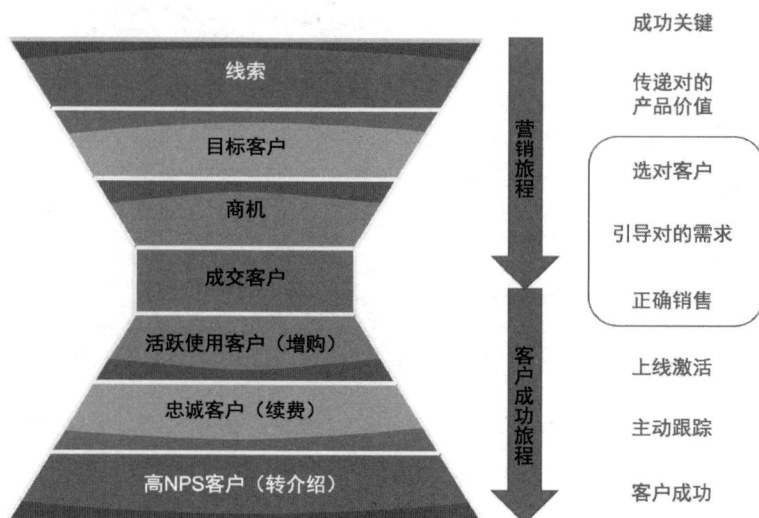

4.4.3　一个具体而常见的例子

只讲框架不太好懂，我再举一个实际的例子。我们有一个 SaaS CEO 群，某天一位 CEO 抛出一个令很多人都头疼的问题："每次客户那里换人的时候，很多工作都很被动，新换的人什么都不知道。"

经过在多个群里共同探讨，我最后汇总了 10 几位 CEO 和客户成功专家的建议，具体是这样的。

在客户交接时，销售代表要把多个客户关系人介绍给 CSM（除了系统管理员，还要介绍给老板/KP）。

在平常服务时，CSM 要多点接触客户那里不同岗位的人。

在每次 CSM 到场服务时，要让老板（或 KP）知道我们这次帮解决了哪些问题。我很早就发现，很多老板不续费的原因是他觉得没人服务，一问 CSM 冤枉得不行，其实他去公司服务过很多次，但老板不知道。

（1）每季度出一份给客户看的使用情况报告，包括下一步的使用建议等。

（2）沉淀客户侧的资料和经验。

（3）需要有一些自动统计的行为数据、健康分、舆情监控记录来促进客户补充档案。不能什么都依靠人工跟踪。

总而言之，在时间维度上，每个阶段要做"对"的事。在人际关系网的维度上，要"多点接触"。

关于多点接触，我多说两句。不仅 CSM 要与客户企业多点接触，我们的 CSM 部门负责人、销售代表、销售主管、销售 VP 甚至 CEO，都可以与客户企业的不同层级关键人物有接触。当然，接触点的数量则与客单价有关，客单价越大接触点就应该越多。

4.4.4 除了文化，还要有制度配合

为了实现全生命周期的客户成功，我们当然要在公司里不断宣传，不断建立"客户第一"或"以客户为中心"的企业文化。但为了最终落地，我们还需要有制度配合。为了加深印象，我这里讲几个相关的落地制度。每家企业所处的阶段不同，适用的制度也不同。

先讲一家知名 SaaS 企业的做法。他们是国内客户成功做得最好的企业之一，公司有一条规定：如果客户首年续费失败，则对原签约销售代表进行负激励（季度业绩会受影响）。

我在 CEO 群里抛出这个方法后，大部分 SaaS 企业都比较难接受。后来我总结了一下，这项措施只适合续费率很高的企业。首先，大部分客户遵循标准流程都能用好产品，这说明产品没问题；同时，成熟的 SaaS 企业会为一个不续费的客户花费巨大的代价（成本可能超过收到的费用），如果仍不能续费，则很大概率说明是销售代表当时选错了客户。

我思考了一下，对于客户数续费率没超过 90% 的企业，不续费的原因太多，用这个方法确实打击面太广了。各部门为此扯皮的成本会很高。

那么，我们可以退一步，不考核销售代表，而考核销售主管。

从概率上来说，他带领的团队成交的客户中，会有一定比例次年不会续费，但这个比例要设法做到不超过公司的底线。销售主管有丰富的业务经验加上团队总体概率，因此销售主管有能力也有主动性去关注"找到对的客户""引导对的需求"和"正确销售"这几个客户成功前的关键问题。

有的企业可能还没到能这样做的阶段，那还有一个方法：这个销售主管的"客户数续费率"指标不作为季度或年度考核指标，而是作为未来的晋升标准。让那些找到对的客户，不仅为公司带来当下销售收入，更为公司带来长远价值的销售主管优先得到晋升。

当然，更简单的（但效果是最差的）方法就是，续费成功后给原签约销售代表一些正激励（提成奖金等）。但这样真能让销售代表放弃一个愿意签约的不对的客户吗？我表示怀疑。

至于该选择哪个方法，每家公司又会受到很多内外部环境及人才因素的影响。欢迎大家到"SaaS 白夜圈"留言探讨（二维码见本书封底）。说到底，这需要 CEO 根据自己企业所处阶段做出重要决定。

4.4.5　作为 CSM，应该如何思考

我们再来看看从一个 CSM 的角度应该如何思考。

有了对客户生命周期的认知，CSM 及 CSM 负责人更有机会跳出自己部门的"筒仓"，而从全局视角来分析客户成功的工作，以及自己正确的应对方式。

第一，从全局上理解客户成功：最终的客户成功都是从我们企业与客户的第一个触点开始的。因此，我们要推动 CEO，以及产品、市场、销售、实施等业务部门，甚至财务等职能部门（提供开发票的服务，也会对客户的感受产生影响）的一体化设计和改造业务流程、业务思路，令一切为客户成功服务。

第二，和 CEO 及其他部门负责人一起，找到合理的改造路径及节奏，并兼顾短期成本与长期服务品牌的成长。

第三，也要在上游环节贡献自己的价值。

例如，有些 CSM 同学说市场部输出的客户案例不实用，用于营销环节还马马虎虎，用于客户成功的服务、轻咨询环节就不行了。那该怎么办？咱们 CSM 自己做客户应用案例啊！其实 CSM 才是最知道客户在使用过程中解决了什么痛点，获得了怎样价值的人。我认为，CSM 输出的案例往往更真实和具体，包装好了更能够打动客户。

第四，在发现客户具体的使用困难时，从全流程的视角，从头分析是哪个环节出现了问题，并协同原触点责任人一起设法补救。

总而言之，CSM 不要只关心别人把客户交接给自己之后的工作，CSM 负责人不要把管理视野只局限在自己部门里，这样才能做好客户成功。

4.5　续费、增购的责任主体

我的公众号的读者群里经常会讨论"续费、增购该由谁负责？"的话题，但由于牵涉多个部门的协作，往往谈不出结果。"谁负责"是一个太抽象的说法，我们需要明确地切割职责并定义职责。

我们今天就一起探讨一下，续费及增购的责任层次、决定因素、决策考量要素和 KPI 设计。

4.5.1　续费、增购的责任层次

直接说结论：续费应该由 CSM 负责，增购中 Upsell（增购客户数等）的责任主体也是 CSM，Cross-sell（增购新模块等）的责任主体可能是销售代表，也可能是 CSM。

为了方便理解，我设计了一张表，如下所示。

新购、增购、续费责任层次的推荐模型				
责任层次	新购	增购		续费
		Cross-sell（增购新模块/服务）	Upsell（增购用户数）	
价值提供者&责任主体	销售代表（售前支持）	销售代表/CSM	CSM	CSM
实质商务推进人	销售代表	销售代表	CSM	CSM
签约执行人	销售代表	销售代表	销售代表/CSM	CSM

说明：如果续费签约的工作量很大，为节约CSM的时间，可以设置"续费商务专员"，其只负责签约执行工作，放在客户成功部管理。该岗位拿绩效奖金，是运营而非销售岗位。

首先，我们先来解读一下"责任层次"。当大家谈"谁负责"的问题时很容易弄混这 3 个职责。

- 价值提供者：是真正为客户带来价值，引起客户购买动作的源头。其也是增购或续费工作的责任主体。举例来说，在新购阶段，是销售代表和售前技术支持人员为客户提供价值（包括产品价值描述、痛点沟通和提出解决方案）。而在服务阶段，是 CSM 为客户提供价值。

- 实质商务推进人：价值提供者未必适合或未必有能力推进新购、增购、续费的实质商务工作，例如推动客户企业内部决策流程，谈价格及折扣，等等。对 Cross-sell 来说，因为要向客户推荐新模块（或新产品和服务），所以需要推进客户方的决策流程，这个工作更适合销售代表来做。而关于续费工作，因为是按原合同的主要条款续费，所以 CSM 能够独立操作（当然，这也与产品复杂程度及客户企业的规模有关，下面有进一步描述）。

- 签约执行人：做的是纯操作层面的工作，包括签署合同、提供发票等。

我们只有把这 3 件事拆开，才能进一步探讨"谁负责"的问题。

其次，大家还会发现，表中从左至右，从新购到 Cross-sell 到 Upsell 再到续费，向客户介绍的新东西要越来越少，而提供的服务价值则越来越多。

所以在整个矩阵中，越往左下越偏向商务工作（销售代表），越往右上越偏向服务工作（CSM）。

该表是一个推荐模型，而在 SaaS 企业的实际操作中，还有其他一些决定因素。

4.5.2 其他决定因素

续费全程均由 CSM 负责，这是推荐的方式（但在实际运作中，少量 SaaS 企业仍然由销售代表负责续费）。至于 Upsell 是否需要销售代表参与，是由销售代表全权负责还是由 CSM 主导，则由以下因素决定。

- 客单价。客单价越高合同金额越大，就越需要商务能力强的人员参与。例如几万元的 Upsell 合同，CSM 往往自己就能搞定；而几十万元、上百万元的 Upsell 可能需要重新走招标流程了，不适合 CSM 独自跟进。

- 客户规模。客户规模越大，决策链条就越复杂。这时候显然由销售代表来运作更合适。

- 续费难度。续费率比较低的公司为了让指标好看一些，会倾向于让销售代表把客户重新"啃"下来，而不是自然而然地续费。关于这一点我们在后面章节再探讨。

- 现有 CSM 的能力模型。这只是中短期因素。从长期看如果要节约成本，CSM 还需要稍微有些商务沟通能力。

- 客户成功负责人的倾向。这同样是短期因素。

4.5.3　具体操作：决策考量

那么如何进行自己公司的新购、增购、续费的责任分配呢？除了参考我们上面讲的这个推荐模型，还需要重点考虑以下 3 个方面。

- 成本。成本是重要的考量因素。销售代表拿提成，由销售代表负责续费成本相对是高的；而 CSM 及续费商务专员，拿的是绩效奖金，续费成本相对低。

- 职责划分。销售代表在公司战略中承担的是新客户开拓的责任，他们分心做续费势必影响公司整体新开速度。

- 效果。关于效果，可以做时间轴或随机抽样客户的 A/B 测试。例如，分组观察销售代表介入续费和不介入续费情况，续费率的变化有多大？多拷问自己：这个变化是可持续的，还是不可持续的？

4.5.4　具体操作：KPI 配套

清晰划分职责后，两个岗位的相关 KPI 也就出来了。

CSM 的 KPI 包括以下几点。

- 续约率（客户数）：CSM 对客户总体续约水平负有责任，销售代表做续费不会考虑这一点，因为对于销售代表要考核的是业绩的绝对数字，一个电话追不回来的小客户自然就被放弃了。

- 续费率（金额）：分子包含负责客户的当期增购金额，引导 CSM 积极争取增购机会，并与销售代表配合（如果需要）完成增购签约。

销售代表的 KPI 包括以下几点。

- 新客户（新购）销售业绩指标。

- x 月内的增购可以视同新购。这个 x 设置为多少，与成交周期有关。

增购职责在时间轴上的划分，如下图所示。

中、低客单价产品的增购职责边界

举个例子，对于客单价在 4 万元～10 万元，成交周期为 2 个月左右的产品，x 可以取 6 个月。在签约后仍由销售代表继续负责跟进客户增购事宜，6 个月内的增购视同新购业绩。从第 7 个月开始，我们可以认为销售代表在签约前与客户约定好的增购也已经在这 6 个月中完成增购签约；而 CSM 已经服务了 6 个月时间，这之后的增购应该是 CSM 的贡献更大，所以增购业绩不再计算到销售代表头上（提成奖金可以继续有，但提成比例会有所下降）。

有一类特殊情况，就是超大客户。我 2006 年在华为工作时，湖北电信这样的大客户是由一个专职的 AM 负责的。他只服务这一个客户，当然比所有的服务人员更上心。这背后的原因是，客户的 Upsell、Cross-sell 频率很高，金额也大（华为一个 AM 每年承担大约 1 亿元的销售任务）。如果咱们的客户也是这样的类型，可以设置 AM 为大客户全局调度资源，这应该是效果更佳的方式。

如果仍由销售代表作为续费的责任主体或商务推进人（我并不推荐采用此方式），建议把新购业绩、增购业绩与续费业绩目标分开。不能用续费回款抵减新购业绩目标，否则会影响公司的新客户增长速度。

4.5.5 续费的问题

说到续费，我看到有不少公司迫不得已还是由销售团队深度介入续费工作。我不禁要问，如果大量客户不续费，让销售代表再去销售一次就可以了吗？销售代表续回来的，是续费客户，还是新客户？

我认为，SaaS 企业的续费，应该是正常服务后自然而然发生的事情。如果很多客户不续费，与其让销售代表去威逼利诱客户签约，不如想想以下事情。

- 我们的 PMF 是否还没有做扎实？要不要停下营销扩张，先把产品打磨好？

- 我们的 CSM 面对的是对的客户吗？应付客户不正确需求的服务和研发代价，对产品公司来说是否已经超过合同金额？

- 在从首次接触客户到续费的过程中，端到端的设计做好了吗？每个部门都以正确方式参与其中了吗？文化铺垫、业务流程、KPI 设计、交接环节都做到位了吗？

在 2020 年 5 月，我做过一次投票，统计业内各个公司是如何划分新购、增购和续费的职责的，以客单价 10 万元为分界点，如下图所示。

业务：市场、销售与客户成功

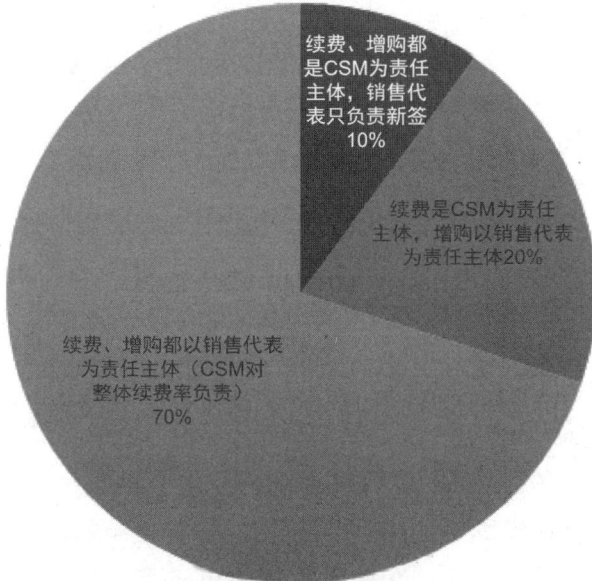

客单价≥10万元

续费、增购都是CSM为责任主体，销售代表只负责新签 10%

续费是CSM为责任主体，增购以销售代表为责任主体20%

续费、增购都以销售代表为责任主体（CSM对整体续费率负责）70%

客单价<10万元

续费、增购都以销售代表为责任主体（CSM对整体续费率负责）38%

续费、增购都是CSM为责任主体，销售代表只负责新签42%

续费是CSM为责任主体，增购以销售代表为责任主体20%

可以看到，客单价在 10 万元以下的 SaaS 企业，由 CSM 负责续费及增购的比例较高。而客单价在 10 万元以上的企业，则往往仍由销售代表承担增购甚至续费的职责。

相信未来会更倾向于让 CSM 团队来承担这些事情，因为我们国内的 SaaS 企业在客户成功这方面必将越来越成熟。

4.6 续费率与 NDR 在算法及应用上的差异

在某期"CEO 实战营"中，我与 10 几位 SaaS 企业创始人探讨产品、销售和财务模型 3 个方面的问题。有同学问到 NDR 的准确算法是怎样的，确实很多 SaaS 企业都没弄清楚该怎么算。我花了一周的时间仔细研究了这个问题。

以前我也认为 NDR≈金额续费率，不用太纠结。没想到，当我列出了续费、增购、多次增购、退款等 9 个例子后（将在下文展示），发现两者从公式、结果到背后应用的差异都很大。我又花了几天时间查资料，与 CSM 高手探讨，最终做出一套续费率及 NDR 的算法公式及其不同的应用场景。

4.6.1 金额续费率

先从相对简单的续费率说起。续费率分两种，分别是客户数续约率（简称续约率）和金额续费率（简称续费率）。建议公司内部使用统一的词汇。我们先列计算公式：

$$续费率 = \frac{当期应续客户累计实续金额}{期初应续金额}$$

这里所有的实续金额中都包括增购金额。

请注意，有一个公式是错误的，但很多企业在使用，即当月续费率 = 当月实续金额 / 月初应续金额。我列个表大家一看就懂了，如下所示。

续费率的算法示意表

单位：万元

	2022年											
	1月	2月	3月	4月	5月	6月	7月	8月	9月	10月	11月	12月
5月应续金额					100							
5月实续金额					120							
5月应续客户的实际续费日期分布				30	50	3	1	0	1	0	0	0
截至当月底的续费率					80%	83%	84%		85%			

我们看到，5月份的应续金额100万元中，有的是提前续的（30万元），有的是当月实际续的（50万元），还有的已经错过续费期，但可能我们还没有关停账号，后续月份又挽回的（5万元和3万元）。

所以我们在5月底计算续费率为80%，9月底为85%。在实际工作中，到了年底这个续费率还会略微上升一点。这样计算续费率有个缺点：到了5月底并不能知道5月份应续金额中，最终（例如到年底）有多少金额能实际续到。在实际操作中，客户成功部门是有一个大致准确的经验数字的：后续月份大概还能挽回2%~8%（本例为5%）的金额。

我们也讲一下错误算法：当月续费率 = 当月实续金额 / 月初应续金额。如果我们用5月份的实际续费金额（120万元）除以应续金额（100万元），就会得到一个错误的续费率。这在实际工作中也会常常发生，提前3个月做续费准备，有部分客户提前1~2个月续费，"寅吃卯粮"的现象是正常的。但我们在关键指标的算法上不应该有漏洞，否则会误导团队，也会导致错误的决策。

上面讲的是月度金额续费率，那么年度呢？年度续费率的算法也是一样的，我们应该用当年应续客户累计实续金额来作为分子，而非所有实续金额的相加结果。

当年续费率 = 当年应续客户累计实续金额 / 年初应续金额

那大家会问了，如果截至 1 月 1 日做统计，则 10 月、11 月、12 月还没来得及挽回的 5%就漏算了，怎么办？我是这样考虑的。

- 这个挽回的比例本身很低，而且只涉及最后两三个月份。

- 年底有各种冲刺及促销活动，活动后还能挽回的比例更加有限。这部分影响大概在 1%左右。

- 如果每年都用同样的算法，做年度间的对比，干扰就更小了。

有的企业还会考虑一个"不含增购的续费率指标"。这个指标与"（客户数）续约率"一样，都是做历史对比用的二级指标。

至于续费率指标的意义是什么，我们拿它与 NDR 做对比更容易理解。

4.6.2　NDR 与年度续费率的客户统计范围差异

首先我们看一下NDR 与年度续费率客户统计范围的差异，如下图所示。NDR 的计算范围是上期的有效客户。年度续费率的计算范围是当年服务到期的客户。

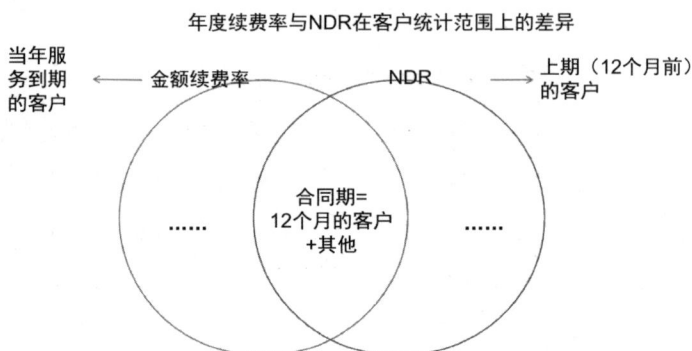

年度续费率与NDR在客户统计范围上的差异

在所有销售合同服务期都是 365 天（闰年为 366 天）的情况下，两者统计的客户是一致的。而在 SaaS 企业实际经营中，都会有部分超过或短于 12 个月的合同。所以 NDR 与年度续费率的客户统计范围总是不同的。

顺便说一下两个指标的统计周期。

- 续费率可以有年度续费率，也可以有月度续费率。请注意，两者不是简单的算术或加权平均的关系。

- NDR 则必须以 12 个月为周期统计。但同样可以有全年 NDR，也可以有上年 5 月至当年 5 月的 NDR。

4.6.3　NDR 的计算公式

我在自己的 SaaS 专业群里与北森云、神策、领健的客户成功高手们探讨过 NDR 算法。大家对算法的意见也不统一。但我们都认同一个原则：大道至简。

其中做过实施及客户成功 VP（副总裁）的张涛讲了一个故事：之前我们搞了一个特别复杂的 NDR 版本，发现大家理解不了，后来就用特别简单的一个算法。理解不了就无法落地执行，所以过于复杂的"完美"设计没有意义。是的，我们需要选择一个简单易懂的算法。常见的错误 NDR 公式是这样的：

$$NDR = \frac{本年ARR}{上年ARR}$$

但计算 ARR 需要把全年 MRR（月度经常性收入，Monthly Recurring Revenue）加一遍，这非常容易出错。更重要的是，这个公式是有漏洞的。

我们来看一个很常见的具体的例子，如下图所示。

	2021年													2022年													2022年 NDR (按ARR)	2022年 NDR (按MRR)
	1月	2	3	4	5	6	7月	8月	9月	10月	11月	12月	ARR	1月	2月	3月	4月	5月	6月	7月	8月	9月	10月	11月	12月	ARR		
客户A0							36													36							200%	100%
动作							新购12个月													续费 (12个月)								
MRR							3	3	3	3	3	3	18	3	3	3	3	3	3	3	3	3	3	3	3	36		

客户 A0 去年 7 月一个 36 万元一年期的合同，MRR=3 万元。今年 7 月以原价续费。去年 ARR=MRR×6= 18 万元。2022 年的 ARR=MRR×12= 36 万元。按照 ARR 计算 NDR 为 200%，而按照期末月份（两年的 12 月）MRR 计算则 NDR=100%。

哪一个算法更能反映真实业务状况？这个客户的价值贡献明明没有变，按照 ARR 计算结果却会多一倍。可以说，按照 ARR 计算 NDR 得出的结果是不准确的。 为此我阅读了相关资料，罗列了各种场景，以及与高手们交流，研究一个星期后确认了一个适用面很广的结论。在此我推荐下面这个含义更清楚且简单的公式：

$$NDR = \frac{\text{本期末MRR}}{\text{上期末MRR}}$$

有朋友问，一年有 12 个月，只看最后一个月的 MRR 能准确吗？

我细想了一下，MRR 已经是一个过往历史业务以及当年全年业务的积累。去年底的这群客户，无论是续费、增购还是断续，都会反映到 MRR 中。所以最后一个月的 MRR 正是反映了以往全部历史的业务结果。它不仅包含当年的，还包含往年的业务积累。

后来 CSM 和我探讨具体到"天"的操作问题，和她探讨后我做一点补充。具体问题是这样，如果一个客户是 1 月 17 日购买的产品，当月的 MRR 只是 14 天的，次月有完整的 28 天，如果按天计算，则这个客户的 MRR 在两个月之间有一个大幅上升。

我是这样考虑的。第一，公司的财务结算按照月度进行，所以用 MRR 更合适；如果真按 DRR（Daily Recurring Revenue）计算 NDR，就过于复杂了。

第二，NDR 的对象是公司整体客群或某一个客群类别，一般数量比较大，某一个客户的 MRR 波动并不会对总体统计有大的影响。从会计的重要性原则上，可以忽略这些小波动。

第三，也有部分 SaaS 企业每年在 12 月的签约比重很大，而且其中很多客户是在 12 月底签约（加上每年公司营收有大幅增加）的，这确实会对年度 NDR 有影响。于是，和我探讨该话题的 CSM 团队提出，计算年度 NDR 可以将时间设定为从去年 4 月到今年 3 月，从而避开淡旺季的影响。

实际上，在财务会计领域也有很多具体的应对淡旺季的方法，有兴趣的读者也可以与财务部的同事交流探讨。

从这个例子中，我们可以看到，由于大部分 SaaS 企业的商业模式类似，所以一个 SaaS 公式或计算逻辑是相对稳健的。但落实到各个具体企业中，又需要针对实际情况做微调。这也是理论结合实践的乐趣。

4.6.4 NDR 与年度续费率的差异

搞清楚续费率与 NDR 的公式，我们再来看两者在具体案例上的差异。为了清晰地对比，我由简单到复杂设计了 9 个具体的例子（统计时间点都是 2022 年 12 月）。

案例 0（基础情况）：在上文出现过的"客户 A0"的例子是一个最简单的案例。以 12 个月为周期付费，ARR 为 36 万元，每月 MRR 为 3 万元。如果该 SaaS 企业只有这一个客户，那么公司 2022 年的 NDR 与金额续费率都是 100%，如下图所示。

案例 1：我们逐步增加案例的复杂度。客户 A1 与客户 A0 只有一个差别，那就是在上一年 10 月发生过 10 万元的增购，增购到期日与下次续费拉齐正好是 10 个月。由此 MRR 增加 1 万元，请见下表中的灰色数字。大家会发现，从 MRR 的角度看，收入非常清晰。

从 2022 年 NDR 的角度，NDR=本年 12 月的 MRR(4 万元)÷上一年 12 月的 MRR(4 万元)=100%。从续费率的角度，年初知道该客户的 MRR=4 万元，所以今年应续金额为 4 万元×12=48 万元。注意，金额续费率与 NDR

的统计客户范围不同，但两者的分母却都是 MRR×12。续费率的"应续金额"并不是去年的合同总额，即不是 36 万元+10 万元=46 万元。

在本例中，本年实收入也是 48 万元，所以金额续费率=100%，两者一致，都反映了该客户今年没有变化，既没有增购，也没有断续。

案例 2：我们再看下表中的客户 A2，其比 A1 多了一个本年的增购 10 万元。虽然也是 10 万元，但只覆盖 5 个月服务期，因此 MRR 增加 2 万元。

	2021年															2022年												2022年 NDR（按 MRR）	2022年金额续费率	
	1月	2	3	4	5	6	7月	8月	9月	10月	11月	12月	ARR	1月	2月	3月	4月	5月	6月	7月	8月	9月	10月	11月	12月	ARR			
客户A2（增购）							36			10					10					72								年初应续	48
动作							新购12个月			增购1万MRR (1万*10个月)					增购2万MRR (2万*5个月)					续费 (12个月)								本年实收	82
MRR							3	3	3	4	4	4	21	4	6	6	6	6	6	6	6	6	6	6	6	70	150%	续费率	171%

$$NDR = 年底 MRR（6 万元）÷ 去年底 MRR（4 万元）= 150\%$$

年初应续金额还是 48 万元（去年底有 4 万元 MRR），本年实收金额=10 万元+72 万元=82 万元。续费率=82 万元÷48 万元=171%。

两相对比，我们可以发现 150% 的 NDR 更能反映客户价值贡献的增加（MRR 从 4 万元增加到了 6 万元）。而金额续费率在反映客户价值贡献方面就比较粗糙了，但实收金额也是有意义的。这一点我们下面再探讨。

大家思考一下，为何客户 A2 的金额续费率比 NDR 高了 21%（两者分母相同，但续费率的分子多了 10 万元）？如果客户不仅在 2022 年续费了，还有一次增购呢？

案例 3：我们看看客户 A3，如下表所示。

	2021年															2022年												2022年 NDR（按 MRR）	2022年金额续费率	
	1月	2	3	4	5	6	7月	8月	9月	10月	11月	12月	ARR	1月	2月	3月	4月	5月	6月	7月	8月	9月	10月	11月	12月	ARR			
客户A3（增购）							36			10					10					72			9					年初应续	48
动作							新购12个月			增购1万MRR (1万*10个月)					增购2万MRR (2万*5个月)					续费 (12个月)			增购1万MRR (1万*9个月)					本年实收	91
MRR							3	3	3	4	4	4	21	4	6	6	6	6	6	6	6	6	7	7	7	73	175%	续费率	190%

客户 A3 比 A2 多了一个 2022 年 10 月的 9 万元增购（MRR 增加 1 万元）。

这时，金额续费率只比 NDR 多 15%（相差 7 万元），差距反而变小了，为什么？想出答案的读者，欢迎留言。我也是想了很久才明白。我们弄清楚这一点，就会更加深刻地理解续费率与 NDR 的差别。

案例 4：大家都关心多年单对 NDR 和续费率的影响，我们也举个例子，看下表。

	2021年													2022年													2022年 NDR（按MRR）	2022年金额续费率	
	1月	2	3	4	5	6	7月	8月	9月	10月	11月	12月	ARR	1月	2月	3月	4月	5月	6月	7月	8月	9月	10月	11月	12月	ARR			
客户A0							36													36								年初应续	36
动作							新购12个月													续费（12个月）								本年实收	36
MRR							3	3	3	3	3	3	18	3	3	3	3	3	3	3	3	3	3	3	3	36	100%	续费率	100%
客户B0（多年单）							72																					年初应续	0
动作							新购36个月（买2年送1年）																					本年实收	0
MRR							2	2	2	2	2	2	12	2	2	2	2	2	2	2	2	2	2	2	2	24	100%	续费率	-

我们对比一下客户 B0 与 A0 的区别。从 2021 年 7 月开始，SaaS 企业给客户 A0 与 B0 提供的服务相同。只不过对客户 A0 每年收费 36 万元，而 B0 是买 2 年送 1 年（打了 6.7 折）。A0 客户签的是 36 万元的合同（MRR=3 万元），而对 B0 客户改为了买 2 年送 1 年，合同额为 72 万元（MRR=2 万元）。我们可以看到，虽然回款增加了一倍，但 MRR 少了 33%。到了 2022 年，MRR 没有变，所以 NDR 是 100%。但在计算年度金额续费率时，分子和分母都不会包含这个客户的续费金额，所以该客户对 2022 年的金额续费率没有影响。

案例 5：再变化一下。如果客户 A7 在 2021 年与客户 A0 一样，都是签了一个一年期 36 万元的合同，但到了 2022 年续费时，对客户 A7 改为提前续 2 年送 1 年，此时 NDR 和续费率该如何计算？请看下表。

	2021年													2022年													2022年 NDR（按MRR）	2022年金额续费率	
	1月	2	3	4	5	6	7月	8月	9月	10月	11月	12月	ARR	1月	2月	3月	4月	5月	6月	7月	8月	9月	10月	11月	12月	ARR			
客户A0							36													36								年初应续	36
动作							新购12个月													续费（12个月）								本年实收	36
MRR							3	3	3	3	3	3	18	3	3	3	3	3	3	3	3	3	3	3	3	36	100%	续费率	100%
客户A7（续多年）							36													72								年初应续	36
动作							新购12个月													续费36个月（买2年送1年）								本年实收	72
MRR							3	3	3	3	3	3	18	3	3	3	3	3	2	2	2	2	2	2	2	30	67%	续费率	200%

提前续 2 年送 1 年，MRR 从 3 万元降到 2 万元，NDR = 67%。但金额续费率却增高到 200%。通过这个例子，大家是否能更强烈地感受到 NDR 与续费率的差异？

其他案例：对于断续后挽回、第一年即退款、跨年退款等例子，我也都做了续费率与 NDR 计算结果的对比。有兴趣的读者可以自己细看以下表中的数字。道理差不多，我就不赘述了。

客户A4（断续后挽回）	36										0		36						年初应续	36
动作	新购12个月								续费失败	成功挽回								本年实收	36
MRR	3	3	3	3	3	3	18	3	3	3	3	0	0	3	3	3	3	30	100%	续费率	100%

客户A5（当年退款）	36			-30															年初应续	0
动作	新购12个月		退款															本年实收	0
MRR	3	3	3	0	0	0	9	0	0	0	0	0	0	0	0	0	0	0	-	续费率	-

客户A6（跨年退款）	36								-6										年初应续	36
动作	新购12个月																		本年实收	-6
MRR	3	3	3	3	3	3	18	3	3	3	0	0	0	0	0	0	0	12	0%	续费率	-17%

以上我们分别从案例、数字、公式进行了讨论，相信大家自己也能推想出我的结论了：NDR 反映的是公司客户价值的增减，而续费率反映的是服务、续费工作的执行落地程度。

对于投资人、CEO 及财务部门来说，NDR 是非常重要的衡量 SaaS 企业价值的指标。而对于致力于实操落地的客户成功部门来说，用续费率更能衡量他们的工作业绩。

然而，NDR 对于 CSM 来说，有很多他们不能控制的因素，例如，公司出台的续多年政策等。而在历史指标的基础上，提升（客户数）续约率到 80%，提升（金额）续费率到 95%（含增购）等，这些则是 CSM 可以直接努力实现的。

4.6.5 公司范围的探讨

SaaS 企业的计费有多种方式。下图是 2022 年 3 月我研究"定价方式"时，读者朋友们配合做的定价方式调查结果。

本公司SaaS产品的定价方式（最主要的收入来源）（单选）

按客户企业使用人·年计费（例如，800元/人·年）
127票 36%

每个企业收固定年费（例如，每年2万元/机构，不限用户数）
108票 31%

按消耗量（订单数网络流量等）计费(例如，每千次调用500元)
49票 14%

按并发数上限计费（例如，每年10万元/1000个并发）
15票 4%

与客户分享销售额（例如，分增收部分的20%）（已选）
18票 5%

按模块：买断，次年起收首年10%～20%的费用
15票 4%

其他方式——欢迎留言简要说明
15票 4%

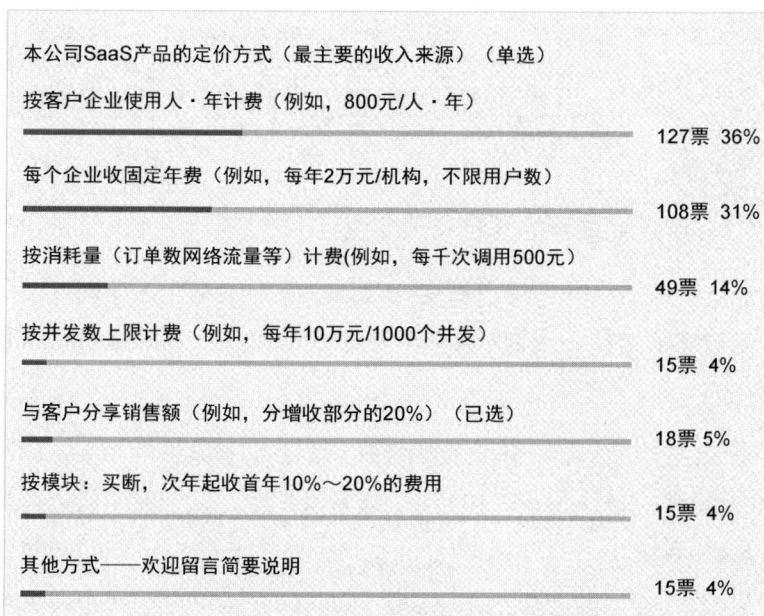

　　除了按模块计费方式，上面的 5 种计费方式本质上都是订阅方式，都适合按照上面所讲的方式计算 NDR 和续费率。对于按月计费的 SaaS 产品（在中国较少见，硅谷有一些），按我这里推荐的用 MRR 计算 NDR 的方式更没有障碍。

　　关于 NDR 和续费率，期待大家到"SaaS 白夜圈"留言探讨。

4.7　你的活跃度指标定对了吗

　　众所周知，CSM 在工作中最关注以下几个指标。

- 客户数续约率。

- 金额续费率（含增购）。

- 产品使用活跃率。

- NPS。

其他指标都是滞后的，而"活跃率"是最及时的指标，由它能看到企业使用 SaaS 产品的"活跃度"，而活跃度反映了 SaaS 企业在服务工作上的表现。

4.7.1 活跃度指标的几种错误定义

一个较复杂的产品，用户需要进行很多复杂的操作，而衡量活跃的标准仅仅依赖登录次数，这样对吗？只是按照登录次数判断是否活跃是否太单一了？

某个 SaaS 产品的客户是连锁门店品牌。我们看具体的数字，1 个 CSM 负责 50 个品牌，1 个品牌有 100 个门店用我们的产品，每个门店有 5 个员工操作 SaaS 系统。

查看这家 SaaS 企业的活跃度数据，发现都是指门店的活跃程度。比如，某个 CSM 负责 50 个品牌（共有 5000 个门店），目前的活跃度指标主要是指这 5000 个门店活跃的状况（比如有 4000 个门店是活跃的）。大家思考一下，这样的定义合理吗？

另一个 SaaS 产品是给企业里的个人独立使用。某个 CSM 服务 100 个个人账号，活跃度指标就是看这 100 个账号中有多少个是活跃的。这样的活跃度指标定义合理吗？

4.7.2 定义活跃度指标的目的和原则

首先，为什么我们需要定义活跃度指标？

我的认知是，SaaS 的本质是续费，续费率很重要，但客户的续费率需要等 12 个月后才知道（滞后）。所以需要找到一个能更快反映未来续费可能性的指标。

也就是说，定义活跃度指标是为了预测续费率。所以定义活跃度指标的原则也就很清楚了：代表某个/某批客户的续费可能性。

举个例子，一批客户在服务到期前 3 个月的活跃率为 90%，那么续费率大约是 81%。如果能发现这个公式成立：续费率 = 活跃率×0.9，它就能直接指引 CSM 的很多工作。

同时，活跃率也要容易计算并且够及时（一般是运营系统自动计算）。

4.7.3 活跃度与健康度、北极星指标

有的 SaaS 企业还会用到"健康度"指标。大的逻辑是这样，能直接由运营系统算出来的"活跃率"（数字）与续费率之间的关系仍然不够确定，那么我们进一步引入"健康度"指标。

健康度 = 机器输出的"活跃率"+人为打分判断

"人为打分判断"包括：客户有没有经常使用产品，客户的主要业务流程有没有在产品中运行？等等。

使用"健康度"指标的目的与"活跃度"相同，都是为了预测"续费率"。而健康度因为加入人为判断所以更加准确，因此可以不断调整达到纷享销客的肖京晶提出的"与续费率无限接近"的程度。

至于"北极星"指标则是一个可遇而不可求的好指标。首先，它必须是单一维度的指标，所以简单锋利。其次，要容易获取、有先导性、能反映产品给客户提供的真实价值。

举个例子，我认为对于"有赞微商城"和"小鹅通知识店铺"这样的产品，北极星指标就应该是该客户的店铺累计营收额是否突破一定数额。因为客户花了几千元买了店铺 SaaS 产品，如果营收不能突破这个数额，店铺大概率活不下来，何谈续费？如果能满足北极星指标的要求（例如 8 万元），则客户大概率会长期使用该产品。

我们说北极星指标可遇不可求，是因为确实不是每个 SaaS 产品都能找到一个这么清晰且容易得到的指标。但如果能找到，它对指导 CSM 前 3 个月的工作会非常有帮助。

4.7.4　定义活跃度指标的具体操作过程

可从多个维度设计活跃度指标。这里我们按最常规的时间维度来定义。对于更复杂的情况，大家可以在掌握了常规方法后，根据相同的原则去扩展并做 A/B 测试。

假设一个企业平均购买 100 个账号，每个账号的费用为 1000 元/年。我们来定义活跃度指标：

1）设定关键动作标准：用户登录，填写销售记录，创建订单等。

一般来说，只有登录这个动作还不行，填写销售记录也不够好，要是有与业务相关的动作如创建订单就好多了。

如果单个动作不能满足需求，还可以计算关键动作总数，例如把填写销售记录数量+创建订单数量+发起审批数量等这些关键动作的数量加起来得到一个动作总数。这个关键动作总数就足以体现客户使用产品的真实状况了。

很多 SaaS 企业纠结是否要等着系统埋点，或者等上了神策数据或GrowingIO 等用户行为分析系统，才可以定义活跃度指标。其实完全没必要，基础的登录数据、订单数量，在后台通过写 SQL 就可以得到（记得做好数据权限控制，保障客户数据的安全）。有神策数据等工具最好，没有，也可以用其他方法得到这些数据。

2）为"日活跃度"设置零、低、中、高 4 个标准。

（1）零活跃度：当日无关键动作。

（2）低活跃度：0＜当日关键动作≤开通账号数×60%×2 次（也就是说，平均下来，60%的用户有 1～2 次关键动作）。

（3）中活跃度：开通账号数×60%×2 次＜当日关键动作≤开通账号数×60%×4 次（假设有 4 个关键动作就可以表明该产品被使用得较多）。

（4）高活跃度：①当日关键动作＞开通账号数×60%×4 次，且②当日登录账号数≥60%（这是为了防止登录人数很少，但这少数用户的使用量却很大的情况）。

以上只是举例，对于不同产品会有不同的参数取舍。可能对于有的 SaaS 产品，我们很看重开通率，也可以将其作为一个限制条件。但总体来说，要设法应用一个较简单的公式来判断，这样才容易把 4 个不同的活跃度标准清晰分开。

3）周活跃标准：一周之中，活跃天数≥3 天。

4）月活跃标准：一月之中，活跃天数≥12 天（或当月工作日数×3/5）。

5）月活跃率 = 月活跃企业数量 ÷ 付费企业总数。

真正用作评估指标的，往往是"月活跃企业数量"和"月活跃率"。而 CSM 的日常工作就包括：每日观察自己负责的企业的活跃率，对于个别活跃指标异常的企业及时介入调查。

关于续费率、活跃率等指标，我们客户成功圈中的范特西在《客户成功指标体系构建》等系列文章中也有很多讲解，有兴趣的读者可以在 CSMClub 等公众号及知乎上找到这些文章阅读。我与范特西就 ARR 的定义做过反复探讨，由于这些很具体的指标的计算标准在业内还在探讨中（包括硅谷已上市的 SaaS 企业也在财报中各自定义 NDR 等指标），所以大家会发现具体算法各家企业各有不同，但大逻辑是一致的。

4.8 CSM 与销售代表如何高效协作

某次我与 4 位嘉宾连麦直播，讨论 CSM 与销售代表的协作难题。参与的嘉宾有 CEO、客户成功负责人、产品经理，也有同时负责销售与服务的 VP。具体来说，我们发现他们之间的协作有如下 4 个主要困难。

- 将成交客户都转交给 CSM 维护，销售这边有被利用的感觉。

- CSM 发现销售代表过度承诺，导致交付和续费困难。

- 销售代表认为 CSM 技能和服务意识不足，不愿意转交成交客户。

- 交接草率，客户仍然找销售代表解决问题。

4 位嘉宾在连麦交谈的过程中输出了很多有见地的观点和解决方法。

4.8.1 第 1 个问题：客户是谁的

这是销售代表心里的底层问题。毫无疑问，客户当然是公司的，但公司也要考虑销售人员的贡献。

销售代表的主要工作是拓新，拓新成功后拿首单销售提成。

首单后一段时间内的增购，视同新购业绩（这段时间的长短与客单价有很大关系，详见前面关于续费、增购的责任主体的讲解）。

公司可以考虑在首次、再次续费时，给予销售代表一定的提成奖金（但不建议仍计算业绩）。

相应地，销售代表也要承担交接及部分后续服务中的辅助工作（包括客户要求转达、客情继续维护等）。

客户是公司的，但客情是自己的，帮助客户在后续能够正常使用产品，这些客户才会成为自己未来发展的重要资源。

4.8.2 第 2 个问题：销售代表过度承诺

这是每家 to B 企业都会面临的问题。对此问题，大家给的建议如下。

（1）超边界问题，销售代表自己解决（建议公司仍给予支持，销售代表作为第一责任人）。

（2）销售代表提供服务说明书（SOW）（我认为服务说明书的繁简程度可以根据客单价决定）。

（3）对于销售代表，短期主要看其销售业绩，但长期也要考核其签约客户群体的活跃率、续费率（与长期的晋级、晋升挂钩）。

（4）产品成熟后，销售部门可以确立"禁止超卖"（不允许卖下一个版本才会有的功能）等规则。

4.8.3 第 3 个问题：销售代表认为 CSM 技能及服务意识不足

这也是我在 SaaS 企业常见的问题。CSM 人才也需要慢慢成长，总会有一些 CSM 能力不足，被销售代表挑战也很正常。我和嘉宾们讨论后总结的解决方法如下。

（1）首先是沟通问题，团队负责人先要详细了解情况。

（2）客户第一，先帮客户解决问题，不能因为掰扯责任不给客户服务。

（3）发生事故后详细复盘，建立服务标准，并做好培训。

CSM 的培养过程比销售代表长，SaaS 企业在销售团队扩张前要打好 CSM 招募及培养的提前量。

4.8.4 第 4 个问题：客户交接

首先建议在交接客户时要有仪式感。让客户感觉今后由服务方面更专业的 CSM 来给其提供服务。在培训会上交接客户关系，或由销售代表在成交后专程带着 CSM 拜访客户 KP，这都是很好的交接形式。

交接要有标准流程，什么客户要上门做交接，客户成交后多少天内将其拉入服务群，拉群后如何互相介绍，以及交接后遇到客户提问或投诉如何处理，这些都应该有标准的做法。

并且，这些流程的执行情况要有据可查。最好能建立相关数据指标（平均交接天数、客户满意率、建群比例等），并按月审查。

如果销售代表未按时完成交接工作，CSM 也可以投诉销售代表，销售部门做出停供线索等严肃处理。

CSM 与销售代表进行服务结对。经常协作的两个人自然会彼此有更好的了解。如果销售团队与客户成功团队都按照同样的区域或行业标准进行划分，当然更好。这样他们的协作组合会更加稳定。

要解决销售部门与 CSM 部门之间协作的问题，首先要解决两个部门负责人之间沟通的问题。如果有共同的企业文化、使命、价值观，两位负责人又能够顺畅沟通，那么很多的协作问题就会得到解决。

4.9　客户成功管理的 8 个关键逻辑

这一节总结一下客户成功管理的关键逻辑，这些逻辑所有 SaaS 创始人和客户成功岗位的从业者都应该了解。

4.9.1　后端比前端更了解客户

处于后端的客户成功部门提供客户使用产品的真实情况，这些情况比前端的销售和市场部门提供的更准确，所以对产品定位有很大价值。但产品战略主导产品定位。具体如下图所示。

产品方向与客户需求之间的动态关系

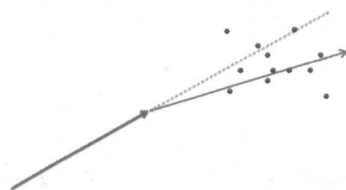

·要做出标准化产品，只去满足70%客户的共同需求
·后端提供的情况比前端提供的更清晰、明确和可靠

图中粗实线表示产品版本已经发展到这里，虚线表示原产品路线图。在发现需求（点）全都向右偏时，产品部门应该与时俱进进行调整，规划新的产品方向（细实线）。

而需求一部分来自市场、销售部门，但更多的是来自客户成功部门。CSM 比销售代表更了解什么样的客户能把产品用起来，以及尚未满足的客户深度需求在哪里。

4.9.2 专注才能专业

在实战营共创课交流中，我们发现有一个企业的 CSM 拿到的转介绍（新客户），是 CSM 自己做成交的。

我建议他们在注意转化率的同时，也要注意专业分工的问题。同时，转介绍是销售代表做还是 CSM 做也有很多争议。可以想象，客户资源边界不清晰（转介绍不是一个客户本身的属性，无法做资源划分），会让双方之间不断地产生摩擦，损耗协作关系。

在专业分工上，大家还有一个误区。我们把销售、实施、CSM 分为 3 个不同的岗位，不是因为硅谷 SaaS 企业这样做我们就该照抄，而是要理解背后的逻辑，因地制宜。

我们对销售代表与 CSM 做专业分工有 3 个基本原因。

- 工作节奏不同（销售代表的工作节奏是，获客、推进、签约，是多进程的，时间表灵活多变；而 CSM 是每周观察客户活跃度，持续主动服务客户，时间表有规律）。

- CSM 运作服务时更有规模效应。

- 商务握手的频率不同。销售代表是一年一次，在中间的 11 个月销售代表缺乏不断跟进的动力。

SaaS 企业建立客户成功体系，最大原因是 CSM 部门运作起来有规模效应。如果公司的客户都是一年中能够多次产生商机的大客户，也许 AM 来运作会更通畅。

举例来说，如果每个月都发生商业握手，那情况就不同了。例如我们前面说的客户一年中产生多个新商机，可能就要用 AM 的模式，由 AM 负责该客户所有商务及服务，技术支持、CSM、产品等资源在后面支持 AM。大家思考一下，这时候 AM 专注的是什么？CSM 呢？

4.9.3 只有标准化才能规模化

《客户成功经济》一书中讲到，CSM 发展的关键是专业化、标准化、规模化。

标准化是规模化的前提。也就是我说的，无标准、不复制。

在没有形成可复制的业务流程、人才招选育留的标准、业务运营的机制之前，不该规模化，也无法有效规模化。比较标准的客户成功组织架构大致是下图所示的这样（也需要因地制宜）。

CSM组织架构与流程

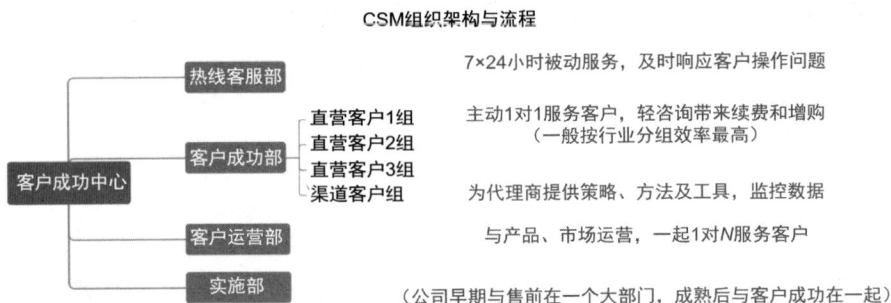

热线客服部	7×24小时被动服务，及时响应客户操作问题	
直营客户1组 直营客户2组 直营客户3组 渠道客户组	主动1对1服务客户，轻咨询带来续费和增购 （一般按行业分组效率最高） 为代理商提供策略、方法及工具，监控数据	
客户运营部	与产品、市场运营，一起1对N服务客户	
实施部	（公司早期与售前在一个大部门，成熟后与客户成功在一起）	

优秀团队=正确目标+正确激励+合适人才+用心运营。

带出一个优秀的团队非常不容易，目标对象、目标数值、激励方式、人才画像、运营能力，缺一不可。实战营中有同学问，当客户成功同事对现行服务失去信心时，如何激发他们的服务、续费斗志？对此，需要全面考虑以下几点。

- 目标对象：不要选错目标对象（续费金额绝对值、过程指标都是不对的）。

- 目标数值：要跳起来摸得到。

- 激励方式：与目标一致，CSM 薪酬的固浮比要合适（一般在 7∶3 左右）。

- 合适的人才：需要具备 3 方面的能力（客户理解、产品理解、服务）。

- 用心运营：KPI 很硬，但我们需要用柔软的人心来运营，例如，用具体案例和方法来指导，多关心"人"，多给予大家分享的机会，以获得成就感。

CSM 的 KPI 应该是续费金额（业绩），还是续约率、健康度？前者是非常短期的数据，只抓短期业绩，这样 CSM 团队就变成了"第二销售团队"。客户不满意，公司的长期价值也会下降。

以前我也是坚持对 CSM 团队只考核 3 个 KPI：续费率、续约率、活跃率（重要性由高到低）。但接触的企业多了，我发现考核短期业绩也有很大的好处，就是很快能看出哪些人努力并且有效率。此外，在早期，我们还没有找到活跃率（+健康度）与 12 个月后的续费率之间的关系（也许是因为活跃度指标还没正确定义）。

我最新的理解是，不同阶段，激励的重点不同。

（1）在早期阶段，团队稚嫩，专业能力不足，抓短期业绩指标，很容易筛出比较努力并且有培养前途的人才，这很重要。

（2）进入方法沉淀阶段，要提高人才密度，制定高质量的流程，摸索出方法和建立文化氛围。对客户成功来说，重要的是能找到我们前面说的活跃率与续约率、续费率之间的关联关系，定义清晰的活跃度指标和目标，抓好过程。

（3）进入复制阶段，达到以上状态后，我们要对长期目标与短期收益有所掌控。这时可以开始复制。此时的关键问题是降低 SOP 的难度，人才画像的底线要求不宜太高。在管理上，也应该更重视结果（如活跃度、应用深度等），续费应该是自然而然发生的。

这时就不应该再以短期营收业绩为考核重点，更应关注影响长期结果的活跃度、健康度、续约率、续费率等指标。

4.9.4 找到活跃率与续约率之间的必然关系

有的人很快就找到了自己公司的客户活跃率与续约率之间的关系。当然也有服务大客户的 CSM 负责人没找到这种关系，因为样本数不足，这也可以理解。但这个努力方向是确定的。

对这个逻辑再往下深挖一些，这个关系就是因果关系吗？其实未必。只有长期观察，反复验证，才能证明。找到关系很容易，证明它是因果关系则需要更多的证据和更长时间的观察。

4.9.5 高效管理的秘诀：分类分级

分类分级是最核心的管理理念之一。大道至简是我们的追求。但如果一件事情确实太复杂，我们就要用分类的方法来解决。

其中与 CSM 最相关的就是客户分类。对不同客户施行不同的服务级别，这样才能在资源有限的情况下，使更多的客户满意。可以按客户规模来分类，也可以按潜在 ARR 来分类（难度大一些）。而我认为至少要设法按行业（或细分行业）分类。这样新 CSM 上手快，并且我们培养人才的难度也会下降，客户也更容易得到 CSM 提供的价值。

4.9.6 机器服务未必就比人工服务价值大

有些 SaaS 企业的产品是需要配套大量人工服务的。我认为，我们可以尽量用机器替代人工服务，但 100%替代也未必是好事。

正因为有些服务需要人工来提供，所以客户会更有黏性。我们也不容易被人效为三四百万元的平台公司攻击。我们唯一不能做的，就是用人工干了机器就可以干得很好的事情。从这个角度说，优质的客户成功服务就是我们 SaaS 企业可以依赖的护城河。

4.9.7 机制驱动更有效和持久

整个客户成功组织，包括 SaaS 企业本身，都是因为收年费（或消耗制收费）才出现的。所以我们说，SaaS 的本质是续费。

正是收年费这类收费方式，造就了 SaaS 企业重视客户成功、重视产品质量的特点。也是因为续费机制，才有了 SaaS 企业的客户成功团队。如果我们暂时改变不了老客户的 OP 私有部署方式，那至少可以考虑逐渐转变为按年收费的方式。这对提升 SaaS 企业的长期价值（或者估值），以及对 SaaS 企业的内驱的服务模式来说，都是有很大帮助的。

4.9.8 落地和扩展策略

落地和扩展策略如下图所示。

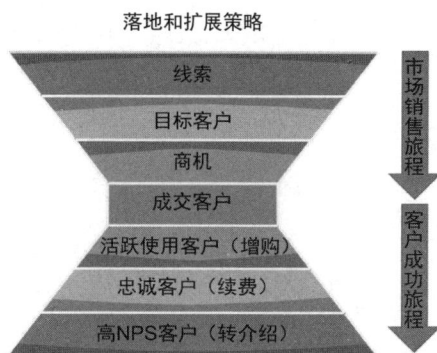

落地和扩展策略

进攻是最好的防守，增购是客户成功的最佳体现。

前面我们谈到对长期指标（活跃率、健康度、续费率）与短期财务指标（续费回款金额）的纠结。但如果从增购角度来说，这些长期和短期的价值就一致了。从《客户成功经济》一书也能看到，2020 年后的 CSM 与 10 年前的 CSM 在攻防特点上也有巨大差别。

落地和扩展策略需要对从产品到市场、销售、客户成功全业务流程做整体设计。它与 PLG（产品驱动增长）还不完全相同。PLG 在中国的适用面较小（目前主要对设计师群体有效），而落地和扩展应该是 SaaS 企业的主策略之一。

我在中欧 EMBA 学到的最有价值的一句话是：具体情况，具体分析。别人的成功故事不能复制，但其中的关键逻辑，则是我们创业者应当不断求索的。

主线 3

组织与文化

第 1 节　SaaS 企业的组织设计

1.1　SaaS 企业典型的组织架构及职责划分

随着 SaaS 模式在中国落地，大部分 SaaS 企业都有相似的基础组织架构。本节将从"客户价值链条"的角度，梳理市场部、销售部、产品研发部、服务部这 4 大主要业务部门的职责、工作手段和 KPI。

1.1.1　业务部门与职能部门

不同行业对各个部门的名称、分类都不同。

下面我简单把所有的部门分为两类，对部门"集合"还没有统一叫法的公司可以参考一下。

- 业务部门：指与公司业务相关的部门，一般包括产品研发部、销售部、市场部、服务部。

- 职能部门：指支撑业务运作的部门，一般包括人力资源部（HR）、财务部、行政部等。

这里我绘制了一张 SaaS 企业典型的组织架构图，主要提供一级部门的设置建议。每个 SaaS 企业的二级部门差别很大，这里所列仅供大家参考。

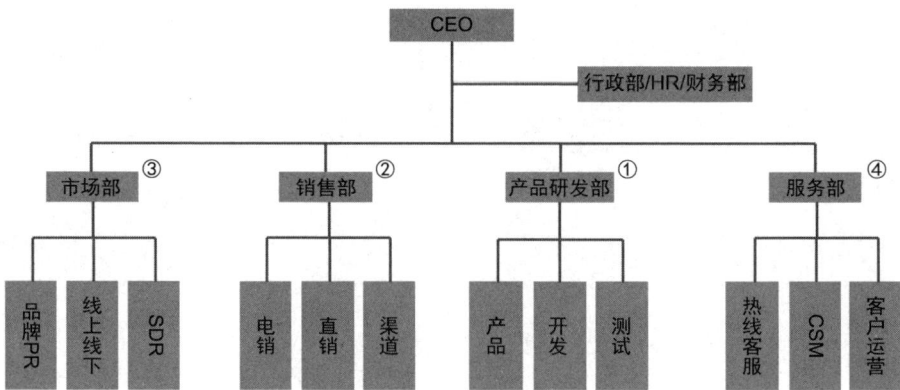

我在图中标注了 4 个业务部门在公司发展过程中的侧重顺序。在创业初期，产品研发部当然是最重要的，进入验证和营销阶段后，销售部需要得到 CEO 的充分重视。通常来说，SaaS 产品的门槛不高，在营销上必须有突破能力和突破速度。

随着销售组织的壮大，就需要市场部进行市场教育、品牌塑造和线索获得。再往后，随着客户数量的增加，CEO 和产品负责人必须从客户服务工作中脱身，服务部开始获得重点关注。

每家公司部门发展的顺序和节奏各有不同，但对于 SaaS 企业来说，各个业务部门输出的价值是类似的。

1.1.2 各业务部门在客户价值链条上的位置

看似每个 CEO 都知道该如何安排各部门的工作职责。但在真实世界中，我接触过不少规模已经超过 200 人的公司，在部门划分、部门职责上都还纠缠不清。为了厘清客户价值链条与部门职责的关系，我整理了如下表格。

客户价值链条及各部门职责表

序号	客户价值链条	责任部门	部门职责	部门手段	考核KPI
1	潜在客户	市场部 PR 组	培育潜在客户	内容营销等	百度指数、微信指数等
2	目标客户	市场部线上组、线下组	寻找目标客户	线上 SEO/SEM/活动、线下活动	UV（独立访客量）
3	意向客户	市场部、客服部热线组	用市场方式引导客户注册	官网、官微、热线	有效线索量
4	市场销售线索	市场部 SDR*	与客户确认需求，对线索进行分类分级	电话/IM	线索分类分级准确率
5	自开拓销售线索	销售部电销组#、销售部面销组	开拓新线索	电话/IM；上门拜访	有效线索量
6	L2C（新购）	销售部电销组#、销售部面销组	成交小客户；成交中大客户	电话/IM；上门拜访	销售额（合同额或回款额）
6		售前技术支持#	解决方案制定及陈述	PPT/Word/案例库	销售部门业绩或支持打单业绩
7	帮助客户启动产品	销售部、客户成功部、实施部#	简单产品小客户培训交付；中等复杂产品中小客户实施；复杂产品或大客户实施交付	培训视频、标准使用方案；实施表格、实施案例；标准实施流程	实施交付成功率；客户首月激活率

续表

序号	客户价值链条	责任部门	部门职责	部门手段	考核KPI
8	连接客户，获得（转介绍）	销售部	长期维护客情，保持与客户KP的连接	个人化方式为主；公司统一做节假日、生日客情管理	转介绍率参考指标
9	客户增加用户数或新模块（增购）	销售部、客户成功部、实施部#	促使客户增加使用部门和人数	服务、培训实施过程	增购率（金额/数量）
10	客户持续活跃使用	客户成功部	主动理解客户业务；推荐更好的方式；解决客户问题	业务流程梳理工具；行业客户使用方法案例等	付费客户活跃率、健康率
	—	客户成功部-客服热线	被动响应客户来电咨询	400 电话、IM	接通率、满意率
11	续费	客户成功部	提前 3 个月联系客户了解续费障碍、续费签约	电话、IM、拜访	续费率（金额/数量）

说明：#表示非必设部门；*表示重点说明部门。

对 to B 企业来说，市场部的内容输出能力非常关键。只靠 SEM 买线索的公司，获客成本太高。市场部的职责是从"潜在客户"中寻找"目标客户"，从"目标客户"中培养"意向客户"。

对于市场线索量较大或市场线索是公司关键"客户来源"的公司，我通常会建议设置 SDR。

到了销售环节，销售部的主要职责有两个：获客及 L2C 转换。

售前支持：SaaS 产品相对传统软件较为简单，售前支持的主要工作不应该是打大单，而应该是为销售团队"赋能"。所以他们的主要工作是输出行业解决方案、给销售团队做售前能力培训。对应的 KPI 也与传统软件公司的售前支持不同。

有人会提出，如果售前支持团队是赋能属性的，那每个人的绩效如何量化呢？如果根据销售业绩分成，则很容易导致吃大锅饭。我建议一般售前支持的人数与销售的人数的比例在 1∶10 到 1∶5 之间。团队里售前支持的人数一般都不多，管理者应该很清楚谁强谁弱。对于这样的岗位，设置 KPI 未必是好事。当然，如果该岗位人数较多，应制定一些更细的考核标准。例如，输出方案模板的数量/质量、对业务流程改善的贡献、陪访量等。

成交后，低客单价产品可以由业务员直接交付，减少交接成本。如果是比较复杂的产品，则需要 CSM 或专职的实施部门完成交付。

CSM 对客户的活跃使用负责，进一步说，应该对客户的"健康"使用负责。

最重要的是，在客户价值链条上，从"新购"到"增购""续费"，包括"转介绍"，务必要有清晰的职责划分。

- 新购：由销售部门负责。

- 增购：可以划定新购合同后的期限，例如 6 个月以内的增购由销售部门负责，之后由 CSM 负责。

- 续费：由 CSM 负责。因为销售部只对"销售业绩"的金额负责，所以必须有一个部门（CSM）对"续费率"负责。无论在哪里，我都会强调由 CSM 而非销售部门负责续费率。

- 转介绍：即使把客户交接给了 CSM，销售部也有职责维护好与客户的客情关系。大部分转介绍也由此而来。

在公司部门及职责设计中，以上各部门的"权责利"要匹配，并据此设计工作目标及 KPI。

1.1.3 小结

SaaS 营销模式本身有很清晰的 L2C 转化路径，对客户的长期续费又很看重，所以组织架构的设计是很接近的。如果你所在公司的组织架构与此大相径庭，则肯定有公司的历史原因，此时 CEO 和高层管理者要知道真正的原因是什么。

此外，不建议把负责售后服务的部门按照传统软件的"客服部门"来组织和设计。严肃地说，没有客户成功部的 SaaS 企业是典型的假 SaaS 企业。

1.2 设计公司组织架构的思考框架

曾经有一家规模超过 400 人的公司的销售运营负责人找到我，说她希望替换现有的 CRM，尽快上线一套新的。我问了她很多关于公司组织架构及业务的问题之后，给她画了下面这张设计公司组织架构的思考框架图。

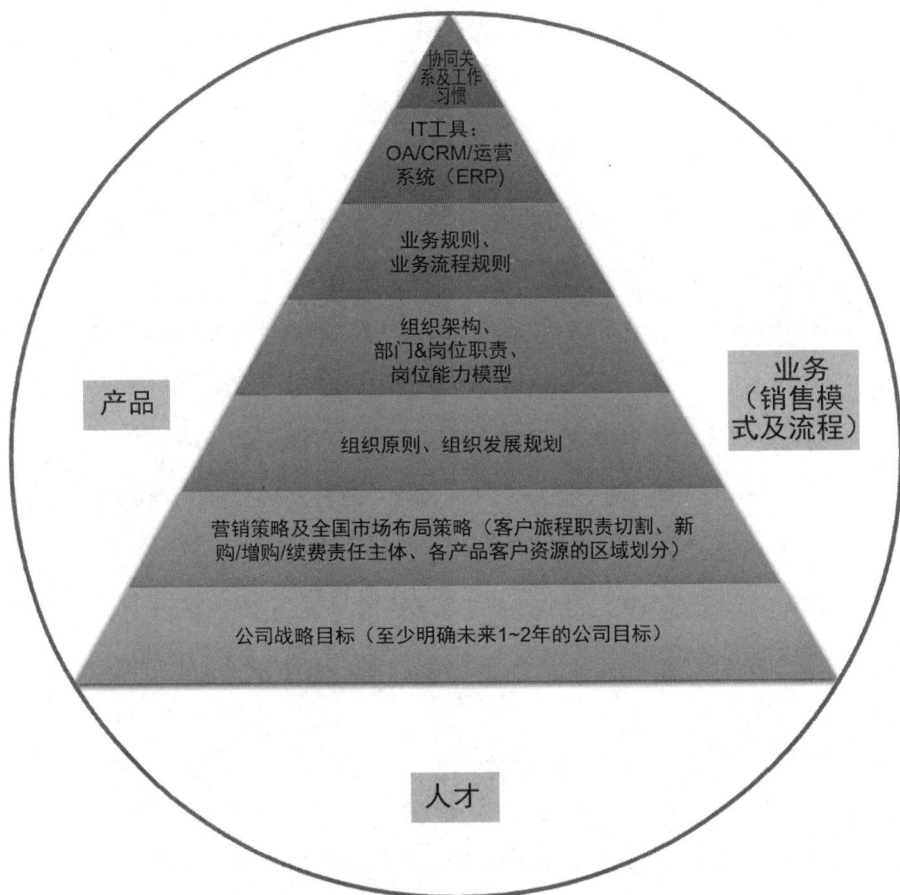

IT 系统是基于业务规则、流程规则和组织架构的，如果没有下面这几层，那么替换 IT 系统就不能解决内部协作混乱的问题。下面一层层讲解。

在最外围起决定作用的，是产品、业务销售模式和人才状况。举个例子，如果我们的管理人才不足，却设计了一个对中层要求特别高的过程指标考核流程，那是无法落地的。

1.2.1　公司战略目标

一切有效的设计和行动都应该是围绕公司战略目标进行的。只有明确了公司 2～5 年的战略目标，公司目标才能被合理地拆解为各个部门的阶段目标。

SaaS 企业的年度战略目标类型有很多，有的是市场占有率，有的是销售业绩，有的是利润率，有的是组织发展或产品打磨。如果认为这都是公司发展目标，可以混为一谈，那就错了。

举例来说，利润目标与销售业务增长的目标对具体行动的指导可能是相反的。为了保利润目标，营销团队的扩张就需要更保守。如果有很多资金积累，为了追求销售业绩增长而降低对利润和毛利的要求，则会在团队扩张上有另外的抉择。

1.2.2　营销策略及全国市场布局策略

我建议 SaaS 企业在进入"扩张"阶段前，就要明确一些最根本的营销及市场布局策略。

客户资源如何分配？按区域划分是比较常见的方式，这样直营与代理区域也能够有很清楚的边界。大量 SaaS 企业把北京、上海、广州、深圳、杭州这些城市留给自己做直营，把其他区域长期交给代理商开拓。

如果按行业划分，则在行业渗透率上会更有优势。但在具体运营中，则会遇到各个团队之间扯皮较多的情况，这是因为很多企业的业务都涉及多个行业。举个例子，某化肥产品的生产销售企业，从制造特点上看属于化工行业，从销售目标市场看又是做农牧行业客户的，从销售方式上看还可以算"批发"行业……具体如何选择，要在业务效率与规则公平之间权衡。

另外，若按"客户规模"做切割，则争议更多。什么是客户规模？是企业人数还是成交金额？企业人数这个数据如何准确获知？没到商务阶段，谁知道成交金额会是多少？这时候如果能用不同价格版本做区隔就比较好，否则也需要权衡业务效率与公平的问题。不公平最终会带来管理效率问题。

新购、增购、续费的责任主体及利益划分在 1.1 节中已经给出范例。但在实际设计中，还是与产品轻重及客单价、产品黏性、产品定价方式、获客方式，乃至组织发展的历史因素都有很大关系。无论如何，都需要有一套明确而稳定的责任划分规则。

这些规则在框架图的倒数第二层，它是否稳固，决定了上面 5 个层级是否稳定。因此，一旦公布执行，需要维持 2~3 年不变。

1.2.3　组织原则、组织发展规划

有了公司大战略和业务上的大规则，才有制定组织发展规划、组织发展原则的基础。组织原则这一层包括：

- 我们希望公司组织的底色是什么？——是追求效率，还是关心人的成长？是注重中短期目标，还是追求长期共同进步？

- 组织形式是什么样的？——是以创始人为中心的星形结构，还是分权自治？（这与公司所处的阶段有很大关系，后面有章节专门讨论。）

- 组织发展是否有一个"调适期"？大家对变化的认知是怎样的？

- 从规划上看，我们目前的组织一年后将如何演进？3~5 年的演进方向及路径是怎样的？

1.2.4　部门架构、部门与岗位职责、岗位能力模型

到这一层才会看到组织架构图。2019 年，我看了华为任总推荐的一本书，书名是《蓝血十杰》。第二次世界大战结束后，十位具有现代管理精神的军事管理精英集体加入福特汽车公司。他们竟然发现公司里不允许任何人持有"组织架构图"，老福特认为这会造成官僚风气，对公司非常危险……

到了今天，还有很多创业公司不清楚部门之间的职责边界。创业团队在早期规模小时，大家可以混着干，职责不清晰、分工不明确都不要紧，大家闷头干活、通力合作就好。但当团队人数超过 200 人后，"大锅饭"会带来诸多问题，只有清晰的职责划分才能引导责任人日思夜想地提高业绩。

1.2.5　业务规则、业务流程规则

业务及其流程规则是指在业务运转的过程中需要遵循更细致的规则。

举例来说，包括：客户保护天数规则、一个销售代表保有客户数量的上限、"有效线索"的定义及其跟进规则等。这些规则的数量很庞大，在业务发展期调整得也很频繁。

我记得在自己带领的团队从 50 人增加到 500 人的过程中，几乎每个月都会颁布不少这类规则。由于是互联网公司，我们制定规则的过程是很开放、透明的：

- 我先与营销体系的 VP 及总经理们进行沟通，听取他们的初步意见。

- 起草新规则（或规则调整方案）的初稿。

- 从上至下宣贯新规则（征集意见稿），告诉团队我们需要什么样的规则，为什么需要。

- 从下至上搜集各层级团队对规则的建议。

- 再与核心管理层沟通一次，确定新规则的所有细节。

- 公布新规则，定义过渡期，保证过渡期基层员工的利益不受（或少受）影响。

有时候，相比公平和实惠，基层同事更需要的是"参与感"和"被尊重"。所以我一贯认为，形式公正大于实质正义。作为高层管理者，不能像20世纪的传统家长一样，只说"这实质上是为你好"就强迫部属接受他们没有参与讨论的新规章制度。

其实，上面这个"民主集中"的过程，也就需要1~2周时间。我曾经发布了不少规则，并没有觉得有多费劲。

1.2.6　IT 工具

基于下面的 5 层规则，在 ERP、CRM、OA 等内部系统实施时，才能够有清晰的需求，此处不详细展开。

1.2.7　协同关系及工作习惯

在规则和 IT 工具的基础上，公司部门与部门之间、人与人之间，会逐步形成基于这些规则的工作习惯及协作关系。

就像人的"神经网络"一样，单元与单元之间的一次次连接，会加强连接效果，让下次连接更加稳固和高效。这些信息、工作方式、工作结果的沉淀，使得最终我们获得的是协同作战的效率。

1.2.8　小结

我常说"管理在于沉淀"。这 7 层结构在不同层级沉淀了组织协同能力，直至最后形成好的工作习惯和协同关系。

如果我们对第 4 层"组织架构、部门与岗位职责、岗位能力模型"进行大刀阔斧的改造，则上面的"业务规则、业务流程规则""IT 工具""协同关系及工作习惯"就需要重整，在重整的过程中，组织的运行必然是低效的。因为所有人都需要一个适应过程。

如果底层的"公司战略目标"或"营销策略及全国市场布局策略"要调整,就像地震伤害房屋一样,会让整个组织"建筑"在一段时间内陷入重整的混乱。我认为,高级别管理者的能力在于预判和规划,减少"折腾"才是提高效率的最佳策略。

SaaS 企业在扩张期需要完成销售体系复制能力的建设、服务体系建设、市场能力构建和售前及实施组织的建设(如果需要售前及实施)。我亲身经历过销售团队发展太快、服务体系跟不上的阶段性窘境。业绩优秀的销售代表经常会陷入纠结:是去服务签约客户赢得好口碑并获得转介绍,还是赶紧联系新客户以期签到新单?我也亲眼见过一些缺乏市场支持的销售团队。这样的团队会经常被"客户没听说过品牌""没听说过产品品类""寻找客户困难""触达客户困难"等问题所困扰。

早期让超级销售人员自己承担售前、售中、售后的工作,是为了打磨产品、打造销售打法,也是为了储备能力全面的人才。一旦规模化后,专业分工的效率优势就会体现出来。只有销售、市场、服务、售前实施及产品研发等部门高效协同,公司才能在市场上取得优势。

1.3 建立指标体系评估公司经营状况

前文提到,SaaS 企业在"提升效率"阶段需要建立指标体系。本节完整描述一下这个指标体系,并给出指标参考值。

1.3.1 评价公司整体经营状况

除了常见的财务指标(主要在资产负债表、现金流量表、损益表里出现),SaaS 企业也很关注 LTV 和 CAC 等行业指标。

这些都是反映在财务数据上的"最终结果指标"。对于创业期的管理团队,我更看重能快速迭代的日常业务过程指标。

1.3.2 评价产研能力

评价一个 SaaS 产品研发效率、效果的好坏有很多指标可以用，下面只推荐 3 个通用的指标。

（1）服务可用率

如果一个月内服务宕机了 1 次，时长为 15 分钟，则该月的"服务可用率"为：

$$1-[(15 分钟 ÷ (30 天 × 24 小时/天 × 60 分钟/小时)] ≈ 99.965\%$$

早期产品要考虑版本迭代速度，服务可用率可以低一些。进入扩张期后，客户数量已经较大，宕机会造成非常大的负面影响，服务可用率应该设法做到 4 个 9（99.99%），大致相当于全年只能有 3 次 15 分钟左右的服务宕机。

客户服务的核心思想是"分类分级"。从研发角度考虑，也可以把少量重点客户与大量普通客户分开部署在不同的设备组上，减少发生宕机影响的范围。

（2）模块启用后留存率

SaaS 与传统软件的本质区别是重视续费。SaaS 企业应该以留存客户为主要目的，而不需要与传统软件公司一样不断开发新功能以期再次销售新版本给客户。

所以在开发一个新模块的决策上要更加谨慎。如何衡量新模块上线后的效果呢？有一个很好的指标，就是"模块启用后留存率"，即 1000 个企业使用这个模块（可能来自产品的自然引导，也可能来自市场部的内容引导或 CSM 的人工引导），1 个月后还继续使用的比例有多少。

产品和研发部门不对进入的流量负责，但要对试用后的留存率负责。

（3）开发过程 Bug 率

我在华为公司工作时，研发部门用的是"千行代码 Bug 率"指标。近年头部 SaaS 企业使用类似的一个指标：开发过程 Bug 率＝版本开发过程中 Bug 数÷版本开发人·月。

另外，还有测试部门的"漏测率"等，在此不再一一赘述。

1.3.3 评价市场能力

大部分 SaaS 企业的"客户来源"都在两个极端，要么是市场线索，要么是业务员自开拓，能做到两者平衡的 SaaS 企业不到 10%。过度依赖一种方式是不利于公司发展的。

（1）成交客户中来自市场线索的比例

如果要给市场线索的比例一个建议的参考范围，那么我认为要努力做到 30%～70%。如果太依赖业务员自开拓，而荒废了市场能力，那么这是很可惜的。

（2）各线索通道的"线索有效率"

由于组织能力和 IT 系统的原因，很多 SaaS 企业还难以做到 L2C 的完整跟踪。有一次我与一位知名 SaaS 市场工具产品的创始人聊天，我们估算只有不到 30%的 SaaS 企业能够准确估算线索有效率。

这其实很关键。我建议 SaaS 企业进入扩张期后，要找到合适的 CRM 及营销工具，并提升组织的流程能力，真正解决这个问题。

除了区分"自开拓"与"市场线索"，市场线索还分为"线下活动流量""自然流量""百度 SEM 流量""360SEM 流量"等，找到使 ROI 更大的方式。如果尚未解决 L2C 的问题，至少可以看看销售的统计数字，明白哪一个"线索有效率"更高。

（3）自然流量线索的比例

这个比例可以衡量品牌和口碑的积累情况。如果完全不做品牌，就会长期依赖百度投放，这样除了成本高昂，业绩的天花板也会很低。当然，不同产品的这个指标差别很大，一般来说，我认为目标应该定在10%以上。

（4）线索分类分级的准确率

SDR 团队不负责成交，只负责初次联络客户，确定客户需求的有效性并进行线索的分类分级。不同级别、不同行业的线索，交给不同级别、不同行业特性的业务员，这样能够大幅提高线索有效率。

1.3.4 评价销售体系

当初次见到一位 SaaS 创始人时，我不会问LTV/CAC 的数字，因为数字太抽象，而且数字往往是未更新的。我会先问以下这些指标。

（1）平均客单价与平均成交周期

一般来说，两者有很紧密的关系。我和很多 SaaS 团队聊过，大体总结如下。

- 4 万元以下客单价，应该在初次接触客户后 30 天内完成首次签约付款。

- 4 万元～10 万元客单价，应该在初次接触客户后 60 天内完成首次签约付款。

- 10 万元～20 万元客单价，应该在初次接触客户后 90 天内完成首次签约付款。

再往上就不太好讲了，成交周期当然是越短越好。按我的 SaaS 价值观，以上客单价指的是客户的一年服务费，不是一次收多年服务费的合同金额，但可以包括一年内的增购、扩容收入。

（2）营销费率

营销费率＝销售与市场费用÷销售收入

这个公式的分子与 CAC 的分子一致。国内 SaaS 企业的营销费率大多在

60%～90%。理论上这个指标越低，毛利越高，但也要考虑营销体系发展速度的问题，若快速发展，成本（例如招募、培养新人的损耗）就会高一些。

由于营销费率也需要进行大量财务核算，因此，在日常管理中也不容易获得。更好用的指标是人效。

（3）人效

人效是指销售部门全员人均月单产，该指标与客单价及销售组织方式有很大关联。比如，客单价低的产品，要求尽量少的人参与，客单价高的产品，就可以支撑更多的人参与。下面通过一个表格说明。

客单价与人效目标的关系

平均客单价	销售组织方式（建议）	人效目标（最低）
1 万元以下	纯电销	4 万元/人·月
1 万元～2 万元	电销为主＋只做 2 万元以上客户的面销	6 万元/人·月
2 万元～4 万元	面销为主	8 万元/人·月
4 万元～20 万元	面销＋指导性售前（赋能为主）	10 万元/人·月
20 万元以上	面销＋打单售前（赋能为辅）	12 万元/人·月

（根据目前单位经济、精细经营的要求，我提高了人效目标）

原则上电销能解决的问题，尽量不用面销。电销除了管理难度小，另外的优势是能够覆盖全国。这样就不用设置那么多分支结构和开发代理商了，成本会大大降低。

当然，每家产品及市场情况有差异（特别是开源方式不同），这些指标数字会各有差异。

（4）各线索通道的线索转化率

在L2C 的过程中，市场部负责前半段（对有效线索数量负责），销售部负责后半段（对有效线索转化回款负责）。如果争议很多，则建议设置 SDR 部门对线索进行分类分级。

1.3.5 评价服务体系

CSM 部门是 SaaS 企业最重要的部门。还是那句话，SaaS 的本质是续费，没有 CSM 的续费，SaaS 商业模式不会成立。

（1）续约率与续费率

前面对这两个指标有详细的讨论。

（2）流失率

$$流失率=1-（客户数）续约率$$

公式很简单，但 SaaS 企业应该在分类分级后，针对不同类型的客户进行流失率分析。

（3）新交付客户本月活跃率

续费毕竟要一年后才发生，创业公司早期要加快 CSM 部门能力的迭代速度。可以多关注上个月已付费并已完成实施或简单培训的客户在本月的活跃情况。

（4）CSM 平均服务客户的 ARR

CSM 不是客服热线（被动应答），需要根据运营系统预警或主动发现客户异常，及早主动联络客户，推动产品的深度使用。如果一个 CSM 服务太多客户，那就做不到主动服务了。

不同产品需要的主动服务强度不同，客户规模对此也有很大影响，所以很难明确一个 CSM 应该服务多少客户。

我把这个数量指标转换了一下，也就是 ARR。通过调研，一个 CSM 负责的 ARR 应该在 200 万元～500 万元之间。

（10）NPS

$$NPS=（推荐者数/总样本数）\times 100\%-（贬损者数/总样本数）\times 100\%$$

这是一个简单高效的客户满意度调查指标，只问一个问题：你有多大可能性将我们的产品推荐给朋友或同事（0~10分）？

9~10分为推荐者；7~8分为被动者（满意但不忠诚）；0~6分为贬损者。

国内 SaaS 领域尚缺乏公开准确的 NPS 数据，我只能给出 10%~30%作为参考目标，当然越高越好。顺便说一下，NPS 指标其实是公司级指标，不是 CSM 一个部门能够承担的。

1.3.6　指标设置的原则

再说说我设置这些指标背后的原则。

（1）相关性原则

每个部门选择的一级指标应该与公司战略目标相关，是公司战略目标的一部分。最终所有部门指标能完整覆盖公司战略目标。

（2）重要性原则

每个部门应选择最重要的 1~3 个指标作为一级指标。这些指标能够反映部门运作的基本状况。

其他有价值的指标可以设置为二级、三级指标。每个一级指标变动的背后，都可以用几个二级指标的变化解释一级指标为何会变动以及变动幅度。三级指标与二级指标的关系与此类似。

（3）客观性原则

客观性是指这个指标不会被业务部门自行修改，根据定义就是数字，不会有歧义。

举个例子，有一些 SaaS 企业的客户成功部会建议公司在续费率计算中去除自然死亡客户（即停止经营、业务转型的企业）。我理解这部分流失的客户确实不是 CSM 努力就能挽回的。

但我认为计算续费率时不能去除"自然死亡客户"这个因素。因为续费率是反映 SaaS 企业经营状况的重要指标，从外部视角看，有横向比较，也有财务投资的意义。如果要进一步做流失客户分析，自然死亡客户可以作为一个原因单独分析。除此之外，指标的设定当然也要满足著名的 SMART 原则。

- Specific：定义必须清晰，计算过程和理解过程都没有歧义。

- Measurable：指标必须是可以衡量的。

- Attainable：目标可以达到。

- Relevant：绩效指标要与其他目标具有一定的相关性。

- Time-bound：目标有时间期限。

1.3.7　建设公司指标体系

有了一个指标体系后，如何在公司内部落地这套数字化管理的方法呢？我亲自设计和执行过公司指标体系，下面讲讲合理的落地过程。

- 明确数字化管理是公司"提升效率"阶段的核心工作：推行数字化是公司 CEO 的职责，这也需要全体高管团队达成一致。

- 培养管理团队使用数字的习惯：减少说"基本上"，而要说"60%～70%的可能性"；能够记住自己部门过去 12 个月最关键指标的变化情况；能够对指标的设置提出自己的想法。从"说数字"到"看数字"，再到"分析数字"，培养管理者的数字化习惯。通过数字化习惯，不断增强数字化能力。

- 在各部门搜集主要指标，明确每个指标的精准定义。精准定义就是任何人看到这个定义，都能够从基础数据中算出相同的指标结果。

组织与文化

- 根据公司战略目标拆解，确定每个部门最核心的 1～3 个一级指标。其他指标在逻辑上可以作为一级指标之下的指标。例如，客户成功部门的续费率是一级指标，那么"S 类客户续费率""A 类客户续费率"就是二级指标。一级指标发生异常时，可以从二级指标中找到变化的原因。而"华南 S 类客户续费率""华中 S 类客户续费率"就是二级指标"S 类客户续费率"下的三级指标。

- 坚持每月初召开上个月的管理层数据分析会。开"月度数据分析会"的目的是发现经营异常，引导业务改进方向。这个会在很多创业公司都开不好。我认为还是创始人重视度不够。应该明确这是全公司管理工作中最重要的事情，日期固定，所有高管不得缺席。

- 分析会不是平铺直叙地讲数字。会前应把数据及分析简报发出，会上由各业务部门负责人展现图表，做出异常分析和趋势分析。财务部等职能部门和其他业务部门需要对汇报者不断提出问题，帮助发现隐藏风险。

我参加过不少公司的数据分析会，其中不少会议的分析质量都有很大的提升空间。我也罗列一下，希望大家能够改进。

- 与会者没有弄清数据分析会的目的，有的业务部门负责人竟然在会上一条条捋商机、做本月销售预测，拖沓冗长且没有效率。

- 汇报者数据准备不足，汇报的数据不准确。

- 汇报者的指标定义混乱。历史数据与当期数据背后的逻辑不同，混乱容易造成展现的指标变化折线图没有连续性分析价值。

- 汇报者分析问题流于形式，缺乏自己的想法。

- 某些部门的数据没有提前发出，造成其他与会者只能临场发挥，提不出有深度的问题。

- 与会者和和气气，没人尖锐地指出问题。

1.3.8 指标汇总表

最后我列一张表格，让大家可以一目了然地看到评价 SaaS 企业各个部门的关键指标。

SaaS 企业各部门评价指标及参考值

评价部门	评价指标	参考值
产品 研发部	服务可用率	初期：99.9% 成熟期：99.99%
	模块启用后留存率	N/A
	开发过程 Bug 率	N/A
市场部	成交客户中来自市场线索的比例	30%～70%
	各线索通道的"线索有效率"	N/A
	自然流量线索的比例	≥10%（不同产品差异大）
	线索分类分级的准确率	≥95%（SDR 成立 3 个月后）
销售部	平均客单价与平均成交周期	4 万元以下（30 天内） 4 万元～10 万元（60 天内） 10 万元～20 万元（90 天内） 20 万元以上（N/A）
	营销费率	60%～90%
	人效	见文中附表：客单价与人效目标的关系
	各线索通道的线索转化率	N/A
服务部	续约率与续费率	客户数量续约率 70%为及格，90%为优秀。金额续费率应努力超过 100%
	流失率	≤30%
	新交付客户本月活跃率	≥90%
	CSM 平均服务客户的 ARR	200 万元～500 万元/年
	NPS	10%～30%
公司整体	LTV/CAC 及其他财务指标	N/A

第 2 节　正负激励设计

2.1　年度薪酬与激励设计

在做年度规划时，CEO 和部门负责人还会遇到一个问题 —— 如何设计明年关键岗位的薪酬与激励方式？

即便是规模超过 500 人、有专业 HR 总监（HRD）的企业，也可能在这件事情上做不到位。为什么？因为做好薪酬与激励设计，需要兼具以下两方面的基础。

（1）HR 薪酬激励知识：可以从资深 HR 薪酬同事那里学习这些知识，也可以自己学习。

（2）对企业自身的战略、业务、组织及流程、岗位职责及能力、现有人才状况的理解和创新能力。后者是本节要重点谈及的。

2.1.1　激励设计的一些基本原则

首先，说说文化与个人收入之间的关系。很多创业公司都强调奋斗文化和战斗氛围，这没有错。但同时不要忽视了员工的个人收入问题，毕竟经济基础决定上层建筑。员工得到充分激发后，短期收入偏低是能接受的。但在薪酬与激励规划中，偏低的个人收入不可作为长期策略。

其次，谈谈固浮比（固定薪酬与浮动薪酬的比例）。我认为创业公司需要更优秀的人才，个人年度收入应该等于或略高于同岗位的市场平均水平。当然，对于创业公司，发展速度是生命线，所以固浮比应该设计得低一些。

也就是说，公司在创业阶段的现金储备非常宝贵，员工工资中的固定部分相对成熟企业较低，与绩效结果相关的浮动部分占比则应该较高。除了薪酬及奖金，创业公司还可以针对关键岗位设计与工作成绩挂钩的期权/股权激励。这虽然是远期收益，但也是个人收入的一部分。期权/股权的话题这里暂时不谈，我们聚焦在现金薪酬方面。

再次，关于绩效奖金与提成奖金。在实操中，薪酬的浮动部分的设计主要有两种方式：提成奖金制与绩效奖金制。

1. 提成奖金制

奖金金额 = 业绩金额（销售额或毛利）×提成比例×100%

通常，提成奖金是不设置上限的，即便销冠一年拿到百万元收入，比高管收入还高也值得鼓励。同时，如果员工业绩很差，则提成奖金也会非常少。可见，对员工来说，这是一个高风险、高回报的奖金方式。

提成奖金制一般适用于销售类中、基层岗位。如果这个"提成"是固定的，则提成收入与业绩金额呈线性关系。如果是"阶梯提成"的方式，则业绩目标的制定和变更会比较复杂。对于早期团队规模不大的公司，我更建议用简单的固定提成比例，这样在目标调整时阻力较小。

2. 绩效奖金制

绩效奖金 = 标准绩效奖金金额（固定值）×完成系数

对员工来说，绩效奖金收入的稳定性较高，激励性较低。所以在"奖金系数"上可以做一些改良。可以参考下面这个表格。

业绩完成率	奖金系数
0~60%	0
60%~80%	0.6
80%~100%	0.8
100%~105%	1
105%~120%	1.2
120%~140%	1.4
140%以上	1.8

仔细看一下该表就能发现，这是一个"喇叭形"的系数表：前半部分的系数多取完成率的最小值，后半部分的系数多取完成率的最大值。表中给出的是我多年做销售体系激励设计的经验值，大家可以根据自己部门的情况做调整。

那么，哪些情况该用"提成奖金制"，哪些情况该用"绩效奖金制"呢？一般来说，销售类基层岗位和基层干部适合用提成奖金制 —— 这样收入差异大，业绩好的销售代表能得到更大激励，也能带动整个团队进步。而非销售类基层岗位和高层干部更适合用绩效奖金制，这样个人收入相对稳定，容易留住人才，做改革调整时内部阻力也小。

为什么这么说？举个例子。一个负责销售的高层管理者，上半年完成情况非常好，到了年中公司决定增加一倍的销售目标，到年底他也实际完成了。如果只按提成奖金制，他的个人奖金收入将翻倍，这本来也不是大问题。但问题是：（1）公司的资源投入肯定也是大幅增加的，这一点"提成奖金制"并没有考虑；（2）其他高层管理者与之的收入差距太大，大家都是为最终目标努力的，这样设计是否公平？

所以提成奖金制比较适合在公司发展初期使用，即粗放式发展时期，成熟期则需要逐渐讲究个人收入稳步增长及各个岗位之间的公平性，提成奖金制就不再适用了。

请读者思考，各区域的渠道经理（负责招商和支持代理商）应该用提成奖金制还是绩效奖金制？

在市场开拓初期，到处都是没有代理商的空白市场，给 10 个渠道经理每人都分了十几个城市，大家放开做，用高提成（招商保证金提成和代理商销售业绩提成）激励就够了。到了市场成熟期，渠道经理也需要轮岗，也有老人走、新人来，这时候如果按统一的代理商业绩提成就有问题了。那些"瘦"的区域谁愿意去？那些 GDP 很高但目前缺优质代理商的区域谁去开拓？这个时候，绩效奖金制就更合适一些。

我当年带大团队时，还采用过一段时间的过渡阶段政策：总体上用提成奖金制，但不同城市的提成比例不同。这比绩效奖金制更能激发狼性精神，但该政策的毛病是，难以做到公平，明显是有空子可钻的。

总之，还是那句话——"大道至简"。特别是不断折腾的创业公司，管理方式更应做到简单，这样方便员工理解公司要求，也容易进行调整。

2.1.2　薪酬及奖金设计的实操步骤

下面讲解薪酬与奖金设计的操作步骤。为便于理解，我用了一个虚拟的"销售主管"岗位和一些具体的数字。

（1）明确年度战略目标：制定通过努力可达成的合适业绩数字目标（销售额、毛利等）。例如，600 万元销售回款额。KPI 要尽量简单直接，基层岗位制定 1 个 KPI 就足够。即便是高管，也不要超过 3 个，否则一个重点指标也保不住。

（2）写下岗位职责、能力及经验要求。

（3）了解该段位人才在市场上的年度总收入水平，例如 25 万元/年。

（4）设计年度总收入：创业公司更加辛苦，而且全额拿到奖金的难度也大，所以年度总收入可以设计得更高一点，例如 28 万元/年。

（5）拆分固定底薪与奖金：底薪与奖金的比例由该岗位的类型和重要性决定，例如，底薪为 1 万元/月，则全年底薪收入为 12 万元，全年奖金收入=28 万元-12 万元=16 万元。

（6）拆分奖金部分。

- 季度奖或月度奖：所有岗位都需要及时奖励，立即得到认可。

- 年度奖：管理层级越高，对全年业绩达成的责任越大，因此年奖部分比例越大。

- 奖金包：16 万元，其中，年度奖为 6 万元（约占总奖金包的 1/3），月度奖为 10 万元（约占总奖金包的 2/3）。

（7）提成奖金制或绩效奖金制。

- 绩效奖金制：季度奖=季度奖标准 2.5 万元×奖金系数，年度奖=年度奖标准 6 万元×奖金系数。

一般年度总任务完成，允许补回未完成任务季度的季度奖。

- 提成奖金制：如果采用提成奖金制，则可以根据业绩目标的数字来推算提成比例。

月度奖提成比例=月度奖 10 万元（合计）÷年度总任务 600 万元

$$×100\%≈1.7\%$$

年度奖提成比例=年度奖 6 万元÷年度总任务 600 万元×100%=1%

（8）财务测算：需要基于这套薪酬与奖金方案，并将业绩目标达成情况分为高、中、低三种，来测算部门及公司的整体收入、成本、毛利、毛利率、利润率等财务指标状况。对于测算结果不能接受的，需要反过来调整激励方案。

（9）上级与下属就目标、激励方案进行充分沟通。

沟通是很重要的。若设计得很好，但传递不到位也是没有效果的。

2.2　合格的管理从业务出发

初任管理岗位时，我从团队管理出发考虑问题，结果设计出一个看上去很完美的计划，但在带团队执行时却被现实打得"头破血流"。还好当年公司创始人给了我很多业务和管理上的指导，让我走出这团迷雾。

下面我使用《蓝血十杰》一书中的商业案例作为例子来说明这个道理，这本书中的内容值得我们学习和领悟。

2.2.1　蓝血十杰的传奇管理人生

第二次世界大战初期，美国空军管理一片混乱。例如，1942 年秋，飞行员的人数很多却没有足够的飞机来训练，就只能限制训练时间。没想到 4 个月后，飞行员严重短缺。飞机零部件、弹药供需不均衡，对作战造成了影响。

这时，主角出场了，28 岁的桑顿上校接手团队管理，他通过提高数字准确度、全局统筹运营，大幅提高了空军作战效率。例如，他们计算出，B-29 轰炸机可以比 B-17、B-24 轰炸机群减少 70%的机员伤亡，每年还能节省 2.5 亿加仑（（美制）1 加仑=3.785412 升）的汽油。而之前 B-24 的效能数字好看，唯一原因是出勤距离比较近、危险性比较低。战争结束后，桑顿等人认为自己的数字管理方式同样可以服务于商业世界。于是桑顿带领团队中最优秀的 9 位同事一起加入福特汽车公司。这就是"现代商业史上的第一团队"——蓝血十杰（简称"十杰"）。"蓝血"有高贵之意，这十位青年才俊引领了一个时代的潮流。

当时，福特二世（亨利·福特的孙子）刚接手企业不久，福特汽车公司的管理水平还很低下。老福特禁止公司内出现组织结构图，从而导致这家巨型企业从上到下混乱不堪，在汽车销售上也困难重重。

"十杰"帮助福特二世重新建设组织，把统计控制的力量带进企业，从此福特汽车公司的财务管理能力傲视全美，旗下的财务人才更是无人能出其右……

不到 10 年的时间，就把在老福特掌舵下日渐衰落的福特汽车公司，打造成为全美第三大企业。

"十杰"中的大部分人一生都保持着亲密关系，他们个个功成名就。10 人中有 6 人成为福特汽车公司的副总裁。麦克纳马拉和米勒出任过福特汽车公司总裁，桑顿、安德森和莱特后来成为美国其他大企业的总裁/CEO，桑顿和摩尔他们自己亲自创立了一个公司，该公司还在美国成功上市。麦克纳马拉还曾出任美国国防部长。

人类历史上这样的一群关系亲密的朋友实属罕见，他们无论在商业上还是在个人发展上都取得如此大的成功。他们的秘密是什么？

2.2.2 "十杰"成功的秘密

关于"十杰"成功的秘密，我归结为一句话——顺应时代，提出并运用了数字及财务管理方法。

无论是美军还是美国的企业，在 20 世纪 40 年代都构建了有史以来最大的组织。泰勒的"科学管理"（核心是任务管理）方法已经不足以支撑对这么庞大体系的有效管理。"十杰"提出和施行的数字管理（后来又升级到全套财务管理方法）超越所有人的认知，却又恰逢其时。

"十杰"中的兰迪，长期担任福特汽车公司的财务一把手，他把福特的钱当作自己的钱一样爱护。

1991 年，《财务首脑（CFO）》杂志询问 200 多位财务界观察家，"实际上每一个人"都认为福特和通用电气公司在训练财务经理、储备 CFO 方面是做得最好的企业。兰迪自己统计，从 20 世纪 50 年代末到 20 世纪 80 年代初，从他那里离职的人中，有 250 位成为其他公司的副总裁，有 16 位福特经理人直接当上其他公司的总裁。有一段时间，多家大企业的董事长是出身于福特的财务人员。这些人将"十杰"的数字及财务管理带到整个商业界，使得美国企业的管理水平大幅提升。

2.2.3 "十杰"的挫折

每个时代都有它的佼佼者。

用数字管理企业就一直正确吗？进入 20 世纪 70 年代后，市场竞争加剧，企业管理的天平又从纯粹的数字理性向业务感性偏移。"十杰"中最优秀的桑顿、麦克纳马拉等人都在自己人生的下半场遇到了巨大困难。桑顿创办的利顿集团，开创了美国企业集团的先河，其通过并购实现营收大幅增长，用 12 年的时间使营收达到 10 亿美元，成为美国史上营收增速最快的公司。到 1967 年，公司市值已经与固特异轮胎、西屋、克莱斯勒等历史久远且规模也要大得多的企业相差无几。

桑顿并不懂并购企业的业务，他使用的集团管理方式是最适合他的——纯粹通过财务数字来管理这些企业。加上桑顿是"十杰"的领袖、第二次世界大战中的后方英雄，股民和媒体都力捧利顿集团，直至盲目收购带来新的经营管理问题。

举个有趣的例子，提到并购后的协同效率提升，桑顿经常与媒体谈到微波炉与冷冻食品两家企业的协同，就好像吉列刀架和剃须刀片一样。但收购了生产冷冻食品的史道佛后，史道佛却发现没法为桑顿的微波炉换上纸盒包装，因为它的客户中用微波炉的人太少了。

据我看，吉列刀架和刀片有紧密的接口关系，而一份冷冻食品在任何一台微波炉里都可以加热，在它们之间实在找不到必然契合点，这很可能是不到现场做调研、不懂业务的表现。

福特汽车公司也经历了管理方式的再次迭代。在"十杰"管理期间，他们都没有造过汽车，但福特汽车公司的财务部门凌驾于各个业务部门之上，严格控制成本，为了让利润数字好看，不惜影响汽车质量。米勒和兰迪都是福特的财务天才，他们太过骄傲，以至于不能理解为什么他们建立的财务组织会摧毁他们热爱的公司……书中讲到："直到 20 世纪 80 年代末，福特才明白自己是汽车制造商，而不是只想赚钱的经销商。"

2.2.4　管理必服务于业务

使用数字管理很有意义，但管理者不能迷信一个固定的管理方法。

一个合格的管理者，首先要理解业务，然后要不断地通过管理提升服务水平，通过业务创新带来更高的绩效。我们在公司内部，要重视财务管控机制，要重视法务提出的意见，但这都需要适应业务发展状况，不要因为这些管理需求打击了业务创新。

举个实际工作中的例子。公司在召开季度总结及规划会时，是汇报上一季度的数据、预测下一季度的业绩就行了吗？这是形式主义的管理。我们需要的是——产品负责人抛出新捕捉到的客户需求，我们实现的可能性和计划，销售负责人对如何提高销售代表的效率给出一个全局和高效的方法，服务负责人就某一类续费困难的客户拿出可操作的方案……

这些都是业务，不是管理。管理只是提升业务能力、避免业务跑偏的手段，业务才是企业生存的根本。

2018 年，我离开前一家 SaaS 创业公司后，也在不断反思当年犯下的诸多错误，其中有多少是因管理技能不足导致的？又有多少是因对业务的理解和预判不对？估计还是后者更多吧。

合格的管理从业务出发。

2.3 如何裁员，如何不裁员

2022 年开始的资本寒冬，对所有走"扩张—融资—扩张"路线的 SaaS 企业都是一个巨大的打击。业绩渺茫，裁之不舍，不裁团灭，心生惘然……当然，本节的重点是讲讲如何做到"不裁"？

2.3.1 如何将裁员的影响降至最低

首先，公司的管理层要意识到，"裁员"会对团队士气造成重大打击和长达几个月的影响。从时间周期上看，"伤筋动骨 100 天"，团队很难在短时间内恢复之前的高昂士气。

关于裁员，有几个关键点。

- 决断做出，迅速行动，不能拖到消息扩散。

- 只裁一次。连续裁员会让所有的同事恐慌，长时间无法恢复正常工作状态。

- 培训各级管理者，亲自与直接下属做裁员沟通。"裁员"是管理者试用期的结业考试。

- 尽我所能，为被离职员工推荐新工作机会。

- 裁员后对留下的同事做好安抚工作，CEO 和高管要多和大家接触，说出实情和下一步计划，千万不要欺瞒。

- 公司层面采用统一的补偿标准，不要厚此薄彼，引起争端。

- 如果可能，先考虑采取停薪留职等相对温和的替代措施。

实际上，以上仍是最终的无奈之举。无论如何，一次裁员对内部组织、市场品牌、客户信任都有很大的负面影响。最佳的做法是，化有形的裁员为无形的常规优化。如何能够做到"不裁员"？我们剥丝抽茧，一层层来分析。

2.3.2　引起裁员的底层原因

我按时间顺序罗列一下裁员的原因。

- 愿景太大，CEO 的野心超过了手上的现金储备。

- 拿到上一轮 VC（风险资本）投资后，研发投入过大。我算过账，由于 SaaS 企业新单去除营销费用后的边际利润贡献率很低（例如 20%），研发多投入 1000 万元，就需要销售人员多做 5000 万元的业绩。

- 老产品未盈利，就急于投入新产品研发。

- 企业营销体系扩张太快，甚至去除营销费用后的毛利率为负数。

- 缺乏危机意识和危机感传导。

上述原因中，最后一个原因的正面教材出自华为的任总。2000 年前后，华为的业绩大好时，他说"是华为的冬天"，引入 IBM 的 IPD 集成产品开发流程后，还要求大家"削足适履"。2013 年，华为成为全球第一的通信设备公司，我与华为战略部门的朋友聊天，他却说，"后面通信设备的市场空间不大了，要找新出路。"后来华为做手机的事情大家都知道了……

CEO 和公司高层不仅要有危机意识，而且要时常将危机意识传递给中层和基层员工。企业各个层级的管理者只有如履薄冰，才会少犯不理性的错误，降低未来裁员的风险。

2.3.3 可以避免的"表面原因"

如何避免上面的这些风险呢？其实不可避免。一家创业公司需要尝试新产品，在机会来临时做"闪电式扩张"（推荐读者读读里德·霍夫曼的《闪电式扩张》这本书）。

此时要把以下管理工作做扎实，以便及时发现问题。

- 在扩张规划里，要有"人均效率"底线。我认为营收覆盖不了 CAC 的营销体系是变相的 to B 补贴，作弊管控成本太大，风险太高。

- 坚持 18 个月现金储备红线。

- 这就要求我们建立起基础的财务体系，对费用归属、成本预测有良好的管理。

- 对营收的预测要客观。不能说去年续费率才 50%，今年为了达成总目标，就预估 70%。预估偏差大了是要出问题的，不能按"美好的愿望"来做收入预测。

2.3.4 具体做法建议

有了以上这些财务方面的基础能力，我们才能做到，化有形的裁员为无形的常规优化。

既然一次裁员会"伤筋动骨 100 天",何不坚持底线,打好提前量?大家现在就可以算算,公司的销售团队中,排在前 30%的销售人员完成了总业绩的百分比是多少?超过 70%的不在少数吧?

此外,建立日常淘汰机制,是最高效的避免"伤筋动骨"地裁员的方法。具体做法如下:

- 营销体系设置"营销人均产出效率底线"(营销人效 = 月度新客户营收÷市场销售体系总人数)。

- 服务体系设置"服务人效底线"(服务人效 = 月度老客户增购续费营收÷服务体系总人数)。

- 建立真实或虚拟的"利润中心"核算体制。

例如,可以问自己这些问题,营销体系新客户收入是否大于营销体系总成本(包括市场部、销售部)?实施团队成本能否被实施费收入覆盖?服务体系(包括客户成功、服务热线、客户运营等子部门)的成本是否能被老客户续费收入覆盖?以上利润中心的毛利能否养活研发和职能体系(包括财务、HR、行政、总裁办)?

- 财务部门按月核算以上指标,如有风险,应立即给出预警。

- 对销售、研发、客户成功等各个体系建立常规的绩效考评和淘汰机制。如果发生财务风险预警,这套机制就会打好提前量,并严格执行,同时严格限制各部门的总人数。

- 减少总人数,不意味着不能招聘;相反,要通过不断引入新鲜血液、引入高手,促进成员不断自我提升。

以上就是"化有形为无形"的办法。虽然操作难度不小,但这不只是为了不裁员,更是一个成熟的企业本身就应该具备的组织能力。

大家可以审视一下自己所在企业的财务、预算、绩效考评及日常淘汰机制,想想如何做到企业平稳发展?

2.4　管理的底气

不少管理者都面临下属有错但不敢管、事情没做到位但不忍心高要求的问题。今天我们就聊聊"管理的底气"。

2.4.1　懂业务：你与华为不同

15 年前我在华为公司工作时，内部有"业务管理者"和"资源管理者"之分。华为的组织架构是为巨大规模组织设计的，从 BMT（业务管理团队）到"地区部"的架构都充满了非常复杂的矩阵式管理，并不适合 SaaS 创业企业。

一个创业公司中不应该有纯"资源管理者"，所有的管理者都应该是自己那块业务的专家（无论是业务部门还是职能部门）。对 CEO 来说，做到这一点有些困难。下面的 4 大块业务：产品研发、市场、销售、客户成功，还有战略、融资、财务和 HR，CEO 都得懂吗？——答案是：都得略懂。

一个 CEO 主攻产研或大营销中的一块，同时需要略懂其他部分。"略懂"的要求是：知道该提什么样的要求，听得懂落地路径，以及对关键节点、关键指标有清晰的认知。

如果完全不懂，就会面临以下问题：

- 看到 VP 提交的战略规划和战术计划时，无法给出基于总体战略的指导意见。

- 该业务顺利时还好，若不顺利，你如何判断是市场问题还是 VP 的能力问题？

- 不知道应该找什么样的 VP 负责这块业务。

如何快速了解一个没接触过的领域？答案是：和高手交流。当然，阅读专业图书也是了解的方式之一。

2.4.2 正心：敢于提出高要求

一家 SaaS 领军企业的 CTO 讲过一句话让我印象深刻——"强者不需要呵护"。

如果管理者不敢对下属提出高要求，那么难道下属只能靠自驱成长？创业失败了，这些跟着你苦苦打拼多年却一无所获的兄弟，难道会感谢你给了他们一个"宽松的自由发挥空间"？你到那一刻才指出大家的问题，兄弟们会怎么想？——"为什么不早些指出我们的问题？说不定咱们就不会失败了。"

上面这些是一位创业者亲口告诉我的，那一刻我被震撼了，原来"敢管"才是"真爱"啊！并不是说管理者不需要做人文关怀，不需要耐心辅导。但在此之上，首先是严格要求。不敢管，是你作为管理者的"正心"不足。你管了，才是真正帮助他/她。

2.4.3 如何评价一个人

如何评价一个人是否适合他所在的岗位？如何评价管理者是否称职？

我们谈一个很常见的场景 —— 如果你处在高层管理岗位上，考虑提拔基层干部 A 并开始正式了解他的情况，这时你会听到各种风评：

"他过于严厉，和下属关系紧张"；

"他带的团队特别棒，经常讲公司的愿景，为公司长远发展着想"；

"他只帮助与他关系好的下属，对其他成员置之不理"；

"他的价值观和公司不符，总发表自己的独特言论"；

"听说他和供应商有关系"；

……

这时你就凌乱了，怎么这么多完全矛盾的说法呀，这人是"好人"还是"坏人"呢？在这一点上，我的看法是：红线之上，只看绩效，不分"好人"或"坏人"。

如果这人做了违反公司价值观、触犯红线的事，就立即请他离开。除此之外，我们评价人的唯一标准就是绩效。每个人都有评价"好人"的标准，但公司不需要"好人"，只需要"高绩效"的队友。如果有很多绩效之外的"标准"，每个人都有自己的视角和建议，公司内部难免会出现小团体抱团、用关系远近而非客观标准来评判人的状况。

很多大公司都存在"办公室政治"问题，并且积重难返。这些问题和历史有关，但创业公司不应该出现"办公室政治"。我们在创业初期就要立好规矩、养成习惯。红线之上，只以绩效为唯一的评价标准，很多事情就明晰了。

2.4.4　底气：有备选人

关于干部培养，有一点大家可以借鉴华为。我晋升管理岗后，老大就告诉我："在华为，一个管理者晋升的前提条件是，已经培养出合格的接班人。"

后来我自己也带过大规模的业务团队，当时我们的基层同事晋升的标准是：

- 业务优良（不一定是第一）。

- 具备团队协作精神和领导力。

而基层干部往上晋升，则有更高的要求：

- 团队成员业绩达标率合格。

- 已培养出能自立门户的新干部。

- 团队中有接班人。

以上这些都是干部绩效应包括的内容。

并不是说现任干部不行，我们就立即用备选人换掉他；而是有了这样良性的基础，现任干部会更加努力地提升自己，而你也更有对他提出高要求的底气。这是"形势"问题。

在实操中还经常面临一个问题：一个年轻人经验不多，是否能够提拔？我的看法是：意愿+基础素质 ＞ 岗位经验。一个有意愿、热爱学习的年轻人一旦上手，会做得比意愿度下降的熟手更有创造力和优良的绩效。当然，他会需要更细致的辅导。而辅导你的下属干部，正是你的价值的体现。

第 3 节　不同阶段的不同管理思路

3.1　复杂问题的解法

有一家我"陪跑"近两年的 SaaS 企业，其产品特别有创新性，是典型的行业 SaaS+AI 产品。团队也超棒，正气、认真，而且纯粹。2021 年业绩实现了数倍增长，上了一个大台阶。

但由于产品比较复杂，所涉及行业知识也特别难懂，这两年在经营的过程中，遇到了各式各样的困难——如何邀约到客户？如何能通过该客户约见 KP？客户普遍要求试用产品怎么办？产品试用过程如何推进？试用不起来是不是最初的价值描述不够清楚？销售 SOP 如何打造？新人掌握了 SOP 为何还是不能成单？新人如何快速掌握行业知识？在获客—试用—促活—推进采购这样复杂业务的情境下，管理 SLOP 如何打造？如何让销售人员平衡好 4 部分工作的节奏及比例？一个部门购买后如何推进其他部门使用？如何引导客户使用深层次的功能？……

凡此种种，虽然其客单价在 10 万元左右，但遇到问题之多，可以与 50 万元客单价的产品媲美了。

我们反复分析过原因，其实也很简单——行业高端、客户高端，产品又是一个新品类。通过营销方式教育市场需要时间，那通过销售方式教育客户就成为必须啃下的"硬骨头"。

这就是一个典型的"复杂问题"。例如，一个单线不分叉的销售 SOP 面对不同类型的需求时，就会出现有时效果好、有时效果差的情况。复杂问题的解法其实就是分类分级。

如果客户本身的决策机制很复杂，我们就把客户分为几个类型，分别采用不同的推进流程。

如果客户的需求很复杂，我们就针对不同类型的客户设置不同的价值场景。仍然坚持用场景化的方式描述产品价值，但客户需求不同，对应的场景也不同。

随着业务的发展，我们又会发现，对于销售业绩，我们不能把销售的新签业绩与增购业绩混为一谈，否则会造成部分销售人员一直在深挖成交客户潜能（虽然这也是正确的事），而忽略了新客户的开拓，中高管理层却对此全然不知。这时候我们就需要把新签、增购、续费三部分业绩分开统计，为三者设计不同的商机流程。

这就是分类分级的方法论。

最后还要强调一下：分类之后，业务虽然复杂，管理却要尽量简单。我们可以设计多个业务流程，但每个同事，特别是新同事，要能快速辨识出哪些业务该用哪个流程；每个流程的文字描述要简洁、明确，还要有场景和案例，以增强画面感。要做到这些很不容易，但这就是把事情做到位、做细致的方式，与各位共勉。

3.2 开会要不要限制时间

开会要不要限制时间？这也是我一直纠结的问题。

我和一个在某大公司工作的朋友聊到这个话题，他说他们开会一般都在 40 分钟左右，每人汇报 3 分钟结束。若遇到讲不清的重要话题，就另外约会议。会议上产生待办事项列表，为待办事项指定责任人，指定期限，助理会记录、跟进，到了时间安排会议。

创业公司也应该这样限时开会吗？我在创业公司时，高管们坐在一起，需要讨论的问题确实很多，很多事情是公司创建以来第一次聊，讨论起来也不容易快速形成结论。如果限制开会时长，是否会流于形式，导致问题讨论不透彻？但不限制时间的会议问题也很明显——干部们被困在会议上，而会议本身并不产生营收。

3.2.1 会议的 5 个分类

我与一家人数上千的 SaaS 企业交流后发现，企业到了他们这样的规模，会议效率必须提升。

3.1 节谈到，对复杂事务的管理有一个重要的原则，即"分类分级"。

我把公司的会议分为如下 5 类。

- 汇报会：下属向上级汇报和请示，上级快速给出指导和意见。例如，管理周会、月度经营分析会、年度预算会、项目启动会、项目后评估会。

- 讨论会：同级或各层级围绕具体战略、策略、战术进行深入讨论，最后形成决策。例如，战略研讨会、业务创新讨论会等。

- 培训会：不仅指业务、技能培训，还包括 CEO/管理者就某一个具体事项对团队展开的指导及思想输出。

- 宣贯会：公司就战略、策略及战术方法，对各级团队层层宣贯。例如，战略目标宣贯会、组织文化宣贯会、月度销售启动会。

- 务虚会：无须明确目的的情感交流和未来畅谈会。例如，员工恳谈会、高管战略务虚会等。

此外，1 对 1 的业务和情感沟通也非常重要，但这不属于开会，本书就不涉及了。

3.2.2 不同类型的会议独立召开

详细讨论每种类型的会议该如何召开，就太琐碎了。我简单列一个表格，其中很多内容是我 20 年管理的经验积累，供大家参考。

会议类型	目的	适合人数	时长限制	领导讲话时间	频率
汇报会	汇报进展快速拍板	<15 人（旁听不限）	1 小时内	<20%	经常
讨论会	深度探讨策略共识	<15 人（不宜旁听）	1～4 小时	<30%	经常
培训会	掌握知识技能	不限（30 人内更佳）	2 小时内	>80%	≤2 次/周
宣贯会	统一认识	不限	2 小时内	>80%	1 次/月
务虚会	情感交流战略共识	<10 人	2～6 小时	<20%	1～2 次/月

这里有几个有趣的点，稍微提一下。

（1）关于会议时长，汇报会一定要有时间限制，因为会议是没有实际产出的。高层管理者要考虑到中层、基层干部，他们需要有时间和自己的团队在一起，管理自己的团队时也需要有时间计划。要减少临时开的会，减少不受时间限制的会。

（2）"一把手"的讲话时间：在汇报会和讨论会上是需要有所控制的。

我在外企工作过 6 年，哪怕是从礼貌角度考虑，在一个讨论性质的会议上，也应该多给别人留发言时间。CEO 发言超过一半时间的会，就不是讨论会了。

3.2.3　不同阶段的公司开会方式有所不同

我那张"SaaS 创业路线图"大家都很熟悉了，可以看到团队的成长过程就是一个一个地上台阶。

早期，公司就十几个人，把"汇报会"开成"讨论会"当然没有关系，毕竟太多东西没有系统探讨过，汇报也无法形成共识。当公司规模到 200 人时，达到我说的一个管理门槛，管理风格就需要调整。L3 管理者要知道，L2 管理者也有自己的团队要管，需要给他们时间和空间。

当然，我只负责讲故事、讲框架、讲逻辑，具体到每家公司，历史和风格不同，大家因地制宜。但大家追求效率的逻辑总是一致的。

在我做顾问的几家 SaaS 企业中，有两家经营十多年的成熟企业。他们在会议管理上的段位都很高，在会议中也充满"引领性指标"、KPI、市场洞察等管理框架，拆解年度目标也会用到平衡计分卡这样成体系的方式。这些就是 80 分以上的东西了，大家逐步提升。

3.2.4　创业初期的会议及决策方式

从创始人的角度来说，他一定是希望能牢牢抓住权力的，但随着企业规模扩大，集权造成企业竞争力低下，不得不放权；然而放权后他又担心下属乱用权力，又得收；收狠了还会打击下属的积极性，于是还得放……

这就是"权力"运行的机制："收"和"放"本来就是事易时移、不断调整平衡的过程。关键是管理成员的领导力、管理能力，以及整个组织的能力在这个过程中不断提升，完成企业的责任。

具体来说，组织方式的选择与企业所处阶段有很大关系，也与管理人员的成熟度有关。

在 SaaS 创业路线图的 5 个阶段中，"（产品）创意""（价值）验证"这两个阶段是需要"集权管理"的。

在这两个阶段，创始人是公司唯一的中心，所有业务都是星形结构的，最后都要汇聚到创始人这个点上。如果一个创始人完全没有判断力，大量事项都要商量着来，那么团队一定会死于决策缓慢。创始人必须有决断力，必须要熟悉自己的产品，明白怎么管理团队。哪怕并不懂标准规范的管理，起码要有自己的管理方式。创始人一个月可能要做 100 次决策，大的决策不能错，中小决策也必须大部分都对。

如果创始人在这个领域确实没能力做正确的选择，也只能通过多次迭代接近正确方式，那么无论如何，做错的决定也比拖着不做决策强，所以"一意孤行"就是创始人这个阶段该干的事。这个阶段的团队成员必须无条件地信任创始人。我们经常说，创始人错了，我们也跟他一块错，错了大不了从头再来嘛！当然，这不意味着不需要听取大家的意见。

很多创业团队没完没了地开会，这是大家又累又低效的主要原因。CEO一定要能够分辨出哪些是关键决策，必须多聊几次；哪些是"充满假设"的讨论会（每个发言人都基于很多假设谈自己的想法）。"假设"太多说明信息不充分，不如先拍板一个赶紧去市场上测试。

例如，要开新价格方案的决策会。这对于上规模的公司来说当然是大事，可能要反复讨论 5 次以上才能拍板。但对处于创业初期的公司来说，每个月总共就签几家客户，经验少，得到的客户反馈也少，没必要、也不可能上来就给出一个特别完美的价格方案。相反，快速拍板，然后到市场上去测试更重要。

所以创业早期的决策会的模式应该是下面这样的。

（1）会前准备：营销负责人提前做好调研及初步方案设计。

（2）会议中表达意见：在营销负责人详述方案 A 后，产品、技术、服务、销售、财务等各条线的负责人要充分表达自己的想法。

（3）CEO 发言：CEO 务必要最后发言表态，避免干扰与会者意见的独立性。大家充分表达意见后，CEO 要能够快速分辨出与会人各自的核心观点，然后发表自己的观点，抛出结合了所有人的想法但以自己意见为主的 A'方案。

（4）围绕 CEO 的方案讨论细节：这时候就不要再天马行空地谈多种方案了，所有人都要围绕 CEO 建议的 A'方案讨论可行性。

（5）CEO 拍板：CEO 需要养成设置期限的习惯，到了规定时间，基于方案成熟度果断拍板。

相对地，发展到成熟阶段的企业在做决策时，需要更多的数据依据、更多的财务考量。

3.2.5　准成熟阶段的开会及决策方式

准成熟阶段的企业 CEO 应该开始考虑组织发展战略。创始人需要开始有重点地培养自己将来的 VP。应该让他们独立地完成一些任务，CEO 不能什么事都由自己决定，那样高管们就是一群"跟屁虫"，将来团队规模再增长后，CEO 会忙不过来的。

到了这个阶段，CEO 要培养干部，要授权授责，允许他们出点错，出错不要紧，只要改就行。做法是建立可复制的管理方法和制度。

在中欧 EMBA 上课期间，我发现所有管理课教授都不断强调下面两件事。一件事是企业的社会责任（后来在与教授一起吃饭时，了解到这是统一规定）。另一件事则是每个教授自发强调的，就是"允许下属说话"。如果 CEO 一周都听不到一个反对的声音，那么很可能是他太独断专行了。

大家都不敢说话，企业只靠 CEO 一个人的直觉往前走，每个部门也上行下效，只靠自己的感觉往前走，那么某一天突然翻船的可能性会很大。

组织与文化

除了培养管理团队，成熟期的企业还要逐步建立制度，这包括团队招聘、新人培训、日常管理规则设置、晋升和淘汰机制设置、提成和绩效制度设置。而后还要慢慢建立数字化的管理体系，这些措施都是为了在团队规模扩大后，能够数字化地管理团队。

在这期间，人数从 50 到几百再到上千人，分割线是 200 人。

为什么分割线是 200 人？一个人的管理半径是 8，这是一个普遍的管理规律。创业公司和互联网公司管理者的影响力大一些，一人影响 15 人，也就能传递 2 层，2 层后文化、创业精神以及核心思想的传递是层层递减的。所以"强"影响的范围就是：1（创始人）+15（核心团队）+15×12（15个核心团队再影响各自部门里的 12 人）≈200 人。

企业规模到 100 人时，创始团队的文化穿透、工作品质要求是比较容易实现的。大家受创业心态的感召，很容易拧成一股绳，这个时候公司不要把制度、规章搞得太死板、严格，因为大家都在努力，何必费那个力气？大家不用在管理上花很多的成本。但是当企业规模超过 200 人时，情况会逐渐变化。你会发现 15 个核心团队之下的 12×15 人里，很难还有人有能力往下充分传递。

我在前一家 SaaS 企业 6 年的创业过程中，写了 55 万字的分享和日志（大部分在全公司范围内公开），但这样的方法毕竟隔着很多东西，一线员工只看到文字，并没有经常看到人，他没有被你的气场所影响，在遇到困难时或利益选择时就很难有那么多公心了。

这个时候不能再指望大家靠自觉解决管理问题，所以在规模超过 200人之后就要定规矩了。但这个规矩不是 200 人以上的时候才定的，所以我说很多团队在这里会遇到一个槛，挺难习惯的，很多公司可能经过一两年后还无法过去。

在这个阶段仍有很多公司用习惯的松散管理方式解决问题，但总是解决不好，因为规则是很松的，很多时候过度依赖人为判断。在文化穿透力不足的情况下，会有很多人出来钻空子，好想法也被搞得千疮百孔。但也不能过早执行硬性管理制度，因为会把公司发展速度降下来，管理有成本。

说回"开会"——对比创业初期的会议，这个阶段的会议节奏应该是这样的。

（1）会前提案准备：提案负责人预先做好提案准备，包括当前数据分析、方案可行性分析、方案成本分析、未来数据预测。

（2）会前数据核实：重要信息及数据要在会前与各部门进行核实及沟通，例如，成本及成本预测数据与财务部沟通，客户数据与服务部门核实，等等。千万不要在会上探讨"某个数字是否准确"的问题。

（3）会议提案：提案负责人陈述、答疑，包括解答对数据的质疑。

（4）会中讨论：各相关部门负责人充分表达自己的想法，与会人充分探讨。最好专门安排有批评精神的人负责挑刺。大家知道他是被指定干这个工作的，即使争执起来也不会有坏的影响。

（5）CEO 发言：CEO 仍然要在最后发言表态，避免干扰与会者意见的独立性。但这次不同，CEO 不要直接给出结论，最好是提案方能说服大家或者被大家说服。如果争执不下，CEO 才决定是本次做决定还是延期做决定。

（6）安排执行细节：如果做了决定，会上也不能再在执行步骤上多花时间，而应请提案人继续细化执行计划。

关于不同创业阶段的不同管理方法，大家肯定各有心得，欢迎在"SaaS白夜圈"留言交流。

3.3 知识、认知与共识

在 SaaS 圈，我是一个自由人。我服务的 SaaS 企业、微信上认识的 SaaS 创业者，都喜欢找我聊天、提问。我也来者不拒，大家的问题就是我的"营养"，在帮我构建中国 SaaS 创业的知识体系。

组织与文化

传播了 3 年知识后，我突然意识到——知识与认知不是一回事。比方说，我这三年逢人就说：不要卖多年单。原因是服务体系会放松对这部分客户的服务，产品迭代反馈慢，会透支未来毛利。这些话，相信 SaaS 圈大部分决策者都听到过。

但这还只是"知识"。

CEO 遇到投资人要业绩数字的时候，销售 VP 到了 9 月底发现今年业绩目标可能完不成的时候，是否还能坚持不卖多年单？如果不能坚持——这就是"认知"没到。

有"客户成功以服务为主"的知识，但为了让当年续费率好看，设计激励方案时还是用了提成奖金制。

有"定制开发影响产品研发投入"的知识，但为了和竞争对手拼营收，大客户来时还是要服软。

有"估值过高影响未来发展节奏"的知识，但想着未来 2～3 年融资困难，还是先拿一笔钱再说。

同时给几家企业做顾问是特别有意思的事情。我亲眼看到其他企业踩过的坑，会把信息脱敏后作为案例分享给另一家的 CEO。如果其中的逻辑非常明确，那么这个知识可能会很快转化为认知。但也有很多"知识"传递出来之后，由于缺少切肤之痛，导致坑还得自己去踩一下，才会变成真正的"认知"。没关系，决策者的能力也就因此而增加。

在创业团队中，"认知"逐渐一致了就能达成越来越多的"共识"。我在一个 SaaS 企业的高管群里由一个客户反馈引申到这个话题，他们的 CEO 说，形成"共识"的能力即领导力。

每一位 CEO 和管理者都需要构建自己的"认知体系"。对不对不重要，它自然会有一个迭代升级的过程，但一定得有。CEO 脑子里的体系会有战略、愿景和组织人才发展理念。一遍遍地讲出来，认同的人就会走进来、留下来、干出来。

高管、中基层管理者也一样，你带着一群兄弟，不能只是压任务，那样太机械和功利了。你需要讲讲你的"道"——我们为什么这样做？这个方法为什么会奏效？为什么由我带着大家走向胜利？

我期望，通过圈里几十万人的不断努力，以及我和诸多愿意分享的同行们的总结，在中国的 SaaS 圈里形成越来越多正确的"认知"，乃至达成越来越多的"共识"。大家有共同认知，才能提高每个创业团队的效率，才能形成更好的协作大生态，这有益于为中国的信息化、数字化建设做出更大贡献。

3.4　领导者当有思想体系

3.4.1　领导者需要用思想体系引领团队

在 SaaS 创业圈这十年里，我看到很多卓有成就的创始人都有自己独树一帜的思想体系。其中，有的是"创业激情+宏大梦想"，有的是"产品驱动"，也有以"毛泽东思想"指导组织决策的……

思想体系是什么？思想体系不是自说自话，能说服别人的才是思想体系。

可以看到，这些 CEO 在逐渐构建自己的思想体系，思想体系就如信仰，照耀着自己，也照耀着整个团队。在企业遇到一个新困难或新机会时，大家该遵循什么原则做决策？有了稳定的思想体系，干部们才敢于做决定。如果 CEO 或上级没有思想体系，今天忽左、明天忽右，下属就都没有安全感，做事就会畏手畏脚。

有思想体系的企业，每经历一场战役，都是对思想的巩固、对方向的坚定，团队会越来越有信心——我们的目标一定能实现，我们的目标一定会实现！

很多成熟企业里山头林立，各部门的老大想法不一致，甚至心里盘算的目标也不统一。创业公司在这方面则普遍好很多，因为他们还没有多少利益可争，同时也因为大家都是被同一个思想体系吸引来的，本身就有强烈的价值认同。

3.4.2　领导者的思想体系需要有层次

我琢磨了诸多 CEO 的思想体系，又将自己带团队的经验补充了一些，我认为一个公司的思想体系大体有这样一些层次，如下图所示。

举例来说。

（1）价值观（对客户、对人、对事的态度）：以客户为中心，以奋斗者为本（华为）。

（2）组织愿景和使命：丰富人们的沟通方式与生活方式，持续为客户创造价值（华为）。

（3）战略和路径：例如，将测评搬上互联网 → 一体化人才管理云平台 → 北森 App Store（北森云）。

（4）组织原则："军队""学校""家庭""球队"等有不同的组织原则。

此外，还有外围的部分，例如领导的决策风格、公司开会的模式、干部与团队成员间的关系，等等。外围的内容由核心思想体系指导。

3.4.3　思想体系要稳健，也要与时俱进

带过大团队的人都知道，一个具体的行为规则（例如拜访客户礼仪这样简单的要求）要穿透多个层级是非常费力的。需要先做决策背景介绍，令成员能够认同；需要做多次培训和考核，令成员具备执行能力；需要日常检查，保障长期坚持不走形。

而在一个企业的运作中，还有很多东西是没法写成 SOP（标准操作流程）的，例如"客户第一"的价值观。它需要经历多次真实案例，通过无数次层层分享，才能打通各层级同事们的思想，形成一致认知和一致行动。对于一个规模为几百人的团队而言，这个过程也许需要 1 年甚至更长时间。

因此，内核要稳健，这包括价值观、愿景和使命，也包括战略路径和组织原则。一旦战略目标发生变化，CEO 和 VP 们需要反复在各个场合给大家做分享，并回答来自同事的尖锐问题，这样才能逐渐将大家"掰"到新的方向上。

对 CEO 来说，思想体系的构建会是一个多年不断迭代升级的过程。内核要稳固，外围不断升级。公司创立初期可以讲得抽象些，用真实发生的故事传递观点。不要在公司只有 200 人时就把使命、愿景、价值观等写成文字，那样的话，将来要改就会"伤筋动骨"。

但到了最后——无文字，不管理。思路基本清楚了，逐渐把我们的思想体系用文字描述出来。

3.4.4　小结

记得 2015 年在一次 200 多人的渠道大会上,我作为业务一把手,讲完当年的公司战略目标和实现路径后说——"信的人有福了",说得自己热泪盈眶,说得台下群情激昂。这也是一种能力。

说服别人的最高境界是,自己先深信不疑。不仅 CEO 需要有思想体系,优秀的管理者都需要有。因为我们要用稳定的理念说服团队,也需要用稳健的思想体系给成员指明方向,让大家有归属感。

你的思想有体系了吗?

3.5　业绩增长是组织成长的副产品

我与一个非常优秀的 SaaS 团队一起学习过陈春花教授的新书《价值共生:数字化时代的组织管理》,其中有很多关于这个时代新组织形式的探讨。说实话,内容很有参考价值,但需要很高的悟性才能落实。

之后,我与两家 SaaS 企业的业务一把手交流组织成长中的一些难题,互动中形成了一些落地的具体办法。然后又花了些时间阅读了拉姆·查兰的《高管路径》一书,于是写了以下内容供公司管理者参考。

3.5.1　SaaS 企业的几条增长路径

业务一把手(COO 或销售 VP)最焦虑的话题当然是"如何实现业绩增长?"在 SaaS 企业实现业绩增长有下面几条路径。

(1)新模式:实现商业模式的飞跃。提供工具(收 SaaS 年费)——基于数据增值(赚供应链、金融方面的钱)——形成网络效应(产生平台价值)。

(2)新客户画像:围绕已有产品,寻找新的应用场景,销售给其他客户群体。

（3）增购：围绕同一个客户群体，提供新产品，赚增购的钱。这是最有 SaaS 特色的增长方式。

（4）提效：提高销售部门人均效率，提高线索转化率。

其中，寻找"新模式"最难，但"数据在手，天下我有"—— 只要你能找到更深的增值场景，客户是愿意让自家的数据产生更大价值的。

"新客户画像"，则是可遇不可求的，与产品本身的关系更大。

"增购"对全公司的组织协同能力有很高要求。市场引来的 MQL 线索应是"对"的客户群体，销售签下的应是"对"的客户，然后 CSM 能够接得住，还能发掘增购机会。

"提效"则是 SaaS 企业进入稳定期后，需要长期努力才能逐渐见效的。

3.5.2　业绩增长只是组织成长的副产品

上一节说的前两条：新模式与新客户画像，是需要在战略和产品上努力的，对业务团队（市场、销售、服务）来说，可遇不可求。而后两条：增购和提效，是从业务上可以实现的。

如何提升业绩？从 0 到 1 之后，再实现从 1 到 100，复制的方法并不难，最难的还是组织能力的成长。快速提升业绩的方法也不少，但其实都缺乏可持续性。例如：

（1）提高业绩提成比例，让直销、代理业务政策更刺激（用毛利换速度）。

（2）重奖"销冠"（重奖之下，必有勇夫）。

（3）高层干部亲自出手拿大单子（老将出马，一个顶俩）。

（4）高层干部代替基层干部帮销售代表理单，直接出主意推动成交。

但是，长期的业绩增长只与能力挂钩，短期动作可以让业绩暂时上升，但到了一个高度就难以再次突破，甚至难以在高点维持——如果公司的业绩忽高忽低，那么多半就是这个原因了。

因此，我们说，长期业绩靠整个组织的能力，业绩的增长只是组织成长的副产品。

3.5.3　如何实现组织成长

组织成长不能只以当期（月/季/年）的业绩完成为唯一目的，我们需要把主要精力放在组织能力的培养上。只有这样才会有长期收获。那么，如何实现组织成长？下面以销售部门负责人为例来探讨一下。

首先，弄清楚公司的战略目标，是盈利、销售额/ARR，还是企业客户数量、用户数量？不同战略配套不同策略，不同策略配套不同战术动作。

其次，学习产品、深刻理解公司产品的设计逻辑、内在价值。最好能够带领团队深度使用自家的产品。这是后续策略的价值基础，毕竟给客户业务带来价值的是我们的产品及服务，销售只是价值传递者。

打磨一套 L2C 的 SOP（标准操作流程），实现"可复制的成交"，并且建立一个每月/每季度升级 SOP 的机制，保障 SOP 的质量从 70 分开始，逐渐提升到 90 分以上。

统一管理市场及销售体系内部资源（电销、直销、KA、渠道），包括：全国客户资源、市场资源、线索流转、激励淘汰机制、道德红线机制，以及销售运营（包括辅助招聘、新老员工培训、策略更新、数据化管理），达到内部高度协调一致。

做好跨部门协同，与产品、市场、客户成功/客服、HR、财务、战略等部门协调一致，形成高效合作。这是各个 VP 的重要职责，其他内部职责还有副手可以承担，但这个跨部门协作的工作责无旁贷。别人没有跨部门协作的条件。

干部及骨干的培养，这是大部分团队最终扩张的障碍。

以上这些才是一个业务部门一把手的重点工作。重点工作一般都不紧急，从时间管理的角度看，就是需要安排每周有"固定时间"做这方面的思考。

我们常说，财富是个人成功路上的副产品。业绩也一样，它只不过是组织成长的副产品。所以，各部门负责人的第一职责不是完成年度 KPI，而是提升组织的能力。

这也是为什么我说公司高层干部的年度奖金不要只与 KPI 挂钩。只看 KPI 往往是短视的（当年实现营收×亿元），而组织成长（沉淀最佳业务实践、储备优秀的干部、建设向上向善的文化氛围……）则要长期投入才能看到成效。

第 4 节　SaaS 企业的规划

4.1　企业的愿景需要系统设计

团队带不动？明明是创业公司，团队却呈现打工状态？前文讲过管理的底气，今天我们再聊聊底层的企业的愿景。

4.1.1　创业需要宏大愿景

有的创业团队的产品貌似很好，市场反响也不错，但团队自身拖拖拉拉，一会儿是销售业绩没有突破，一会儿是产品没有跟上……错失了稍纵即逝的市场机会。如何激发团队成员都以创业者心态前行？这需要企业做准确的愿景设计。

有的 CEO 自己的内心就缺乏宏大愿景。如果只是做个小生意，招几个员工干就行了。一般这样的团队只有老板一个人努力，其他人装作很努力就行。但没关系，小生意嘛，做一单赚一单。

那些员工能把工作当作事业来做的企业，无论是联想、海尔、华为，还是阿里巴巴、苹果、小米，都有一个真正激发团队成员的愿景。阿里巴巴的使命（"让天下没有难做的生意"）天下皆知，因为其通俗易懂而又振奋人心。我在华为时，华为的愿景是"丰富人们的沟通与生活"，随着业务范围扩大到 C 端（手机业务），现在是"共建更美好的全联接世界"。这说明愿景、使命、价值观可以往前演进，但总的意思不能变。

在和不少创始团队交流时，我问到"你们的愿景是什么？"其中有不少张口结舌的管理团队。一个简单逻辑是，如果只有自己当老板、当股东的赚钱愿景，凭什么要求团队为一个大目标努力？当然，这中间还有一个连接，就是股权/期权。这个股权/期权不能不给，也不能乱给，要在落地环节做好设计。

此外，宏大的愿景应该是利他的。"只想做成大公司"这样的愿景太狭隘，无法说服自己去持续拼搏，也无法打动那些有情怀的人。而顶尖高手由于能力强、经济基础好，往往是有些情怀的。

愿景要宏大，但不能太虚幻。这中间的区别是：我们有没有通往愿景的路径和现实基础？既然还只是计划，当然也是需要创始团队敢想且也能设法落地的。

4.1.2　建立宏大愿景是一项可训练的能力

大家都知道需要建立宏大愿景，但如何建立呢？我总结这是一项能力，叫作"系统设计"能力，是构建一个完备、自洽体系的系统能力。

我领会到这一点是在一次中欧 EMBA 的课上。教授先讲了一个真实案例（"全家便利店"数字化面临的挑战），这里面有很多信息点，突然她画了一张"四象限"的图，这个图基于横轴、纵轴的四象限关系让人顿时看到一个完整的"体系"。我立刻领悟到，四象限法是一个很棒的系统设计工具！

四象限的"系统方法"也可以用于分类和界定范围。例如，本书提到的 SaaS 产品的分类，用两个维度即可划分清楚。

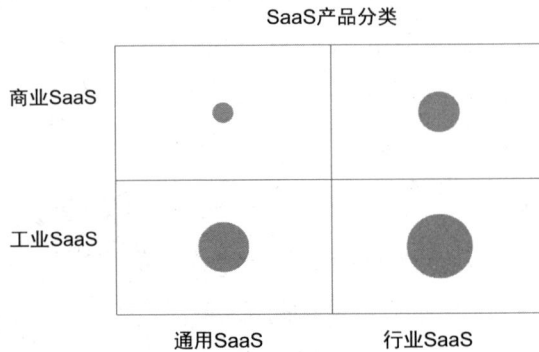

SaaS产品分类

当然，做系统设计除了可以使用四象限模型，也可以使用下图这样的非规则图形模型。

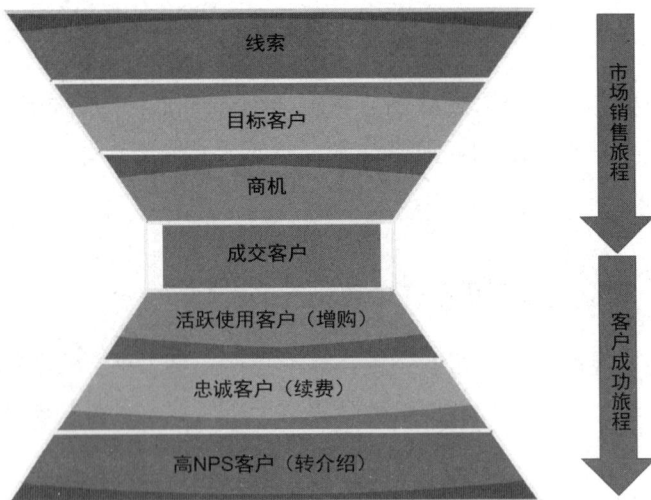

除了图形模式，系统设计的输出也可以是文字描述。例如，一次销售运营活动的意义、一个销售激励的规则制度系统设计、一个以客户为中心的全组织流程设计，等等。

在此之上，还有一个更高级的系统设计，就是企业的愿景设计。是的，成功的企业愿景是 CEO 设计出来的，不是凭空想象出来的。说实话，愿景也不应该凭空出现，应该被详细地设计出来：其高度是否能够打动人心？社会意义是什么？实现路径是怎样的？有无现实基础？不经过精心设计和全面考量，你的愿景就不可能使人信服。

因为在 SaaS 头部企业创业 6 年，也作为顾问深度服务了几家知名的 SaaS 企业，所以我参与过多次企业 "愿景" 的设计。设计愿景需要多重能力。

- 熟知技术趋势，预测市场趋势。

- 共情的感知力：有利于社会、尊崇客户。

- 天马行空的想象力。

- 对自身能力和资源的认知。

- 构造新模型的能力（此非一日之功，需要从简单的模型设计开始，逐步沉淀）。

- 实现路径的设计能力——这是对 "天马行空" 的反制。

4.1.3　大愿景与小目标带来的差别

不少创业公司缺乏激动人心的愿景，只是想着先实现一个小目标——活下来。我观察这样的企业在很多决策上只会看到短期目标，因此做不长远。我记得当年公司超过 500 人时开始落实使命、愿景、价值观的设计。当时公司 CMO 黄海钧对此进行了非常漂亮的解读，大意是："……价值观体现在日常决策中。"

SaaS 创业路线图 2.0
to B 企业的创新与精细经营

如果企业里有个不大不小的决策让人特别纠结，这就是体现价值观的时候了。

举个例子。我见到一家创业公司，当时他们的产品还在验证阶段，为了快速获得融资，就开始把主要精力放在销售环节上，而忽视现有客户的活跃度还很低的问题——这样的产品显然后劲不足。无论是张小龙的微信，还是 to B 的 Slack，他们的方法都是早期让产品自然地获得客户……要实现长远发展，就不能拔苗助长。

为了能够"系统"地说明这个问题，我剖析一下我自己在做的事情。看过前文"如何做 to B 内容营销？"的读者可能知道，我公司的主要营收来自常年咨询顾问服务，小部分营收来自线上课程。但我的愿景并不是成为"SaaS 圈最成功的咨询公司"。我的愿景是帮到 SaaS 创业团队，一起见证这个充满希望和艰辛的领域走向繁荣。具体来说，就是为 SaaS 圈做知识沉淀和传播。

这两个愿景的差别到底有多大？从一个个具体的日常决策中就能看出来。

当一个创业者找到我希望与我交流时，如果我初步了解其想探讨的问题还算靠谱，我都会同意与他见面或线上聊 1~2 个小时。而做咨询顾问的目标则是希望对方尽快买单，不会花时间长聊。业内把长聊之后不买单的现象叫作"白嫖"。

我的目的是多接触 SaaS 创业者，发现大家的难题，并测试我提供的解决方法是否能被接受。

很多培训平台找到我，说他们有很多 to B 企业客户，希望我去讲 to B 营销。如果听众中没有很多 SaaS 企业创始团队或 SaaS 企业管理者，大部分情况下我都会回绝去讲。因为我只聚焦 SaaS 创业群体，如果我只考虑增加营收和影响力当然可以做，但这与做 SaaS 知识沉淀无关。

有的 SaaS 企业找到我，希望我给他们做内训。这对咨询公司来说是"甜区"，因为一个内训体系搭建好后，讲师很容易复制，这是咨询公司重要的营收增长点。

但我对内训项目没有多大兴趣，单向输出对我做知识沉淀没有价值，所以我不会在这上面花费时间。我宁愿与核心团队坐在一起聊聊，听听大家的困惑；或者通过一个互动式的 workshop（工作坊），给大家一些实操建议，讲讲这些建议背后的大逻辑。双向交流对我的知识沉淀才有意义。

只有从日常决策，而不是贴在墙上的口号中，才能看出企业真正的"愿景"和"价值观"。

正因为舍掉了那些赚"快钱"的路子，我才有机会在未来做成"SaaS知识沉淀"的事业。

4.1.4　宏大愿景背后才有宏大的商业图景

做商业就不要说不想赚钱。作为个人，我当然有自己的情怀和理想，但既然开了一家公司，就得遵循商业规则。

那么我为什么不去挣"快钱"呢？相信很多优秀的 CEO 都有和我一样的理念：如果只看重短期目标，就会让公司没有灵魂。坚定地往高远的目标走，即使经历挫折，但这是成就伟大公司的唯一道路。

那些过度看重短期营收的公司，常常被短期目标带偏。接下一个超大的定制项目，允许销售代表卖多年单……这样的例子比比皆是。关键是想赚短期"快钱"，还是想赚长远的大钱？

只有确定了宏大愿景，才能让每个决策层在"愿景"与当期 KPI 发生冲突时，选择前者，坚持"长期主义"。

4.1.5　长期主义的日常

本节介绍中国 SaaS 领域实操方法。

SaaS 创业路线图 2.0

to B 企业的创新与精细经营

SaaS 创业圈有很多短视的做法，包括收多年单（一次回款），续费也一次续多年，过于侧重当月当季的营收而忽视体系建设……我也经历过 6 年的 SaaS 创业过程，对此非常理解 —— 即便有宏大愿景，也无法马上解决现金流的问题。而 SaaS 企业的前 5 年又是很难盈利的。这里我提供一些长期主义的具体做法供大家参考。

平衡好现金流与长期主义之间的关系。例如，要克制一次收多年单，应结合实际情况，能只收一年半就不要收 2 年，能只收 2 年就克制住不要收 3 年（否则损失的是未来的收入）。

根据现金流情况，提前 18 个月找下一笔融资。注意，先设法让自己的业务坚持到能融下一轮的状态，否则只是浪费 CEO 的时间。

在拿到投资款后，要注意节约。研发投入要谨慎，规划好营收预期（按保守营收增长预期，现金能撑多久）。

进行大营销（市场和销售）扩张时要精打细算，设置扩张的人效底线，低于底线的团队坚决停止扩张。

控制好产品边界，选准目标市场（哪怕是较大的细分市场），做深做透。不要盲目扩张新产品线。

避免为了一个大单就接受大比例定制。如果你的研发团队是做产品的，做定制开发的效率可能还不如一个小软件作坊。

重视全流程的"客户成功"，避免前端签下大批"错误的"客户。

"管理在于沉淀"。在企业规模超过 200 人后，就要把一些最佳实践固化为公司的标准业务流程和管理流程，并且每 3～6 个月做一次迭代。

注意培养自己公司的人才，无论是应届毕业生，还是原来在初级岗位的"生手"，当他们成长起来后对企业的忠诚度会远远超过高薪挖来的"高手"。有个我陪跑企业的创始人称他们为"子弟兵"，特别形象。

重视组织能力的成长。例如，不能大比例招募有客户资源但勤奋度很低的销售代表，他们用完资源就会离开。我们需要的是可复制的有开拓能力的人。

在招人时，尽量招适应该岗位 3 年以上发展要求的高素质人才。同时，多花时间与员工沟通愿景，以期控制现金成本，同时以期权/股权补充（结合人才市场实际情况）。

4.1.6　总结：不可以不弘毅，任重而道远

创业公司必须要设计一个利他且有感召力的宏大愿景。在这个愿景下，团队才能坚守长期主义，才能在大大小小的每个十字路口做出正确选择，也才能吸引优秀的人才。

如何设计这个宏大愿景？需要系统设计能力。这个能力与四象限分类体系的设计、非规则图形模型的设计、激励体系的设计等一脉相承，所谓"系统"必须完备和自洽。如何将企业的愿景设计得"宏大"而不"虚幻"？这需要基于自身优势资源做客观的路径设计。

4.2　从公司战略到部门目标

本节将通过实例讲述从"公司战略目标"到"部门业绩目标"的拆解（Breakdown）过程，也会谈到拆解过程中的一些重要管理逻辑。

我一般不喜欢在中文里夹着英文单词，但 Breakdown 这个词实在太传神了，这里保留使用。

4.2.1　战略目标的数字化

为了便于陈述，我们引入一家 S 公司的 3 年中期战略目标，具体如下。

（1）目标 1：实现业绩大幅增长。

（2）目标 2：提升效率，改善现金流。

（3）目标 3：提高客户口碑。

我们借用"平衡计分卡"（Balanced Score Card，BSC）作为战略拆解的方法论模型。这是一个经典的战略规划及绩效考核工具，它把公司目标拆解为财务、客户、运营、组织及学习 4 个部分。规模较大的企业可以用这个工具做战略目标的拆解，但它对大部分 SaaS 创业公司并不适用。

这里只拿出财务、客户两个层面的指标来套用这个模型：三个抽象的战略目标恰好可以对应以下三个财务或客户指标。

（1）营收增长 50%。

（2）营销环节利润贡献率提升 10%。

（3）金额续费率提升 8%。

因为"总毛利率"这个成本控制指标需要在业绩达成的框架下测算，续费率指标也是包含在"营收增长指标"中的。所以，在本案例中我们只把"营收增长 50%"作为分析对象。

这里有几个要点。

（1）目标有主次："增长"指标与"毛利率"指标本身是互为矛盾的，所以哪个目标在前、哪个在后，这是 CEO 和高管们需要想清楚的。一年中的很多关键决策都需要在这个基础上做出。

（2）要设置制衡关系：对于"增速"与"毛利"的关系，我们不能只设置一个单向的目标。因为公司不可以不计成本地获客，营销体系没有毛利的商业扩张是没有意义的。

（3）目标是否合理？需要 Breakdown 之后才知道。这一点后面会详述。

4.2.2　上年各模块实际完成的业绩

我们先用公式简单表述一下"营收增长"这个目标是如何 Breakdown 的，如下图所示。

组织与文化

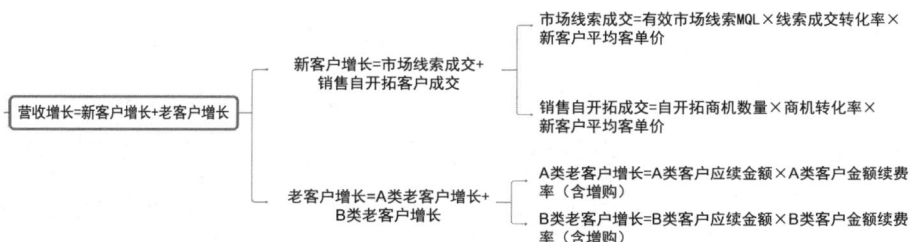

我们把 S 公司的例子再具象化，如下图所示。

在去年，S 公司营收 1000 万元，其中新客户新购 500 万元，老客户增购续费 500 万元。由于历史上公司客户群体目标发生过变化，老客户分为 A、B 两类。B 类基数大（去年应续费 400 万元），但续费率偏低（50%）；A 类基数小（375 万元），但续费率高（80%）。具体如下图所示。

而去年新购部分：通过市场线索成交与销售自开拓成交的业绩各有 250 万元。市场线索成交额= MQL（1250 条）×转化率（5%）×客单价（4 万元）= 250 万元；销售自开拓成交额=商机（313 条）×转化率（20%）

×客单价（4 万元）≈250 万元。如下图所示。

新客户收入	市场线索成交=有效市场线索MQL × 线索成交转化率 × 新客户平均客单价	新客户收入合计		N = N1 + N2	500
		有效市场线索MQL	MQL	1250
		线索成交转化率	Rate1	5%
		新客户平均客单价	PriceN	4
		小计	N1 = MQL*Rate1*PriceN	250
	销售自开拓客户成交=自开拓商机数量 × 商机转化率 × 新客户平均客单价	自开拓商机数量	OP	313
		商机转化率	Rate2	20%
		新客户平均客单价	PriceN	4
		小计	N2 = OP*Rate2*PriceN	250

4.2.3　本年续费目标的 Breakdown

我们先看看老客户的部分：A 类客户今年应续费 500 万元，预计续费率（含增购）比去年提高 4 个百分点，目标续费金额=500 万元×84% = 420 万元。

B 类客户今年应续费 500 万元，预计续费率（含增购）比去年提高 2 个百分点，目标续费金额=500 万元×52% = 260 万元。如下图所示。

2.1 先看老客户-有存量数据

			2019年计算公式	2019 已完成	2020 (计划)
总营收 = 新客户收入 + 老客户收入			R = N + E	1000	1500
新客户收入	市场线索成交=有效市场线索MQL × 线索成交转化率 × 新客户平均客单价	新客户收入合计	N = N1 + N2	500	
		有效市场线索MQL	MQL	1250	
		线索成交转化率	Rate1	5%	
		新客户平均客单价	PriceN	4	
		小计	N1 = MQL*Rate1*PriceN	250	
	销售自开拓客户成交=自开拓商机数量 × 商机转化率 × 新客户平均客单价	自开拓商机数量	OP	313	
		商机转化率	Rate2	20%	
		新客户平均客单价	PriceN	4	
		小计	N2 = OP*Rate2*PriceN	250	
老客户收入	A类老客户收入=A类客户应续金额 × A类客户金额续费率（含增购）	老客户收入合计	E = E1 + E2	500	
		A类客户应续金额	ARa	375	500
		A类客户金额续费率（含增购）	RRate1	80%	84%
		小计	E1 = ARa * RRate1	300	420
	B类老客户收入=B类客户应续金额 × B类客户金额续费率（含增购）	B类客户应续金额	ARb	400	500
		B类客户金额续费率（含增购）	RRate2	50%	52%
		小计	E2 = ARb * RRate2	200	260

组织与文化

有读者会问，续费率只能提升 2～4 个百分点吗？我们今年的总目标是增长 50%，续费率难道不能提升 10 个百分点？

我想说，续费只是一个最终的结果，真正影响这批客户续费率的是如下因素：

- 新签时，客户是否是符合画像的目标客户？

- 客户的预期是否超过了产品能力范围？

- 是否做好了客户转交工作，是否做到了多点触达？

- 产品实施是否做到了优良程度？

- 前 3 个月启用是否顺利？

- 是否持续为客户提供了主动、满意、有实质帮助的服务？

如果前面的工作没有做到位，那么在临近续费期时能做的事情其实很有限。即便提前半年就开始主动服务，但如果客户是错的，能扭转的可能性也不大。

把上面这些工作做到位，续费率就容易提升。到 2022 年年底，国内也有不少金额续费率（含增购）超过 100% 的 SaaS 企业。如果一类客户活跃率都不超过 80%，那么续费率多半是要再少 10 个百分点的。

我们需要根据以下数据客观估算续费率的增幅。

（1）客观的活跃率、健康度数据。

（2）历史续约率数据、续约折扣率。

（3）增购比例、增购与应续金额的比值。

（4）考虑地区间的差异。

最后，公司目标的制定也有一个从上至下，再从下至上的过程。本例中，续费率指标提升 8% 的目标就定高了，需要根据客观情况下调。

这样本例中老客户部分，本年目标为 680 万元，比上一年提高 36%。

4.2.4　新购指标的 Breakdown

总目标是增长 50%，而老客户营收只增加 36%，这样新客户部分的压力就增大了。反推出来，新客户部分的营收需要增加 64%，达到 820 万元。

其中，市场线索成交额需提升 50%。由此推算，MQL 数量需增加 24%，转化率需提升 10%，客单价需提升 10%。算式为：124%×110%×110% = 150%。具体如下图所示。

2.4 各部门指标的增幅		2019年计算公式	2019 已完成	2020 (计划)	增幅
总营收 = 新客户收入 + 老客户收入		R = N + E	1000	1500	50%
新客户收入合计		N = N1 + N2	500	820	64%
市场线索成交=有效市场线索MQL * 线索成交转化率 * 新客户平均客单价	有效市场线索MQL	MQL	1250	1550	24%
	线索成交转化率	Rate1	5%	5.5%	10%
	新客户平均客单价	PriceN	4	4.4	10%
新客户收入	小计	N1 = MQL*Rate1*PriceN	250	375	50%

主要重担将落在销售自开拓指标上，如下图所示。

2.4 各部门指标的增幅		2019年计算公式	2019 已完成	2020 (计划)	增幅
总营收 = 新客户收入 + 老客户收入		R = N + E	1000	1500	50%
新客户收入合计		N = N1 + N2	500	820	64%
市场线索成交=有效市场线索MQL * 线索成交转化率 * 新客户平均客单价	有效市场线索MQL	MQL	1250	1550	24%
	线索成交转化率	Rate1	5%	5.5%	10%
	新客户平均客单价	PriceN	4	4.4	10%
新客户收入	小计	N1 = MQL*Rate1*PriceN	250	375	50%
销售自开拓客户成交=自开拓商机数量 * 商机转化率 * 新客户平均客单价	自开拓商机数量	OP	313	421	35%
	商机转化率	Rate2	20%	24%	20%
	新客户平均客单价	PriceN	4	4.4	10%
	小计	N2 = OP*Rate2*PriceN	250	445	78%

自开拓业绩提升目标为 78%，但不能把所有的压力都放在商机数量的增加上。具体商机转化率需提升 20%，客单价需提升 10%，商机数量需增加 35%。算式为：135%×120%×110% = 178%。

4.2.5　一二级业务部门目标的 Breakdown

由此我们 Breakdown 出各一二级部门需要承担的业绩目标。

这里面有很多复杂的逻辑，受文字展现形式所限，我简单罗列一下，如下图所示。

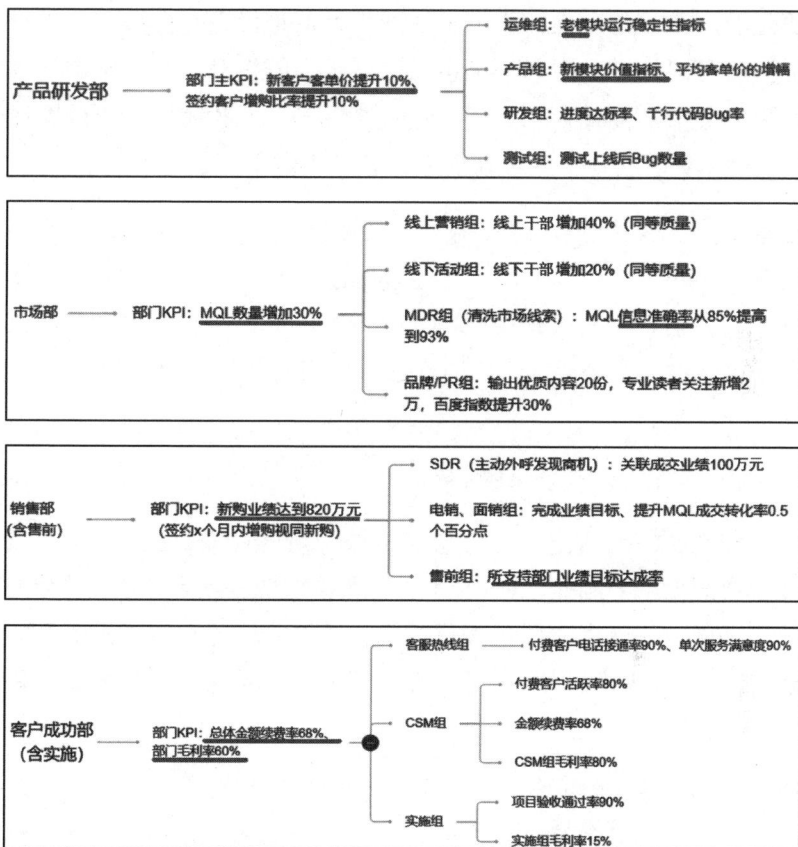

4.2.6 目标 Breakdown 背后的重要逻辑

大家可以看到，在上面的目标 Breakdown 过程中，我先考虑老客户续费（及增购），再考虑市场线索成交，最后才考虑自开拓。为什么是这样的定顺序？

这是因为我们对业绩突增的可能性排序发现，销售自开拓＞市场线索提升＞续费。

续费取决于客观的客户状况，这是比较难在一年中做出重大突破的。

而在市场线索方面，虽然可以不断加大市场投入，增加线索量，但经济学上的"边际效益递减"规律说明，ROI 将不断下降到不能接受的程度，因此它也是有天花板的。而自开拓则空间更大，也许在一个城市增加"成熟士兵数"就可以提升。也许增加覆盖区域就可以提升。而中国市场纵深度很大，只要我们前期储备了充足的业务管理干部或构建了健康的渠道体系（让代理商赚钱），数十个一二线城市都是很大的空间。

这也是为什么我经常会讲，公司需要培养全面能力，特别是到了"SaaS 创业路线图"的"扩张阶段"，不仅直销能力要强，渠道能力也要具备；不仅市场能力要强，销售自开拓能力也很重要。当机会出现时再去建立渠道体系，提高销售自开拓能力，为时已晚（通常需要 18 个月时间）。

实现业绩目标的背后是要有好的产品和服务，这两者来自长期投入，因此产品和 CSM 应该有长远的目标。

我在和 SaaS 企业交流时发现，有的公司给客户成功部门或产品部门定的 KPI 都是短期的。例如，对 CSM 主要考核续费回款金额。我认为对客户成功部门来说，做好主动服务才是根本，续费应该是自然而然的事情。用 KPI 把 CSM 当销售代表引导，会让他们忽视对客户的长期服务，只侧重于想方设法收到每笔回款。

产品部门更是如此。将产品部门的 KPI 与公司总体业绩绑定，当然有好处——这让各部门一致为了今年销售业绩达成而努力。但一个做产品的部门真的该为几个大单子修改产品研发计划吗？

再 Breakdown，应该轮到各个岗位的 KPI 了。《SaaS 创业路线图》一书中对此有详述，这里就不重复了。

4.3　人力资源流转规划

我曾与一家知名 SaaS 企业的 CEO 交流人才流转设计的话题。成熟的 SaaS 企业都会在人才观上有较统一的认识。

组织与文化

企业在初创期时，用人都找熟人中的熟手。当创业规模超过 100 人时，关键岗位也找熟手，但很难是熟人了。待业务稳定下来，企业进入成熟期后，CEO 们考虑的则是如何培养自己的"子弟兵"。

在陪跑一家金融行业 SaaS 企业的过程中，我有机会了解到金融行业一家知名公司彭博（Bloomberg，有兴趣的读者可以读读《布隆伯格自传》）。因为客户是特别难合作的金融机构，所以他们培养人才的过程也令人叹为观止。

首先，彭博招人只看最优秀院校的毕业生，薪酬很丰厚，却要求新人从非常基础的服务岗位（在线客服）干起。半年后，基本了解了产品后，优秀的人才被调去做 CSM。这个岗位与客户直接接触，对客户行业的理解较快也较深。在客户成功岗位做两年才有机会考销售岗位。这样筛选出来的销售人员，资质优异，熟稔产品，行业知识丰富，容易使目标客户产生信任感。

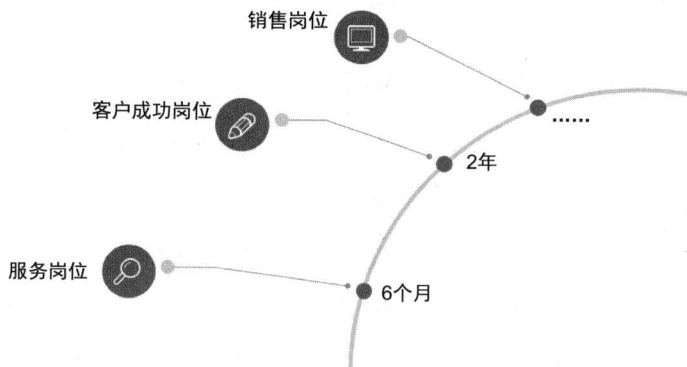

我们当然没法照抄作业，但希望大家能看到该公司的人才储备及人才流转设计方法。

彭博的人才流转是从客服开始的，然后逐层筛选。很多高客单价的 SaaS 企业对培养销售代表都感到头疼——懂销售技巧的不懂产品，懂产品的销售技能又太弱。我也经常建议他们考虑做这样的阶梯人才储备设计：销售代表招进来，先在客服热线或客户成功助理的岗位干 2~4 个月，趁此机会熟悉产品功能及价值点，熟悉客户需求和客户工作习惯、工作术语。这样当他再回到销售岗位工作时，他的产品价值传递能力、客户业务理解能力就都到位了。

在我参与创业的前一家 SaaS 企业中，人才储备池是销售部门。大量销售人才招聘进来后在销售岗位上锤炼和筛选。自然而然，那些吃苦耐劳、善于沟通、善于学习的就留了下来。销售部门的优秀人才多了，就会溢出到客户成功（熟悉产品、善于服务的）、售前及实施（精通产品价值、善于总结输出的）、客户运营（了解客户、善于表达的）、销售运营（了解销售、销售业务熟练的）部门。

回想当年，我们的业务体系里（市场、销售、服务）人才济济，这源自我们有一个上规模的优秀的销售团队。

4.4 年底冲刺和规划准备

4.4.1 如何定下有挑战的 Q4 目标

有的创业团队开起会来大家一团和气，定下的业绩目标也总是不起眼的。这是 CEO 或团队负责人的风格问题吗？我思考了一下，其实并不是。

决策过程需要多方参与，这并没有错。定下的目标挑战性不足，是因为大家没有野心。为什么没有野心？是企业的愿景、使命不够清晰和有力。愿景和使命是需要做系统设计的，创始人可以多想想这个话题。关于这一点可以看看 4.1 节的内容。

规模在 200 人以上的公司可以开始考虑使命、愿景、价值观的系统设计；规模在 200 人以内的公司，虽然不用做这些系统设计和宣传，但 CEO 心中也应该有一幅激动人心并且有落地路径的远大图景，并不断感染身边的团队成员。基于以上的图景，我曾经定下 Q4（第 4 季度）业绩与 Q3（第 3 季度）相比翻番的目标，并且带领团队超额完成。这是如何做到的呢？且听我逐层分解。

4.4.2　业务增长设计

1. 翻动存量客户资源

在 Q4，拓新的工作肯定要继续进行，而且由于每年 Q4 和 Q1（第 1 季度）都是企业 IT 采购的高峰，要加大力度做新客户拓展。每家企业拓新的做法差别很大，这里不一一描述。

此外，还有一个重要的业务增长工作，就是翻动存量客户资源。我在一家高速增长的 SaaS 企业做顾问时，他们的订阅收入在 12 个月内从 SaaS 圈的 100 名开外突进到前几名。我和他们的销售负责人一起讨论了 Q4 的高目标如何达成。这是一个存量客户资源非常丰富的公司，这位负责人非常有逻辑地把所有的资源类型都捋了一遍，这里把其中的通识部分给大家分享一下。

1）客户公海

那些销售代表联系后判断值得创建线索而并没有成功转化的客户，一般会流转到客户公海里面。不同公司的 CRM 规则有差异，这个线索可能是 SQL，也可能就是未成交的商机。过去销售代表 A 没有跟成功的客户，未必 B 跟不成功；过去总部电话销售没有成交的客户，让代理商上门服务也许就能成交。

你作为总体设计者，可以抽样分析一下公海客户的流转情况。如果日常的流转覆盖度不高、覆盖频率太低（例如，有 30% 的公海客户最近半年都没有销售代表捞起来跟进过），那么应该安排一次有组织的公海客户覆盖活动。在全面覆盖前，请几个精英销售代表做抽样覆盖测试，并观察效果（如果成交周期较长，则可以看看打第一次电话后的 "可跟进率" 如何）。

2）线索池

线索池里的线索是 MQL，其质量不如 SQL，但也有价值。这种线索主要有两种跟进方式：a）交给当地的代理服务商跟进（同样先要做抽样测试，如果转化率太低，就不要耽误合作伙伴的时间）；b）由市场部策划做 1 对 N

的激活动作。

3）未按时续费客户

我在《SaaS 创业路线图》一书中曾经与大家探讨过"续费失败客户"的交接点问题。我认为 CSM 已经做了一年服务工作，一般在到期前 3 个月就该启动续费动作，所以如果到了"服务到期日"仍未续费，就应该抓紧交给销售作为新客户跟进。很多企业会在到期日后再给 CSM 团队 3 个月时间，我认为这会错失用销售方式挽回流失客户的最佳时机。

除了对 10—12 月这 3 个月中续费失败的客户进行处理，可能当年还有很多续费不成功的客户，对这些客户同样有两种处理方式。

（1）交给当地直销或代理商团队邀约上门拜访，希望能够挽回。

（2）市场部考虑用较精细的 1 对 N 的方式进行激活。这里可以参考 ABM（Account Based Marketing，基于客户的市场营销）的工作逻辑。

那种通过签多年单并一次回款、提前续费等提前获得营收的方式，我是不赞同的。其原因我在前面谈过，这里不再赘述。

2. 通过标准化提高效率和业绩的可复制性

据我观察，大部分 SaaS 企业的销售打法标准化工作都有大幅提升空间。

做快单销售的（客单价<4 万元），特别是电话销售（一般情况下，客单价<2 万元），做 SOP，会容易一些；做解决方案销售（客单价为 10 万元以上）的销售团队，标准化难度大一些。但这就是一个积少成多的过程。

不进行标准化、不每季度做迭代，总想乱拳打死老师傅，谈何复制？谈何规模化？

2020 年年底，我参加一个获得投资的 to B 企业的聚会，估计是因为当时业绩增长不错，CEO 们都很兴奋。有的说："我今年挖到一个很牛的销售管理者，带来几个优秀的销售代表"；有的说："只要有好销售人员就能不断接到大单子"……

我认为这些想法都是错的，仅依赖人的增长是不持续的。做几千万元单时有几个优秀的销售代表就能搞定，但是公司的业务能力到底是在组织里，还是就在几个销售代表身上？

如果是后者，如何复制？如何保持业绩的稳定？从营收上亿元的公司就会看到，"只依赖优秀销售代表"的模式根本无法持续。只有让从前端到后端的每个环节都流程化并落实到文字上，由 CEO 和部门一把手亲自参与每个季度的迭代升级，才能培养组织能力。

4.4.3 有杠杆作用的激励方案

销售打法有了，接下来的工作就是激发团队成员的主观能动性。

激励方案也与战略目标有关，对于 Q4，我们是希望追求高利润、高毛利，还是追求高营收及市场占有率？追求利润的，激励手段就会保守一些；追求营收增长的，则可以激进一点。但也要注意"to B 不做补贴"的逻辑（否则有很多作弊风险，会搞坏团队风气）。

一个 SaaS 企业的渠道负责人跟我讲，打算给完成 Q4 任务的代理商增加 5%的返点奖励。我就帮他们算了一下账：一个代理商大概一季度做 60 万元，5%就是 3 万元。奖励还是以银行转账的形式发放的，感受度并不高。我判断这个方案，成本花了，但效果不明显。

如何更好地激发团队？我给出了一个公式：

转账奖励＜现金奖励＜实物奖励＜团队活动奖励

悄无声息地把 3 万元打到个人账户上，就远不如搞个年度销售奖励大会，在会上隆重地把 3 万元现金发到领奖者手上。但发现金又不如发实物奖品。无论是一部手机还是一辆小轿车，都更有直接的视觉刺激。

可以在激励方案公布后就买好奖品放在公司显眼的地方，在一年或一个季度中，让每个路过的销售同事都能受到激励。团队负责人也要做好运营，和每个有希望夺魁的销售代表定下工作目标，并时常激发和鼓励他们。

我见过的最棒的激励方式还是"销冠之旅"。例如，Q4 结束，搞一场只有各大团队销售冠军和获奖团队负责人、公司创始人及高管参加的沙漠徒步。越苦的地方越要去，大家放下平常的工作压力，一起面对大自然的挑战，放空自己，敞开心扉地交流，这不仅可以提升单兵作战水平，还能增强团队间的协作。

补充一下，两个个人及两个团队之间的 PK 也非常有效。但 PK 需要双方自愿发起，所以首先还是要营造氛围。

提醒一句，高激励需要配套强管控。因为高激励意味着高作弊风险，要保证数据准确，管控尽量简单直接，减少风险环节，避免有人跑偏且破坏公平竞赛的氛围。

4.4.4　为年度规划做准备工作

除了业绩冲刺，Q4 还需要为明年的规划做准备工作，下面分两方面介绍。

1. 新业务方法的提前测试

想象一下，在 12 月底或 1 月初做年度规划时，不仅需要有一些业务数字、人员数字、财务数字，还需要有一些业务上的突破设计，而这些业务突破设计是需要有实证数据及试验测试结果的。

打个比方，如果在新年度的规划中有一项"提高沉默线索利用率，由此带来营收增长 1000 万元"，那么我们就得在 Q4 先测试线索池中的沉默线索是否真的能转化，转化 ROI 是多少，预估做了这项工作，能把业绩提升多少。

年初做规划时的依据来自之前每个月的业务沉淀和数据积累。

2. 数据指标体系的构建

规划除了包括新业务方法的设计，在很大程度上也是数字的计划。

创业公司人数如果超过 200 人，就需要建立指标体系，用精细管理的方法从组织能力和流程上保证效率。构建指标体系的方法是抓各个业务部门的 1～3 个关键一级指标，在一级指标下再找到合理、有用的二级指标及三级指标。

可以根据业务发展情况循序渐进地构建指标体系，争取每个月都能完善一部分，一年下来完成指标体系的构建。

至于 SaaS 企业有哪些常见的经营指标，请参考本主线 1.3 节的介绍。

4.5 做年度经营规划的 15 个步骤

每年年底，我都会规划来年我的公众号文章，但到了 2022 年年底却有很大不同。以前的规划目标是如何加速扩大营收，如何进入下一轮融资，而 2023 年的规划目标是如何健康增长，如何确保公司活下去。因此，我在 2023 年规划里多次提到了 4 个字——"精细经营"。

我参与过 20 多次 SaaS 企业的年度经营规划，我本身也有一些财务背景，所以为 SaaS 圈的企业构建了一个年度经营规划框架，本节就分享给大家。

4.5.1 战略 ≠ 规划

做年度经营规划是一项复杂的工作。复杂任务要考虑用"分层分级"的方式进行处理。

很多企业会把"战略会"与"规划会"混为一谈。该畅想的部分畅想得不够宏远，该精细的部分又没仔细探讨，两边都做不到位。其实两者差别很大。战略会偏"务虚"，异想天开，海阔天空，可大胆假设。规划会要落实到财务收支预测、具体数字、具体策略和销售打法，须小心求证。

我建议两个会分别开。那么如何将两者串起来？靠"战略目标"：战略会定战略目标；规划会确定落实的方法。

4.5.2 6 个阶段、15 个步骤

经过在"规划实战营 1 期"中与几十位 SaaS 企业的 CEO、业务负责人、财务负责人一起打磨，这套年度经营规划有大约 70 分的成熟度。这是一套

SaaS 创业路线图 2.0

to B 企业的创新与精细经营

适合 SaaS 企业的规划框架，但每家公司还需要根据自身产品、市场、业务及团队的状况做出调整后再使用。

该框架将年度经营规划工作分为 6 个阶段，分别是。

- 回顾（上一年的战略目标、财务目标及完成率）。

- 目标（新一年的战略目标、财务目标）。

- 拆解（先由上至下拆解，再由下至上拆解；如果有多个产品，则需分别拆解）。

- 健康（评估增长质量、预测未来 24 个月的现金流）。

- 落地（如果发现目标不能落地，需调整第 2 阶段的"目标"）。

- 传递（目标和方法的落实靠一线员工，战略目标及落地方法需沟通到位）。

该规划框架如下图所示。

2023年SaaS企业健康增长规划（框架）——目标拆解及工作步骤
一、回顾
1．2022年年初所定的未来3年战略目标
2．2022年年初所定的年度财务/客户指标（年末实际完成情况）
3．2022年"业财一体损益表"
二、目标
4．重新审视后的未来3年战略目标
5．2023年财务、客户目标（在2022年业财一体损益表及关键SaaS指标回顾的基础上进行）
三、拆解
6．增长目标初步拆解（先由上至下拆解，再由下至上拆解；如果有多个产品，需分别拆解）
四、健康
7．增长质量评估
8．未来24个月现金流预测
五、落地
9．增长思路概述，如何保障增长的健康度
10．产品侧增长思路，如何在进化中做好成本控制，如何用产品助力增长
11．老客户增长主逻辑（客户使用现状、客户分层及未来一年续费情况预估等）
12．新客户增长主逻辑（目标市场预判、获客及转化率预判、人效提升空间评估等）
13．组织及人才能力匹配及提升（达成目标需要的组织能力及差距、填补差距的思路等）
14．确定增长目标及拆解（修改第5步及第6步的表格）
六、传递
15．最后，战略、策略、方法的传递设计（使命感来自参与感，参与感来自决策过程中的尊重）

其中有几个关键点，下面详细介绍。

4.5.3　年度经营规划中的关键思路

第一，用财务目标正确反映战略目标。

例如，下面这个例子，2023 年由于大环境变化，3 年战略目标（再长的时间意义不大）重视人效和聚焦点。因此，在财务目标上，有对应考量，未必是 1 对 1 的，很可能是多对多的关系。无论如何，财务目标（含客户目标）要能覆盖战略目标。

目标

4. **重新审视后的未来3年战略目标**
　①聚焦优势领域，提升产品力和服务效果
　②提高人效，在18个月内达到现金流持平
　③保持总体业绩持续增长

5. **2023年财务、客户目标**（在2022年业财一体损益表及关键SaaS指标回顾的基础上进行）

	指标	2022年达成	2023年目标	增幅
1	NDR	70%	80%	-
2	营收（万元）	5000	6500	30%
3	全员人效（万元）	25	35	40%

第二，根据业务拆解。

具有多产品的公司要按产品来拆解目标。之后还要看每个产品的 LTV/CAC、NDR 等结果指标，判断该产品是否有价值。然后还需按"老客户/新客户"的维度拆解。

随后还可以根据业务情况进行进一步拆解。例如，我们的新成交客户中，数量上 30%来自销售自开拓的商机，70%来自市场线索转化。这两个来源都很重要，需要拆解开。

这里还有一个会计上的"重要性原则"——重要的业务分类要展现出来。

打个比方，如果我们发现所有成交的客户中，有 18%来自转介绍，那么我们也许需要把"转介绍"从"自开拓"中拆解出来单独分析。毕竟，这 18%与剩下的 12%的"其他自开拓"是不同的。例如，转介绍的增长依赖于成交客户数量，而其他自开拓依赖于其他要素。

第三，健康度评估。

这是 2023 年开始规划的新内容。相信大部分 SaaS 企业在 2022 年及以前都不会做这一部分评估。

举例来说，下一年增长 30% 与增长 100% 相比，预测 NDR 会有何变化？预测 CAC/ACV（获客成本/首年合同额）有何不同？最终，LTV/CAC 有何差异？如下图所示。

	增长 （即：新客营收） （万元）	增长幅度	获客成本 （万元）	获客成本 费率	金额续费率	LTV/CAC
	A	G%	CAC	D=CAC÷A	NDR	F=A÷(1-NDR)/CAC
当年完成	1000	20%	900	0.90	70%	3.7
明年目标1	1300	30%	1300	1.00	75%	4.0
△再增加	700	-	1050	1.50	50%	1.3
明年目标2	2000	100%	2350	1.18	66%	2.5

我举个有具体数字的例子。上表中的 SaaS 企业去年完成 1 亿元新客户营收（新客户增长），市场销售费率为 0.9，NDR 为 70%，LTV/CAC 为 3.7，经营质量良好。今年有以下两个规划方案。

规划方案 1：新客户营收稳健增长 20%，市场销售费率略有增加，预计这部分新客户对产品接受度高，NDR 保持不变，由此 LTV/CAC=3.8。

规划方案 2：该公司董事会要求营收大幅度增长，尽快 IPO，增幅为 100%，由此获客成本将会大幅度上升。同时，由于多出来的 0.8 亿元收入（对应客户）其实产品接受度不高，实施、服务成本上升，NDR 反而大幅下降。最后 LTV/CAC 下降到 1.1。

显然，规划方案 2 带来的是一个低质量的增长。与其花这么大的营销费用获客，不如去提高客户成功部门的能力，为老客户带来价值，获得增购，提高续费率。增购和续费的增长虽然慢，但会健康得多。

也许我们还需要对比"销售自开拓"与"市场线索"的 LTV/CAC 有何差异。如今我们更重视现金，看两者的 CAC Payback（获客成本的回收周期）有何不同，不同区域之间、不同（客户）行业之间的 CAC Payback 有何不同。

第四，用财务模型做决策。

后面的章节将会提供一张"业财一体"损益表，该表可以反映 SaaS 企业的业务与财务状况。规划中也有这一部分。

模型是对现实业务的抽象，它从纷繁复杂的业务、订单、指标中简化出一个依赖关系，让我们可以准确地做出决策。

此外，还有最重要的一点。

第五，业务人员和财务人员一起完成年度规划。

业务和财务相结合，才能保障健康增长。在我的一期规划实战营中，不少团队就谈到了这个妙处。说到底，我这套规划框架只是一个类似"剧本杀"的场地，给了 CEO、业务人员、财务人员不同的角色，大家拿着"剧本"做关键动作，更有"代入感"。

经营规划涉及企业的方方面面，在此建议大家将这套方法用于新年规划实战。

4.6　开年工作清单——公司、部门、个人

每年春节后，一个 SaaS 企业应该如何进入良好运作状态呢？下面简单帮大家梳理一下，从公司、部门和个人三个层面来说，什么是有效的"开工状态"。下面我们仍然以 2023 年为例来讲解。

4.6.1　公司：规划、计划、策划

（1）规划回顾：春节假期结束后，大家对年前做的规划有什么新思路？可以再做一轮快速探讨，对年度规划及 Q1 任务进行调整或优化。

（2）规划现金流：鉴于 2023 年 2 月的严峻形势，对需要见面才能关单的 to B 企业的现金流非常不利，需要请财务部门的同事重新做一次 Q1 的现金流规划。

（3）计划：明确 Q1 剩下两个月的任务，做出行动方案和计划，设置阶段目标。

（4）计划：掌握公司整体上班节奏，哪些同事先来公司，哪些同事远程办公。公司要用好腾讯会议、飞书、石墨文档等协同工具，统一制定各级部门的《会议时间表》《在线培训时间表》，减少会议冲突，提高效率。

（5）开工策划：总体设计激活各部门的活动方案。

（6）2 月新机会策划：对于线上产品，SaaS 企业是否有机会在这个特殊时期为社会或客户做出特殊贡献？这需要从产品、营销等多个角度设计，但不要弄得太离谱。

（7）人力资源策划：对现有人力资源进行盘点，考虑一些线上服务、线上销售是否可以通过外包增加产能，甚至一部分设计、研发工作是否可以外包。

4.6.2　部门：落地、落实、落单

（1）全部门一起探讨和确定公司规划及部门规划的落地方案、计划，保障公司战略目标、阶段目标的落地。

（2）考虑搞一次热闹、别致、有意义的开工活动。

（3）市场部门：做好宣传、推广设计，有品位地"蹭热点"。

（4）销售部门：考虑利用既有客户、线索资源，以线上、电话、视频等多种方式开展业务。鼓励线上成交，开好线上探讨会议。

（5）HR、财务、行政等职能部门：考虑如何做好线上、线下内部服务。

（6）培训：各部门工作量不饱和的人员，应考虑如何做好培训特别是线上培训，以及如何考试。

4.6.3　个人：心态、状态、神态

（1）员工个人用 1～3 天时间逐步进入工作状态，迎接新挑战。

（2）找时间在微信公众号、得到 App 等平台学习新工具、新方法。

（3）如果有闲暇时间，锻炼一些新技能，哪怕练习打字也可以。

大家可能觉得挺"开脑洞"的——我们谁还不会打字呀？我给大家算个账：IT 行业的员工每个人一年估计都要打 10 万个字以上，如果某位员工输入速度很慢，如 20 个字/分钟，那么他与输入速度为 100 个字/分钟的人相比，就要多花 1250 分钟，相当于 20.8 小时。

主线 4

财务与融资

从 2022 年开始，全球 SaaS 投资市场发生了巨大变化。中美二级市场上，股票 PS（市销率）估值倍数大幅下降。一级市场上，VC（风险投资机构）纷纷裁撤 SaaS 投资小组或减少相关人员配置。对于每隔 18 个月左右需要进行一轮融资输血的 SaaS 创业公司来说，这无疑是最坏的时间。

"穿越周期"成为崔牛会主办的"2022 年中国 SaaS 大会"的主题，每家 SaaS 企业都回归到商业的本质上——降本增收，健康增长。中国 SaaS 企业被迫开始思考如何能够精细经营？所以从某种意义上说，这是中国 SaaS 企业的又一次大升级，不如此，无法锤炼出基业长青的中国 SaaS 企业。也许，这也是最好的时代。

第 1 节　SaaS 企业的成本结构

在 2022 年年初开始的新形势下，我几乎大部分时间都在做 SaaS 企业财务模型、成本结构及经营效率方面的研究。

1.1 SaaS 企业的成本结构及费用分摊控制

这一节我们一起来研究 SaaS 企业的成本结构与部门支出之间的关系。

1.1.1 简化的成本结构图

我画了一张 SaaS 企业收入和成本的分拆简图，如下图所示。

在本例中，某个 SaaS 企业的采购合同总金额为 100 万元，包括两部分：纯订阅收入（本例中为 70%）和专业服务（主体为实施费）。前者与 ARR 关联，后者则是一次性的。当然这个比例每家 SaaS 企业都不同。在实施费收入中，大家都没有多少毛利。本例设定实施毛利仅为 10%，其实有的 SaaS 企业是亏钱实施的。当然这未必是有问题的，打个比方，如果在客户预算及合同总金额不变的情况下，能在 ARR 里多放一些收入在财务上是更有利的。

在 70 万元的 SaaS 收入里，主营业务成本普遍占比在 20%左右。这是交付 SaaS 软件服务给客户的成本，与制造企业的制造成本（材料、人工制造成本）类似。其中包括 IaaS 等运维成本、热线客服、客户成功等服务部门（在未来一年服务期中）的服务成本。

从 70 万元的 SaaS 收入中，减去这 20%的主营业务成本，剩下的 80%

的收入就是毛利了。

其中，占 SaaS 收入 70%的 CAC 是一次性的，包括市场部门的全部费用和销售部门的全部费用（薪酬、奖金、办公、差旅等）。对于 CAC 占 ARR 的比例，国内每家 SaaS 企业的差别很大。总体来说，客单价越低，CAC 占比越高。

再细拆，我研究过一份硅谷 2021 年的报告，CAC 中销售费用与市场费用的比例是 8 : 2 ~ 6 : 4。客单价越低，市场费用占比越高，但其波动幅度也不小，这里的数据仅供参考。

ARR 中余下的 10%就是利润贡献了。

我们再看一下，这个合同将来续费时的成本结构如下图所示。

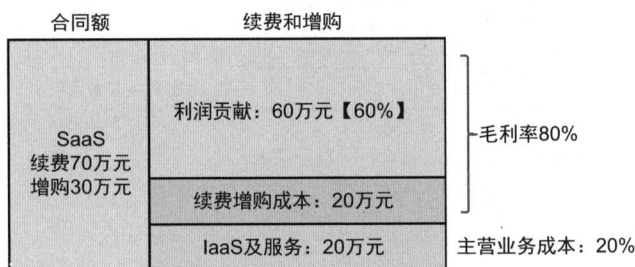

假设除了 70 万元的续费，还有 30 万元的增购。毛利率不变，主营业务成本仍然是 20%。我们参考下面的北森云的结构（见本主线 1.2 节），它的续费和增购中还有一部分商务费用，占 20%，利润贡献则高达 60%。

关于续费和增购成本，客单价较低（例如 20 万元以下）的公司该费用会非常小，因为客户成功团队通过日常服务带动续费，这样商务费用就很低了。这也是中国 SaaS 企业可以努力的方向。

1.1.2 费用分摊控制

因为我是会计专业出身的，所以很想弄清楚公司里各个部门的价值贡献和费用消耗是否匹配？CEO 和每个部门的负责人是否也应该有这个意识？因为和生物细胞一样，每个组织都有扩张的冲动。每个部门的负责人都有把自己部门规模做大，进而为公司贡献更大价值的冲动。

但一笔费用该不该花？对 CEO 和财务部门来说，往往是很难解答的。如果能够把价值贡献与成本费用对应起来，就很容易得出结论。

我们看一下新购业务的收入与部门费用之间的关系，如下图所示。

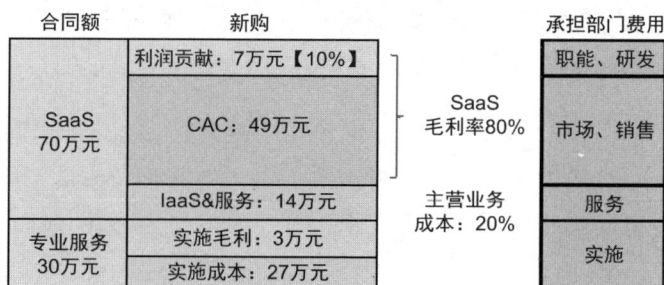

（1）实施费为实施部门的费用。

（2）SaaS 主营业务成本为服务部门费用。

（3）CAC 获客成本为市场部门、销售部门的费用。

（4）余下的利润贡献为职能部门（行政、HR、财务）和研发部门的费用。

显然，SaaS 收入的 10%是远远不能支撑研发费用的。幸好，SaaS 企业的主要利润贡献来自续费，如下图所示。

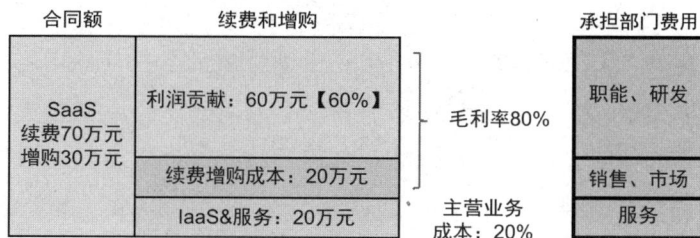

在续费和增购中，如果利润贡献的比例达到 60%，它就可以承担一部分研发部门的费用了。如果不再增加新产品和模块，这部分利润贡献也许能够支撑研发费用。如果要增加新产品和模块，一般 SaaS 企业还需要通过融资手段补充这部分资金。

当然，这并不是严格的预算控制模型。但它可以给我们各部门的费用分配提供一些参考。下面列举一组常见的费用比例。

（1）实施部门的费用要控制在实施费总金额范围内。这样才可以避免以"客户第一"为托词而无限制地消耗实施资源，同时也可将此作为标尺，倒逼实施部门提高运作效率。

（2）客户成功部门的费用控制在 ARR（或营收，下同）的 20%～30%。其作用同上，我们要在有效控制成本的前提下做好客户成功工作。没有标尺，就没有衡量标准及改进动力。不讲究效率的实施和客户成功，首先就不能让自己的部门获得成功。

（3）CAC（获客成本）在 ARR 的 40%～80%（如果 LTV/CAC>3 或更高，则 CAC 可以更高一些，例如，纷享销客等高客单价的产品）。

（4）职能部门和管理费用在 ARR 的 10%～20%。

（5）研发费用在 ARR 的 25%～40%（如果有 PaaS 平台，则前几年的研发费用占比会更高，例如北森云，但之后会逐渐摊薄）。

我在某期 CEO 实战营中和大家分享过本节内容。各位 CEO 及财务人员给了我很多反馈。

一位 SaaS 企业的 CFO 告诉我，一般来看，公司在实现 1000 万元 ARR 时，以上费用比例都还比较高。有的 SaaS 企业的业务在前几年还会遭受路线错误等重大事件，并且通常还伴随着现金流问题。企业在增长过程中，随着老客户的续约、增购以及产品业务逐渐成熟，销售及运营效率会不断提升，费用比例会逐年降低。企业在看起来该"踩刹车"的时候，其实最该"踩油门"。

另一位 CFO 补充了一些信息。财务部门需要引导业务部门知晓全部成本，否则业务部门会觉得利润还挺好的，但实际上还有隐形的支出，例如，税金成本，卖多年单时损益表中的实际利润比感觉上低（因为实际收入需按 ARR 计算）。

最后，这位 CFO 还告诉我：SaaS 行业存在一个认知上的误区，认为只要是 SaaS 行业，就有无限的潜能，当前的亏损是暂时的，最后肯定会盈利，但实际上并不都是这样的。核心还是要看产品是不是有价值，如果新购利润率很低，续费利润率也很低，并且得不到改善，那么这样的财务模型是不能盈利的。因此，SaaS 模型不是万能的，同样需要精细的企业经营和成本控制。

由于各家 SaaS 企业之间的产品、市场、阶段情况差别很大，因此某部门费用占 ARR 的具体比例很难有一个统一的标准。但各家 SaaS 企业都遵循同一套 SaaS 的商业模式和财务模型，这对理解成本结构、毛利及利润来源，以及企业管理者做好经营决策都有很大帮助。所以，只有理解了 ARR 的成本结构，才能做好各部门费用控制。具体实操上，每家企业可以纵向比较自己的历史数据，逐渐优化成本及费用结构。

大家可以按照我这个结构模型分析一下自家公司的成本结构。

1.2　北森云财务报表解读

北森云于 2022 年年初正式向港交所递交材料，拟在主板挂牌上市。期间由于资本市场的波动，未能成功上市。我与北森云创始人及 CEO 纪伟国每年在各种场合遇到都会聊一聊，对他们的业务及组织思路都非常认可。

因此，我花了两天时间，仔细把北森云 483 页的招股说明书中的业务、财务相关部分仔细看了一遍，也做了很多笔记，与圈里专家也做了探讨。这里为 SaaS 圈的同行解读一下。

本书谈及上市及待上市公司纯粹是从 SaaS 业务角度解读的，请勿作为投资依据。

1.2.1 经营总体状况

我选取了 2021 财年（截至 3 月）的营收成本数字和占比，在这里展示一下，如下图所示。

北森云2021年-损益表摘要

科目	子科目	金额（千元）	占总收入	分析/说明
销售收入		556,327	100%	
	SaaS	349,073	63%	以SaaS收入为主
	专业服务	207,254	37%	实施、报告解读等人力管理服务
销售成本		-186,730	-34%	总体毛利率为66%，估计SaaS部分毛利率在70%~80%之间
	差旅、办公	-13,028	-2%	主要为实施（270人）及客户成功团队的人工成本，IaaS成本占比很低
	其他	-12,911	-2%	
销售及营销开支		-284,308	-51%	估计一半可视作CAC（获客成本）
行政开支		-83,113	-15%	
研发开支		-212,550	-38%	
其他		69,269	12%	软件企业退税等
经营收益		-141,105	-25%	

1.2.2 销售收入

从上图可以看到,北森云的 SaaS 收入占总收入的 2/3,其余 1/3 为实施、报告解读等人力管理服务费用。

从招股书的其他部分中可以看到，最近几年 SaaS 收入的比例在逐年上升。

不少 SaaS 创业者问我这个问题，好像投资人在对 SaaS 企业进行估值时，是把 SaaS 业务、非 SaaS 业务混在一起的，甚至对于已上市的企业也是如此。

之所以这样，我认为有两个原因。

（1）这 3 年中国 SaaS 企业的估值波动很大，其实从外面看不清楚到底有没有把 OP 部署、非 SaaS 业务分离出来。

（2）投资人对 SaaS 企业估值的认识还不一致。

未来随着在 SaaS 领域的投资越来越成熟，在估值时会逐渐把 SaaS 业务和非 SaaS 业务区分开。大家不要心存侥幸，在 SaaS 业务中"掺水"。我们应该像北森云这样，设法逐步提高纯 SaaS 业务的比例。海外的很多 SaaS 企业，例如 ServiceNow、Autodesk、DocuSign，他们的专业服务（主要为实施）部分的费用只占 10%以下，90%以上的营收都来自 SaaS 年费。

1.2.3　销售成本和毛利率

非会计专业的人员看到"销售成本"时都会以为是销售过程中产生的费用，其实这是不对的。招股书中有清晰的说明，如下所示。

销售成本

我们的销售成本主要包括（i）员工福利，指我们的运营及产品支持员工（包括我们的客户成功及服务团队员工及负责提供我们云端 HCM 解决方案相关的实施服务及日常产品支持的员工）相关的薪金及福利以及以股份为基础的薪酬；（ii）专业及技术服务费，主要指直接归于给我们提供解决方案及服务的与第三方服务相关的成本；（iii）我们的日常业务经营活动相关的折旧及摊销开支；（iv）我们运营及产品支持员工所产生的差旅及办公开支，及（v）其他。

也就是说，销售成本包括了 IaaS 费用、实施成本和服务团队的成本。这更像一个制造企业，设备卖 10 万元，生产用掉的原材料和人工成本占 6 万元，这 6 万元才是这些货品的"销售成本"。为了方便非财务人员理解，我把"销售成本"也称作"主营业务成本"，因为 SaaS 企业的主营业务收入就来自 SaaS 产品销售，所以两者在财务上指的是同一个费用。

在北森云的招股书中，2021 财年销售成本占总营收的 34%，也就是说，毛利率为 66%，相对于传统行业，这是非常高的毛利率。但 SaaS 企业的毛利率普遍可以做到 70%～80%。目前毛利率稍低一点，我理解是由于其中的非 SaaS 业务（例如，实施服务）的毛利率远不如 SaaS 业务的高，因此拉低了整体的毛利率。我估计随着 SaaS 业务比例的上升，客户数量继续增加带来的实施效率的增加，将来总体毛利率还是会做到 70%以上的。

招股书中也提到了销售成本的构成，可以看到，主要是实施团队及服务团队的人工费用。IaaS 等技术服务费用的占比不高，如下图所示。

科目	子科目	金额（千元）	占总收入	分析/说明
销售成本		-186,730	-34%	总体毛利率为66%，估计SaaS部分毛利率在70%~80%之间
	人工	-128,485	-23%	主要为实施（270人）及客户成功团队的人工成本，IaaS成本占比很低
	技术服务费	-18,245	-3%	
	设备折旧、摊销	-14,061	-3%	
	差旅、办公	-13,028	-2%	
	其他	-12,911	-2%	

这也是 SaaS 模式的优势—— 用机器服务人，增加一个客户/账号的边际成本极低，这正是 SaaS 模式适合规模化的显著原因。招股书中也显示了实施团队的人数（270 人），这是面向大企业客户 SaaS 企业的核心竞争力。做好实施交付，续费就成功了一大半。

1.2.4　销售及营销开支

同期销售及营销（市场部门）的开支占总营收的 51%，我估计其中包括：

（1）新客户的获客成本（CAC）。

（2）由于北森云面对的都是较大规模的企业，估计老客户的增购、续费也需要销售部门的参与，所以销售部门也会将相当多的精力放在老客户身上。

另外，这个比例也受非 SaaS 业务的影响。

我们推测一下，北森云获得一个新客户的成本到底是多少？可以这么算：

（1）按照招股书上的说明，2020 年 3 月—2021 年 3 月，客户总数增加 400 个（期末存量相减）。

（2）这 400 个不是新客户的全部数量，还要算上老客户流失的数量。NDR 为 113%，但由于以前客户中还有部分中型企业，我估算，年度客户流失率为 20%。2020 年流失客户的数量为：3800 个×20% =760 个。所以

2021 财年获得的新客户为 400+760=1160（个）。

（3）在销售及营销开支中，估计有一半用于老客户的客情维护、续费、增购和商务推进，所以粗略估算 CAC 总金额占比为 50%。

（4）由此推算北森云每个新客户的平均 CAC = 28430.8 万元×50% ÷ 1160 个新客户≈12.2 万元。

下面再看看销售及营销开支的具体细目，如下表所示。

科目	子科目	金额（千元）	占总收入	分析/说明
销售及营销开支		-284,308	**-51%**	估计一半可视作CAC（获客成本）
	人工	-227,534	-41%	**工资奖金占大头**
	营销开支	-15,928	-3%	
	设备折旧、摊销	-12,888	-2%	
	差旅、办公	-19,560	-4%	
	其他	-8,398	-2%	

毫无疑问，在销售和市场费用中，还是人工费用占比更高。对于大客户营销来说，泛泛投入一些广告费用没有多大意义。对市场部门来说，需要塑造品牌，但有效线索更加重要，而且大客户的销售方式往往是目录销售，即列出一个长清单，由销售代表长期跟进推动，市场部门进行配合。这与低客单价产品通过市场大量获得线索，由 SDR、电话销售代表进行付费转化的流程完全不同。

此外，在后面的章节中也会讲到，一个 SaaS 企业的新购获客成本（CAC）是首单（一年软件服务费）的 40%～100%（中位数大概在 80%）。卖多年单的，CAC 可能会占 ARR 的 120%以上，因为多年单预支了未来收入的销售提成、代理商分成等成本。这也是我反对多年单的原因之一。

以下是北森云招股书中提及的单年合同与多年合同的部分：

我们与客户的订阅协议通常持续一年。我们也不时与选定客户签订为期三年的长期订阅协议。以下为我们与客户的主要条款概要：

- 期限。通常为期一或三年，可选择续订。

- 定价。我们根据客户购买的特定解决方案或服务向客户收取固定的订阅费及服务费。

- 付款及信用条款。根据客户选购的特定解决方案或服务，客户通常须于签立订阅协议时全额付款，或分两期支付，于签署订阅协议时结算第一笔分期付款，于我们交付解决方案或服务后支付第二笔分期付款。根据订阅协议，我们不会向客户授信。

- 持续的产品支持。我们免费为客户提供持续的产品支持服务，以解决其于订阅期内在 HCM 解决方案日常运营中的问题或查询。

- 软件更新。于订阅期内，客户有权免费获得所订阅 HCM 解决方案的任何软件更新。

- 知识产权。根据订阅协议，我们保留与我们 HCM 解决方案相关的所有知识产权。

- 保密。订阅协议的各方应于合约条款期内及期后以最严格保密的方式对待其他方提供的所有商业及技术秘密。

可以看到大部分客户签署的都是一年单。据我了解，大客户不太接受一次付多年费用的方式。如果公司没有制定政策大力引导销售代表签署多年单，大客户签署的比例不会太高。顺便提一下，行业里有如下常见的抑制多年单的方式。

（1）将多年单（例如一年 10 万元，但一次打 7 折，签 3 年单共 21 万元）按年拆开，对于 18 个月以上部分不计业绩和提成。

（2）或者按年拆开后，首年（7 万元）计全额提成，后面年份的业绩（14 万元）提成比例下降。

（3）我见到有些 SaaS 企业只按照 ARR 计算业绩。如第一条所述，这意味着 1 年单有 10 万元的业绩；对于 3 年单，由于需要给客户打 7 折，ARR 反而下降到 7 万元。

这里的多年单指的是签署多年服务协议并一次付款。如果签署多年合同，但按年付费，这与一年单没有实质性的差别。

此外，大家都知道 SaaS 企业追求 LTV/CAC > 3。

像北森云、纷享销客这样的公司，其大客户的标准产品是比较容易做到 LTV/CAC > 3 的。因为客户自身经营的年限长，通过实施，客户的日常管理也与 SaaS 产品紧密绑定，因此将来"脱网"的概率不高。

从招股书中可以算出，2021 财年北森云的客均收入=34907.3 万元（SaaS 收入）÷4200 个客户≈8.31 万元。如果绝大部分合同签的都不是多年单，那么这个数字也接近 ARR。从客户数量上看，如果按照我猜测的 20%的流失率计算，则 LTV/CAC 大概超过 3。但由于招股书上的实际 NDR 为 113%（大于 100%），且平均客单价增速也很快（估计得益于多产品间的交叉销售），就不能直接套用这个模型了。如果按照我为 SaaS 企业建立的财务模型（主要是用于财务估值的"净现值法 NPV"），LTV/CAC 估计在 7 以上。

这里也提醒大家可以看看北森云招股书中定义的 NDR（订阅收入留存率），你就会认为如下这样描述是很准确的：

「订阅收入留存率」 于特定期间，以过往期间订阅我们云端 HCM 解决方案且当期仍为订阅我们云端 HCM 解决方案的客户产生的收入总额除以该过往期间有关客户产生的收入总额计算

1.2.5 研发开支

如何理解研发开支？

在 SaaS 企业的成本结构中，我们往往能看到如下情况。

首单 ARR 是用来养活销售和市场团队的（如果有实施费用，一般能覆盖实施团队的成本，但毛利也不会太多）。

续费 ARR 在除去服务团队的成本后，还有较高的毛利，可以养活管理层和行政、财务、HR 等职能部门。

前期的 7 年乃至以后的更多年，研发费用主要靠融资解决。

这也是为什么 SaaS 企业都需要融资的原因。有人会问，这种一直赔钱的财务模型为什么还被东西方投资人热捧？我的理解是，研发费用是为未来获得更多 ARR 而投入的。换句话说，维持现有客户和现有系统功能只需要少量运维和处理 Bug 的工程师（估计人数占比在 15%以下）。

就是说，如果 SaaS 企业想追求盈利，则只需要把大部分研发人员裁掉，保留几个效率最高的销售代表和 CSM 就可以，而且这样持续运营多年的难度也不大。这就是我们前面说的"老兵不死，只会凋零"。但只维持凋零状态，产品不进化，市场不拓展，这样的 SaaS 企业也没有前途。没有未来的公司，留下来的员工恐怕也不能接受。

所以大家会看到，优秀的 SaaS 企业仍然不断地在提升产品力上投入。下图所示是北森云招股书研发开支的细项，同样以人工费用为主。

科目	子科目	金额（千元）	占总收入
研发开支		**-212,550**	**-38%**
	人工	-195,877	-35%
	设备折旧、摊销	-10,696	-2%
	其他	-5,977	-1%

这引起了我另一个思考：SaaS 产品的技术门槛并不高，我们务必在规模化前在产品上形成差异化竞争优势。如果没有独特的优势，那么在中国的竞争格局中就很难生存发展。

也有技术门槛超级高的 SaaS 产品，就是 PaaS。在《SaaS 创业路线图》一书中我们谈过 PaaS 的话题，这里讲北森云可以再延伸一下。北森云的招股书上提到 PaaS 部分称作"PaaS 基础设施"，其具有云原生、多租户、基于元数据这 3 个特点。

这里把 PaaS 的用途分为 3 层，如下图所示。

北森云的方式是追求第 2 层——以提高客户定制开发效率为目的。而北森云得到的巨大优势是，"我们所有的客户都使用同一个版本"。这是应对大客户需求不一致情况（还包括特别强烈的定制的心理需求）的最佳中国实践。纷享销客、销售易、Convertlab 等 SaaS 企业也都在走这条道路。

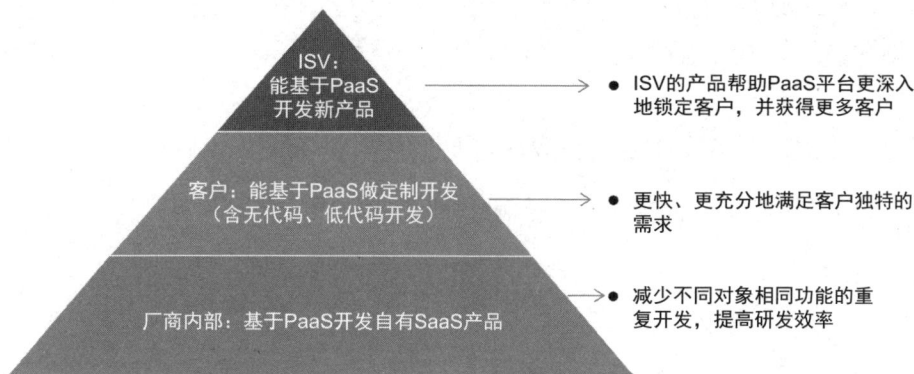

既能低成本地满足客户定制化需求，又可以保持产品版本的纯粹，PaaS 是最有效的路径。可惜的是，PaaS 的投资门槛非常高，如果没有几十亿元以上的目标市场规模，那是无法承担这几亿元的投入的。这也算是北森云等头部通用工具 SaaS 企业的优势之一。

此外，招股书提到了北森云一个重要的产品研发策略———一体化解决方案，如下图所示。

我们产品的主要优势

· **一体化解决方案**

  · 我们为客户提供全场景、一体化的 HCM 解决方案，其模块涵盖从招聘、入职、人事管理、薪酬、假勤、绩效、继任、在线学习到离职的全生命周期的全部场景。

  · 我们提供一致的产品体验，使客户能够通过统一门户和单一账户就可以访问所有功能和完成人力资源相关的全部工作。

  · 我们基于单一平台构建所有应用程序，实现了天然的数据一体化，从而实现全平台、跨应用的数据关联分析，使客户能够以开放、直观及协作的方式开展工作，赋能人力资源数据分析和智能决策流程。

CSM 要在服务新签客户的过程中，不断找到"交叉销售"的机会，进而推销本公司的其他产品或模块，这是提升 NDR 的有效策略。但我也要提醒其他 SaaS 创业团队找到适合自己的不同策略才是最好的。例如，适合营收为 5 亿元的企业的策略未必适合营收为 5000 万元的企业。特别是第一个产品还未成熟的企业，不要轻易启动更多的产品，也不要因为个别大客户提出了更多需求，就打破自己的产品边界。

1.2.6　人员构成及人力成本

我们再看一下北森云的人员构成情况，如下图所示。

员工

截至 2021 年 9 月 30 日，我们拥有 1.798 名全职员工，其中约 39.4％的全职员工在北京工作，而其余 60.6％的员工则在中国其他多个城市工作。下表是截至 2021 年 9 月 30 日按职能划分的全职员工人数。

职能	员工人数	占全职员工总人数的%
销售及营销	589	32.8%
运营及产品支持	548	30.5%
研发	517	28.7%
一般及行政	144	8.0%
总计	1,798	100%

可以算一下，2021 财年（截至 3 月）全公司人效：55632.7 万元/1798 人≈31 万元/人。这在国内 SaaS 企业中处于中等偏上的水平。

销售及营销部门人效：55632.7 万元/589 人≈94 万元/人（含续费、增购），这在行业里是属于比较高的水平，它同样反映了做 to 大企业的特点。

由于这个人数是期末人数，如果在一年中有 30%的人数增加，则平均人数会少 15%，以上数字就会更优秀。

我做了一个大家比较关心的对比：销售营销人员的人均人工费用为 22753.4 万元/589 人≈38.6 万元（除去社保、个税费用后才是员工拿到手的收入），其中还应该包括期权激励的数目。而研发部门（包括开发工程师、产品经理、测试工程师及管理岗位人员等）的人均费用为 19587.7 万元/517 人≈37.8 万元。两者非常接近。

这说明大客户解决方案的销售团队的人均薪酬与研发团队的差不多。也许只有这样才能招募到能与大客户 KP（关键决策人）对话的销售代表。至于实施、客户成功等服务交付团队的人工费用支出，则为 23.4 万元/人。这说明其中的初级、中级岗位所占比例相对大一些。

1.2.7　竞争对手

招股书中也提到北森云的竞争对手。这部分内容放到本章最后提一下，因为我认为少看竞争对手，多看客户，让客户满意才是竞争致胜的法宝。

在招股书中介绍了云端 HRM 领域的 5 个主要公司。北森云的市场占有率（简称市占率）几乎是第 2～4 名的总和，这个市场还有巨大的空间（"其他"公司占了 70.3%），如下图所示。

中国按收入计的五大云端HCM解决方案提供商（2020年）

排名	公司	云端HCM解决方案收入(2020年自然年)(人民币百万元)	按云端HCM解决方案收入计的市场份额(2020年自然年)(%)
1	北森	~520	~12.0%
2	公司A	~210	~4.8%
3	公司B	~195	~4.5%
4	公司C	~185	~4.3%
5	公司D	~180	~4.1%
小计		~1,290	~29.7%
其他		~3,055	~70.3%
总计		4,345	100.0%

我估计，北森云市场占有率方面的优势将为其带来持续的增长空间和毛利率空间。

财务指标对做好企业经营非常重要，对公司的每个部门都明白自己的目标和责任也非常有意义。希望 SaaS 圈的同仁多学习一些财务知识，从而帮助公司找准决策依据。

1.2.8 小结

从 400 多页的北森云招股书中可以看到，其 SaaS 业务比例逐年提升，毛利率水平也较高，有很大的技术优势（PaaS）。人效水平高，特别是 NDR（这是我最看重的）处于较高的水平，这份招股书真是赏心悦目。

我估计投资人主要会质疑以下两点：

（1）利润为负。针对这一点，我们在前面已经分析过 SaaS 企业的商业模式，当然从 2022 年开始形势在发生巨变，SaaS 企业也要开始注重"精细经营"。

（2）近两年业绩增速只有 19.9% 和 21.3%（招股书中提到，由于 2020 年 5 月睿正公司剥离，相应的咨询业务的营收也被剥离，否则 2021 财年营收增速会更快一些）。具体如下图所示。

	截至3月31日					
	2019年		2020年		2021年	
	人民币(元)	%	人民币(元)	%	人民币(元)	%
					(人民币千元，百分比除外)	
云端HCM解决方案	209,023	54.7	259,449	56.6	349,073	62.7
专业服务	173,255	45.3	199,088	43.4	207,254	37.3
统计	382,278	100.0	458,537	100.0	556,327	100.0

对于第二点，我认为做 to B 本来就是慢活，这是过去 5 年来 to B 领域很多投资人的共识。

相对于 to C 移动互联网领域的"烈火烹油"，做 to B 虽慢，但巨头不易入侵，护城河也会随着产品的完善和客群的增多越来越深。

也许，这就是做 to B 该有的样子。

这里对北森云的认可仅仅来自从业务和技术角度的分析。中国 SaaS 企业至少有 5000 家，能处在头部的肯定是其中翘楚。希望这部分内容对广大

SaaS 创业团队有所裨益，让我们一起为中国 SaaS 更光明的未来而奋斗。此外，这是从纯 SaaS 业务角度解读的，请勿作为投资依据。

1.3 SaaS 与其他商业模式在财务指标上的差别

2022 年春节后，有一位行业平台公司 CFO 和我交流，问了我一个底层的问题，什么是 SaaS 模式？

我们天天说 SaaS、云，总是拿 SaaS 与 OP 软件、传统行业进行比较。但你有没有想过？SaaS 作为一种商业模式，其优势到底是什么？我们先看一下这位 CFO 提问的背景，他们企业一年有百亿元的营收，其中很大一部分是分配商机的收入。分配商机的工具肯定也是 SaaS 类的，但对该 SaaS 没有单独收费。

"包含在 SaaS 工具中的商机收入能算 SaaS 收入吗？"我说，"当然不能。"

"什么样的收入才能算 SaaS 收入？SaaS 模式到底是什么？"

这还真是一个能引起我重新思考的好问题。我为此进行了梳理，在此把梳理的结果分享给 SaaS 圈的读者。

1.3.1 两个显著指标：毛利率和 NDR

SaaS 与其他模式相比，在财务指标上有两个显著特点：高毛利率和高续费率。

前面我们讲过，传统制造业的毛利率为 10%～35%，能到 30%～35% 的就属于优质行业中的优质企业，例如，医药制造企业或酒水饮料制造企业。国内 IaaS（阿里云、腾讯云、华为云等）的毛利率也只有 30%左右，而 SaaS 企业的毛利率普遍为 70%～80%。

这与 SaaS 模式的成本结构有很大关系。制造业的毛利要去除生产材料、人工的成本，而 SaaS 的毛利要去除的只有 IaaS 费用（大部分为 3%左右）和服务成本（热线、CSM 部门的支出，一般为 ARR 的 15%～25%）。

如果仅仅是毛利率高，还不够好。其实大部分服务业（例如餐饮）也是这样的，高 CAC（获客成本）和高毛利。如果复购率低，只能将 CAC 摊到一次销售中，这样利润率是很低的。

所以还需要有高续费率。有了高续费率，CAC 就被多次分摊，像北森云，获得一个新客户的成本是 12 万元，平均 ARR 只有 8 万元，这仍然是好模式（以上数字来自我对北森云财务报表的解读后的推算，财务报表中并没有直接出现这些数字）。

由此我们可以看出，SaaS 模式比大部分服务业更有效率。

1.3.2　指标背后的本质

高毛利率和高续费率这两个指标背后隐藏的最根本的东西是什么呢？是产品的高黏性。

SaaS 模式的优势来自产品的高黏性。客户在上线 SaaS 产品前，需要改变业务流程和员工使用习惯，并且投入了培训成本和因初期运作使得效率反而下降（再反弹）的人工成本。如果不是旧产品没有价值或员工严重排斥，企业是很难下决心上线新产品的。

有人会说，OP 软件也有这个特点。是的，但 OP 软件的 CAC 虽然高，却没有 ARR 的持续收入。在价值方面，与 OP 软件相比，SaaS 产品还有快速迭代（普遍在 1 周～3 个月会发布下一个版本）、紧追市场变化的能力，而且未来还有可能提供数据增值价值和网络效应价值（见下图）。只要产品和服务不是太差，客户就不会"脱网"。

Saas公司的三重价值

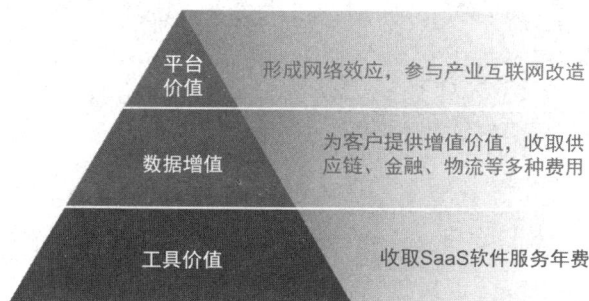

我们再回到本节开头提出的问题，什么是 SaaS 模式？高毛利率和高 NDR 以及产品的高黏性就是 SaaS 模式本质的东西。

商机是今天有，客户就在，明天商机质量下降了，客户可能就走了。而将 SaaS 嵌入客户的业务和管理流程中，不是想换就可以换的。这就是根本差别。

另一个在财务上的差别是预付费，但我认为客户不使用产品了，要求退费就应该退，所以这不是根本原因。

另外，行业巨头该怎么办？

作为该行业的巨头公司，如何发挥既有优势，不陷入"创新者的窘境"？对此，我也给这位 CFO 提了一个路径上的建议，具体又分为上策和中策。

上策是从 PLG（产品驱动增长）的角度来思考的。

既然有大量使用商机的客户，那么为他们提供一个基础的、免费的 SaaS 工具是很自然的事情，但这只是我们 SaaS 产品的免费基础版。还有一个高级版，它的价值是能真正帮助客户提高商机转化率。其中有多个关键点。

（1）对等原则。这是纷享销客 CEO 罗旭在他的"连接型 CRM"产品中提出来的，这里借用一下。虽然是行业平台公司，我们也不可能自己作为主机，让客户只做哑终端，完全被我们控制。要使客户安心、全面使用这个 SaaS 产品，它就一定得是独立、自由、在权限上对等的。

（2）开放原则。提供商机的不止一家，也许还有百度、抖音、微博和行业里的 B、C、D 公司，我们的基础版和高级版都应该可以接受这些商机，并且帮助客户提升转化率。

（3）利用市场变化创新取得优势。

在 2021 年，我常听小鹅通 CEO 说，作为销售人员，你拿到客户的电话号码已经越来越没有用了——陌生电话不接、短信不看，但如果能够加上客户的微信，这个连接的价值就大得多。

英文 Account 是一个很有趣的词，表面意思是账号，但在商务场景下，这个词往往指的是客户。是的，账号 = 客户。如今的 Account 已经由电话号码逐步转变为微信号，这是一个巨大的变化。

通用 SCRM 就能解决所有行业的问题？不太可能。行业头部公司和行业 SaaS 企业其实大有可为。

（4）新老产品剥离原则。基础版免费，它能够完成提供商机的业务过程，但高级版收费，就要求你的产品技术要过硬，能给客户带来真正的价值。高级版的成交不能通过原有销售服务体系人工达成，必须剥离，其收费协议和原有商机销售协议要分别签署，这些协议甚至要在线上不见面签署。这样才能打造出真正有价值的产品，而不要陷入原有销售体系中已有的大量客情中。

所以遵循 PLG 思路，让免费版客户转化为高级版客户，这样最有利于快速打造客户真正需要的产品。这是上策。

中策是通过原有销售代表完成 SLG（销售驱动增长）的过程。但同样要尽量分离产品价值、合同、服务等环节，也要有一个与大量客户交互，从而打磨高级版产品的过程。

下策则是把商机与 SaaS 产品混合销售。我个人认为这样三五年也打磨不出好产品。

1.3.3 小结

SaaS 与 AI、IoT 一起，将在每个行业的互联网化改造中起到巨大作用。行业平台公司、传统行业公司、OP 公司，如果想转换为 SaaS 模式，就需要了解 SaaS 模式到底是什么，以及 SaaS 模式的根本优势是什么。至于 SaaS 企业的组织架构、运作机理，就需要多学习和实践了。

此外，如果行业公司以前就有 OP 软件部门（或子公司），也请留意前面章节所介绍的从 OP 软件公司转型 SaaS 企业需要克服的难题。

第 2 节　SaaS 企业经营净现值财务模型

在《SaaS 创业路线图》一书中，我提出了一个 SaaS 企业的财务模型，得到了创业圈和投资圈不少朋友的认可。

2022 年，在"精细经营"的大背景下，我花费几周的时间将这个财务模型做了一次大升级，主要有以下两个变化：

（1）根据港股、美股上市 SaaS 企业的财务报表做了结构调整，使得这个模型更通用。

（2）更侧重从 SaaS 企业经营、成本控制的实操出发，希望通过模型能够推导出更多实操的建议。

下面用财务模型来推算 SaaS 企业的长期价值。

2022 年 9 月，我作为嘉宾去深圳参加华为云生态大会。华为云 CEO 张平安请与会嘉宾吃饭，这些嘉宾都是中国 to B 投资界的大佬。当被问到中国 SaaS 的未来时，所有投资人都对 10 年后的中国 SaaS 充满信心——数字化的趋势已经出现，大数据和 SaaS 是必选路径。艰难的是当下，这只是黎明前的黑暗，所以大家要有信心。对坚实的长期财务价值的推算，就是我给大家的信心。

本节我们对 SaaS 企业的第一重价值——"工具价值"做一个测算。没有财务经验的人也不用着急，我们先不结合 SaaS 业务谈财务知识，然后回归到业务上，这样比较容易理解。

其实在 2019 年，我就做过一个 SaaS 企业的财务模型 1.0，分析的理论基础是管理会计中的变动成本。2022 年，我分析了几个准上市公司的财务报告，也写了几篇关于财务成本结构的文章。下面要介绍的模型是在以往这些模型的基础上，做了更贴近 SaaS 企业财务实战的升级，我称之为 SaaS 企业财务模型 2.0。

我为建立该模型做了很多与现实接近的假设，如一个 SaaS 企业创立于 2021 年，其延续了 40 年。我们用"净现值法"将今后 40 年的净利润按 7% 的折现率转换为当期的价值（即 NPV，净现值）。例如，下图中，10 年后的 100 万元现金流入，折算到 2021 年的净现值仅为 54.4 万元（顺便说一下，为了增加模型的说服力，我选的这个 7% 已经是非常高的折现率了）。

（单位：万元）净现值NPV示意图

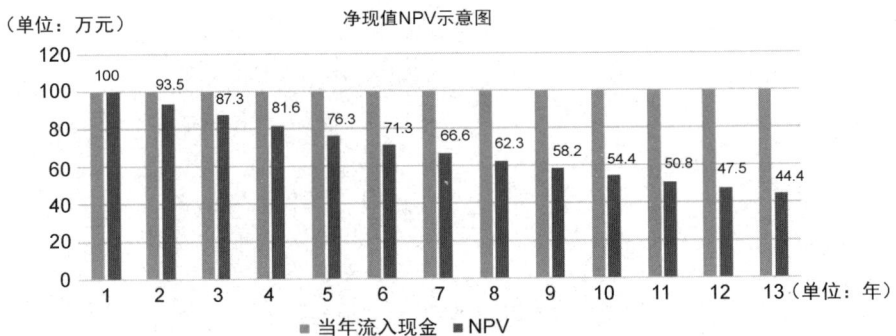

首先，我们建立一个财务模型。

大家看到"模型"两个字时不要有压力，其实在 Excel 电子表格中，C1=A1+B1 就是一个加法模型。模型是对现实中纷繁复杂的事物的简化，而建立模型是为了让我们能抛开现实中的诸多干扰因素，只抓最关键的一些影响要素。同时，由于模型是对现实情况的简化，因此在企业具体应用中，需要把自身个性化的信息补充进来，使得模型与实际情况匹配。

我们先看一个 SaaS 企业的某个 100 万元的新购订单，其中 30 万元是实施费用；70 万元是 SaaS 年费，每年都要收取。实施部分的成本很高，有 27 万元，所以只有 3 万元的实施毛利（在实际运作中，中国 SaaS 企业的实施毛利非常低，甚至有不少企业会赔钱。但我认为做实施是有价值的，现在我们已进入"精细经营"的时代，不应该轻易放弃实施毛利）。

在 70 万元的 SaaS 收入中，有 20%（即 14 万元）是主营业务成本，其中主要包括：IaaS 云成本、IT 运维团队的人工成本（有的企业没有单独列出，而是合并到产研费用中）和服务团队的所有成本，如下图所示。

由此可以计算：从 70 万元的 SaaS 收入中，除去 20% 的主营业务成本，则有 80% 的毛利。然后再减去 70% 的获客费用（CAC）。可以看到，从 70 万元的 SaaS 收入中，扣除主营业务成本和 CAC 后，只有 10% 的利润贡献。在财务报表上，这 7 万元还需要承担产研费用和管理费用（包括行政开支、高管薪酬等）。

SaaS 企业的财务模型就这么难看吗？其实不是，我们还有一大部分"续费"收入，如下图所示。

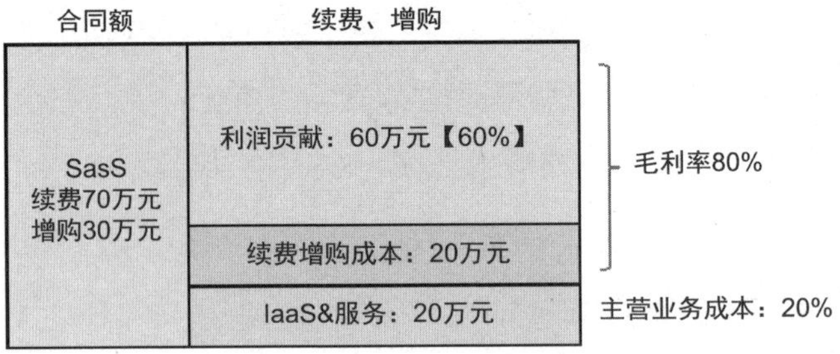

假设该客户次年续费 70 万元，并且还有一笔 30 万元的增购，那么这 100 万元的收入中，主营业务成本仍然是 20%（即 20 万元）。毛利率不变，毛利为 80 万元。由此建立如下图所示的财务模型。

建立财务模型
（建模从A1=B1+C1开始）

	2022年
营收（万元）	175
新购增速%	200%
新购	150
续费率%（含增购）	50%
增购+续费	25
营收增速	250%
成本费用	487
销售成本（服务及运维）	35
毛利	140
新购CAC	90
产研费率	200%
产研费用	350
管理费用	21
增值税	1
利润	
利润	-322
利润增速	
利润率	-184%

新购CAC：60%

管理费率：12%
增值税率：3%

2021年—2060年
延续40年

由于是大客户销售，所以续费和增购中有一些商务费用（即需要销售代表介入而产生的人工分摊及提成费用），假设为 20%，则剩余的 60 万元均为利润贡献（在下面的财务模型中，就没有考虑续费和增购费用，对于更典型的做中低客单价产品的 SaaS 企业，这部分费用可以忽略不计。）

在实际运作中，很多能够盈利的中国 SaaS 企业都靠这 60%的续费（及增购）利润贡献抵减产研费用及管理费用，之后才有盈余。这也是为什么我一直强调"SaaS 的本质是续费"的原因。相对来说，新购的利润贡献普遍是不高的。

在上面这个简化的模型中，各项数字及比例关系来自中国已上市和规模较大的 SaaS 企业，这里做了一些简化。实施费用在合同中的占比、毛利率、CAC 占新购合同的比例等指标，具体到每家企业都会有所调整。对于中低客单价（10 万元以下）的产品来说，其实施费用在合同中的占比、CAC 占新购合同的比例会有很大不同，需要结合实际进行调整。

另外，我们引入一些与时间相关的变化因素，用于分析在 40 年的经营中 SaaS 企业财务指标上的变化。以下是贴近目前中美 SaaS 企业实际情况的业务参数假设。

（1）早期产研费率高（产研费用占营收的比例），然后逐步降低，到第 11 年时降为 12%。

（2）新购增速开始很快，然后逐步降低，到第 8 年降到 30%，从第 16 年起降到 10%。

（3）续费率开始很低，然后逐步上升，到第 5 年上升到 80%（模型对业务做了简化，所有的订单为期均为 12 个月，因此，金额续费率与 NDR 相同）。

（4）销售折扣率只影响营收，不影响按营收比例计算的产研、服务、管理费用投入。

（5）管理费率（管理费用占营收的比例）保持 12% 不变。

（6）增值税率保持 3% 不变。

我们每次调整一个参数，同时固定其他参数，以期发现每个参数与公司长期价值之间的关系。具体计算过程如下表，其电子文件可以在公众号"SaaS 白夜圈"找到（二维码见本书封底）。

因子（参数）选择

A	B	C	D	E	F	G	H	I	J	K	L
固定参数：	服务费率 20%		管理费率 12%		增值税率 3%		新购CAC 60%		折扣率 100%		(成本项目比
	2021年	2022年	2023年	2024年	2025年	2026年	2027年	2028年	2029年	2030年	2031年
营收（万元）	50	175	705	2,294	5,075	8,920	14,426	21,018	29,134	39,324	52,280
新购增速%		200%	300%	200%	80%	50%	50%	30%	30%	30%	30%
新购	50	150	600	1800	3240	4860	7290	9477	12320	16016	20821
续费率%（含增购）		50%	60%	70%	80%	80%	80%	80%	80%	80%	80%
增购+续费	0	25	105	494	1835	4060	7136	11541	16814	23307	31459
营收增速		250%	303%	225%	121%	76%	62%	46%	39%	35%	33%
成本费用	196	497	1,295	3,662	6,643	9,392	13,405	16,742	22,717	30,294	35,809
销售成本（服务及运维）	10	35	141	459	1015	1784	2885	4204	5827	7865	10456
毛利	40	140	564	1,835	4,060	7,136	11,541	16,814	23,307	31,459	41,824
新购CAC	30	90	360	1,080	1,944	2,916	4,374	5,686	7,392	9,610	12,493
产研费率	300%	200%	100%	80%	60%	40%	30%	20%	20%	20%	12%
产研费用	150	350	705	1835	3045	3568	4328	4204	5827	7865	6274
管理费用	6	21	85	275	609	1070	1731	2522	3496	4719	6274
增值税	0	1	4	14	30	54	87	126	175	236	314

简要说明一下。

- 新购收入：2021 年的指标在 B 列，2022 年的在 C 列，以此类推。2021 年的新购为 50 万元，次年开始新购收入中加进"新购增速"（例如增速为 200%，则 2022 年新购收入为 150 万元）。"新购增速"前高后低，从第 16 年起降到 10%。

- 续费收入：每年续费收入为前一年营收（包括新购、增购和续费）乘以续费率。这里实际上简化了少量多年单（一次性靠低折扣卖出多年服务并且收款）的情况。续费率则从初期的 50%，提升到第 5 年的 80%，并一直保持。实际上，有很多客单价较高（10 万元以上）的 SaaS 产品，其金额续费率能够达到 90%甚至更高。对低客单价的产品来说，由于客户规模小且存续时间短，客户数续约率往往较低。但通过筛出优质客户，并为其提供更高价值的产品（例如从价格上说的旗舰版，或增购其他产品和服务），也能够保持 70%以上的金额续费率，如下表所示。

财务与融资

新购、续费（含增购）的计算

	2021年	2022年	2023年	2024年	2025年	2026年
营收（万元）	50	175	705	2,294	5,075	8,920
新购增速%		200%	300%	200%	80%	50%
新购	50	150	600	1800	3240	4860
续费率%（含增购）		50%	60%	70%	80%	80%
增购+续费	0	25	105	= D5 * E8	1835	4060
营收增速		250%	303%	225%	121%	76%

- 成本费用：包含主营业务成本（IaaS、服务等）、CAC（获客费用）、产研费用、管理费用和增值税。

利润=营收-成本费用

我们做这个模型想看到什么结果呢？答案是通过净现值折算的公司 40 年的经营总价值，如下表所示。

	2021年	2022年	2023年	2024年	2025年	2026年	2027年	2028年	2029年	2030年	2031年	2032年	2033年	2034
营收（万元）	50	175	705	2,294	5,075	8,920	14,426	21,018	29,134	39,324	52,280	68,891	90,300	117,9
利润	-146	-322	-590	-1,369	-1,568	-472	1,021	4,276	6,418	9,030	16,470	21,925	28,914	37,9
折现率（资金成本7%）	1	0.934579	0.873439	0.816298	0.762895	0.712986	0.666342	0.62275	0.582009	0.543934	0.508349	0.475093	0.444012	0.414
利润折现	-146	-301	-515	-1,117	-1,197	-337	681	2,663	3,735	4,912	8,373	10,417	12,838	15,7
15年利润合计	17.1 亿元			40年利润折现-估值合计=			124 亿元			IPO后30年利润折现到IPO当年		227.3 亿元		
市销率PS		30		20		15				12				
估值（万元）		5,250		45,870		133,798				471,882				
融资事件	天使轮	A轮		B轮		C轮				IPO				
		A轮投资~IPO: CAGR	75%	增长倍数：	89									
		B轮投资~IPO: CAGR	47%	增长倍数：	9									

A、B、C 轮融资当时分别按 30 倍、20 倍、15 倍 PS（市销率）估值。我们看到，上市时（12 倍 PS）的估值为 47 亿元，如果把后 30 年的公司利润折现到 2030 年这个时点上（采用 7%的折现率/利息率），则价值为 227.3 亿元。也就是说，在上市时购买该 SaaS 企业的股票，有很大的增值空间。而对于之前参与 A、B、C 轮融资的投资者，到上市前其资金有很大的增值幅度。当然，我们也不能说每家 SaaS 企业都会增值，只是说能持续发展下去的 SaaS 企业是有巨大的投资价值的。我们采用一套基础的参数来看看这家 SaaS 企业的"基线估值"，如下图所示。

研究方法

- 固定其他参数，只修改一个参数，观察其变化对公司**长期价值**（即估值）的影响
- 参数（对应124亿元基线估值的参考值）
  - 服务费率　　　　　20%
  - 新购CAC　　　　　60%
  - 续费率：80%（第5年起）
  - 产研费率：12%（第11年起）
  - 折扣率变化
  - 管理费率　　　　　12%
  - 增值税率　　　　　3%

40 年的净利润折现后为 124 亿元。我们将此数字作为"基线"，来衡量各个参数的变化对估值的影响幅度。以"服务费率"为例，基线参数为 20%（据了解，大部分 SaaS 企业的服务费率为 15%～25%），该参数对估值的影响如下图所示。

服务费率（含运维成本）的变化——影响毛利

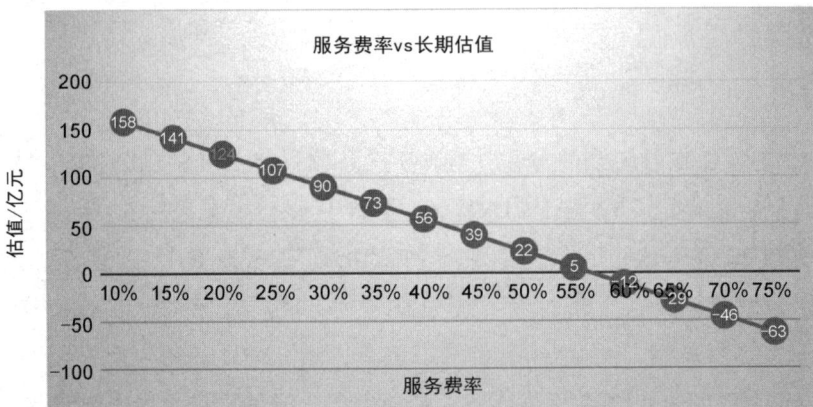

毛利=营业收入−销售成本（IaaS+服务部门+运维部门）=100%−服务费率（含运维成本）

如果其在 10%～75%之间变化，则公司的长期估值变化是线性的。但不是 1∶1 的关系，而是 2.74 倍。也就是说，服务费率每增加 1%，公司 40 年的总价值减少 2.74%。

同样用这个模型，我还计算了其他 5 个参数对估值的影响。不出所料，"续费率"（分子中含增购）是对公司长期估值影响最大的参数，如下图所示。

续费率的影响

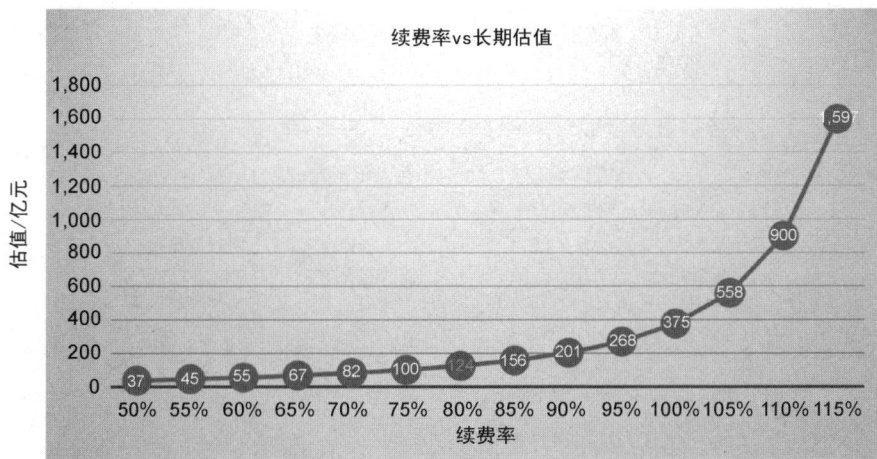

续费率vs长期估值

（估值/亿元 纵轴：1,800 1,600 1,400 1,200 1,000 800 600 400 200 0）

数据点：37, 45, 55, 67, 82, 100, 124, 156, 201, 268, 375, 558, 900, 1,597

横轴 续费率：50% 55% 60% 65% 70% 75% 80% 85% 90% 95% 100% 105% 110% 115%

从图中可看出，续费率对公司估值的影响不是线性的。在 80%附近，影响倍数是 5；在 100%附近，影响倍数是 17。

我将有关成交价格的折扣率也作为参数放进来，如下图所示。

折扣率对长期估值的影响

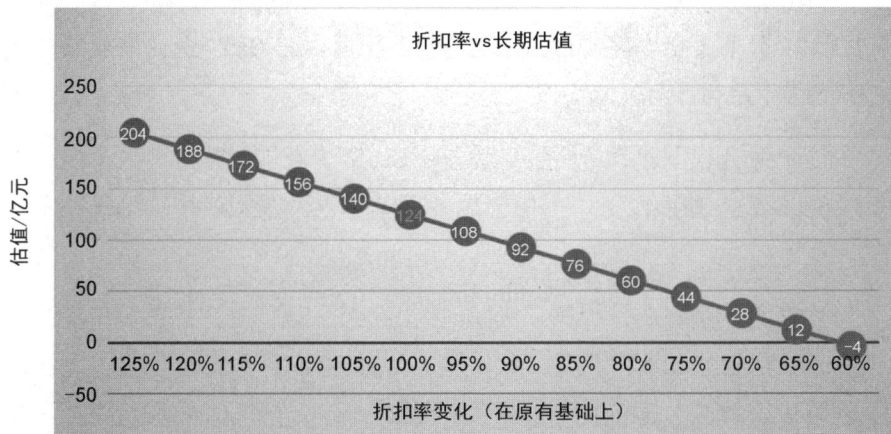

折扣率vs长期估值

（估值/亿元 纵轴：250 200 150 100 50 0 −50）

数据点：204, 188, 172, 156, 140, 124, 108, 92, 76, 60, 44, 28, 12, −4

横轴 折扣率变化（在原有基础上）：125% 120% 115% 110% 105% 100% 95% 90% 85% 80% 75% 70% 65% 60%

假设：研发、服务、获客等成本不变（增殖税金额有相应调整）

我们得到的结论是，平均折扣率增加 1%，则公司长期估值减少 2.58%。这意味着什么？我们在有关定价的章节探讨过，定价对毛利率、利润率的影响是巨大的。

最后，用这个财务模型对比各个参数分别变化 5%时对公司估值的影响。数值如下表所示。

各参数分别变化5%对公司估值的影响

参数	5%变化带来的公司估值变化（亿元）	相当于基线估值（124亿元）的%	
新购CAC	-4.8	-3.9%	5%的4/5
产研费率	-16.1	-13.0%	
服务费率	-17.0	-13.7%	5%的2.6倍
折扣变化	16.0	12.9%	
续费率	32~106	26%~85%	5%的5~17倍

(80%附近/100%附近)

由这个财务模型可以推导出以下结论。

（1）假设 SaaS 企业持续经营 40 年，哪怕从第 8 年起只有 30%的增速，之后新购增速降低到 10%，则 40 年后，公司的价值仍然是巨大的（这里还未考虑后续新产品成功的可能性）。

（2）产研费率、服务费率、折扣率，这几个参数每变化 1%，对公司估值的影响都是 2.6 倍左右。

（3）续费率（在本简化模型中与 NDR 相同）是 SaaS 企业最重要的指标，其每变化 1%，对公司价值的影响都是 5~17 倍。

由这个财务模型得到的主要结论是：SaaS 的本质是续费。这个结论与我在《SaaS 创业路线图》一书中介绍的第一个财务模型所得结论是完全一致的。

当然，这个模型还只计算了 SaaS 企业的第一重价值——工具价值。如果该 SaaS 企业进入了实现第二重价值（数据增值）、第三重价值（网络效应）的阶段，那么公司的估值会更高。当然，这部分估值很难用以上具体的数字来计算。

因此，作为一个 SaaS 企业，只要能做到持续保持较高的续费率，未来就有巨大的商业价值和社会价值。

相信会有不少人质疑这个财务模型的一些假设。

（1）公司是否能延续 40 年？这有点像生存者偏差，但是我们从全局来看，肯定会有一部分优秀的创业公司能走下去。

（2）能否把产研费用压缩到 12%？我的回答是：并不难。随着营收的增长，产研费用的占比会逐步下降。

（3）一个企业如何能做到连续 25 年每年增长 10%？我的回答是：中国经济一直在增长，从这一点来说这个比例并不高，而且有些 SaaS 企业有机会成为某个领域的王者。

第 3 节　在资本寒冬中，财务模型的变化

据我观察，在中国 SaaS 圈里，大约 2/3 的创始人是产品或技术出身的，1/3 是营销、业务出身的。CEO 也会时常被迫学习财务知识。我建议 CEO 和各部门高管，都要主动学习财务知识和严谨的数字化财务思考方式。因为财务体系就是历史最悠久、经过验证的管理模型。

3.1　业财一体损益表：用一张财务报表说明 SaaS 企业的业务状况

2022 年 11 月，蓝驰创投投资合伙人石建平老师在与我聊天中问了一个问题，"能否用一张报表说明公司的业务及财务情况？"这一问惊醒梦中人。确实，很多 SaaS 企业的财务报表与业务报表不是一体的，财务报表使用的是通用的财务语言，到了业务环节还要将其拆成多张报表来展现，无法在

一张报表上同时展示业务和财务的情况。

这两年我围绕"SaaS 企业精细经营"的问题，花了不少时间研究 SaaS 企业的财务体系，也写了一系列相关的文章，所以我毫不犹豫地接下了这个"任务"。

3.1.1　三大财务报表，选择哪个作为基础模板

全世界的企业都需要定期出具三大财务报表：

- 资产负债表。

- 现金流量表。

- 损益表（也称利润表）。

其中，资产负债表反映的是"资产=负债+所有者权益"的关系，表面上体现的是公司资金从哪里来？实际上更侧重某个时点（例如，2021 年 12 月 31 日 0 时）各项资产（流动资金、应收账款、固定资产等）及负债（应付账款等）的静态状况，如下图所示。

资产负债表(时点)

编制单位：		日期：	2022.12.31			单位：	
资　　产	行次	月初数	月末数	负债及所有者权益	行次	月初数	月末数
				流动负债：			
货币资金	1			短期借款	34		
交易性金融资产	2			交易性金融负债	35		
应收票据	3			应付票据	36		
应收账款	4			应付账款	37		
长期应收款	17			专项应付款	50		
长期股权投资	18			预计负债	51		
投资性房地产	19			递延所得税负债	52		
固定资产	20			其他非流动负债	53		
工程物资	22			负债总计	55	-	-
生物性生物资产	24			所有者权益（或股东权益）：	56		
油气资产	25			实收资本（或股本）	57		
无形资产	26			资本公积	58		
开发支出	27			减：库存股	59		
商誉	28			盈余公积	60		
长期待摊费用	29			未分配利润	61		
递延所得税资产	30			所有者权益合计	62		
资产总计	33	-	-	负债和所有者权益（或股东权益）总计	63	-	-
编制人：		审核人：			财务经理：		

所以资产负债表并不能反映 SaaS 企业在一段时间内（1 年或 1 个月）的经营状况。

2022 年，由于融资节奏被打乱，各家 SaaS 企业都很重视现金流。那么现金流量表是否更适合展现业务状况呢？请看下图所示的现金流量表。

单位：元 币种：人民币

XXX公司现金流量表 (期间)		
项目		2022年11月
一、经营活动产生的现金流量：		
经营活动现金流入小计	¥	200,006.00
经营活动现金流出小计	¥	13,501.00
经营活动产生的现金流量净额	¥	186,505.00
二、投资活动产生的现金流量：		
投资活动现金流入小计	¥	500.00
投资活动现金流出小计	¥	60,000.00
投资活动产生的现金流量净额	¥	-59,500.00
三、筹资活动产生的现金流量：		
筹资活动现金流入小计	¥	-
筹资活动现金流出小计	¥	-
筹资活动产生的现金流量净额	¥	-
四、汇率变动对现金及现金等价物的影响		
五、现金及现金等价物净增加额	¥	127,005.00
加：期初现金及现金等价物余额	¥	100,000.00
六、期末现金及现金等价物余额	¥	227,005.00

该表确实很好地反映了企业某月的合同回款情况，以及当月支出的费用，但"收付实现制"并不能反映业务的真实状况。举个例子，某企业在 11 月预付了 30 万元的房租，这 30 万元会全部体现在现金流量表的当期现金流出中。但我们从管理的角度会更希望 11 月只摊销 10 万元的房租费用。一次性支出 30 万元可能会扰乱我们对 11 月真实经营情况的判断。

我们再看看损益表，如下图所示。

损益表/利润表(期间)

编制单位:　　日期：2022年11月30日　　单位:

项　　目	行次	本月数	本年累计数
一、**主营业务**收入	1		
减：主营业务成本	2		
主营业务税金及附加	3		
二、主营业务利润（亏损以“-”号填列）	4	-	-
加：**其他业务**利润（亏损以“-”号填列）	5		
减：销售费用	6		
管理费用	7		
财务费用	8		
三、营业利润（亏损以“-”号填列）	9	-	-
加：投资收益（损失以“-”号填列）	10		
补贴收入	11		
营业外收入	12		
减：营业外支出	13		
四、利润总额（亏损以“-”号填列）	14	-	-
减：所得税	15		
少数股东权益	16		
五、净利润（亏损以“-”号填列）	17	-	-

编制人:　　审核人:　　财务经理:

损益表以“权责发生制”原则真实反映出某月或某年周期内，各项收入与成本、费用的状况。它最适合反映一个周期内的业务状况。

现金流量表的波动性受支付、收款动作影响很大，而损益表反映的是业务背后的真实情况，它才是现金流的根本，所以我们主要抓损益表。但我们还需要对这张损益表做一些改造，才能反映 SaaS 企业的业务情况。

3.1.2　“业财一体”损益表

为了方便讲解，这里先把这张“业财一体”损益表的框架展现出来，如下图所示。

主线 4

财务与融资

主营业务收入(R)	R
主营业务成本(C)	C
毛利 (G)	G = R–C
获客费用 (CAC)	CAC
利润贡献 (P)	P = G–CAC
固定费用 (FF)	FF
税前利润	EBIT = P–FF

我们先看几个公式。

毛利（G）=主营业务收入（R）-主营业务成本（C）（包括 IaaS 云费用、CSM 服务成本和实施成本）

利润贡献（P）=毛利（G）-获客费用（CAC）（包括市场、销售部门的所有费用）

税前利润（EBIT）=利润贡献（P）-固定费用（FF）（包括产研费用、行政及管理费用）

也就是说，一个 SaaS 企业的经营（盈利）能力可以用 3 个指标展现出来。

（1）毛利：毛利率水平（去除了服务等成本）展现的是该企业产品价格的高低和市场竞争力，以及在客户续费的前提下可持续获得利润的能力。

（2）利润贡献：CAC 是一次性的，如果太高（例如，超过首年合同额 ACV 的 1.2 倍），就会给短期现金流带来巨大压力——获得客户越多，短期现金流出就越多。

（3）税前利润：不言而喻，它体现的是企业在当期创造的价值。

下面进一步把每部分都往下拆分，得到"业财一体"损益表，如下图所示。

"业财一体" 损益表

日期：2021年11月~2022年10月 / 单位：万元

		公式	金额
新客户 销售收入	客户数	N	100
	平均客单价	P	10
	SaaS收入	R1=N×P	1000
	实施收入	I	200
老客户 续费增购	应续金额	R	500
	续费率（含增购）	r	80%
	SaaS续费金额	R2 = R×r	400
主营业务收入（R）	R = R1 + R2 +I		1600
主营业务成本 （C）	新客实施成本	IC	180
	IaaS+服务成本（新客）	SC1 = R1×25%	250
	IaaS+服务成本（老客）	SC2 = R2×25%	100
毛利 （G）	新客毛利	G1 =R1-SC1+I-IC	770
	老客户续费增购毛利	G2 = R2 - SC2	300
获客费用 （CAC）	销售及管理提成合计	CAC1=R1×20%	200
	销售部人工、运营费用	CAC2	300
	市场推广费用	CAC3	300
	市场部人工费用	CAC4	20
利润贡献 （P）	新客利润贡献	P1 =G1-CAC	-50
	老客户利润贡献	P2 = G2	300
固定费用 （FF）	产品研发部门费用	RF	600
	管理费用	AF	100
	固定费用小计	FF=RF+AF	700
税前利润		EBIT=P1+P2-FF	-450

关于该表，说明如下：

（1）在主营业务收入（R）中，包括新老客户的 SaaS 收入和新客户的实施费收入。

（2）从主营业务成本（C）中，把新老客户的服务成本、新客户的实施成本拆分出来了。

（3）这样可以分开计算新老客户的毛利（G）。

（4）也可以将新客户的获客费用（CAC）拆得更细，把市场部门、销售部门的固定薪资费用、提成费用和推广费用分开。

（5）由此，在利润贡献（P）中也可以体现出新、老客户的差别。将它减去固定费用（FF）（在一个月的周期内相对固定）后，税前利润就可以算出来了。

当然，这只是一个初步的模板。每家企业还可以根据自己的情况往下继续拆分，例如：

（1）有多个产品的企业可以进行成本拆分（其中很多细节可以探讨，例如平台、测试等共用部门的成本如何分摊）。

（2）根据市场线索转化和销售自开拓进行成本拆分（这也是很有意义的，对于新一年的年度规划十分重要）。

3.1.3 "业财一体"损益表对企业决策的意义及操作方法

有了这张一体化报表，管理团队和投资人就可以获得一个全局视角。我于 2022 年年底开展过两期"年度规划实战营"，其中有一个重要作业就是请每家企业先做损益表，来分析 2022 年的财务状况及其与业务的关联关系，再做 2023 年的年度健康增长规划。只有弄清楚业务与财务的逻辑关系和数据指标，才能从财务的角度保障业务增长规划的健康度。

此外，"业财一体"损益表也能用于日常决策。举个例子，到了 Q4，我们期望增加营收，那么有两条路径。

（1）提高销售提成，刺激收入增长。

（2）控制折扣率，提升客单价。

哪条路径会更健康呢？我们只需要在损益表上修改几个数字，就能得出结论，如下表所示。

动作1：				
提高销售提成，刺激收入增长				
		公式	**金额（万元）**	**变化率**
新客户 销售收入	客户数	N	110	**10%**
	平均客单价	P	10	
	SaaS收入	**R1=N×P**	1100	**10%**
	实施收入	**I**	200	
老客户 续费增购	应续金额	R	500	
	续费率（含增购）	r	80%	
	SaaS续费金额	**R2 = R×r**	400	
主营业务收入（R）	**R = R1 + R2 +I**		**1700**	
主营业务成本（C）	新客实施成本	**IC**	180	
	IaaS+服务成本（新客）	**SC1 = R1 ×25%**	275	
	IaaS+服务成本（老客）	**SC2 = R2 ×25%**	100	
毛利（G)	新客毛利	**G1 =R1-SC1+I-IC**	**845**	
	老客户续费增购毛利	**G2 = R2 - SC2**	**300**	
获客费用（CAC)	销售及管理提成合计	**CAC1=R1×30%**	330	**65%**
	销售部人工、运营费用	**CAC2**	300	
	市场推广费用	**CAC3**	300	
	市场部人工费用	**CAC4**	20	
利润贡献（P)	新客利润贡献	**P1 =G1-CAC**	**-105**	
	老客户利润贡献	**P2 = G2**	**300**	
固定费用（FF)	产品研发部门费用	RF	600	
	管理费用	AF	100	
	固定成本小计	**FF=RF+AF**	**700**	
税前利润		**EBIT=P1+P2-FF**	**-505**	**12%**

在该表中，增加销售提成，预估客户数会提升 10%，但 CAC（获客费用）增加了 65%，而通过控制折扣率，将客单价提升 10%，CAC 只增加 10%，如下表所示。

最终新客户的利润贡献、公司整体税前利润的变化可想而知。算了再做，还是做了再算？这就是精细经营与粗放经营的差别。而当下的 SaaS 企业大多已经没有了粗放经营的"资本"。

动作2:				
控制折扣率，提升客单价				
		公式	金额（万元）	变化率
新客户销售收入	客户数	N	100	0%
	平均客单价	P	11	**10%**
	SaaS收入	**R1=N×P**	1100	**10%**
	实施收入	I	200	
老客户续费增购	应续金额	R	500	
	续费率（含增购）	r	80%	
	SaaS续费金额	**R2 = R×r**	400	
主营业务收入（R）		**R = R1 + R2 + I**	**1700**	
主营业务成本（C）	新客实施成本	**IC**	180	
	IaaS+服务成本（新客）	**SC1 = R1×25%**	275	
	IaaS+服务成本（老客）	**SC2 = R2×25%**	100	
毛利（G）	新客毛利	**G1 =R1-SC1+I-IC**	**845**	
	老客户续费增购毛利	**G2 = R2 - SC2**	**300**	
获客费用（CAC）	销售及管理提成合计	**CAC1=R1×20%**	220	**10%**
	销售部人工、运营费用	CAC2	300	
	市场推广费用	CAC3	300	
	市场部人工费用	CAC4	20	
利润贡献（P）	新客利润贡献	**P1 =G1-CAC**	**5**	
	老客户利润贡献	**P2 = G2**	**300**	
固定费用（FF）	产品研发部门费用	RF	600	
	管理费用	AF	100	
	固定成本小计	**FF=RF+AF**	**700**	**0%**
税前利润		**EBIT=P1+P2-FF**	**-395**	**-12%**

这张表还可以进一步拆解。例如，将一家企业的新客户销售收入按"客户来源"拆分为"市场来源"和"销售自开拓"，如下表所示。

"业财一体"损益表			
日期：2021年10月~2022年11月 / 单位：万元			
		公式	数量/金额
新客户销售收入	市场来源客户数	N1	70
	市场来源平均客单价	**P1**	10
	市场来源新客收入	**R1a=N1×P1**	700
	销售自拓客户数	N2	30
	销售自拓均客单价	**P2**	10
	销售自拓新客收入	**R1b=N2×P2**	300
	SaaS收入小计	**R1=R1a + R1b**	1000
	实施收入	I	200

调整"业财一体"损益表后，就可以精确地算出两个来源的 CAC、LTV/CAC 等效率指标有何差异。

在这个过程中需要拆分销售代表的工作量。例如，做"市场线索"转化花费 25%的时间，做"销售自开拓"花费 75%的时间。这样才能把销售部门的费用合理地分摊到两个来源上。

请注意一个关键点，无论是拆分销售代表的工作量，还是拆分两个产品的研发费用，都需要按照实际投入的工作量（一般是按时长）来计算。不可以按照产出结果计算。例如，"市场线索"转化的营收占公司总营收的 60%，"销售自开拓"的营收占 40%，我们就不能按照 60%：40%来分摊销售部门的费用，而应该按照 25%：75%来分摊。

在具体操作中，首次统计工作量时，拆分得到的数字可能并不完全精确，但建立这个模型的好处是可以按季度迭代，逐步提高精确度。这样也能确保我们做日常决策和关键决策时所输入信息是准确的。

回到这张"业财一体"损益表上，我们的例子还可以再细化。在我的规划实战营中，有一位 CEO 提出他们公司的"客户转介绍"产生的新客户营收在新客户营收中占比达到 30%，那是否需要将这一项单列在这张"业财一体"损益表上呢？我认为应该列上。

在财务管理中有八大会计原则，其中有一条是"重要性原则"，我们可以在这个案例中运用该原则。"重要性原则"在本例中的意思是，如果"客户转介绍"产生的新客户营收只占新客户营收的 5%以下，那么也没有必要单独核算它；如果已经占到 30%，就有必要单独核算该类客户的 CAC、LTV/CAC 等指标。关于这一点在业务上的意义，大家可以自己思考一下。

八大会计原则不仅仅对财务人员很有价值，其实它蕴含了几百年来的企业管理逻辑，非财务人员有空也可以找来学习一下。

这张"业财一体"损益表的好处还远不止这些。我们还可以按照产品（如果公司有多个产品）、客户行业、客户规模、客户应用场景等进行拆分，分别核算各个类别（例如客户行业 A、行业 B、行业 C）的平均 ARR、NDR、服务费率、毛利率、LTV/CAC、CAC Payback 这些 SaaS 核心指标，如下表所示。

客户类型	平均ARR（万元）	服务侧决策				NDR	每位CSM实绩金额（万元）	服务费率	毛利率（=100%-服务费率）	销售侧决策		
		每位CSM能承担的应续ARR（万元）	CSM人工+管理成本（万元）	IaaS及运维团队成本（ARR的5%）						CAC/首年合同ACV	LTV/CAC	CAC Payback（回收期/月）
A行业客户	20	500	50	25	80%	400	19%	81%	140%	3.6	16.8
B行业客户	5	400	40	20	70%	280	21%	79%	70%	4.8	8.4
C行业客户	2	300	40	15	50%	150	37%	63%	110%	1.8	13.2
					平均值 67%		26%	74%		3.4	

　　也许我们会发现行业 A 的客户比行业 B 的客户更有价值，甚至可能发现我们的"理想客户画像"（ICP）应该调整，应引导销售更重视行业 A 的客户，而尽量不在行业 B 拓展，因为行业 B 的客户 NDR、LTV/CAC 等指标非常糟糕，并不能为公司带来正向现金流，反而在赔钱。

　　希望大家结合自家企业实际情况把这张报表做一些调整后应用到经营实战中。如果遇到问题，欢迎在"SaaS 白夜圈"提出（二维码见封底），我会在那里与大家互动。

3.2　内外兼修方能度过资本寒冬

2021—2023 年，中国 SaaS 的投资环境发生了巨变，本节与大家一起思考我们的 SaaS 企业如何"适者生存"？

3.2.1　融资形势的变化逼迫 SaaS 企业改变增长模式

　　在资金充足的前提下，SaaS 企业的第一追求就是营收高速增长。不知运气从哪里来的人，在运气走时才会茫然失措。下面用实际的财务数字给大家分析一下过去几年运气是怎么来的？

　　举个例子，某 SaaS 企业在 2020 年结束时有 2 亿元营收，按当时 20 倍的 PS 估值是 40 亿元,那么 2021 年年初该如何做增长规划? 按这个 PS 倍数当然要不计代价地增长。假设目标是增长 50%(即营收增加 1 亿元),到了年底估值是可以增加 20 亿元的,若拿出 15%的融资股份,则可以拿到 3 亿元现金。因此,实现 1 亿元的营收增长,估值可增加 20 亿元,这样几个月的时间就能得到 3 亿元现金。

所以,不少企业为多赚 1 亿元,愿意"不计代价"地投入 2 亿元、3 亿元。

这里引用经纬创投合伙人熊飞讲的一个案例(顺序略有变化)。

2022 年 10 月底,我和熊飞都为企航学堂讲课,他在课上讲了一个故事。以前,如果一个客户需要 10 个功能模块,但 SaaS 企业只擅长做 3 个,可是为了增长,企业最终还会决定"不计代价"地把另外 7 个模块也做了。这样也对,虽然为了挣这几十万元,要多花几百万元的研发成本,但说不定这 7 个模块其他客户也能用得到。因为融资很容易。

但从 2022 年年初开始,甚至在未来两三年,90%的 SaaS 企业都很难融资。在这个前提下,花几百万元挣几十万元的事情不能再干了。熊飞讲的这个案例中的那家 SaaS 企业就只接 3 个模块,另外 7 个模块可以找擅长的公司合作。因为所有的创业公司都希望尽快打平现金流,避免在黎明前的黑暗中倒下。

追求更高毛利、健康增长,而不是只盯着营收,这是这两年 SaaS 圈最大的变化。2022 年为中国 SaaS 企业发展的分水岭。

3.2.2　改变增长模式的两个努力方向

作为中国 SaaS 领域的知识沉淀者,我希望中国 SaaS 企业整体效率更高,获客费用(CAC)降低,产品质量更高,形成产品和市场的上升双螺旋。所以从 2022 年年初开始,我一直在设法推动产品合作、生态合作,唯有如此,所有的 SaaS 厂商及平台公司才能形成合力,改变 2022 年之前大家一起"烧钱"、一起低效的状态。

一个群体只有整体提供的社会价值更大，每个个体才能有更大的价值。我在 2022 年 11 月 3 日的云栖大会钉钉分会上谈到，未来两到三年 SaaS 企业的两个努力方向是：

- 追求精细运营，提高内部效率。

- 进行外部生态合作，提升竞争力，同时降低成本和风险。

对于前者，需要公司从上到下的财务管理能力，而对于后者，则需要具有全局的视角和对自己生态位的重新定义。SaaS 企业都需要在这两个方向上同时发力。

我们推演一下，2022 年之后的几年，中国 SaaS 生态将会发生哪些变化。

（1）所有具备财务管理能力的 SaaS 企业开始重视现金流预算（没有财务管理能力的企业需要尽快补齐财务管理能力）。

（2）低价竞争的情况将会减少，因为这是"自杀"。我已经知道不少 SaaS 企业在 2023 年提价。

（3）各家 SaaS 企业会聚焦自己的核心能力，不再求多、求全。只有具备 PaaS 能力的企业才会以"整体解决方案"作为自己的发展优势。

（4）产品合作将会越来越盛行，类似衡石 BI-PaaS 这样的嵌入式产品会越来越多。

（5）随着像钉钉、企业微信、火山引擎等这样的平台公司的技术和组织能力越来越成熟，SaaS 企业会更加深入地融入平台生态，不再是肤浅的线索和 IaaS 的部署合作，而是产品、渠道、商业化生态的全面融合。

3.2.3　2023，分水岭之年

老模式（"烧钱"—增长—融资—再"烧钱"—再增长—再融资—仍然巨亏）在消亡，但当前能玩转新模式（精细化经营-单位经济-财务闭环）的

SaaS 企业估计都不到 5%。

2022 年年底，我问了不少 CEO，现金流转正会出现在什么时候？答案与企业当前所处阶段有很大的关联性。

（1）在天使轮、A 轮融资的企业由于商业化还未完成，目标往往要到 2024 年达成。

（2）在 A 轮融资之后，B 轮、C 轮融资的企业会快很多，2023 年下半年甚至小部分企业在 2023 年上半年就会达成目标。

（3）在 C 轮融资之后的企业由于船大难掉头，反而要拖到 2024 年才能达到目标。

无论如何，我建议各家 CEO 与财务负责人一起，详细测算一下自家企业的现金是否能够支撑 18～24 个月。我也看到一些企业能够在这个过程中，不断地缩小现金流出量，直至实现在不融资的情况下现金流的转正。

前面我们讲过，SaaS 作为企业数字化能力的载体，是供给侧升级的重要一环。中国 SaaS 的崛起是迟早的事情，但当前我们必须先"活"下来，再谈未来。

因此，未来一段时间，改变增长模式成为企业生死存亡的关键。

当然，精细化经营也不是投降主义，不是苟活。现金流风险较低的 SaaS 创投企业仍然应该对产品、品牌进行长期投入，并同时转向精细化经营，设法节约成本。

所以，企业现在处在低谷，而不是绝境。这反而是所有 SaaS 企业提高内部组织效率和外部合作效率的机会。

乱"烧钱"美化数字、违背市场规律的公司会减少，低于成本价的竞争（甚至低于变动成本，例如 LTV<CAC）必然也会减少，大家都会来到理性的起跑线上。这对于产品优秀、组织能力强的企业是一个好机会。

我和多位投资人、SaaS 创始人做过交流，大家都认识到近两年是 SaaS

行业的分水岭。

何谓分水岭？跨越周期者，纳百川而入大海；没有价值者，被有效的市场机制淘汰。

3.2.4　从内部组织视角降本增收

2022 年，我与上百位 SaaS 创始人做过交流，并且我对交流的结果进行了系统整理，这里分享给大家。SaaS 企业组织中的各个部门都可以做很多降本增收的工作，如下图所示。

从内部组织的视角降本增收

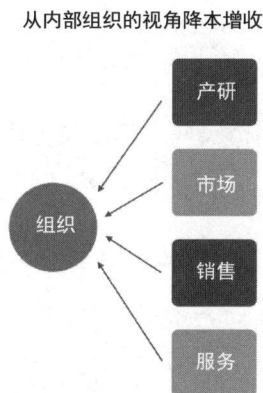

1. 产研方面

（1）砍掉部分错误需求。

（2）与外部合作研发产品，减少自研。

（3）如果客户要求在本地部署，可以考虑，但收费要比公有云贵 3 倍以上。

（4）OP（本地部署）项目即便只提供标准产品，也要考虑非公有云版本的研发成本。

2. 市场方面

（1）提升客单价，考虑定价及定位，观察变局中产品的"定位"是否发生变化。

（2）市场投放 ROI 大于 3，尽量做到 CAC 小于首单收入。

（3）提高市场费用的效率，自己做内容营销（视频号、抖音等）。

（4）启动客户推荐活动。

3. 销售方面

（1）尽量做到 CAC 小于首单收入，并考虑获客成本回收周期，在 CAC 合格前不扩张。

（2）借助渠道。与其他 SaaS 企业合作，与资源型小代理商合作，以降低渠道成本。

（3）将业绩目标从合同额调整为回款额，紧盯现金流。

4. 服务方面

（1）服务分级。建议按潜在 ARR 分级，不能只看已签署合同的金额。

（2）改善工作流程，提升 SOP。

（3）补充优秀的 CSM，提高 CSM 的能力，提高续约率与增购率。

5. 组织方面

（1）使用工具提高效率。

（2）不要因为人数限制停止招聘，反而可以趁此机会边优化、边"换血"，提升团队人才密度。

（3）将现金奖励换成期权奖励。

（4）加强部门之间的协作。

这里我强调两个最复杂的问题。

其一，能否做 OP 项目？为了当下能生存下来，有的企业不得不做。但要坚持原则：①收 3 倍于 SaaS 的费用（例如，原来 200 万元的 SaaS 年费改为 600 万元 OP 买断费用），否则在实施及未来研发上投入可能反而对现金流不利；②坚决只提供标准版本，不要做功能上的定制开发。定制开发项目貌似现金收入不错，但能盈利的项目占比其实并不高，再加上尾款（这才是利润）回收期长，对公司中短期现金流未必有帮助。

关于私有部署，我与一家知名 SaaS 企业相关人员交流过技术细节，发现即便符合以上两条原则，从研发的角度考虑，将公有云部署方案中的上百台服务器优化为 OP 部署中的十几台服务器，研发成本也是巨大的。此外，还要考虑为 OP 部署客户做 API 上的定制开发后，版本升级的问题。

所以 OP 部署看起来收入高很多，但也要平衡短期收益与长期成本。另一个选项是私有云，大家可以做一些对比。

其二，LTV/CAC 的逻辑需要转化为获客成本回收周期的逻辑。以往若 LTV/CAC 大于 3 就很完美了，现在要想的是把 10 万元 CAC 花出去后，多久才能够收回来。所以需要考虑回收周期。

在 2022 年年底的一次直播中，公众号"我思锅我在"的主笔高宁问了两个好问题。其中一个问题是：如果现在准备花 100 万元，那么应该先花到哪些部门？

不同企业面对的情况不同，选择当然也不同。我讲讲我的大体逻辑，大家可以结合自己企业的实际情况去尝试。

我给出的顺序是：服务部门、市场部门、销售部门、产研部门。

（1）服务部门：因为服务部门续费、增购的成本低，所以最值得投入（一般国内 SaaS 企业的续费成本是 20%～30%，而新客户的获客成本大约是 60%～120%）。

（2）市场部门：无论是 to C 还是 to B 领域，营销手段在不断创新。目前短视频已经替代公众号、官网成为最强的传播途径。从 2022 年开始，很多 SaaS 企业的创始人及相关团队都在输出高质量的短视频。而做这件事情并不需要很大投入，关键在于内容而非人。相关内容详见前面关于市场营销的章节。

（3）销售部门：销售部门能直接带来收入，在人效达标的前提下，仍然是可以扩张的。人效指标（团队人均产出）非常重要，详见 3.2.5 节。

（4）产研部门：我在一家 SaaS 企业做执行总裁时算过一个账，当时获得一个新客户费用加上服务成本，大概是合同金额的 80%，所以如果在产研方面增加 100 万元的投入，销售部门就需要多做 500 万元的新单才能相抵。当然，优秀的产品是 SaaS 企业的希望，为了长期发展，仍然需要在产研上投入，只是花钱要更谨慎。

3.2.5　被逼出来的外部生态合作

坊间有句老话，CEO 的野心与手上的现金成正比。以往大家遇到新需求，都喜欢自研。但现在大部分企业资金都紧张，即便资金不紧张的公司，以往留存 18 个月的资金储备，现在也改到 24 个月了。所以，若能与其他公司合作，还是合作吧。

衡石 BI、卫瓴的 SCRM 都是这方面的代表，他们的产品与众多 SaaS 产品可实现嵌入和对接。做 CRM、HRM、ERP 的 SaaS 企业未必需要自己去做一个 BI 或客户沟通模块。所以，以往大家都有钱，不用细算经济账，现在都缺钱了，反而能把效率提升上去。

除此之外，融入腾讯、阿里、华为、头条平台，也是可以考虑的选择。说到这里，我得提醒一下，大家的合作思路也得升级。

当下，SaaS 企业与平台合作不能只奔着流量（线索和商机）。把自家的产品部署到 xx 云、获得线索是最浅显的思考。产品的结合、业务的结合，以及如何一起面向客户才是更需要考虑的。所以要判断 ROI 是否合理，是否适合我们的产品阶段。另外，要了解平台公司对接人的 KPI，相互成就才有好结果。

此外，头部指标优秀的 SaaS 企业永远都能拿到钱，他们确实可以仿效 Salesforce、Adobe 这些公司做一些早期关于产品方面的合并，兼并。

3.2.6 关键经营指标有何变化

我认为对 SaaS 企业来说，NDR、ARR、毛利率这些指标依然很重要。但前面提到的 CAC Payback（获客成本回收周期）和人效（团队人均营收）这样的"快速"指标，在本阶段对我们及时调整策略、优化工作方法更有帮助。

从 2022 年开始的这次融资危机虽然让大家觉得很艰难，甚至会有大量 SaaS 企业因此而倒闭，但这也是中国 SaaS 企业从内到外提高效率的机会。2022 年和 2023 年这两年是中国 SaaS 企业的分水岭。祝福每个优秀的创业团队都能跨越周期，奔向未来。

3.3 企业"过冬"诸法

本节我们说说企业"过冬"的具体方法，下面给大家提十条生存建议。

（1）围绕自己的核心价值做投入。认清自己企业的"核心能力"，不断在这个能力上做出差异化特色，并在市场竞争中争取主动权。

（2）在差异化的基础上，避免或减轻价格战带来的收入损失。只有不断创新地帮助客户解决问题，公司才有前途。

（3）严控产品扩张。在 A、B 轮融资前后的公司，要在自己的利基市场上做深做透；在 C 或 D 轮融资之后的公司，也不要盲目地扩充产品线，最多是"一老加一新"。

（4）派小团队尝试新业务。如果一定要做新产品，进入新市场，考虑让老人做新业务、让新人守老业务（这句话是纷享销客创始人罗旭 10 年前教给我的）。最好是 CEO、CTO 或产品一把手带几个人快速尝试新业务，不要以为新业务靠人数和研发费用就能"堆"出来，而且这个新业务一定要与现有产品有紧密的正相关性，否则还是不建议做。

（5）现金为王，严控现金流。以往大家都习惯在融资后花一大笔钱，用来扩研发、扩销售。2023 年不建议如此扩张。我们算算，如果 2024 年融资形势开始好转，那时候启动融资也还需要 6～9 个月才能拿到钱。我们兜里最好留足 18～24 个月用的现金。避免在现金紧张时减员，那是最坏的做法之一。

（6）改变组织形式。对于很多公司，常见的情况是团队找不到高手带，就请一群水平中等的人各管一块。我认为在寒冬中更合理的做法是，各部门、各小组的一把手要请水平高的，由他们带着初级的队员边干边学。将这些业务高手往管理者方向培养。初级队员因为新鲜感强，所以做事也更踏实。两部分人的成就感都高。如果实在找不到高手，就只能自己带，这样更省钱。

（7）在招聘方面多花时间，多用权益激励，少花现金。2012 年，在纷享销客刚创业时，我在深圳招募渠道总监，我们给渠道总监的底薪比市场水平低，却要招水平最高的人，怎么招？办法就是多花时间聊，通过电话聊 1 个小时，见面再聊 3 个小时，找到对我们认同度高的战友，一起为共同的事业打拼几年。这么做的前提是公司的创始人对于公司要有清晰的使命和愿景。详见前面谈到的领导者当有思想体系。

（8）重视核心毛利指标。有位财务总监讲过，制造企业最重要的指标就是"毛利率"（销售价格减去制造成本）。其实 SaaS 商业模式最令人称道的也是高毛利（再加上高续费率、低续费成本）。前面我们已经了解了 SaaS

企业的财务模型。Docusign 公司在上市前（2017 年）的毛利率是 100% － 21% ＝ 79%。

高毛利意味着 SaaS 企业未来的利润增长。相反，如果毛利率很低，则意味着在产品生产、销售的过程中没钱可挣，未来即便扩大规模，也不能通过经营带来多少净利润。上市后，Docusign 公司的毛利率还增加到了 82%。

70%～80% 是 SaaS 业务的正常毛利水平，大家看看自家公司的毛利率是否合理？

（9）控制获客成本。据我了解，一个 SaaS 企业的新购获客成本（CAC）大约是首单（一年软件服务费）的 40%～100%（中位数大概在 80%），其中主要为销售及市场费用。具体情况是：客单价越高，CAC 在首单中的占比就越低；客单价越低，占比就越高。

控制 CAC，就是要降低销售提成点数吗？不一定，关键是提高人效（人均月度/季度完成销售额）。

销售人力成本 ＝ 固定的底薪 ＋ 提成奖金

人效越高，固定底薪占营收的比例就越低。

（10）重视金额续费率指标。随着 SaaS 投资机构越来越成熟，大部分 to B 投资人都认识到，即便当期有很高的营收，如果金额续费率不高，SaaS 模式也是没有优势的。

从 SaaS 企业经营的角度看同样如此。刚才我们说 SaaS 企业的获客成本在首单金额的 80% 左右，而我调查过一些典型的 SaaS 企业，续费的成本大约只有 20%～30%（主要是客户成功服务的人工等费用）。也就是说，续费对净利润的贡献非常高，如果成本控制到位，则续费对净利润的贡献可以达到续费金额的 60%［毛利率（80%）－ 续费成本（20%）］。

我知道头部的一些 SaaS 企业，其 NDR 能达到 100%。也就是说，假设 2022 年毛利做到 2 亿元，2023 年续费金额就有近 2 亿元。加上 1 亿元的新购，那就是 50% 的利润增长。

以上就是我给 SaaS 创业者们提的十条生存建议。

3.4　人效即战略

从 SaaS 创业者的角度看，大家都有危机意识，但我们毕竟不是财务出身，所以需要一个更好的抓手。今天我就把这个抓手提供给大家，即人效。从更高层面说，人效即战略。

3.4.1　中国 SaaS 企业的人效

根据财报计算，腾讯 2021 年度人效约为 500 万元（5601 亿元 ÷ 11.2 万人）；华为人均产值约为 326 万元（6368 亿元 ÷ 19.5 万人）。而中国制造业工人 2018 年人均产值为 3.3 万美元（折合当年人民币约为 22 万元）。

2021 年 9 月，我在读者群做过人均产出的调查，中国 SaaS 企业的平均人效在 30 万元左右。美国 SaaS 企业的人效如何呢？我的朋友高宁说过，一文中提到，美国营收过 10 亿美元的 SaaS 企业中，有一半公司的人均产出超过 40 万美元（折合当年人民币为 268 万元）。这些数字说明，人效反映了平台公司、制造企业、SaaS 企业的差异。

3.4.2　人效是被动结果还是战略选择

深入研究了几家 SaaS 企业后，我发现人效并不是执行一系列管理动作后所得的被动结果，人效应该是主动的战略选择。

下面以具体业务为例进行说明。2022 年小鹅通做了多期"孵化营"，每期招募几十名新购买小鹅通 SaaS 产品的客户加入。每期孵化营的内容包括：开营直播、学习几个录播课程、小组作业汇报、结营点评直播。客户学员的反应非常热烈，大家积极加入小组讨论，在孵化营的圈子里不断刷屏。

下面尝试从"人效"的角度思考这项工作。

（1）如果公司的人效目标是每年 20 万元～30 万元，就为每期孵化营安排两个同事做好全程组织和服务。他们一年的产出也有二三十万元，这不影响公司平均人效水平。

（2）如果公司的人效目标是每年 80 万元～100 万元，就会发现孵化营太耗人力了。若每开一个营都需要消耗两个员工的时间，那未来要同时开 10 个营怎么办？增加 20 个同事？所以只能设法提高效率，改变运营方式。例如，邀请老学员担任下一期的组长，邀请爱表现自己的同学做指导员，用线上工具自动化处理机械重复的工作，等等。这样让学员们"自治"，可以使大家更有参与感，而公司的人效也提升了。

我们由此可以看到，目标不同，做法不同。

再说一个产品研发的例子。如果客户的业务闭环要求我们必须做一个非核心模块（例如 BI 报表），那么我们该自研还是寻求与外部合作？从人效的角度考虑，选择就变得很清晰：自己研发得有一个专项小组来做这件事，而且要做多年，与外部合作，有一两个工程师做对接就可以了。

我亲身经历过这样一个过程：自研 BI 多年之后，发现因为 BI 不是我们的核心关注点，外面的 BI 产品已经与我们自研的有了代次上的差异。自研的结果差，人均效率也低。所以非核心部件不要自研。SaaS 的未来是多家产品联合走向市场，创新地帮客户解决问题。

3.4.3　人效目标与生态位

通过现象看本质。腾讯有近 500 万元的人效，这说明它的微信不可能什么都是自己做的。所以腾讯需要千帆计划、SaaS 臻选、SaaS 加速器，需要 ISV 来提供或补齐行业方案。阿里的钉钉、头条的飞书亦是如此。

SaaS 企业如果有 80 万元的人效目标，就不会去做定制开发项目，而是聚焦做产品，做高可配置能力（甚至做 PaaS），让代理商、SI 公司完成产品在客户侧的落地、交付工作。而 SI 公司追求 30 万元的人效，这也是他们的生态位。代理商和集成商的任务是本地化开发客户，深挖客户的多种需求，完成客户要求的个性化任务，这些无法标准化的工作意味着不太高的人效，但也意味着良好的护城河——平台公司、SaaS 产品公司都不能涉足。而这些优秀企业的老板和员工的收入并不比其他公司差。人效目标与生态位示意图如下所示。

人效目标与生态位

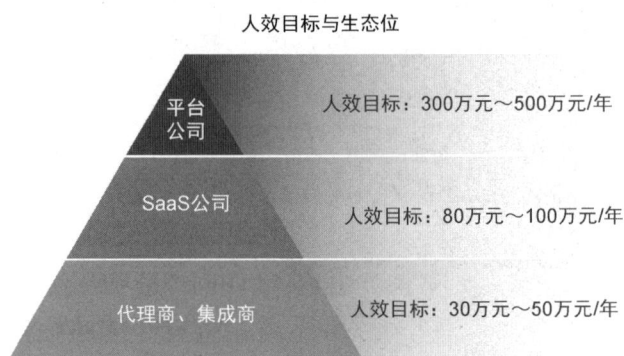

在这个逻辑下，平台公司、SaaS 企业、代理商和集成商各有各的人效定位。所以 SaaS 企业不用担心平台公司的入侵（除非别人做同样的事情人效能达到你的 3 ~ 5 倍）。高人效的 SaaS 企业也给代理商空出了生存空间。

商业的生态平衡与自然界的生态平衡一样奇妙。

这里补充一句，SaaS 企业也有机会形成网络效应，上升为平台公司。详见前面关于 SaaS 企业的三重价值的介绍。

3.4.4　各个岗位的具体做法

我们再探讨一下各个岗位的具体做法。

（1）产品研发：以往常见的做法是，当研发速度跟不上市场节奏时就增人。但不知大家发现没有？200 人产研团队的产出效率并不是 100 人产研团队的 2 倍。如果合伙人没有带大团队的经验，那么最终团队规模扩大一倍后反而会造成混乱和浪费，结果效率还达不到原来的 1.5 倍。

当下应从产品战略的角度考虑和聚焦。在前面我们聊过"一站式解决方案会是成功的产品策略吗？"这个话题。总结为一句话就是，长于云端的 SaaS 更适合纵向做深，即便客户需要大方案，也宜通过多个产品组合实现。

如果想做 100 万元/年的人效，则首先要想清楚产品战略。

① 该不该启动第二曲线？该不该围绕大客户做全套解决方案？客户的所有需求都由自己做，还是联合其他 SaaS 企业一起提供？

② 产研考核及激励方式。不少 CEO 和我探讨过这个话题。如果你的产研团队是按照今年销售任务完成比例来考核的，那他们当然会想尽办法做新产品，甚至同意接受一些需要定制开发的高金额项目，这并不是说产研团队的人多么看重奖金，我认为大部分人更看重成就感。但成就感也会被完不成目标的羞耻感所折损。建议在这种情况下，公司考虑取消短期激励方式，换成长期激励的方式，例如期权激励。在前面的章节谈到过，不能指望用刚性的 KPI 指标解决所有的管理问题，高段位的领导者更重视柔性运营的效果。

如果可以找到一些有趣的"小指标"，不将其作为考核指标，而是作为每月回顾、讨论的对象，也会有好的激励效果。例如，"模块用后留存率"。市场销售人员带来了使用某个新模块的客户，但 1000 个使用新模块的客户，30 天留存率不到 10%，这意味着什么？通过精巧、创新的指标考核产研团队的人，也许更适合目前阶段的 SaaS 企业。

③ 提升产研管理效率。近几年在我陪跑的创业公司中，有公司的核心产研团队来自百度或者腾讯。我发现他们有很成熟的开发、测试、上线的工作套路，这确实可以提高研发的人效。如果团队里缺乏这方面的人才，可以考虑创造机会与这样的高手多交流。

（2）在自用系统上的决策：这两年我们看到 SaaS 企业自用的 SaaS 产品越来越多了，每家企业都能用上十多种其他 SaaS 企业的产品。2017 年的时候，我和上海一家大物流公司的 CIO 交流，他明确告诉我不希望做定制开发，要使用标准产品。经打听，他们之前与某国内 OP 软件公司合作多年，但做项目往往使人痛苦不堪。做软件项目最难的一点是，上线之前根本不知道效果如何。使用标准产品则风险小得多。

自研产品还是采购标准产品？这关系到人效。举例来说，对于一个完备的高端 CRM 产品，纷享销客和销售易都花了将近 10 年的时间来打造，投入 5 亿元以上的研发费用，产品才有今天的局面。企业自用的 CRM 虽然简单得多，但我粗略评估过，如果是"多业务类型"（有多种产品和多种不同销售方式及流程），几年下来 1000 个人·月是少不了的，大约折合 3000 万元费用。如果公司只有一个标准产品，则自研一套 CRM 的费用会少一些。但问题是，生产低客单价产品的企业，未来会不会出现高客单价产品？业务流程会不会不断变化？这些对于内部 IT 团队都是巨大的挑战，我很少见到能让公司上上下下都满意的内部定制项目。如果一个公司的产研团队中，有超过 10%的人在做市面上很成熟的产品品类，那是不划算的，也会分散核心团队的很多精力。也就是说，公司没有把资源都放在核心优势的积累上。

（3）营销：内容营销与社群营销

请看下图，在该图中，我们把 SaaS 创业分为 5 个阶段。在"验证"阶段，使用销售高手单兵突破，这是为了打磨产品，不是为了提高营销效率。进入"营销""扩张"两个阶段的创业公司，必然要考虑如何提高营销团队的人效。

从目前看，集客营销（内容、社交等）替代推式营销（广告、电话推销等）是大趋势。公众号文章是内容，短视频是内容，直播、技术白皮书、论坛等也都是内容。使用优质内容吸引目标群体的集客营销，将逐步蚕食打扰客户的推式营销。

财务与融资

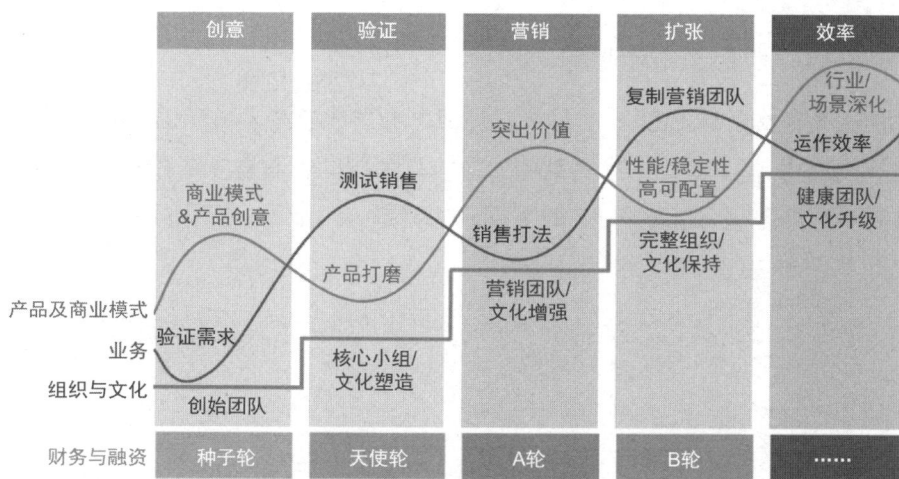

创意	验证	营销	扩张	效率
			复制营销团队	行业/场景深化
		突出价值		运作效率
商业模式&产品创意	测试销售		性能/稳定性高可配置	
		销售打法		健康团队/文化升级
	产品打磨		完整组织/文化保持	
		营销团队/文化增强		
验证需求	核心小组/文化塑造			
创始团队				

产品及商业模式
业务
组织与文化

| 财务与融资 | 种子轮 | 天使轮 | A轮 | B轮 | …… |

我经常被一些企业市场部的人问到，如何做内容营销才能快速看到效果？确实，内容营销没有 SDR 打陌生电话见效快。但如果营销团队都是"捞浮油"的，"浮油"很快就会被捞完。只有不断地用优质内容教育市场，才是长久之计。

此外，我还看到，一些有互联网思维的 SaaS 企业开始把"内容营销"升级为"社群营销"。单向输出公众号内容、出书、拍精彩的短视频，这都还不够，要增强与目标客群的连接。像小鹅通的 CEO 老鲍这样，在工作日每晚开一场直播，与标杆客户进行互动。营销团队每周搞一次新手加速训练营，把营销推向新高度。

社群营销比内容营销更进一步：与客户的连接加强了，客户与客户之间能够互动了，而且客户还能产生新内容。单向输出变成了网络互动，这在增大营销效果的同时，还提高了人均效率。此外，用标准打法 SOP 提升销售团队复制效率，用标准流程提高实施交付效率，提高产品体验，降低 CSM 的工作量，这都是加大人效的方式。

3.4.5　小结及实施步骤

人效目标的选择基于生态位，也反向影响生态位。在近几年的资本环境下，SaaS 企业需要追求更高的人效。之所以这么看重人效指标，是因为从财务结构上看，SaaS 企业的主要成本就是人工成本，而人效则直接反映出一个 SaaS 企业的经营状况。

提高人效的具体方法并不复杂，还是按照 PDCA 的步骤做，如下图所示。

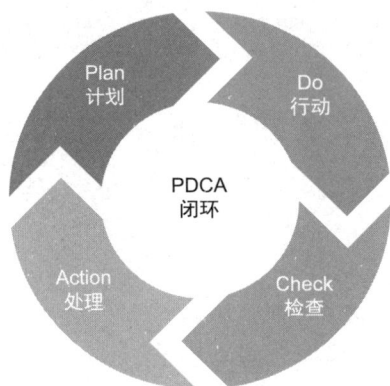

P：定下合适的人效目标（当年、3 年、5 年）。

D：在每次做决策时，考虑有没有人效更高、效果不差的方法。

C：每季度统计、分析人效目标是否达成，策略是否合适。

A：根据检查结果，改进人效计划和策略。

公司的管理者心里需要有"人效"这根弦，而人效指标包括：全公司人均营收（/产出）、产研全团队人均产出、销售全团队人均销售额等。

2022 年年末，我调查了不少头部 SaaS 企业的人效情况。他们的人效都大幅超过了 2021 年的水平，从原来全公司人均 20 万元~40 万元，提升到 40 万元、50 万元甚至 80 万元。这是一个好势头。

第 4 节　融资

4.1　中国 SaaS 投资人关注点的变化

　　凛冬已至，一向不以盈利为目标的 SaaS 企业难免瑟瑟发抖。在这个"资本冰河期"内，SaaS 企业应该如何做？我在 2022 年年初采访了 7 位国内 to B 投资界的 KOL（意见领袖），我们听听他们对 SaaS 创业公司的建议。

4.1.1　投资人关注点的变化

　　下面这张图是我描绘的，由该图可以看出，投资界的期望值（及市场热度）是波动的（曲线），但 SaaS 企业的产品、营销和服务能力是一个缓慢增长的过程（斜向上直线）。

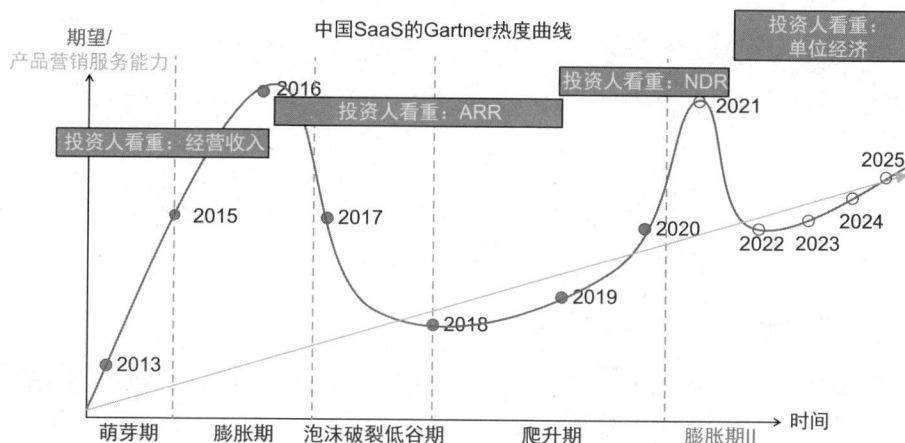

　　期望值线围绕能力线上下波动，这是常态，有利于实操。

　　在该图中，我加上了反映不同的阶段投资人对指标的看重程度的 4 个灰色框。这来自我个人自 2011 年以来对 SaaS 圈的观察，只代表我一家之言。但有一个框架可以使我们看得更清楚，由此也给 SaaS 企业提一些建议。

还是那句话，SaaS 企业不可"to VC"、以融资为最终目标。但同时，由于商业模式的原因，SaaS 企业获得收入总是延后的，95%的 SaaS 企业又是需要融资的。因此，我也总结了过去 10 年国内 SaaS 企业的应对策略，如下图所示。

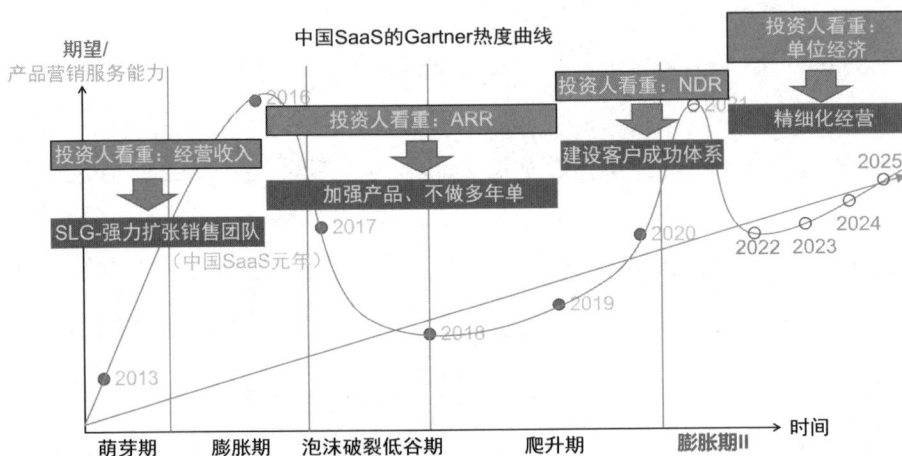

在 2016 年之前，投资人都看重"经营收入"，大家都很重视销售能力，拿回一个单子可增加 100 万元营收，公司估值就能增加 1000 万元～2000 万元，谁都明白该把力气往哪里使。

在 2016 年之后，投资人更看重 ARR，创始人才明白过来，可持续的 ARR 才是有财务价值的，不能带来续费的 100 万元营收，对公司没有意义。

到了 2021 年，大部分投资人明显都非常重视 NDR。一个 SaaS 企业的当期 ARR 高，但 NDR 低，这从财务模型上看并不能给公司估值带来长期增长，而且，NDR 背后隐藏了真正的竞争力。

经纬创投合伙人熊飞先生说："以客户为中心，把经营健康度提上来，这里的核心体现为把 NDR（金额续费率）做上去。我们内部认为'NDR is everything'。任何一个环节做不好，都会体现在 NDR 上。以 NDR 为指标，扎实优化各个环节，公司长期一定是健康发展的，因为有高竞争壁垒。"

这一点越来越被 SaaS 圈认可。说到这里，大家会问，为什么不能一步到位？我的理解是，无论是投资人还是创业团队，了解一件复杂的事情都需要一个过程。一个新的市场能在 10 年里发展成这样，我觉得已经非常快了。

顺便说一句，为什么我认为中国 SaaS 当下的困难只是暂时的？因为从这个框架你能发现，10 年前无论是投资人还是创业者都非常不成熟。但经过 10 年的摸爬滚打，业内的认知已经趋同。我并不能断言目前的认知就是正确的，但业内认知的趋同说明我们通过实践对 SaaS 商业模式的理解已经趋于成熟。

4.1.2　今天的投资人看重什么

从前面的热度图中可以看到，2020—2021 年有一个新的投资热潮，但从 2021 年年中开始，资本市场发生了巨变。投资机构的钱也是从市场上获得的，投资人也要响应市场的变化。那么今天的投资人看重什么呢？下面来听听投资人是怎么说的。

东方富海资本合伙人陈利伟：一家 SaaS 企业需要首先证明自己是"小而美"的公司，然后证明自己也有走向"星辰大海"的潜力。

CPE 源峰董事总经理张迎昊：建议 SaaS 企业再认真评估一下自己的产品是否为刚需，以及是否有足够的吸引力，是否适合 SaaS 模式？可以从 PLG 角度分析一下，只有把客户留存率、LTV/CAC 等财务指标做到国际水平，公司才能够可持续发展。

靖亚资本创始管理合伙人郑靖伟：NDR 是从粗放化经营到精细化经营的试金石。

蓝驰创投投资合伙人石建平：如果 CEO 融资能力强，则公司就会有更多的资源，就可以以长远眼光去发展产品和培养用户池，否则，公司就会更早地思考商业模式、产品策略和组织发展节奏，就会更早地去配合商业化。

九轩资本创始合伙人刘亿舟：今天的人效低并不可怕，可怕的是未来也看不到品牌效应、规模效应和产品化带来的大幅度的人效的提升。

高成资本创始合伙人洪婧：to B 企业服务行业天然是一个"慢"行业，需要保持专注和耐心。"复利慢成长"才是成长的捷径。

4.1.3　SaaS 企业下一步做什么

几位资深投资人都做出了非常清晰的判断并提出了可落地的建议，这里建议 SaaS 企业核心团队仔细琢磨琢磨这些建议。下面总结一下（主要是针对 A 轮融资之后的 SaaS 企业）。

（1）从 IPO 的角度：美股看 PS（市销率），所以更适合 SaaS 商业模式，但美股 IPO 的门槛高（即使是营收超过 1 亿美元的公司在完成 IPO 后也可能无人问津）；港股、A 股看 PE（市盈率），所以二级市场的要求肯定会传导到一级市场，SaaS 企业只能设法适应。

（2）从现金的角度：在融资困难时期，SaaS 企业应该过紧日子。处于成熟期的企业能整体盈利当然最好，至少要能做到 UE（Unit Economics，单体经济模型）闭环。也就是说，如果第一个产品能盈利，那么用该利润养第二个产品，哪怕亏一点也可以，底线是 LTV>CAC。

（3）从健康增长的角度：UE 闭环的背后是什么？是产品、市场、组织相匹配的证明。一个产品一直赔钱，会带来以下几个风险：

① 大 PMF（产品是否能匹配大规模的市场）没有得到真正验证，创业团队和投资人哪会有信心一直投入？

② 组织能力没有得到验证。如何保证未来规模化后效率不会变低？这个组织能力的观点，我是一直支持的。我在与 SaaS 创业者交流时经常说，建立渠道销售能力需要 18 个月，建立客户成功体系需要 18~24 个月……没有 12 个月以上的财务能力建设，CEO 也没法清楚地知道自己的组织是否赚钱？没有反映业务效率的财务数据，何谈规模化？

③ 再说说健康的底线：LTV>CAC。这是在营销环节中基本的财务闭环，否则每个合同根本就没有利润贡献，未来规模再扩大十倍、百倍也没有利润，只能亏得更多。我们要重视增长的健康程度，不能烧钱获得短期增长，而丢失长期价值。

如果要在保守增长和激进增长之间取得一个平衡，则可以遵守"增长率 + 利润率=40%"的原则。一位资深投资人告诉我，最佳状态是增速为 40% 和利润率为 0 左右，如果增速能达到 50%，则-10%的利润率也是不错的。

本节引用了不少投资人的观点。春江水"冷"鸭先知。寒风起来，各位 SaaS 创业者可以看看投资人的动向。当然，并不是说在寒冬中就不会有 SaaS 企业成功融资。市场上永远会有一些优秀的公司能拿到新的投资资金，他们的特点是，产品的市场和产品成熟、ARR 增长快、NDR 优秀（超过 90%）。

4.2　融资中最大的坑——估值过高

在《SaaS 创业路线图》一书中介绍了公司融资过程中的坑，今天再补充一条，融资中最大的坑是估值过高。

在 2020 年 6 月我突然有了这个发现，当时我还写过一篇公众号文章专门讲述了其中的逻辑。在之后的 12 个月里，中国 SaaS 圈经历了第二次烈火烹油式的融资高潮。我陪跑的企业中，也有刚融完一轮资后业务基本面还未发生变化，就又有大基金愿意在估值加倍的情况下再进行下一轮投资。站在 18 个月后的今天，我觉得当时没拿到下一轮投资资金反而是好事。为什么这样说？且听我仔细道来。

只融到天使轮、A 轮、B 轮资金的公司可能还意识不到，但很多融了 C 轮、D 轮资金的公司正在为前一轮融资时的过高估值痛苦挣扎。高估值是那么地炫目，媒体的报道、客户的道贺、同行的眼神、团队的亢奋，有什么比一夜之间，公司价值翻番，甚至增长 3 倍、5 倍更让人狂喜？毕竟创业团队里也都是正常的普通人，连续多年每天工作 14 小时以上是需要打点儿鸡血的。

这个坑之所以"大"，也是因为如此。在人类社会中，容易犯的大错误往往是反馈周期很长的行为。（推荐大家看看 Steven Johnson 的《远见》，这本书提供了更多决策方法上的建议，有兴趣的读者可以读读。）

创业公司的融资也是如此，承诺 12 月后做到的业绩目标往往过高。我发现绝大部分 CEO 也真不是故意忽悠投资人，他们往往被自己的创业目标和对团队的责任所感召，确实在内部给自己定下了一个超高的目标。因为预期业绩超高，所以得到了一轮超高估值的投资。这就埋下了一枚定时炸弹，这枚炸弹在下一轮融资时准点引爆。

12 个月后，如果业绩目标没有达到，就会陷入不得不进行下一轮融资，但当前业绩又不足以支撑更高估值的尴尬境地。

再说说站在 IPO 门槛上的这些卓越的 SaaS 企业在 2022—2023 年面临的难题。IPO 除了融资成本低，对公司品牌、市场拓展效率的提升都有巨大价值。但在 2022 年，我发现几家业绩最亮眼的 SaaS 企业在 IPO 时遇到了不少困难。一方面当然是因为资本市场的大幅走弱，已经完成 IPO 的 SaaS 企业 PS 倍数从 20～30 倍降到 8～10 倍。但也可以说这些公司之前在一级资本市场上的估值太高了（PS 往往到 20～40 倍）。如果按 10 倍 PSIPO，前期投资人就无法向自己的"投委会"交待，公司也无法向拿到期权、股份的员工交待。客观地讲，这也是 2019—2021 年市场热度高时融资估值过高造成的。

既然本书讲了这么多 SaaS 业务精细管理和 SaaS 企业的财务模型，下面就结合业务、财务和融资来分析一下。这里仍然使用在讲解财务模型时使用的案例，有下面这样一张 2021—2060 年某 SaaS 企业的营收、利润、估值的推算表。

主线 4

财务与融资

	2021年	2022年	2023年	2024年	2025年	2026年	2027年	2028年	2029年	2030年	2031年	2032年	2033年	2034
营收（万元）	50	175	705	2,294	5,075	8,920	14,426	21,018	29,134	39,324	52,280	68,891	90,300	117,9
利润	-146	-322	-590	-1,369	-1,568	-472	1,021	4,276	6,418	9,030	16,470	21,925	28,914	37,9
折现率（资金成本7%）	1	0.934579	0.873439	0.816298	0.762895	0.712986	0.666342	0.62275	0.582009	0.543934	0.508349	0.475093	0.444012	0.414
利润折现	-146	-301	-515	-1,117	-1,197	-337	681	2,663	3,735	4,912	8,373	10,417	12,838	15,7
15年利润合计 17.1 亿元				40年利润折现-估值合计=			124 亿元			IPO后30年利润折现到IPO当年		227.3 亿元	
市销率PS		30		20		15				12				
估值（万元）		5,250		45,870		133,798				471,882				
融资事件	天使轮	A轮		B轮		C轮				IPO				

A轮投资~IPO: CAGR 75%　增长倍数 89
B轮投资~IPO: CAGR 47%　增长倍数 9

假设该企业分别在成立第 1 年、第 2 年、第 4 年、第 6 年获得天使轮到 C 轮共四轮投资，在第 10 年成功完成 IPO。我们逐轮解析一下。

在案例中没有提供天使轮融资的估值数据，常见情况是按照 1~2 年净流出的资金来倒推估值。例如，需要 150 万元资金，可能会估值 1000 万元（投资后估值，下同）。然后拿出 15% 的股份变现 150 万元。投资人在天使轮融资时仍以创始人及团队的背景、能力、投入方向为主要判断依据。至于 50 万元的营收，很可能只是团队创业前客户资源的变现，还无法反映未来真正的产品方向和市场规模。

A 轮融资估值为 5250 万元，这是按照营收（本例中等同 ARR）175 万元乘以 30 倍 PS（市销率）估算的。早期由于市场还未充分打开，PS 倍数会比较高，否则公司无法获得足够其发展的资金。在本案例中，在 A 轮融资后如果出让 12% 的股份，公司将获得 630 万元资金，这在成本费用控制得当的前提下，能够支撑 18~24 个月的发展。

B 轮融资估值为 4.59 亿元，为第 4 年营收 2294 万元的 20 倍。若出让 10% 的股份，公司将获得 4590 万元资金。随着公司现金净流出在第 6 年降低，公司之后的资金面比较充裕。

对于 C 轮融资，假设在 2026 年 to B 投资热度大幅回升，公司为了需要又进行了一轮融资，这时公司"盘子"已经较大，估值为 13 亿元，PS 为 15 倍。事后我们会发现这轮融资实际上是没有必要的，公司虽然得到了资金，但这轮融资也干扰了对手的融资动作（如果我们的财务数据远比对手的优秀），同时也推迟了公司完成 IPO 的日期。

在现实世界中，我确实看到在 2022—2023 年有不少本可以顺利完成 IPO 的 SaaS 企业，由于上一轮融资估值过高（例如 PS 超过 20 倍），在二级市场上的 PS 只有 10 倍，从而形成一二级市场估值倒挂，反而无法完成 IPO。原因是上一轮投资人无法获利退出。

我们作为需要融资的创业者，也要理解投资人的商业模式，他们也要向"投委会"、他们的投资方负责。有时我们觉得资本是天使，有时又觉得资本是魔鬼，这其实是由资本的商业模式决定的，与人往往无关。

讲这些内容不是劝大家不要融资，而是建议在估值时采取相对保守和稳健的做法。我们真的能像硅谷的明星 SaaS 企业一样做到 Triple-Triple-Triple-Double-Double（前 3 年 3 倍增长，后 2 年 2 倍增长）吗？我认为在中国的企业管理水平、员工技能水平、采购方式，以及 SaaS 企业的软件工程能力等有限的情况下，月营收超过 200 万元后的增速并不会那么快。特别是大量 SaaS 工具公司只是把传统软件的功能搬到云上，凭什么就认为我们的软件会比传统软件的增速快呢？

只有采取稳健增长的估值策略，才能避免下一轮融资难的问题出现。只有采取稳健的经营策略和现金流控制策略才能做好资金安排，避免"紧急"融资。其中，特别要控制对研发及销售团队的投入，研发的反馈周期是 6 ~ 12 个月，而销售团队是 3 ~ 12 个月（详见前面关于销售策略及布局的介绍）。对市场线索的投入则能通过 ROI 较快见到效果。

具体来说，在融资时仔细评估一下自己的营收增长预期。如果目前 ARR 是 2000 万元/年，下一年的高目标是 6000 万元，低目标是 3000 万元，中位数是 4000 万元，则按照中位数 4000 万元 × 10 倍 PS = 4 亿元估值就可以。如果一定要按照 6 亿元估值，到下一轮融资时指望 PS 能翻到 20 倍，那再进行下一轮融资怎么办？难道这一年做得不好，到了下一年营收就能够增长 4 倍？

因此，即便这一轮运气好，在公司估值高的情况下还融到一大笔钱，但下一轮未必如此。

终章

海纳百川，殊途同归

第 1 节　不同阶段的关键选择：避坑与跃进

这里我们来回顾一下，不同阶段的 SaaS 企业在这轮周期中需要注意什么。《SaaS 创业路线图》和本书都把 SaaS 企业的发展分为 5 个阶段。下面我们来看看每个阶段的 SaaS 企业需要避免踩哪些"坑"。

1.1　"产品创意"阶段的坑

（1）杀进红海，重复造轮子

不少创业者跟我说，营销的困难在于竞争非常激烈！这时我会请他从头讲一讲自己公司的独特优势和产品的"独特价值"。

如果产品的定位并没有体现公司独特的人才及资源优势，那么就不能说你的产品在市场上与众不同。如果你的产品和市场上其他产品差别不大，就会陷入价格竞争。这样的产品定位也很难形成有效的护城河。

（2）别人的产品都不行，自己肯定能做更好的

这种现象叫作"白天不懂夜的黑"。自己的路难走，就想去走别人的路，让别人无路可走。别人就那么傻，辛苦做了 5 年的产品，你做 5 个月就能超越它？

to B 产品的业务逻辑都很复杂，我观察关键业务逻辑大概有 3 层以上关系嵌套。抄袭竞品的产品经理很难真正透彻理解竞品。所以，踩产品坑的过程就不会短于 18 个月。而真实情况往往是因为你并不懂竞品，所以只看到冰山露出水面的那一部分。最终"5 个月"变成"50 个月"，并且在该过程中对手的产品也在迭代、进步，抄袭者还坚持要去看"夜的黑"吗？

（3）担心被抄袭，不愿与人交流

做 to B 产品只有与大量懂业务、懂互联网思维的高手交流，才能找到准确定位和价值点。不用担心别人抄袭，如果你的理解足够深，没几个人的想法能达到你的深度。如果你的产品谈不上有什么特色，那将来也不可能守得住。

实际上，中国这么大，有创业之心的人也很多，正如业内有句话："任何一个新的产品方向，全国都有 20 个团队正在做，只不过大家都还没有宣传，互相看不到而已。"我就遇到过天南地北的两批创业者和我讲几乎相同的新创意（当然从职业操守来说我不会向他们透露别人的信息）的情况。

其实更大的可能性是，大部分人都想错了，根本没有在市场上冒泡并被别人看到的机会。所以，不要闭门造车，to B 的创意要多拿出来与别人碰撞。

（4）不懂 MVP 快速迭代的方法论

一定需要从开始就搭"多租户"架构吗？一定要在产品上线后才能销售吗？这些问题需要大家再回顾一下前面所讲的相关内容。

1.2　"验证"阶段的坑

（1）销售能力太强

销售是刀尖，但关键还是刀身要扎实；否则在后面的扩张阶段中，刀尖只能划伤自身的品牌。要打磨好产品，在"验证"阶段反而不能过度使用销售技巧。企业要"以产品服人"。在这个阶段，最好是创始人、产品研发负责人亲自接触早期客户，通过产品本身的特性征服客户。

（2）没有客户画像

与 C 端（个人消费者）不同，B 端（企业）千奇百怪。在产品有了定位之后，就要找到准确的客户画像及目标市场。初期目标不能太广泛，否则从市场上带回来的需求太散，导致你很难做出有特色、有价值的产品。做市场的人，也因为四面出击，缺少在一个行业或领域的积累，始终不能形成征服客户的有效方法。

1.3　"营销"阶段的坑

（1）卖多年单

SaaS 的本质是续费，卖多年单则是饮鸩止渴。这样做貌似现金流增加了，但 ARR 反而减少了（因为成交价格更低了）。

经常有面向小微市场的销售 VP 告诉我，客户企业存续率低、产品续费率更低，卖多年单能多占市场份额并绑定客户。我的回应是，明知道一半客户只用 1 年还卖 3 年的单，这不是赤裸裸的欺骗吗？客户公司倒了，人还在，他会怎么想，会怎么和其他人讲？企业自身的口碑还要不要？

我的那句"一个好的商业机制，胜过一万遍日常管理"还被"得到头条"引用过。SaaS 的续费机制让整个公司（从产品到市场、销售、客户成功等部门）都重视客户的使用体验。这是因为每年续费就是最强的驱动力。

而卖多年单只能让续费率更差，因为很少有人对 3 年后才续费的客户负责。对于多年单数量低于 10%的 SaaS 企业，这可能影响没那么大，但我仍然不推荐卖多年单。

（2）缺少懂从 0 到 1 的销售合伙人

产品、营销、服务是 SaaS 企业的三驾马车，缺一不可。"营销"阶段一定要至少拥有一位亲自做过或参与过"从 0 到 1"的销售合伙人。当然，这个人最好是在"验证"阶段就加入公司，和创始人一起跑市场的。

我作为顾问服务的一家企业在这个阶段就特别棒。他们本身是营收过亿元的成熟企业，以前以项目型销售为主，他们是 2020 年年初刚上线的 SaaS 产品。我眼看着他们下半年营收从 10 万元，到 20 万元、100 万元，再到几百万元地增长。

究其原因，首先是产品有创意，能用新方法解决客户的老痛点。其次是公司的业务管理很成熟，目标管理、商机预测、引领性指标、人的激励，在各方面都有一套方法。我跟着他们一起开会都觉得长见识，很少见哪家 SaaS 企业的管理能达到这个水准的。

如果创始团队的人都不是营销出身，完全靠自己带着缺乏经验的销售代表摸索，那这个路很漫长。

1.4　"扩张"阶段的坑

（1）未总结标准销售打法

继续讲上面这个公司的业务管理。我思考，在这一年中除了很多日常决策，我为他们提供的最有体系的帮助主要是两个。

一个帮助是对打造标准销售打法的建议和坚持。如果没有一套从获客到成交的 SOP，只靠优秀销售代表的个人能力，则团队永远无法成功复制。总结出高质量的 SOP 很难，但只要写出第一稿的文字，就有了不断改进的基础。另一个帮助是推动深度使用 CRM。在线服务的后面几个月能明显看到，他们在开周会的过程中，通过 CRM 及运营系统的其他数据，很容易抓到业务堵点，很容易发现某个团队蓄客或转化率方面的问题，也容易发现某个人的能力及工作态度问题。这些对业务管理有深远的影响。

（2）强激励，却没有配套强管控

很多 SaaS 企业的销售体系都会使用高提成、PK 赛、销冠发 iPhone 手机等强激励手段，这是有效的销售运营策略。但要注意两点：第一，注意保持纯粹的价值观，以客户为中心，而非不择手段以业绩为中心；第二，强激励需要配套强管控。

如果一个激励政策只关联过程指标（例如拜访量），是很容易出现掺水作假的现象的，这种做法非常不可取。就算是合同金额、回款这样很扎实的业绩指标，也要防范团队内部把业绩堆到一个人头上，避免主管线索资源分配不公等问题。

千里之堤，溃于蚁穴——不要用"水至清则无鱼"这样的话来敷衍强激励团队的内部管理。勿以恶小而为之——文化变质，才是团队最大的风险。

（3）缺少干部储备

扩张阶段最常见的困难就是缺乏干部，没有足够多合格的干部就撑不起来公司。避免这个问题可以从两方面入手。

① 在"营销"阶段，就进行充足的干部储备。

在 2015 年年初，我所在的创业公司几乎同时在上海、杭州、广州、深圳 4 个城市开了分公司，这些总经理及其小班子基本都是 2014 年在北京总部直销部门干过 6～12 个月的。从销售，到招聘、培训、日常业务管理、激励、团队运营，以及打造文化底蕴，全都有标准套路。这样的团队到岗当月就能招聘到大团队，次月就能出高业绩（产品成交周期为 4～6 周）。

② 引导优秀的同事脱颖而出。

某位海底捞高管说，他们也面临同样的问题：扩大营收要靠开分店，开分店最缺店长。以往每个店配置一个店长、一个副店长，副店长成熟了，就出来自己开分店。可这样太慢啊！所以后来改了店内管理架构，一个店长带 3 个副手，分别负责餐厅的前、中、后三个管理岗位，而且还进行轮换，这样培养人才的速度就快多了。

同样，在 SaaS 企业里，需要快速扩张的业务部门，也不需要设置纯资源调度型的副总经理/副总监岗，而是总经理直接带几个副总经理，每个副总经理都自己带作战团队。

此外，主管级的收入，应明显高出基层岗位，这是为了吸引人才晋升。同样，总监的年收入要明显高于主管，总经理要明显高于总监，以此类推。

（4）把客户成功当作传统客服来做

客户成功与客服热线的最大不同是，一个主动服务，一个被动服务。一个 CSM 需要懂客户的业务、熟悉自己的产品、有服务属性，这其实是一个轻咨询顾问的人才画像。

从被动的热线客服转到客户成功，是巨大的不同。从岗位目标、工作方式、组织激励到业务运营都是不同的。有的 SaaS 企业把客户成功部与实施部放在一起，也运行得很顺畅，这说明实施顾问更适合转型做 CSM（当然，也不排除学习能力很强的服务热线同事也可以成功转型做 CSM）。

我始终建议处在"扩张阶段"的企业要找有客户成功经验的管理人才，否则会走很多弯路。具体可以参考《SaaS 创业路线图》及本书中讨论客户成功的章节。

1.5 "效率"阶段的坑

（1）企业缺乏管理能力

随着扩张速度的下降（从每年几倍增长降至每年百分之几十），"效率"成为关键。很多企业到这时候才发现，企业缺乏业务规划及组织发展规划能力。需要进行业务决策时，还是以 CEO 为中心临时决策；VP 们没有系统思考能力，也没有得到上级的信任，根本不敢创新；在执行公司策略的过程中，中层干部不敢向上提建议，只会拼命压制下面同事的意见，最终造成强烈反弹。

要解决这些问题，不仅需要大量培养管理人才，更需要公司高管对企业内部治理有全盘的思考，并且形成稳定的管理体系，这样才不会忽左忽右——让团队没有安全感，也不敢创新。创始团队大多缺乏管理大团队的经验，需要一些外部的指导，团队成员也应多到外面学习。

（2）未建成数字化管理体系

决策是感性的，但需要理性的数据支持。大部分企业都有数据指标体系，但很不稳固。有创始人告诉我，他的前客户成功部负责人会自己偷偷修改续费率定义，让这个指标看上去越来越好，实际却并非如此；有的企业已经有 500 人了，还没有每月看数据、分析数据的习惯；一堆高管在一起开会，关键数据谁也说不准，判断都基于不准确的数据做出。

关于如何建立 SaaS 企业的指标体系，《SaaS 创业路线图》一书中有详细探讨。而本书则更加深入地讨论了这些问题。

第 2 节　愿景与命运

本书讨论了很多"方法设计"和"战术执行"的问题，这二者相当于老子"道—法—术"中的后两个——"法"和"术"。而道德经讲究"以道御术"，即以道义来承载智术，悟道比修炼法和术更高一筹。

在我参与创业，以及陪跑多家 SaaS 创业公司的过程中，发现创业的底层逻辑也与此相近。在创业历程中，"道"是团队的愿景、使命和价值观。我带团队时常与大家讲，成功和财富只是实现高远目标路上的副产品。一心追求财富的人，人生的高度反而受限；只有拥有宏大愿景的团队，才能一路披荆斩棘，不被短期利益诱惑，成就一番事业。

知易行难。就以"客户第一"这句话来说。大部分创业团队都把这句话贴在办公室墙上，但在面对激烈的市场竞争时，如何才能让销售代表不为赢得一个新订单而过度承诺？面对千万元、上亿元资金的诱惑，如何才能坚持只关注高质量的增长？——这需要创始人、核心团队有铁一般的意志。而这，往往来自过去某段撕心裂肺的经历。

因为工作的关系，我能非常幸运地持续接触到中国最优秀的 SaaS 创业者。在他们身上我能看到他们对"道"的坚持：无论面对多大的困难，都坚守本心纯正；无论面对多大的诱惑，都清楚自己的使命……如果深入了解其人生轨迹，你会发现他们都有过痛苦的人生经历，甚至经历过生死磨难。

有时候我和他们也聊聊人生。我发现他们又拥有莫名其妙的富足感：吃楼下湘菜的"财务自由"，能抓住一次创业机会做自己热爱的事情，能与自己热爱的团队在一起不分昼夜热烈地探讨问题……某次我问自己特别钦佩的一位创始人：如果死亡突然降临，最后的时刻你会后悔如此度过此生吗——生活与工作极度不平衡，在孩子成长中经常缺位，与朋友交流也几乎只谈事业？他笑而不答，但在后面的几年里他用行动告诉我——创业无悔，创业是最美好的人生。

有了这些"道"，或者说值得尊敬的价值观，本书里介绍的"法"和"术"才有意义。当然，也不能坐而论道，还是要起而践行之。通过这些法、术的实践，道心才越来越坚固和清明。

在道家的世界观里，"道—法—术"之上，还有"势"。顺势而为，方有所成。中国企业数字化的大形势，无论是投资人还是 SaaS 从业者都能看得到，但具体到每个 SaaS 企业境遇又千差万别。

个体的运势也是一种"势"。而在我心里，一个人对"势"的认知也是

终章

海纳百川，殊途同归

其道心的一部分。不少赶上资本投资大形势、顺利获得多轮融资的 SaaS 创始人会在拿到大资金后就犯盲目扩张的错误。在团队成倍扩张、一年做了好几个新产品都失败后，创始人往往才突然领悟到："哦，原来我们第一个产品成功的最主要原因是运气。"

当然，要想创业成功，创始人的超凡认知、团队的努力是必要条件，但付出努力的团队很多，真正成功活下来的却是少数。只有选对行业和市场、又处在正确的时机，创业才能走出第一步。

认识到这一点，我们就会明白，连续多次都会遇到好运气的概率极低。所以做相关度不高的第二个、第三个产品，成功的可能性不大。第二曲线的起点一定是第一曲线建立的独特优势。这些领悟是更深的"道"。

我多次引用这句话：不要用战术上的勤奋掩盖战略上的懒惰。现在，我感到这样讲还是太表面化。真正底层的东西在"道"上，也就是我们常说的"底层逻辑"。没有底层的认知，如何能找到更有效的战略？

我们本书所讲的，创新地帮客户解决问题、精细经营的财务模型、优秀 SaaS 企业的产品创新实践，莫不出于此。期待读者也做出深度思考，并在工作中践行。

感谢语

本书不是我一个人能写成的，它的内容来自千千万万名 SaaS 从业者和创业者，以及听众和读者每次在公众号文章下的留言、在直播中的互动和在线下交流活动中的提问等，这给了我坚持写下去的勇气，也给我提供了高质量的写作素材。在此真诚地谢谢大家！

感谢这 5 年我"陪跑"的 SaaS 企业，他们给予我实战方面的输入，使我在战略、产品、营销、服务、组织等方面可以进行更深入的思考。

感谢为本书提供案例和对行业的思考的 20 余位 SaaS 创始人和投资人，他们的金句可以在本书中找到。

我有一个"铁人三项"微信群，里面有十几位产品、营销和服务三方面的专家，时常与他们探讨问题让我的思路更完整也更易落地。这里也要感谢他们的无私帮助。

感谢纷享销客的冉雪莹、滕宇、刘晨、肖京晶、贺亚玲（知乎笔名：范特西）等老同事在 CRM 应用、客户成功指标等内容上帮我准备 Demo 数据、与我探讨深度话题。老同事的真诚帮助令我如沐春风。

感谢本书的编辑阿凡提（陈林）老师和电子工业出版社博文视点的其他编辑老师。我的上一本书《SaaS 创业路线图》深受圈里读者喜爱，也是阿凡提老师帮我编辑的。

感谢家人，特别是夫人的付出，你们是我幸福感的源泉。

附录 A

SaaS 领域常用缩略语对照表

1. 基本概念

SaaS：Software-as-a-Service，软件即服务

PaaS：Platform-as-a-Service，平台即服务

IaaS：Infrastructure-as- a-Service，基础设施即服务

IPaaS：Integration PaaS，集成 PaaS

APaaS：Application PaaS，应用 PaaS

L2C：Leads to Cash，线索到回款

MQL：Marketing-Qualified Leads，市场验证线索

SQL：Sales-Qualified Leads，销售验证线索

DAU：Daily Active User，日活跃用户数量

GTM：Go-To-Market，走向市场（也就是产品商业化）

2. 财务指标

LTV：Life Time Value，客户生命周期价值

CAC：Customer Acquisition Cost，客户获取成本

MRR：Monthly Recurring Revenue，月度经常性收入

ARR：Annual Recurring Revenue，年度经常性收入

NDR：Net Dollar Retention，净收入留存率

ROI：Return On Investment，投入产出比

CAGR：Compound Annual Growth Rate，复合年均增长率

UE：Unit Economy，单位经济

3. 组织及职位

SI：System Integrator，系统集成商

ISV：Independent Software Vendors，独立软件开发商

CSM：Customer Success Management/Manager，客户成功管理/客户成功经理

BD：Business Development/Developer，业务拓展/业务拓展经理

MDR：Marketing Development Rep.，市场开发代表

SDR：Sales Development Rep.，销售开发代表

AE：Account Executive，在美国常指电话销售代表，本书沿用该含义

FAE：Field Account Executive，区域销售代表、外勤面访销售代表

4. 人工智能相关

AI：Artificial Intelligence，人工智能

AIGC：AI-Generated Content，生成式 AI，即"人工智能生成内容"

SaaS 领域常用缩略语对照表

AGI：Artificial General Intelligence，通用人工智能

GPT：Generative Pre-training Transformer，基于互联网可用数据训练的文本生成深度学习模型

LLM：Large Language Model，大语言模型，旨在理解和生成人类语言

GUI：Graphical User Interface，图形用户界面

LUI：Language User Interface，自然语言用户界面

附录 B

本书提及书目或课程

《跨越鸿沟》杰弗里·摩尔

《创新者的窘境》克莱顿·克里斯坦森

《云攻略》《Salesforce 传奇》Salesforce 创始人马克·贝尼奥夫

《中国式增长》中欧商学院朱天教授

得到 App 音频课《进化论 50 讲》王立铭

《重新定义公司：谷歌是如何运营的》埃里克·施密特

得到 App 音频课《华为·数字化转型必修课》华为 CIO 陶景文

《平台战略》前菜鸟网络首席战略官、中欧商学院陈威如教授

《营销管理》菲利普·科特勒、凯文·莱恩·凯勒著

《定价制胜》赫尔曼·西蒙

《思考：快与慢》丹尼尔·卡尼曼

《游戏化思维》凯文·韦巴赫 / 丹·亨特

附录 B

本书提及书目或课程

《新解决方案销售》基斯·M·伊迪斯

《闪电式扩张》雷德·霍夫曼

《布隆伯格自传》迈克尔·布隆伯格

《组织能力的杨三角》杨国安（来自宏碁、腾讯的著名 HR 理论）

《不拘一格》Netflix 创始人里德·哈斯廷斯与欧洲工商管理学院（INSEAD）资深教授艾琳·迈耶合著

《销售加速公式》Hubspot 销售副总裁马克·罗伯格

《客户成功经济》尼克·梅塔/艾莉森·皮肯斯

《蓝血十杰》约翰·伯恩

《高管路径》拉姆·查兰

《价值共生——数字化时代的组织管理》陈春花

《远见》史蒂文·约翰逊

《精益创业》埃里克·莱斯，硅谷创业经典书籍

《未来的组织》复旦大学章永宏老师与纷享销客创始人罗旭合著

《SaaS 创业路线图》吴昊，与本书侧重不同，可互为补充

附录 C

本书案例及行业思考者贡献的金句

1. 战略及商业模式

我们内部说，NDR is everything。任何一个环节做不好，都会体现在这上面。以此为指标，扎实优化各个环节，公司长期的发展一定是健康的，从而建立高竞争壁垒。

——经纬创投合伙人，熊飞

商业模式是从粗放经营到精细经营的试金石。此外，创始人必须对各种 SaaS 的关键指标非常敏感，业务开始做起来以后，就得非常重视精细经营，确保业务有良好的单位经济模型。

——靖亚资本创始管理合伙人，郑靖伟

大家可能需要结合中国企业和互联网生态的实际情况来思考模式创新，比如是否可以利用 to C 互联网思维来发展 to B 等。

——小鹅通创始人、CEO，鲍春健

本书案例及行业思考者贡献的金句

从另外一个角度看，SaaS 其实是一个财务模型：销售额随着客户数线性增长，而研发成本不会线性上涨，时间越长利润越高。当资本市场不再浮躁，去伪存真，定制化、私有化厂商将会和 SaaS 分道扬镳，成为增长缓慢的传统软件公司。

——EC 创始人、CEO，张星亮

SaaS 一定会由趋势变为现实，回归商业本质，解决供需错配问题。通过好产品、好服务为客户提供所见即所得的价值，以 SaaS 助力每一个行业的数字化转型升级。

——斗棋云创始人、CEO，杜文宝

中国 SaaS 必定大有希望，本来这就是一个大时代背景下的朝阳产业。经历十多年的摸索与实践，我认为企业成功的本质还是产品价值与自身商业能力两个维度的突破。

——纷享销客创始人、CEO，罗旭

我对中国 SaaS 的发展是抱有希望的，但它就像《论持久战》里讲的，不是速胜的，而是持久的。这种持久性来源于目标市场的成熟度，而在没有大的市场东风之前，SaaS 只能是一个稳步向前的趋势。

——神策数据创始人、CEO，桑文锋

中国 SaaS 的希望之路我认为有两条：其一，跟其他赛道的 SaaS 企业产品深度集成和对接，即大家形成合作生态（美国 SaaS 走了这条路）；其二，需要探索除了年费或订阅费之外其他的收入 X（即 SaaS+X 模式），以应对中国软件行业付费意愿差/付费能力低的问题(即相同 CAC 要争取更高 LTV)，分贝通选择了这条路。

——分贝通创始人、CEO，兰希

有取舍就有专注，有专注才有足够好的产品，中国 SaaS 的希望之路就是一批优秀产品公司的崛起之路，他们形成互相支撑的生态，让这个行业更健康。

——衡石创始人、CEO，刘诚忠

关于中国 SaaS 希望之路的设想：（1）每家企业的产品都有自己清晰的目标客户、价值定位和清晰的边界，知道自己最适合服务谁，解决什么问题；（2）各家的产品都具备非常强的可连接性、互通性，能够与其他产品共同形成最适合客户的一体化解决方案；（3）市场形成更多的专业的咨询机构和服务体系，与 SaaS 软件服务商共同形成良好的生态合作关系。

——卫瓴创始人、CEO，杨炯纬

过度的互联网思维使得 SaaS 服务商在自觉或不情愿（竞争）的情况下放弃或削弱了 SaaS 作为功能性软件该有的年费收入，从而把盈利的希望寄托在第二曲线上，但如果第二曲线只是海市蜃楼和镜花水月，支撑不起 C 轮、D 轮投资者的投资逻辑和估值期望，那么就应该回过头来老老实实把 SaaS 的工具价值做好，以缓而图之。

——九轩资本创始合伙人，刘亿舟

如果没有先在精准的细分市场做出 PMF 并跑通 UE 的正循环，就不能指望靠迅速做大规模来自然地优化盈利模式。

——高成资本创始合伙人，洪婧

不成熟的商业环境是中国 SaaS 的镣铐，也是钥匙。

——吴昊@SaaS

2. 产品研发

在产品价值方面，业务型产品如 CRM，如何从单一的工具管理型产品转变为业务平台型、价值驱动型产品，成为客户业务场景中不可或缺的业务平台，成为牵引客户业务战略升级、业务作业与管理升级的有力武器，产品的价值力是根。

——纷享销客创始人、CEO，罗旭

本书案例及行业思考者贡献的金句

Moka 的产品之道：（1）对产品经理素质的要求，产品经理在以往经历中就拥有创新的经验，并且公司对一线产品经理的授权很多，对犯错的包容度高。（2）重视对客户业务的洞察，产品经理需要对客户业务场景有深刻理解，鼓励他们接触客户、与客户沟通，最好能直接介入客户的流程。例如 Moka 的产品经理会与客户一起去校园参加校招活动，获得亲身体验。（3）扩展产品团队的视野，多看同领域，甚至不同领域的产品，国内外的产品都看，并组织团队分享。例如对 AI 新技术的关注和了解。

——Moka CEO，李国兴

SaaS 组合产品击破老企业软件的"all in one"定制模式的故事将会在中国上演，标准化 SaaS 的春天已经来临。

——EC 创始人、CEO，张星亮

要"忘记 ERP"，这样才能做出适合 SMB 企业的优秀产品。

——斗栱云创始人、CEO，杜文宝

特斯拉实行敏捷导向的扁平化管理，把整个系统拆分成能使并行效率最大化的子系统，5～7 人组成的小团队协同工作，共同负责子系统。研发和生产为同一个团队，可以使研发出来的"产品"被高效生产出来。

——蓝驰创投合伙人，石建平

人力资源数字化终究要赋能业务，实现业务的成功，帮助业务线更好地完成人力资源的管理。

——北森云创始人、CEO，纪伟国

短期内，行业 SaaS 破局相对容易一点，因为行业 SaaS 相对容易建立起壁垒和护城河，对行业"know how"积累也更多一些。

——领健 Linkedcare 创始人、CEO，吴志家

一眼看上去，产品就应该美。

——河狸云创始人、CEO，何强辉

建议 SaaS 企业再认真评估一下自家的产品是否是刚需和有足够吸引力，是否适合 SaaS 模式。可以从 PLG 角度看一下，因为只有把客户留存率、LTV/CAC 等财务指标做到国际水平才能够可持续发展。

——CPE 源峰董事、总经理，张迎昊

放弃高大上或速成的幻想，放弃将硅谷产品"Copy to China"的固化思路，用创新方式帮广大中国企业解决问题，才是中国 SaaS 企业的使命。

——吴昊@SaaS

3. 创新

创新需要找到未来的客户。

——小鹅通创始人、CEO，鲍春健

如何保持创新的热情？遇到问题解决问题，体验创造带来的兴奋感。真正有创新精神的团队，极有可能不知道自己正在创新，因为他们一直沉浸在帮助客户解决实际问题中。

——小鹅通创始人、CEO，鲍春健

创业初期（或进入一个新市场时）要做"微创新"，突破 20%体验的瓶颈（其他 80%可借鉴），这也是俗话说的"一根针，捅破天"。

——酷家乐 CEO，陈航

早期 SaaS 企业如果同质化严重要尽快换方向，需要聚焦在独特的单点上进行突破。中后期 SaaS 企业要特别关注生态服务估计，并围绕产品服务客户的生命周期提供更好的估计。如果是工具 SaaS 则可以鼓足勇气出海。

——蓝驰创投投资合伙人，石建平

在 SaaS 领域成功的公司都是相似的，而失败的创业各有各的不幸。

——吴昊@SaaS

4. 营销及服务

通过定价传递价值。

——"我思锅我在"主笔，高宁

除了产品，服务成为连接客户的重要手段。

——小鹅通创始人、CEO，鲍春健

对于中国 SaaS 企业而言，是该回归以客户为中心的时候了。

——东方富海资本合伙人，陈利伟

找准客户的有效刚需（有效刚需=痛点×爽点/难度×价格），老老实实提供价值，重在垂直行业，在行业最大公约数的基础上提供服务（强产品弱服务），帮助客户成功，从而维持活跃率和续费率，才是 SaaS 服务商应该守住的最后底线。

——九轩资本创始合伙人，刘亿舟

少看竞争对手、多看客户，让客户满意才是竞争制胜的法宝。

——吴昊@SaaS

SaaS 的本质是续费，续费的关键是增购；因为进攻（增购）就是最好的防守（原价续费）。

——吴昊@SaaS

5. 组织及管理

实行流程变革，增加"以客户为中心"的组织能力，以战区为单元构建完整的客户服务体系，在离客户最近的地方快速响应客户。

——北森云创始人、CEO，纪伟国

没有一流的管理，不会有一流的价值创造力，也不会成为有一流竞争力的企业。

——纷享销客创始人、CEO，罗旭

to B 企业服务行业天然是一个慢行业，需要保持专注和耐心。"复利慢成长"才是长期捷径。企业服务行业中不太可能"毕其功于一役"的大招，更多的是"通盘无妙手"的坚持与迭代。道阻且长，行则将至，行而不辍，未来可期！

——高成资本创始合伙人，洪婧

业绩增长是组织成长的副产品。

——吴昊@SaaS

合格的管理从业务出发。

——吴昊@SaaS

无标准，不复制。无文字，不管理。

——吴昊@SaaS